薩滿文化論

富育光
郭淑雲 著

臺灣 學生書局 印行

1.草原上的敖包　郭淑雲攝

2.在達斡爾族斡米南儀式上豎立的「托若」樹　郭淑雲攝

3.達斡爾族殺豬宰牛祭敖包　賽林攝

4.滿族辮葬儀式,將在他鄉逝世的族人辮髮剪下,裝入特製的匣或罐中,寓意魂歸故里 　郭淑雲攝

5.滿族薩滿教星祭儀式上用冰燈擺成的七星圖 　郭淑雲攝

6.滿族家中在西牆上供奉的神匣與神案　郭淑雲攝

7.滿族羅關家族舉行還願祭，家主跪在門口獻酒敬神　郭淑雲攝

8.滿族薩滿關柏榕過年時給神匣貼掛簽　關德富攝

9.滿族家祭中的淘米儀式　關德富攝

10.滿族家祭儀式中族中姑娘們正在用黃米做打糕以為祭神供品　郭淑雲攝

11.滿族家祭中的領牲儀式，酒滴豬耳，耳動為神領此牲　關德富攝

12.滿族家祭中的換鎖儀式,如孩子不能親來,可由母親代領鎖線,由薩
滿繫在大拇指上　關德富攝

13.滿族家祭中族人爭吃吉祥的水團子　關德富攝

14.鄂溫克族祭祀儀式上薩滿射箭以祛邪　奇金攝

15.鄂溫克族薩滿以酒祭典天地　奇金攝

16.達斡爾族斡米南祭禮中薩滿擊鼓請神　郭淑雲攝

17.達斡爾族斡米南祭禮中的吃血儀式　郭淑雲攝

18.達斡爾族斡米南祭禮中薩滿為參祭者潑撒聖水以祛邪求吉　郭淑雲攝

19. 漢軍祭禮中，代表猙獰惡鬼的戴面具者也要入室同樂，族人開門歡
    迎，叫「請班」　關德富攝

20.維吾爾族薩滿唱禱詞為患者除病　滿都爾圖攝

21.維吾爾族薩滿在治病驅魔儀式上為患者按摩　杜紹源攝

22.達斡爾族薩滿鄂文海為患者針灸　郭淑雲攝

23.蒙古博神帽，頭飾上的飛鳥象徵著薩滿魂魄具有翔天的能力　邢宗仁攝

24. 滿族祭祀所用的銅晃鈴　郭淑雲攝

25. 赫哲族護身神偶「額其赫」　遲偉臣攝

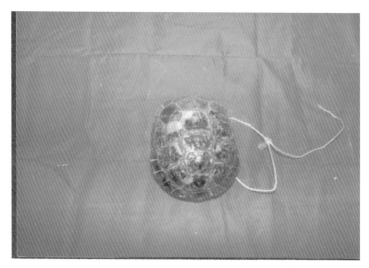

26.維吾爾族薩滿用的醫病龜甲　滿都爾圖攝

27.滿族祭祀時薩滿佩戴的腰鈴　郭淑雲攝

28. 鄂溫克族帶有馴鹿紋裝飾的樺樹盒　郭淑雲攝

29.達斡爾族供奉在神壇上的薩滿面具　郭淑雲攝

千里之行，始於足下
——拓荒者的抒懷

　　我自幼生長在黑龍江畔的滿族聚居村，稱「朝呼魯拖克索」，漢譯爲「駿馬之鄉」。它有三百餘年的歷史，世居著富、吳、何、葛、祁等五大滿洲望族，故又稱大五家子屯。所居五姓，皆清代八旗勁旅的後裔，係清康熙二十二年（1683 年）爲抵禦外侮，守衛邊疆，由甯古塔（今甯安市）奉旨永戍愛輝的。

　　興安巍巍，黑水悠悠。

　　愛輝古城，距大五家子僅四十五里，原爲達斡爾人世居的屯寨，叫「托爾加城」。1685 年，清政府鑒於舊愛輝僻處江東，與內地交通及公文往來不便，便在江西重建新寨，即此愛輝新城。據《盛京通志》載：「副都統公署在城內，原係將軍公署，康熙二十九年將軍移駐墨爾根改爲副都統公署」。北戍江東的八旗兵住戶，也隨遷江右，因此拓建了大五家子等官屯。這裏還雜居有達斡爾、鄂倫春、漢族等民族。

　　愛輝南北諸屯各族聚居地，人丁繁衍，長期保持著自己固有的語言、禮儀與古習。我就是在這種淳樸而濃郁的民族生活氛圍中，度過難忘的少年和青年時代，對北方諸民族文化有著天然的鍾愛之

情。北方諸族沿襲古風，壽誕、婚嫁、喪葬、祭禮，熱鬧異常。每
每三五天、五七天不散。鼓樂動地，聲傳數里。篝火熊燃，輝耀四
野。各族男女老少，騎馬趕車坐船，慨然赴會，勁舞歡歌，徹夜不
寐。此舉恰是我們後生們最期盼和迷戀的盛境。多少奇幻優美的民
族古歌、古舞、古譚，就是在這種動人心魄的民族大聚會上，刻記
入心的。尤其令人敬慕並激發吾輩以能弘揚本民族文化爲榮者，正
是這些德高望重的長老們。他（她）們才是名副其實的民族歌舞傳
承者、民間「烏勒本」說部藝術講唱家。其中，有些長輩就是著名
的大薩滿，聰慧的睿智和才華，是全族的驕傲。每逢族中盛節，倍
受矚目的佼佼者，便是這些不計報酬、一心傳播民族習俗、講唱民
族英雄古史、教授歌舞技藝的文化巨人們。屆期，村中依照老規
矩，紮好彩轎，一路敲鑼打鼓，載歌載舞接請諸師蒞席助興，如同
迎神。將諸位接上高高的祭壇，神聖的薩滿祭禮之後，便是衆色夫
（師傅）們依序獻講「烏勒本」，用滿語唱講《尼山薩滿》、《智
伏惡魔耶魯里》、《飛嘯三巧傳奇》。八方族衆慕名而來，人山人
海，聽得如醉如癡。這些民族聖哲，生時如是，死亦依然。如，我
三太爺富小昌大薩滿病逝時，遠近十里百里的滿、鄂倫春、達斡
爾、赫哲、漢族人，都來送葬。富小昌大薩滿，爲民族文化的承繼
與開掘，做出了莫大貢獻。他爲後世留下了滿族著名「烏勒本」說
部《雪妃娘娘和包魯嘎汗》、《飛嘯三巧傳奇》，留下了黑水女眞
人創世神話《天宮大戰》愛輝傳本和《滿洲神位發微》與《璦琿祖
風遺拾》等手抄筆記以及《北藥參證》等珍貴文化遺產。富察氏家
族總穆昆（族長）、祖父德連公同衆長輩，遵其生前囑託，將遺稿
命吾父希陸先生承繼，修繕後存藏。聽祖母講，闔族依古俗，爲聲

望卓著的小昌大薩滿，舉行了神聖的「雙葬」大禮。小昌大薩滿的遺體，在薩滿們擊鼓殺牲詠唱祝禱中，族中長老簇擁著，送入用九根勁松劈成的木塊燃起的巨火之中。火化後，薩滿和穆昆們撿拾碎骨，裝入陶甕，用帶油脂的松樹皮層層裹嚴，用龜血浸泡而成的鬃麻繩緊纏陶甕百層，傳可防濕，外罩石網沈葬黑水，令其魂魄永遠融入天地之間。族眾還在江岸水葬地，豎起高壯的紅松望柱，表示對已故先人的崇仰和緬懷。望柱上鐫刻被葬者一生功業，供世人奠祭。

富小昌大薩滿生前常訓諭祖父等「諸兒敏勉，勿忘民瘼」的誡語，影響了幾代人。父輩以先翁為楷模，自上個世紀三十年代以來，愛輝湧現出富希陸、吳紀賢、程林元、郭榮恩、郭文昌、吳明久等滿漢兩族酷愛民族文化的後繼者，以不辭辛勞地採錄滿族民瘼里俗為己任，為後世留下了《富察哈喇禮序跳神錄》、《吳氏我射庫祭譜》、《璦琿十里長江俗記》等彌足珍貴的民族文化遺產。我從孩提懂事時起，漸漸認識、理解並油然敬佩起父輩們那種像淘金採蜜般為後世採錄民族文化的勤勉精神，從小養成了傾愛民族歌舞、謠諺、口碑故事的癖好。在我的心目中，他們是民族的聖哲和功臣，最值得我敬仰和效法，以能成為民族文化誠實的接續者是我人生的崇高理想。這種觀念銘心刻骨，更成為我克己奮追的動力源泉。

為實踐自己的信念，父輩的期盼，我不懈地努力奮鬥！在少年喪母、家境清寒、無緣攻讀高中的窘況下，我擠工餘時間，少睡少玩，拼命苦學。1954 年如願考入長春東北人民大學。1958 年秋畢業前夕，同學間杯酒抒懷，暢祝美妙的未來。此刻，收到家書，是

家父爲我揮寫的人生座右銘：

> 合抱之木生於毫末；
> 九層之台起於累土；
> 千里之行始於足下。

　　我感激家父用心良苦。老人家用老子古訓啓迪我學業有成後，不可猶疑彷徨，貪圖安適，要放棄他求，勇擔艱辛之任。東北史稱「朔方」，向有「東夷無文」之說，匱少開墾。故鄉耆老又逐年謝世，大宗珍稀的民族文化遺跡，瀕臨散佚。民族瑰寶，亟待發揚拯救。我受民族文化哺育成長，不應愧對父輩囑託，兒時宿願，毅然投入爲民族文化拓荒的偉業中！

　　大學畢業，如願以償，走進了省科研部門。我興奮不已，然而，剛剛在民間文化研究領域起步不久時，被調去編輯理論刊物，後又做了省報記者。凡事難以預料，沒想到，記者工作一幹就是十五載。我是幸運兒，十五年對我是難得的機遇。我廣泛接觸了社會上上下下、方方面面，在社會學的大世界裏，得到了錘煉，養成了遇事觀察、分析、綜合的素質，學會了從事社會調查的藝術，更重要的是極大地提高了我在任何條件下，運用速記的能力。我始終未忘記理想和目標，記者生涯爲我從事民族研究，幫助很大。

　　天遂人願。1972 年冬，我有幸見到大學讀書時老校長佟冬先生。佟老是著名歷史學家，時任吉林省社會科學院院長。他諳熟北方民族文化歷史，過去聽我講過我的家史，知道我家長輩均操滿語，祖上是清代著名抗俄將領，家藏二百餘年的滿文譜牒。他要在

省社科院創辦北方民族文化室，專門承擔民族文化搶救大業，將東北文史研究事業儘快開展起來。佟老真是我前進路上的貴人和導師，我夢寐以求的依戀終可實現了，我激動得熱淚盈眶。我當即應允，由佟多院長鼎力幹旋，後來我終於重返科研部門，任東北民族文化研究室主任。欣喜之情不可自抑，工作勁頭更異常高漲，已達忘我境地，除夜以繼日地翻閱古籍和日偽時期資料、抄錄卡片外，與同伴背起行囊，徒步幾十里奔波於城鄉之間，還久住於民族聚居村屯，同百姓同吃、同住、同勞動，年節都忘記回家，這一幹便一發不可收。

萬事開頭難，步履維艱。剛剛開始民族文化搶救挖掘時，「文革」遺風尚烈，民族文化遺產被視爲「迷信之尤」。我們每到一地，與老薩滿、老藝人相見都受到阻撓。交談幾乎毫無所獲。被訪者心有餘悸，不吐真情。我們便設法住在被訪問者家，幫助勞動，背老人去醫院看病，經濟上相助，使他們感動，反覆談心，才贏得了信任。精誠所至，老人們心靈之窗，慢慢地開啓了，把他們冒著生命危險隱藏起來的文物、資料漸漸向外展示：從祖先的墳塋中，從牆縫間，從水井裏取出來，偷偷地送給我們。當我們看到這些劫後猶存的文物資料，真可謂如獲至寶。每次都是興奮得徹夜難眠。拓荒的路艱辛備嘗，但我總以「路漫漫其修遠兮，吾將上下而求索」的警言激勵自己。

爲了全面掌握有關滿族等北方諸族史料及研究著述成果，我們三年間走遍了北方諸省圖書館，走訪東北、華北、內蒙、京津以及清代滿蒙駐防八旗所在的四川、廣州、福建、山東、寧夏所屬市鎮的滿蒙八旗後裔的聚居地，特別是連續多年在東北滿族聚居地居

住，年節多與族衆歡度。在獲得大宗鮮爲人知的民族民間文物、手抄資料外，使我們深切認識到，北方民族文化觀念的核心是諸民族世代承襲不衰的薩滿信仰，不少民族仍沿襲古老的民族習慣法，年年均有薩滿例祭。薩滿教是北方民族信仰的原始宗教，是民族文化研究的「活化石」，保留有珍貴的神話、神諭、神器等祖先文化遺存，是該民族一切觀念信仰行爲的母源。搶救、挖掘、翻譯、整理、研究民族文化，就應從薩滿文化調查切入，便可事半功倍。我們認識這個實質，使北方民族文化研究走上了捷徑，成果斐然。然而，在「左」的干擾影響下，工作仍有重重阻力。1980 年春，我拜訪吉林省音樂家協會石光偉先生，由他引導，同去他的故鄉九台縣其塔木鄉東哈村調查訪問。我們坐了一段汽車後，步行到了石家，拜見了石姓穆昆和族中長老。石姓是當地滿族望族，有薩滿，有完整滿文家譜和神諭、神器。在當時東北滿族中，該家族文化保持完好，是最具代表性的大家族。經過調查，更堅定了我們從薩滿教調查入手深入開展東北民族文化研究的信心和決心。我們的想法得到院領導的首肯。然而，從事大型錄影，經費拮据，在關鍵時刻，我們得到了中國社會科學院少數民族文學所所長、民間文藝著名理論家、中國民協土席賈芝先生的熱心支援，所有費用由北京承擔。我將滿族石姓大薩滿石青山、石青泉、石青民兄弟以及民族音樂專家石光偉、甯安滿族著名文化人士傅英仁接到北京。石姓家族還帶去了家藏百年的祖傳滿文神諭，獻給該所。這是滿文神諭首次公開面世，引起學術界的震動。從事滿文研究多年的宋和平女士和我們一起參與這次難得的薩滿文化調查。這次座談會，開創了我國大規模挖掘、搶救薩滿文化遺產的先河，認識到古老的薩滿文化的

人文學價值，以及搶救、整理、翻譯薩滿文化的必要性和迫切性。在北京舉行的民族文化專題調查，更堅定了我們挖掘整理薩滿文化遺產的信心。

1983 年春起，我與摯友王宏剛籌謀具體薩滿文化實景拍攝計劃。在院所的大力支持下，得到香港文化人士鄧鵬騰先生贊助。1984 年，我們攝製了吉林省永吉縣烏拉街滿族鎮韓屯《滿族瓜爾佳氏薩滿祭祀》，烏拉街弓通屯《滿族漢軍張氏薩滿祭祀》、《神偶與宗譜》、《海東青》等四部錄影 (其中，《海東青》於 1995 年獲國家文化部頒發的全國民俗片一等獎)。

在此基礎上，我們於 1985 年，拍攝了吉林省九台縣莽卡鄉《滿族尼瑪察楊氏薩滿祭禮》、九台縣其塔木鄉《滿族羅關氏薩滿祭祀》、黑龍江省甯安縣渤海村《滿族厲姓薩滿祭祀》。

1986 年，拍攝了黑龍江省塔河縣《大興安嶺十八站鄂倫春族薩滿祭祀》、《滿族薩滿火祭祭禮》。

1989 年，拍攝了《滿族薩滿雪祭祭禮》、《滿族薩滿星祭祭禮》。

1990 年，拍攝了內蒙呼倫貝爾盟《鄂溫克族薩滿祭祀》、《達斡爾族薩滿祭祀》。後幾年，又拍攝了《滿族薩滿鷹祭祭禮》。

除此，我們曾於 1988 年、1992 年兩次邀請國內從事民族學、民俗學、宗教學、文藝界著名學者在長春召開兩次全國薩滿教學術討論會。1986 年和 1990 年由張璇如、富育光、孫運來主編，由吉林人民出版社、天津古籍出版社分別出版了《薩滿教文化研究》第一、二輯，進一步團結了國內外的學人，擴大了中國薩滿文化研究

在國內外的影響，得到了專家學者的廣泛好評。

這期間，我與同仁們在滿族眾姓中，陸續徵集到大量彌足珍貴的薩滿神諭手抄本。這些都是研究薩滿教文化的重要實物，它在滿族眾姓中被虔誠供奉，世代傳承。最初口耳秘傳，後金創造滿文以來，使用滿文，又漸用滿文傳襲二百餘年，其中，有滿文薩滿神諭、滿漢文薩滿神諭、漢字標注滿語薩滿神諭，深刻顯示了滿文滿語在歷史變革中逐漸廢棄的文化印痕。此外，還徵集到大量滿文宗譜、祖先影像、薩滿祭祀神服、神帽、神偶等祭用文物，向世人展示了文化深邃而神秘的薩滿世界。

我自從踏上民族文化研究之路，秉承先父「千里之行始於足下」的教誨，用我的雙足走遍了白山黑水的蒼山古道，走遍了東蒙草原的千里曠野。浩瀚的三江之水濯過我的雙足；驃悍的草原駿馬載過我的行囊；松花江畔有我的宿營柳帳。在奇妙的民族歌舞和祭禮鼓樂聲中，我度過了無數個難忘的日夜。與滿族、鄂倫春族、鄂溫克族、達斡爾族薩滿、穆昆、牧民、獵手，結下了難以割捨的情誼；品嘗過他們親手烹製的各式美味佳餚；參加過他們舉辦的壽、祭、喪、嫁和歌舞比賽的民俗盛會；可愛可敬的老媽媽們為我用獾油醫治過凍傷的手腳；為我縫補過撕破的衣褲。時至今日，各族朋友溫情而慈祥的面容仍歷歷在目。

在從事我國北方薩滿文化考察的艱難歲月裏，一些志同道合的摯友為同一目標聚在一起，鍥而不捨，團結奮進，歷盡艱難，百折不撓。1980 年初春，我與石光偉先生相識，一見如故。當時「文革」後的極「左」思潮仍甚強勁。我們頂住社會輿論的壓力，不怕政治風險，訪問薩滿，為薩滿正名，是很有氣魄的。我們還四處遊

說，積極爭取多方支援，特別為薩滿們消除餘悸，促成了在北京召開建國以來首例薩滿教專題採錄會。1984 年春節剛過，我和王宏剛將九台縣莽卡滿族鄉尼瑪查氏大薩滿，七十多歲的楊世昌老人接到長春，採錄薩滿神歌。楊老一時激動，飲酒過量，突然昏倒，胃大出血，被緊急送往醫院搶救。楊老生命垂危，周圍的人們都為我們捏把汗，一旦有事，後果不堪設想。當夜病危，我遵醫囑驅車急去二百里外鄉下接來楊老妻子。宏剛在身邊護理，尿灑身上都不顧，總算搶救過來。我倆精心侍奉，轉危為安，用精誠之心從死神手裏終於救回了楊大薩滿。1986 年冬，我隨尹郁山冒大雪訪問松花江畔的滿族老屯，尋訪失傳的薩滿神本和滿族宗譜，一連走了幾個地方，方知夜深了，必須回去。當時四野一片白茫茫，雪深沒膝，交通蔽塞，二十里沒有人家。大雪仍在下，我們連夜在沒膝深的暴雪中深一腳淺一腳地行進，雙腳雙手都凍僵了，直發麻，我們極力在雪中掙扎。我們心裏都明白，不可滯留，相互擁抱著鼓勵對方，千萬不可倒下，否則有凍僵的危險。我們都凍得落淚了，衝啊衝，總算找到了江岸渡口。我們看到渡工小屋時，已變成了雪人，屋內爐火通紅，當走進小屋後，被我們行為所感動的船工們都幫我們暖身子。天亮前雙腿有了知覺，我們又徒步走回烏拉街鎮。

1994 年陰雨綿綿的初秋，河水暴漲，我同王宏剛、于國華去九台縣莽卡滿族鄉三家子村塔庫屯看望八十多歲的趙雲閣大薩滿。當時，塔庫四周小河全都暴漲，汽車無法通行。王宏剛與于國華徒步趟水走上前面小橋。此刻，大水已漫到橋面，王宏剛在水中走著，突然滑進橋邊的漩渦急流裏，全身沒入水中。橋下就是涵洞，一旦被洪水吸入涵洞，將有生命危險。就在我們驚慌失措之際，王

宏剛機敏果斷，加之水性又好，竟從漩渦中竄了上來，與洪水拼搏著爬上了岸。

上世紀 90 年代初，新加入我們調查行列的郭淑雲，秉承了我們田野調查的研究方法和工作精神，克服了重重困難而矢志不渝。1991 年 6 月中、下旬，她去哈爾濱拜訪北方民族文化專家波·少布、隋書今、徐昌翰等學者，因她丈夫出差在外，年僅 4 歲的兒子被送至姥姥家又哭鬧不止，便帶上孩子去了哈爾濱市，由她的大學同學幫助照看。當她從隋書今處得悉黑龍江省赫哲族烏日貢大會即將在饒河縣四排鄉召開，自己便毅然帶著孩子匆匆趕去訪問。到達後，孩子由當時的饒河縣吳副縣長安排，由當地幼稚園負責照看，自己一心為民族文化考察忙碌不停，當地赫哲人都非常感動。

1991 年 10 月下旬，郭淑雲在琿春騎著自行車考察薩滿文化，在由哈達門鄉平安村赴河山村近三十多里的行程中，冒著瓢潑大雨。因為下雨，河水突漲，路上無一行人，中間又有數里路沒有村莊，她只好在湍急的河流中推著車蹚著往前走。當見到村莊，見到該鄉滿族薩滿趙玉林時，她已是渾身淋漓，飢腸轆轆。當地人告訴她，河套處最易迷路，即使是當地人夜裏走路，也常常出現迷路現象。非常令人害怕。

多年來，我們就是在難以預料的重重風險中開拓前進著。我們的隊伍在不斷擴大著。在同一目標下，將北京、長春、吉林的朋友凝聚在一起，出現了有富育光、石光偉、宋和平、程迅、王宏剛、張曉光、孟慧英、郭淑雲、尹郁山、孫運來參加的北方薩滿文化調查小組。因多年並肩工作和調查，形成了以吉林省社會科學院和吉林省民族研究所富育光、王宏剛、郭淑雲為核心的研究集體，形成

了頗有影響的吉林省薩滿文化研究的中堅力量，贏得國內外學術界的好評。

回顧所走過的不平凡的科研探索歷程，難以遏止我們激動的思緒。我們衷心感激文化前賢們對中國薩滿教研究的早期探索與開拓，欽敬淩純聲先生數十年前對松花江下游赫哲族文化信仰的可貴調查，也感謝莫東寅先生早期對清代滿族薩滿教信仰的研究。特別是上個世紀五十年代我國各民族文化歷史的調查，首先對中國北方諸民族薩滿教文化的揭示，不少學者很早開始了薩滿教的研究。秋浦、呂光天、滿都爾圖、蔡家麒、劉忠波、趙復興、烏雲達賚、王肯、宋兆麟等先生都有重要論著面世，為中國薩滿教研究做出了開拓性的貢獻。二十餘年來，我們做了承前啟後、繼往開來的工作。而且，始終得到了國內著名學者楊堃、任繼愈、賈芝、曲六乙、秋浦、王承禮、汪玢玲、烏丙安、鄭天星諸先生的指導和幫助。

在多年田野考察、深入研究基礎上，從 1990 年以來，出版了多部論著，在國內外產生重要影響。1990 年我出版了《薩滿教與神話》；1991 年我與孟慧英出版了《滿族薩滿教研究》；1992 年我與王宏剛出版了《薩滿教女神》；1998 年王宏剛、關小雲出版了《鄂倫春族薩滿教調查》；2000 年我在左目失明，僅憑右眼艱難耕耘，出版了《薩滿論》；2001 年郭淑雲出版了《原始活態文化——薩滿教透視》；2001 年郭淑雲、王宏剛出版大型薩滿教畫冊《活著的薩滿》等專著，彙入我國許多學者多年來所撰寫的薩滿研究論著，有力地展示了中國學者在薩滿教研究中的斐然成就。

隨著研究隊伍的不斷壯大、研究成果的不斷面世，中國薩滿文化研究在國際上的影響日益擴大，與國際薩滿學界交往日益頻繁。

匈牙利、美國、芬蘭、英國、意大利、德國、日本、俄國、韓國、中國的港臺地區學者，紛紛來華考察、訪問、交流。我國學者的論著也被美、日、意、韓等國譯成所在國語言刊發。中國的薩滿教研究登上了國際薩滿學壇。

「九層之台起於累土」。三十年來我們以積沙成塔、積腋成裘的耐心和韌力不懈累積、蒐求、拾遺、鈎沈、整理、綜彙、昇華，終於構建起中國薩滿文化的大廈，使其巍峨突立，觀之彌高。

三十年來，我們所挖掘採擷的北方民族的古物、土語、古俗、古歌、古舞、古謠、古譚等，諸多薈萃了北方民族智慧的文化瑰寶的面世，匡正了「東夷無文」的歷史偏見。北方民族的古老文化之光，大放異彩，為不斷豐富中華民族文化寶庫做出了新的貢獻。

撫今追昔，掩卷長思。我們不能忘記，數十幾年來各族薩滿曾對我們的無私奉獻。中國薩滿文化研究能有今朝的輝煌和成績，都是他們辛勤幫助的碩果。在此，我們謹向已逝的富小昌、楊世昌、石青山、石忠軒、關文元、閻文寬、高岐山、關志遠、關柏榕、趙興亞、趙禮、何玉霖、萬世學、張玉海、傅秀廷、張榮久、關雲剛、關雲章、趙雲閣、郎貴儒、孟金福、楊文生、奧雲花爾、平果等薩滿致以最崇高的敬意。

千里之行始於足下。這永遠是我的座右銘。

富育光　謹誌
甲申五月下浣

薩滿文化論

目　錄

導　論

　　英國人類學愛德華·泰勒在其《原始文化》一書開篇即指出：「文化，或文明，就其廣泛的民族學意義來說，是包括全部的知識、信仰、藝術、道德、法律、風俗以及作為社會成員的人所掌握和接受的任何其他的才能和習慣的複合體。」❶薩滿教以其在人類文明發展中悠久的資歷，數千年凝結、綿續與承替不息的文化積澱，本身就是錯綜複雜的多文化複合體。

　　薩滿教文化歷史積澱深厚。薩滿教如同一位歷史老人，從遠古走到今天，其身上刻烙著不同時代的印跡，包含著多方面的文化因子。但是，作為一種原始氏族宗教，薩滿教所固有的穩定性、保守性、內向性等特質，使其諸多原始觀念、祭祀禮儀和多種原始文化形式通過薩滿教特殊的傳承方式得以承襲下來，並世代存續。正如列維·布留爾所說：「這種思維是穩定、停滯的、差不多是不變的，不但在其本質因素上而且也在其內容上，乃至在其表象的細節上都是這樣。」❷正是基於這一點，人們視薩滿教為北方原始文化

---

❶　〔英〕愛德華·泰勒《原始文化》，連樹聲譯，上海文藝出版社 1992 年版，第 1 頁。

❷　〔法〕列維·布留爾《原始思維》，丁由譯，商務印書館 1987 年版，第 102 頁。

的母源和載體，薩滿教也因此成了人文學者研究原始文化的重要對象和途徑之一。

在北方先民原始社會時期，薩滿教是氏族的精神核心，為全氏族及以後形成的民族集體信奉。因此，薩滿教觀念即是氏族集體意識的產物，是一種完全社會化、全民化的意識形態，是一種「集體表象」。「這種集體表象在該集體中是世代相傳；它們在集體的每個成員身上留下深刻的烙印，同時根據不同情況，引起該集體中每個成員對有關客體產生尊敬、恐怖、崇拜等感情。」❸薩滿教這種全民從屬性的特質決定著其在當時的社會生活中占居主導地位，薩滿教文化即是氏族文化的主體文化。而薩滿教所具有的包融性、綜合性、廣博性等特質，又使其融會、包含了先民們創造並傳承下來的諸多文化成就。一方面，作為氏族文化的代表和集大成者，歷代薩滿十分注重繼承和汲取前人和民間的文化成就。另一方面，薩滿教所具有的特殊地位，使其影響和滲透力無所不在。正如前蘇聯學者 Л.Н.米特羅欣所說：「在民族文化中，宗教不單純是外殼，不是通過啟蒙和教育很容易去掉的表層思想。作為一種特殊的『生活科學』，宗教已深入到人們的日常活動裏，貫穿於人們的處事態度中。」❹同時，薩滿教本身即如同一部百科全書，幾乎無所不包。作為對宇宙自然和人類自身探索的結晶，薩滿教原始觀念包含著原始哲學、原始道德、原始思維和心理意識等多方面內涵；以天穹崇拜為核心的大自然崇拜和動植物崇拜是在人們對自然和生物有了一

---

❸　同上，第 5 頁。

❹　Л.Н.米特羅欣〈宗教與民族〉，《世界宗教資料》1991 年第 2 期。

定認識的基礎上產生的，反過來又孕育了早期天文學和生物學的萌芽；曆算、醫藥、預測、文字等知識為薩滿從事祭祀、占卜、巫術、治病等神事活動所必備，客觀上促進了這些知識門類的發展；薩滿教祭祀與生產活動的相適應，不僅為人們從事生產活動作了必要的精神準備，也有助於漁獵、畜牧等生產技術與經驗的交流與傳播；被視為薩滿教經典的薩滿神詞是典型的民間口頭文學作品，它們既是原始神話、詩歌、傳說等原始文學傳承的重要源泉，又是最早記載氏族歷史、氏族地理的鄉土史志；形態各異的薩滿神偶、神像、神器、神服及其佩飾都是別具特色的造型藝術作品，展現著先民的審美情趣；作為溝通人神的特殊語言和手段，鼓樂歌舞是薩滿教祭祀的重要表現形式，許多原始音樂、舞蹈正是通過薩滿的世代吟唱舞動得以傳承至今，薩滿也因此成了最早的樂師和音樂家、舞蹈家。凡此種種，不一而足。

可見，薩滿教與原始文化是互為包融，合二為一的。薩滿教蘊涵著北方先民在漫長的歷史進程中形成的思想觀念，積澱著先民的心理意識，融會了先民們創造的原始物質文明和精神文明，保留了豐富多樣的原始文化。可以說，人類現有的主要知識門類，溯其源，大多可在薩滿教中見其發端。由此我們認為，薩滿教是原始文化的綜合體，具有綜合性的歷史文化價值。從原始文化研究的角度來看，薩滿教無疑是北方遠古社會極其珍貴的「活化石」，它如同一面透視鏡，再現著原始文化的基本面貌。

薩滿教的形成與發展，有其內在的條件和規律，並在長期的發展中，形成了薩滿教及其文化的基本特徵。

㈠薩滿教文化伴隨著原始氏族的萌生發展應運而生，是人類原

始氏族社會觀念形態的產物，有著鮮明的氏族烙印和氏族從屬性。
眾所周知，薩滿教是產生於人類原始社會時期的自然宗教信仰，是
當今世界上原始遺存形態中遺留久遠的文化「礦藏」，可謂豐盛的
寶庫。

　　薩滿教是氏族宗教。薩滿教的產生和發展是以氏族社會的氏族
制度為社會基礎的，氏族組織即是薩滿教賴以依託的組織形式。每
一位薩滿都分別屬於不同的氏族，不僅他們的命運與其所屬的氏族
息息相關，而且從某種意義上說，他們恰恰是為氏族而生的。他們
的神聖使命、崇高地位、神奇力量均由其所屬的氏族所賦予，即使
其薩滿的身份也必須得到氏族成員的承認方可獲得。因而，薩滿的
天然職責就是為氏族排憂解難，祈福禳災。用史祿國的話說，薩滿
是氏族的「安全閥」。

　　不僅如此，薩滿教所有的觀念與行為，都是在本氏族族權的嚴
格規範和制約之下存在發展著。薩滿教的神事器物及存藏修繕等均
在氏族公約控制與管理之下。在北方民族發展史上，曾出現過薩滿
兼氏族首領的階段，使族權與神權兼繫一身，倍增其在全氏族中的
顯赫地位。正因如此，薩滿教文化，成為一定民族群體生存哲理、
觀念、習俗、傳統制度與行為的集中體現，是氏族意志、權力和理
想的凝結。同時，同所有文化的共性職能一樣，薩滿教文化中有大
量神話、族訓、俚諺與警言，訓戒、鞭笞和限制怠惰、淫逸、貪
婪、懦怯、離群等異常行為，強制維護氏族和睦相親、奮志蹈進的
精神。為了氏族的生存與發展，薩滿教創造和保留下來的氏族創世
神話、祭禮祭規、祭服器皿、祭歌祭舞、氏族圖騰柱、同外族會祭
和聯絡的信號及相互領地的標記等等，均使薩滿教文化的內涵與向

心性特徵愈加突出。隨著氏族的壯大、人口的繁衍，產生眾多分支體系，並在此基礎上，形成為具有共同心理素質的穩定的民族共同體。薩滿教文化雖仍承繼其固有的特徵，但最終形成一定民族的薩滿教文化綜合體。

　　㈡富有民族特性的薩滿教文化，均以該民族人神仲介的使者——薩滿們為主體，是他們世代創造、弘揚、傳承著各民族精神文化的成果。綜觀國內外薩滿教學界對「薩滿」的種種界說可知，國外學術界對薩滿的定義主要側重於從薩滿和神靈的關係與溝通方式以及薩滿的特異形態等方面予以考察，國內薩滿教學界則更多地從社會功能的角度界定薩滿。應該說，這兩方面各自從不同的側面體現了薩滿的基本特徵。然而，根據我們對北方民族薩滿教的調查，我們認為對薩滿的考察及界定，不能單一地著眼於某一方面，而應從反映薩滿本質和基本特徵的諸方面入手，即從薩滿的氏族屬性、世界觀、職能、通神方式四個方面，對薩滿進行綜合考察。基於此，筆者認為，薩滿是以其所屬的血緣和地緣小群體的利益為出發點，在人間與超自然界溝通時充當媒介，並憑藉昏迷術直接與神靈接觸，利用神靈幫助他們完成各種神事活動的宗教職能者。可以說，薩滿是薩滿教文化的代表，是薩滿教文化的創造者、體現者和實踐者。從一定意義上講，正是薩滿，構成並體現著薩滿教及其文化的典型性特徵。

　　㈢薩滿教的交流與傳播，向以本民族語言為本，發揮著本民族語言特有的魅力，並深探紮根於族眾心中。即使有的民族語言和文字漸被廢棄，但本族固有的薩滿教文化，仍以原語言文字形態傳播與沿襲著。這是薩滿教文化能夠在長期激烈的社會變革中，穩定保

持其原始性，較少失掉自身文化特質和個性的至關重要的因素，從而倍顯其民族學的價值。

語言是人類進行社會交往的重要工具和手段。各民族因自身所處的環境、生活方式、思維觀念的不同，各有獨自表意的語句、語法、語音組合結構，形成特定的語言文化區。只有熟悉和掌握一定區域的語言結構，才能構築溝通各民族之間的心靈橋樑，才可能較好領會其語言文化規律。正如前述，薩滿教是一定民族內的宗教崇拜形式，有著嚴格的迥別於外族的習俗禁忌。實行文化連續性的方法，多提倡「以語言為約」，採用族群傳統的聲韻、語態、符號乃至約定俗成的口語（個別上升氏族創用文字）等交流和輔導方式，以此達到薩滿教祭程不外泄，惟族內曉徹，世代承替不竭的目的。在薩滿教文化遺產中，保留著豐富的原始資訊傳遞法，很有人文學價值。大致有以下形式：(1)原始早期的聲、形形式。聲形，指以聲傳情，以聲代語。薩滿運用各種高、低、長、短、強、弱等不同聲調、韻律、音階，表現所崇拜宇宙物的擬態聲，顯示原始漁獵中的聯絡信號。並在此基礎上，發展成各種長調乃至長短歌。形，指薩滿教原始文化中形態各異、寓意不同的造型符號、雕刻物、特體巨偶等等。聲形文化最多保留了原始文化形態，折射出原始人類生活經歷。(2)語言形式，是薩滿教文化中最古老和最普遍的傳統交際方法。北方諸民族，自古以來喜採用木、石、革、畫等表示某種意念與寄託，多數民族沒有通用文字的習慣。口頭語言是他們傳遞情感意念最便捷的工具。從北亞、東北亞薩滿教調查資料中可知，薩滿教文化中之精神成品，保留與傳承的途徑，主要是在薩滿與薩滿之間、薩滿與族眾之間口傳心授。在不少民族中，世代成習，至今猶

存。⑶文字神諭。近世國內外學者，在我國滿族、錫伯族中徵得手抄薩滿神諭，日益引起國內外學術界的重視。滿族及其先世，古亦習用口語祭祖。迨入清季後，滿族諸姓遷徙頻仍，宗族分支，與其他民族雜居，致使滿語漸廢。為使後代綿續祭祀祖制，滿族諸姓便由族中滿漢文精通的長者或薩滿，將背誦的薩滿神語抄錄下來，詳備祭類、祭規、禁忌、常用滿語等項，為後世族人有所依循。手抄本，一般從清乾隆朝後，尤以道、咸兩朝後居多。早年多用滿文書寫，後為滿漢合璧，漸晚者則用漢字標音滿語，謬誤較多，但仍不失中國薩滿教文化研究的珍品。

　　薩滿教在氏族時代具有特殊地位，它幾乎融彙了人類所創造的物質文化和精神文化，這就決定了薩滿教具有文化綜合體的性質。這一點已為國內外學術界所認同。透過紛繁複雜的薩滿教表象，可以看出薩滿教具有豐富多彩的文化內涵。其中薩滿教思想觀念、薩滿教與自然科學的關係、薩滿教預測術、薩滿治病、薩滿教符號形態、薩滿教造型藝術、薩滿教文學、薩滿教音樂和舞蹈等方面的內容最為重要。本書即圍繞上述內容，進行分析研究，並力求對薩滿教文化的形態、特質等問題進行理論探索。

第一章　薩滿教信仰觀念

信仰觀念是薩滿教的核心和基石，是崇奉薩滿教的北方先民在漫長的歷史長河中，在與強大的自然界的抗爭中形成並逐漸豐富的。原始時代，儘管人類的思維水準十分低下，但卻喜歡、敢於探究諸如宇宙的起源、萬物的由來等有關哲學的重大問題，並做出自己的解說。這些解說既是原始神話、原始宗教觀念，同時又是哲學思想之萌芽。隨著歷史的演進、時代的變遷，各民族信仰觀念發生著程度不同的變異，薩滿教世界觀的總貌也呈千差萬別之狀。正因如此，科學地認識、梳理薩滿教的思想觀念，是一項十分必要又非常複雜、艱巨的任務。

一、宇宙觀

薩滿教宇宙觀是信仰薩滿教的北方諸民族基於對宇宙天穹的虔誠崇拜，世代觀察宇宙，不斷認識宇宙的思維結晶，是人們對宇宙認識的總概括。

(一) 宇宙起源

宇宙原初形態如何，天地又是怎樣起源的，何為宇宙萬物生成

的本原，這些都是原始人共同關心和探討的問題。許多原始民族對宇宙起源的解說多持「混沌說」。北歐神話傳講，宇宙最初混沌一團，無天、無地、無海。❶我國盤古神話亦有「天地混沌如雞子，盤古生其中，萬八千歲；天地開闢，陽清為天，陰濁為地」❷的記載。在布里亞特蒙古人中流傳久遠的《蒙古神話》❸開篇就講：在比太古還古的時代，天地不分，世間一片混沌，似浮動的雲霧，飄蕩的脂膏，輕輕蠕動，不知過了幾千幾萬年，產生了明暗清濁的物團，於是輕清之物上浮為天，重濁之物下凝為地。班劄羅夫在《黑教或稱蒙古人的薩滿教》中也指出：「蒙古人認為：天與地曾居於混沌狀態之中，而且渾為一體。」滿族創世神話《天宮大戰》則將天地未分的混沌世界比作「像水一樣流溢」的汪洋世界。創世女神阿布卡赫赫即生於水中：世上最古最古的時候是不分天不分地的水泡泡，天像水，水像天，天水相連，像水一樣流溢不定，水泡泡漸漸長，水泡泡漸漸多，水泡泡裏生出阿布卡赫赫。突厥民族也認為：「在大地形成前，到處一片汪洋，既沒有天，也沒有地，同時也沒有日月。於是，諸神之首，萬物之始，人類之父和母騰格里開拉汗創造了自己的相似之物，把它稱為人類。」❹阿爾泰神話中也傳講著：宇宙最早是水，沒有天、地、月亮、太陽。

如果說薩滿教宇宙觀對宇宙起源的探索含有某些樸素唯物主義

---

❶ 茅盾《神話研究》，百花出版社 1984 年版，第 39 頁。

❷ 徐整《三五曆記》。

❸ 〔日〕中田千畝搜集，昭和 6 年出版。

❹ 〔俄〕B.B.拉德洛夫《薩滿教及其神像》，賀靈、佟克力譯，列印稿第 6 頁。

成分的話，那麼，對萬物生成的解說則是以唯心主義神創論為出發點的。蒙古族神話傳講，是天上的九十九尊天神加固土壤，使尚處於一片漂浮狀態的地界變得平平整整。又從天上撒下草木，把按照天神模樣造的人送到地上，從此地上有了人類，有了草土生靈。滿族創世神話《天宮大戰》傳講，創世女神之一天神阿布卡赫赫與由她下身裂生出的布星女神臥勒多赫赫「同身同根，同現同顯，同存同在，同生同孕」，共同生化，創造世界萬物，育有大千。其中，阿布卡赫赫氣生雲雷，巴那姆膚生穀泉，臥勒多用阿布卡赫赫的眼睛生成日、月、小七星。人、禽、獸、花草樹木和其他自然物都是三姐妹女神創造的。

在薩滿教世界中，神是世界的主宰。神創萬物說是薩滿教神學思想在萬物形成方面的具體體現。儘管各民族對神創萬物的具體方法、途徑、先後順序各有不同的解說，但其精神實質卻是一致的，即肯定神靈在萬物起源上的創生作用。儘管如此，薩滿教對萬物形成問題的思考仍不乏閃光之處，有著可取的認識價值。

首先，對一些自然現象、特徵、民俗事象予以自圓其說的解釋。赫哲族神話《恩都力造人》對人的生命力的起源和人體特殊體態的形成有著符合邏輯的解釋：恩都力先用泥捏了一條大魚，接著又捏了十來個有鼻子有眼睛有胳膊有腿的泥人。這時天下起了雨，恩都力怕小泥人被雨淋壞，便把它們放入魚口內避雨。待到天晴，小泥人歡蹦亂跳地從魚口中自動跳出。大地上的江河、湖泊、山川的成因以及畸形人的出現都是恩都力的無意識活動（搬動泥人時碰壞了它們的胳膊、腿）的結果，泥人臉上麻點的出現是由於造人活動中

偶然遇到的一場雨造成的。❺神話傳說對人的由來及生命力的獲得、畸形人的出現予以符合邏輯的解釋。

滿族創世神話《天宮大戰》以其奇妙的構思、豐富的想像對北方天象、地理的成因,生物的起源與習性,民俗的緣起等都做了樸素、具體的解釋。如男人的生殖器與熊的生殖器相似,神話解釋為:創世之初,地母巴那姆赫赫學著天禽、地獸、土蟲的模樣造男人,慌忙之中她從身邊野熊的胯下取下一個生殖器,按在了她們已做成的男人形體的胯下。夜空中星星東升西移路線是創世三姐妹在與惡魔耶魯里鏖戰時形成的:布星女神臥勒多赫赫被耶魯里囚於地下,其布星樺皮兜也被耶魯里搶走。然而,臥勒多乃周行天地的光明神,她的光芒照得耶魯里眼睛失明,天暈地旋,耶魯里急忙將抓在手上的布星神兜從東到西拋了出去,臥勒多赫赫便從東向西追趕,奪回了布星袋。從此,星星總是從東方升起,在西方落下,年年如此。這一星移路線就是耶魯里給拋出來的。對一些古俗的解釋,不僅闡釋了民俗事象的源流,而且揭示了它們的宗教、文化意蘊。如神話傳講,惡魔耶魯里曾一度將天母阿布卡赫赫抓獲,欲霸天穹。在大難降臨之際,阿布卡赫赫的護眼女神者固魯(刺蝟神)見天地難維,便化作一朵芳香四溢、潔白美麗的芍丹烏西哈(芍藥花星),耶魯里見此奇花,愛不釋手,眾惡魔也爭搶著摘白花。但白花卻突然變成千萬條光箭,刺向耶魯里的眼睛。耶魯里終因疼痛難忍,逃回了地穴,從而使天地得以拯救。滿族婦女向有頭上戴花或插花之俗,即有驚退魔鬼之寓意。而戴花、插花、貼窗花、雕冰

---

❺　徐昌翰、黃任遠《赫哲族文學》,北方文藝出版社 1991 年版,第 45 頁。

花，尤以白芍藥花最受青睞，蓋緣於此。此外，滿族及其先世敬鳥、點冰燈、高竿掛燈等古俗，都可在神話中找到淵源，得到解釋，由此而成為滿族民俗的重要源頭。

神話對萬物生成的解說反映著先民們認識世界的思想軌跡。生存活動的需要，使原始人類不斷地認識他們賴以生存的世界，並試圖對這個大千世界做出說明。然而，思維水平的低下，又使他們只能憑藉猜測和想像對客觀世界做出解釋，即使是對已被他們認知的自然現象，也無法超越這種思維的特點。

應該承認，薩滿教神話對萬物起源及習性、特徵的解釋，是以一種特殊的方式記錄了原始先民認識世界的成果，不僅對一些具體、微觀的事物有著相當細緻的觀察和頗為準確的認識，而且對宇宙、自然的總體把握上，也有許多合理因素。如薩滿教宇宙觀中的先有天地而後有萬物的認識和「獸族百禽比人來到世上早」❻的觀念，基本上符合宇宙發展和生物進化規律，是對萬物起源較為正確的解釋。

(二) 宇宙結構

在薩滿教宇宙觀中，關於宇宙的結構模式頗具特色。宇宙是一個立體的世界，天分多層，這是薩滿教宇宙結構的基本特徵。儘管信仰薩滿教的北方諸民族對宇宙總體面貌的解釋各有不同，但卻體現著這一基本特徵。在東北亞諸民族的觀念中，「宇宙充滿了居住靈體（spiritual）的眾天體。他們自己的世界是圓盤形的，像個淺碟

---

❻　富育光《薩滿教與神話》，遼寧大學出版社 1990 年版，第 230 頁。

子，中部有一孔通向下層世界。上層世界位於中層世界即地球之上，它有一個比中層世界大許多倍的拱頂。地球即中層世界，位於水中，馱在一頭巨獸的背上，它可能是一隻龜，一條大魚，一頭公牛，或者一隻猛馬。這些動物一活動即引起地震。地球被一條寬闊的帶子圍繞著。地球上有一高柱子與上層世界相接。上層世界有許多層——三層，七層，九層，或十七層。地球的中心長著一棵『宇宙樹』，上接上層世界諸神靈的居所。」❼滿族宇宙神偶是三位創世女神和裝有神偶的橢圓柱形樺皮盒。三姐妹神是開天關地時代的創世大神，樺皮盒則代表著多層世界的一層，樺皮盒表面繪有雲朵、水、柳葉，盒底中央有一圓孔，意為與下界聯繫、溝通的路徑。

俄羅斯境內坎頓村的那乃人對宇宙結構的認識也很有特點，認為宇宙由三層組成，第一層是人世間，居住著人類及保護神瑪西和吉鳥林；第二層居住著自然界保護神努努和主要的薩滿神瑪依加媽媽；第三層，即最上一層為黃金層，這一層的統治者為三吉瑪法，他是賜給人們狩獵時的額其和神。三吉瑪法決定著人們的吉凶禍福和漁獵活動的成功與否。每年的祭天，就是祭三吉瑪法。下阿穆爾的那乃人將宇宙分為上界、人世間和下界。天上只有勞伊神、三姓神、娘娘神三位神。❽

不難看出，上述觀念更接近薩滿教宇宙觀的原始形態。儘管它

---

❼　〔匈〕迪歐塞吉〈不列顛百科全書·薩滿教〉1980 年版，于錦繡譯，《世界宗教資料》1983 年第 3 期。

❽　〔俄〕A.B.斯莫良克《薩滿其人·功能·宇宙觀》第 17 頁，轉引自張嘉賓〈赫哲人傳統的宇宙觀和天文觀〉，《黑龍江民族叢刊》1994 年第 3 期。

們互有差異，但其體現的精神實質卻是極為相近的。從中可以看出，在原始薩滿教三界宇宙觀中，宇宙三界並沒有絕對的分野，上、中、下三界都有神靈棲居，只不過其屬性、職司各不相同罷了。上界和下界的概念與現代宗教的「天堂」、「地獄」的涵義並不等同。下界也與上界、中界一樣，有山川、河流、森林，供神、亡靈狩獵、生活，絕非佛教、基督教的「地獄」概念。

　　薩滿教作為氏族宗教，具有鮮明的地域特色和氏族特色。表現在薩滿教觀念上，各民族，甚至同一民族中的各部族都有著程度不同的差異。這種差異性一方面來自地域以及生產方式的不同和文化傳統的相異，另一方面也與接受外來文化的影響有關。外來文化的影響及其程度的不同，往往成為個性特徵形成的因素之一，對薩滿教觀念的演化也有著不容忽視的作用。隨著外來文化的影響，薩滿教宇宙觀的內涵也發生了嬗變。據《清稗類鈔》記載：「薩滿教又立三界：上界曰巴爾蘭由爾查，即天堂也；中界曰額爾土土伊都，即地面也；下界為葉爾羌珠幾牙兒，即地獄也。上界為諸神所居，下界為惡魔所居，中界嘗為淨地，今則人類繁殖於此。」我國北方三江流域赫哲人的三界宇宙觀也大體與此相類：「他們分宇宙為上、中、下三界：上界為天堂，諸神所住；中界即人間，為人類繁殖之地；下界為地獄，為惡魔住所。魔鬼為世間罪人的執罰者，然造物恐其恃威而為虐行，所以遣其他諸神保護人民，使魔鬼實施其主神的命令。」❾有的民族甚至視宇宙三界為完全對立的世界。如

---

❾　凌純聲《松花江下游的赫哲族》（上冊），國立中央研究院歷史語言研究所 1934 年印，第 103 頁。

俄羅斯境內上阿穆爾河的那乃人將宇宙三界完全對立起來，認為天上諸神的重要職責便是懲罰地上的人，並形成了嚴格的懲罰制度：「居住在各層天上的神可以出於各種原因懲罰地上的人；掠走他們的靈魂，使其生病。於是，治病的薩滿便到各層天上奪回病人的靈魂。一般先是第一層天的神懲罰地上的人，如果該人罪過較重，則上交第二層天的神，照此原則，可根據罪過大小，層層上交，一直交到九層天。凡是交到九層天的，都是罪過深重，不死不足以贖罪的。」❿上述將宇宙上界、下界比作天堂、地獄以及造物、懲罰等觀念，顯然是接受佛教和其他人為宗教影響的結果。與薩滿教的原始宇宙觀念已相去甚遠，與薩滿教原始觀念中諸神平等的精神實質亦相徑庭。

薩滿教三界宇宙觀的形成源自先民們對宇宙的直觀觀察和奇妙的想像。「這和原始人仰望蒼穹日月，俯視河谷大地，人和其他動物生活中間的體驗相一致。」⓫就其產生而言，薩滿教的三界觀與具有系統理論的現代宗教的「天堂」、「地獄」觀念也迥然不同。

宇宙是一個立體世界，分上、中、下三界，每一界又分多層，這是薩滿教宇宙觀的基本思想。其中尤以「天分多層」的構想最為典型，最具特色。先民對天穹層次的構想同樣源於他們的直觀觀察。天有多高，天有多遠？這是原始人類常常思索的問題，也是他們對宇宙的最初探索。原始人類終年生活在高山之巔，每天展現在他們面前的是重重疊疊的山巒，沿著山路往前走，總感到天在遠

---

❿　〔俄〕A.B.斯莫良克《薩滿其人·功能·宇宙觀》，第 17 頁。
⓫　烏丙安《神秘的薩滿世界》，上海三聯書店 1989 年版，第 1 頁。

處，不見天邊。如果登上高處，遠觀雲海，便會得出「天外有天，雲外有雲」的直觀認識，從而產生天是無窮的、多層的觀念。

天分多層的觀念在信仰薩滿教的民族中具有普遍性，但對天界層數的構思各民族卻各不相同，表現出不同的文化傳統和民俗心理。西伯利亞各民族薩滿教觀念中的天界，有多至十二層、十六層、十七層等說法。朝鮮薩滿神諭稱頌宇宙為「三十九天」。❷錫伯族薩滿教認為，天有四十九層。該族為舉行旨在考驗新薩滿法術的上刀梯儀式所備的刀梯級數最多不得超過四十九級，❸寓意著刀梯的級數象徵著天界的層數。

如同薩滿教的其他觀念一樣，北方民族對天界的構想也是多元的。即使在同一民族中，也有著不同的說法。如我國境內的赫哲族將天分為九層，俄羅斯境內上阿穆爾的那乃人認為天分九層，下阿穆爾的那乃人則認為天不分層。突厥民族有「三十三重天」和「十七層構成天穹」的不同信仰。在滿族創世神話中，有天分十七層的解說，而在滿族另一些姓氏的薩滿教神諭中，又有「登雲天，九九層，層層都住幾鋪神」的神贊和獨特的「三界九天說」。這種差異很可能因氏族不同所致，也可能帶有地域的特點。只不過隨著歷史和社會的變遷，有些已難溯其源罷了。

同一民族對天穹層次的構思存在著差異，而不同民族對天穹層次的構思又有互見，從而形成了錯綜複雜的天穹觀念。如阿爾泰語

---

❷　〔日〕赤松智城《朝鮮巫俗的研究》。

❸　賀靈〈薩滿教及其文化〉，佟克力編《錫伯族歷史與文化》，新疆人民出版社 1989 年版，第 209 頁。

系突厥民族、南西伯利亞的圖瓦人和我國的裕固族都認為天分三十三層；滿族、突厥民族皆將天穹劃分為十七層；天有三、七、九層的說法，在我國北方鄂倫春、鄂溫克、達斡爾、赫哲、維吾爾、塔塔爾等民族中也普遍存在，反映出原始先民對事物的認識和思維方式有許多一致之處。當然，各民族之間也有互相影響、互相滲透等多方面因素。

地界是三界宇宙中的下界。與天穹相對應，大地也是多層的，從而構成了一個對稱、和諧的立體世界。維吾爾族把大地分成七層。滿族傳世神話傳講著地有九層。裕固族認為地有十八層，為惡魔和鬼魂所居。❹突厥民族則將地界比作地獄，由七層或九層構成。顯然，薩滿教關於大地層次的構思不像對天穹層次的建構那樣豐富，其內涵較原始薩滿教觀念也發生了嬗變。但其作為薩滿教三界宇宙觀的有機組成部分，與薩滿教對天穹層次的構想共同反映著先民們對他們賴以生存的世界的總體認識。

在原始薩滿教觀念中，天與地並無絕對的分野，善惡的觀念也不分明，地界也與上界、中界一樣，是一個充滿生機的世界。因而，薩滿教對地界層次的構思與各民族禁忌的數位毫無干係，反而與天穹的層數多有互見。這也從 個側面反映了原始人心日中天與地的關係，至於「十八層」地獄的觀念則顯然是受人為宗教影響的結果。

多層的天、地構成了宇宙的兩界，即天界、地界，人類和動植

---

❹　高自厚〈裕固族的哲學思想研究〉，《西北民族學院學報》1993 年第 3 期。

物棲居的中界居中，共同組成了一個完整的宇宙。宇宙三界自成系統，又彼此相通。但具體的溝通途徑，各民族又有著不同的解釋。阿爾泰地區的塔塔爾人認為，大地的中心有一個圓孔，薩滿可以由此降到下界或爬上中界。有的民族認為宇宙三界之間有一個相互連接的中心軸，這根中心軸穿過的是一個「通道」，一個「洞穴」；通過這一洞穴，高高在上的神祇能夠降臨到地面上，而死者則沈入到冥界之中；同樣，也正是通過這一洞穴，當薩滿在天界或地界中旅行的時候，他那處於癲狂狀態之中的靈魂能夠自由地飛升或者沈落。❶❺

　　天地之間有宇宙支柱支撐，或以「宇宙樹」貫通宇宙三界，成為溝通宇宙的重要途徑，這種觀念被薩滿世界的人們所普遍認同。布里亞特人認為天幕中央立有一根柱子，視為天柱，薩滿可以由此往來於天地之間。「宇宙樹」的觀念與以立柱貫通宇宙三界的象徵方法相類似，認為宇宙樹將宇宙三界連接起來，其枝杆與天界相接，而其根部則延伸至地界。至於宇宙樹的形狀、長在何處、枝叉多少等細節，各民族又有著不同的理解。

　　立杆祭天儀式是許多民族薩滿教祭禮的重要組成部分。溯其源，即是由「宇宙樹」貫通宇宙三界的觀念演化而來。所立神杆「以高為貴，取其上與天通」。❶❻通常選九尺長杆，象徵九層天。神杆頂端草把上或杆斗上有五穀與豬雜碎，供天神享用。神杆多為

---

❶❺　Mircea Eliade, 1972, *Shamanism: Archaic Techniques of Ecstasy*, Bpringeton University Press, pp259.

❶❻　《黑龍江志稿》卷六。

木制，清代滿族一些官宦人家祭天之神杆斗則為錫制。**⑰**

　　往昔，達斡爾族每年都要舉行隆重的闔族祭典，即斡米南祭典。屆時，在祭祀場地豎三根帶青枝綠葉的樺樹為神樹，上掛神偶。薩滿請神降臨，要擊鼓向神樹叩拜，人們相信神靈惠顧神壇時必先降至樹端，經神樹和特設的神路，方能降臨神壇。該儀式所具有的象徵意義和蘊含的思想觀念蓋源於「宇宙樹」通連宇宙三界的觀念。北方民族祭鄂博插柳堆石等俗，亦受此影響。薩滿死，有的民族架葬樹端，或築木棚式棺槨，上蓋柳枝或彩繪神樹，均象徵著薩滿靈魂能攀上天樹，返回天穹。

　　宇宙三界彼此通連，但能夠暢遊於宇宙三界，溝通神人，代達庶望，傳達神意者，只有具備某種特質的薩滿。薩滿是人神仲介，即人的代表，神的使者。薩滿的神威、神力就在於他們能夠溝通宇宙三界，從而成為洞悉天機，曉徹神諭的特殊人物。薩滿在三界宇宙觀中佔有重要位置，憑藉薩滿的神力，宇宙三界相通的思想得以實現。換言之，在三界宇宙中，薩滿暢通於三界之間的超人技能得到了施展的天地。因此，在薩滿教觀念與儀式中，薩滿便與天穹結下了不解之緣。

　　「薩滿」一詞的原義即與天穹有著密切的聯繫。「薩滿」係通古斯語。我國北方通古斯語族中的滿、鄂倫春、鄂溫克、赫哲、錫伯等民族，至今稱本民族薩滿教祭司為「薩滿」。根據這些民族語言志資料考證，「薩滿」一詞的詞根均為「知道」、「知曉」之

---

⑰　M.Lovadina *Manchu Shamanic material Rediscovered*，1998 年意大利版，第 82 頁。

意。滿族薩滿史詩《烏布西奔媽媽》釋「薩滿」一詞為「曉徹」，即最能通達、瞭解神意的人。語言學、民族學對「薩滿」一詞解釋的契合，足以說明這種解釋更接近「薩滿」一詞的原義。而薩滿所以被視為最能通曉神意的特殊人物，正是基於人們確信他們具有貫通宇宙的超人本領。

　　從北方民族對薩滿的其他稱謂中，也可看到薩滿教宇宙觀的影響。在滿族一些姓氏的薩滿神諭中，稱薩滿為「阿巴漢」、「烏漢睞夫」，這與《三朝北盟會編》所記載的女真語稱「珊蠻」為「烏達舉」是一致的。「烏達」、「烏漢」皆為滿語「阿布卡」（天）一詞的音轉，漢意為天的奴僕、天的使者。滿族一些薩滿神話也傳講世上第一個薩滿是天神派來的，或是天神命神鷹變幻來的。因而，薩滿是宇宙的驕子、天穹的裔種。在西部裕固族中，稱裕固族薩滿為「艾勒者」，意為「使者」，[18]即薩滿是交往於人、神之間的使者。在蒙古族薩滿中，有一種專事祭祀的巫師，被稱為「幻頓」。據傳說，幻頓是天的外甥，能「叫天」、「降天」，這與《蒙古秘史》所載「結袥博」——「通天巫」極為相近。[19]土耳其學者阿·伊南曾說過：「薩滿（喀木）是在騰格里、鬼神和人之間起媒介作用的人。」[20]上述語言志方面的資料恰為此結論提供了佐

---

[18]　陳宗振、雷選春〈裕固族中的薩滿——祀公子〉，《世界宗教研究》1985年第 1 期。

[19]　白翠英、邢源、福寶琳、王笑《科爾沁博藝術初探》，哲裏木盟文化處1986 年編，第 28 頁。

[20]　〔土〕阿·伊南〈薩滿教今昔〉，中國社會科學院民族研究所《薩滿教研究》編寫組 1979 年編印，第 88 頁。

證。

　　薩滿教宇宙觀念在神話、故事、祭祀儀式等諸方面均有反映。薩滿升天神話和升天儀式以不同的形式再現了薩滿教宇宙觀，使之形象化、具體化。滿族薩滿故事《西林色夫》中的西林大薩滿，具有飛天本領，經過幻覺中的十日行程，即可到達東海女神鳥里色里在天穹的寓所——「洞頂金樓」。滿族薩滿史詩《烏布西奔媽媽》傳講，烏布西奔大薩滿於睡眠中魂魄乘神鼓升天，捕縛飛在天上的天鵝，並能到東海上空與雲雷搏鬥，故而使東海窩稽部七百噶珊懾服，成為勇武女罕。烏魯托依翁被雅庫特人奉為主要神明之一，「它的居住地點位於遙遠的天上，只有大薩滿才能達到那裏，而且途中需要休息三十九次」。宇宙空間廣闊無限，只有薩滿能自由地馳騁於其間。

　　在薩滿教觀念中，薩滿所以能升入天穹，與神交往，緣自薩滿能夠施展昏迷方術。昏迷術是指在薩滿祭祀、祈願的過程中，薩滿通過特定的程式進入的一種昏迷狀態，或表現的一種迷癡行為，以及在這種特殊的狀態下薩滿所具有的超人技能和顯露的超常智慧。薩滿藉此實現溝通人神的使命，並達到對氏族成員感召、凝聚、取信的目的。薩滿升天主要憑藉薩滿在昏迷狀態下所具有的旋天神功。旋天術係指薩滿能使自己的靈魂出殼，升入天穹。薩滿升天要轉「迷溜」，即旋轉，象徵飛騰貌，此時薩滿處於昏迷狀態，謂「旋天」。據調查，往昔一位氏族薩滿的產生，必須具有「三旋天」的本領，即指薩滿經過昏迷術，驅策自身魂靈有翔天入地三次往復的神功。只有這樣，才算得上合格的薩滿。至於一些德高年昭的老薩滿，則有著更高超的旋天術，可使自己魂靈巡遊的時間更

長，路途更遠。

如果說薩滿憑藉旋天術得以升天，實現了與上界交往之目的的話，那麼，薩滿與地界的溝通，則主要是通過過陰追魂、與惡魔鬥法等形式進行的。過陰追魂是薩滿的神事活動之一，通常是為患有重病，並被視為靈魂為惡魔攝走的患者而操作的。薩滿憑藉昏迷術使自己的靈魂出殼，進入地界，通過與惡魔鬥法，戰勝惡魔，奪回病者的靈魂；或通過向惡魔祈求，請其放回所拘之魂，使之回歸病人軀體，從而使病人康復。

應該說明的是，過陰追魂是薩滿與下界溝通的主要形式，它與薩滿巡天、升天神話和儀式一樣，同樣是薩滿教三界宇宙觀的體現和反映。在薩滿教原始觀念中，宇宙三界並無絕對的分野，天界與地界之間的善惡關係也不分明。這種觀念的變化從一個側面表明，薩滿教三界宇宙觀乃至其他觀念都處於一種運動變化之中，儘管這種變化相當緩慢。

(三) 天地關係

在薩滿教原始觀念中，「天」的概念十分模糊、朦朧，幾乎包括了人類之外的全部自然界。在黑龍江中下游野人女真諸部中，曾廣泛流傳著創世神話《天宮大戰》，其中對天體的狀貌作了如下的解釋：「最早最早以前，天是沒有形體的，它像水一樣流溢，像雲一樣飄渺。」這種觀念非常古樸，它以水和雲的流動性來比喻宇宙天穹的流動性，反映了原始初民對大自然直觀、簡單而又辯證的看法。也有的姓氏奉火神為天神的原始形象，與太陽和星神並重，為萬物之母。火神所以在混沌初開的創世時期被尊為天神的化身，源

自火的神威和火在先民生活中的重要地位。

　　薩滿教解釋天體的另一種傾向就是先民們充分借助想像，對天體的特徵進行解說與描繪，為我們展現了一幅幅奇妙的天穹構圖。達斡爾人認為：「天體是圓的，它像一口大鍋一樣扣在方形的大地上。」滿族有的薩滿神諭稱天是「舜莫林」的住地，即日馬馳騁之所。這是以神馬的奔馳來解釋天穹的無限變化。也有的薩滿神諭稱頌天穹為「昂阿額頓」（風嘴），將天穹喻為風的巨口。風是一種流動性極大的自然現象，原始先民將「風」與「天」聯繫在一起，很可能出於對變化多端的天穹難以預測的一種神秘感和恐懼感。

　　從上述薩滿教對天體的解釋中，我們不難看出，先民們對天體的認識和解釋，是以豐富的想像為基礎，以類比和形象描繪等形式出現的。或對天體的某些外部特徵予以形象的描寫，或藉某種具體事物以喻天體或天體的一部分，這正是原始思維所體現的鮮明的特徵。薩滿教將一幅幅關於天體的圖畫呈現在我們面前，想像之豐富、語言之生動足以表明先民們的形象思維已有了相當的發展。

　　薩滿教對大地的解釋，主要側重於對其外部特徵的描繪。蒙古族創世神話認為，大地的外緣先是圓形的，後來變成四方形。雅庫特人也認為大地的外緣是四方的，暴風巨雷都從四角吹來。達斡爾族和通古斯語族諸民族則認為大地本身就是四方的。應該說，這種天圓地方說具有相當的普遍性。

　　如果說地方說是對大地形貌的概括，那麼大地浮動說則是對大地動態的描述，它更能體現原始薩滿教觀念。滿族創世神話解釋：阿布卡恩都里用神土造地，浮行水面，讓人住在大地上。天神又怕大地沈到水底，便命三條大魚把大地馱起。突厥民族對大地飄浮的

構想則是「開拉汗創造了三條背上背著陸地的大魚」❷⃝。支撐大地的神秘動物主要是魚和龜。在我國北方達斡爾、錫伯、蒙古等族以及東北亞地區一些民族的薩滿教中，這種觀念也很普遍。地震是由於背負大地的龜累了，晃動身體而引起的。而達斡爾族神話傳說對「地震」的解釋則別具特點，認為「大地上站著一隻仙鶴，這隻仙鶴平時只是用一隻腳支著地，每隔三年換一次腳，這時大地便晃動起來，於是就發生了地震」。❷⃝

　　從上述神話傳說可見，在北方民族薩滿教觀念中，地震這種自然現象均與某種動物有關，只不過這些宇宙動物以不同的存在方式影響著宇宙的運動和變化，有的背負著大地；有的背靠大地，足撐蒼天；有的則在大地上支著地，似乎彼此之間有些矛盾，然而這正是先民的原始思維使然。在先民的眼裏，世界是有生命的、運動著的。正如列維·布留爾所指出：「我們不能在原始人的集體表象中發現任何東西是死的、靜止的、無生命的。有足夠的證據證明，所有的存在物和所有的客體，甚至非生物、無機物，甚至人的手製作的東西，都被原始人想像成能夠完成最多種多樣的行動並能受到這些行動的影響。」❷⃝薩滿教關於大地浮動的思想也正是這種思維觀念的反映。將大地的運動同某種有生命的神聖動物的活動相聯繫，試圖對「地震」這一自然現象予以生動、形象而又合乎邏輯的說

---

❷⃝　〔俄〕B.B.拉德洛夫《薩滿教及其神像》，第 10 頁。
❷⃝　金秀華〈達斡爾族哲學思想探索〉，《內蒙古社會科學》1991 年第 1 期。
❷⃝　〔法〕列維·布留爾《原始思維》，丁由譯，商務印書館 1987 版，第 71 頁。

明。

　　天和地是薩滿教三界宇宙觀的重要組成部分，薩滿教對天地形成、狀貌的解釋與描繪可謂豐富多彩。蒙古族薩滿教神歌中有「上有九十九尊天神，下有七十七尊地母，皆是慈善好施的保護神」㉔這樣尊「地」為母的贊詞。滿族薩滿教神話也尊稱大地為「巴那吉額姆」或「訥媽媽」，意為「地母」。藏姓薩滿神諭對大地母親予以禮贊：訥媽媽是全身生滿乳頭的黑髮老太太。乳頭淌的是水，黑髮是山谷，她走動的聲音是雷，她黑髮一擺就生出颶風，她吹走了日月，換上了白髮就是冬天和大雪。洞穴就是訥媽媽身上數不盡的肉窩窩，人和獸就住在肉窩裏，繁衍著子孫。鄂溫克族神話傳講：「地是母，天是父。藏文祭神書稱天為父，地為母，兒子為駿馬。」㉕由此不難看出，地屬陰地為母的觀念在薩滿教原始觀念中佔有主導地位。明確這一點，對於認識薩滿宇宙觀中的天地關係至關重要。

　　隨著社會的變遷和外來文化的影響，薩滿教觀念也發生了程度不同的演變。表現在天地關係上，便出現了由天陽地陰向天善地惡的嬗變。在許多民族中，上界與「天堂」，下界與「地獄」的概念等同，並分別被賦予光明與黑暗的屬性。日人芝田三山在《滿洲宗教志》一書中，援引了拉得羅夫在土耳其搜集到的薩滿教資料，即認為宇宙分為天國、人間和地獄。天國為光明之國，地獄為黑暗之

㉔　轉引自蘇魯格·查夫〈薩滿教與蒙古文化〉，《內蒙古社會科學》1989年第 5 期。

㉕　轉引自謝繼勝〈藏族薩滿教的三界宇宙結構與靈魂觀念的發展〉，《中國藏學》1988 年第 4 期。

國。天國住著各種天神，地獄住著各種鬼魂。這種把上界、下界與天堂、地獄等同的說法，在赫哲族、布里亞特蒙古族、裕固族、突厥諸民族中也有流傳。在薩滿傳說中，還出現了閻王、小鬼、酆都城等佛教名詞，與原始薩滿教觀念相去甚遠。

薩滿教宇宙觀念的演變還表現在對宇宙上界、下界分別賦予了光明與黑暗的內涵，開成了相互對立的格局，這種觀點在突厥民族中較為普遍，即認為：「十七層構成天穹，並象徵光明，七或九層構成地獄，而象徵黑暗」。❷❻裕固族對這種二元宇宙觀表述得更明確，即認為天神和靈魂居於天堂，惡魔和鬼魔居於地獄。「天神為人造福，惡魔困擾人間，靈魂是老、病等正常死亡的歸宿，是受人尊敬的；鬼魂是跳房、刀砍、上吊等非正常死亡的變體，形象是可怕的」。❷❼

從薩滿教三界宇宙觀中天地關係的演變可以看出，薩滿教作為一種意識形態固然有著相對的穩定性、滯後性等特點，但歷史變遷、社會變革的印跡總會或多或少地烙在它的身上。薩滿教也自然會吸收外來文化中與本體系相融、相通或可借為己用的某些成分，以豐富自己，補充自己。這說明薩滿教並不是一個完全封閉的體系，它猶如一條歷史的巨川，融入了不同歷史時期的文化內容。當然，薩滿教所固有的本質內核則以其頑強的生命力延續著、傳承著。這是我們在考察薩滿教宇宙觀之天地關係的演變之後所得到啟

---

❷❻　〔俄〕B.B.拉德洛夫《薩滿教及其神像》，第 30 頁。

❷❼　高自厚〈裕固族的哲學思想研究〉，《西北民族學院學報》1993 年第 3 期。

示。

二、靈魂觀

靈魂觀是宗教信仰的基石。靈魂崇拜曾普遍存在於史前社會，其產生的心理根源也大體相似。從總體上看，薩滿教靈魂觀是一個由諸多元素構成的體系。它以多元又相互聯繫的循環往復的運動規律對生命現象予以解說，從而構建了特有的生死觀。不僅如此，在薩滿教靈魂觀中，靈魂結構和運動與薩滿的神事活動有著密切的聯繫。確切地說，薩滿從出生、成為薩滿以及一生的神事活動到離開人世，都與靈魂有關，受靈魂的制約。靈魂觀的影響更是廣泛而深遠，特別是對北方喪葬習俗的影響至今猶存。

(一) 三魂一體

在我國北方民族薩滿教中，「三魂」信仰被世代承繼著。各民族對「三魂」的稱謂有所不同。滿族分三魂為命魂（滿語為「發揚阿」）、浮魂和真魂（滿語稱「恩出發揚阿」）；赫哲族的三魂是生命魂（赫哲語為「奧仟」）、思想魂（赫哲語為「哈尼」）和轉生魂（赫哲語為「法揚庫」）。❷蒙古族的三魂有兩種分法，一為「主魂」、「遊魂」和「屍魂」；❷一為永存的靈魂、心底的或暫時的靈魂和轉世

---

❷　凌純聲《松花江下游的赫哲族》（上冊），第 102 頁。
❷　《中國各民族宗教與神話大詞典》，學苑出版社 1993 年版，第 451 頁。

的靈魂，**㉚**其內涵不盡相同。其他民族也有各自的靈魂名稱和內涵。儘管三魂的名稱、表現形式及內涵各民族有所差異，但其精神實質卻大體一致。

第一種魂被稱之為命魂、生命魂或主魂（為表述方便，下以「命魂」代之），鄂溫克族信奉的「伯恩」魂亦屬此魂，它是每個人與生俱有的，是一切生物維繫生命的基礎。人和動物能夠維繫生命，繁育後代，具有知覺、本能和情感，皆依賴於此魂。該魂孕育於母體之中，與人的生命同始終，生命終結時，它即離開軀體，成為沒有肉體可依附的亡魂。命魂是創造生命的神所賦予的。在薩滿教觀念中，人患病或受傷皆因此魂受到侵擾、傷害所致。

第二種魂被稱之為浮魂、遊魂或思想魂。其主要特點是可以暫時遊離於身體之外而存在和活動。它在人睡眠時離體而去，甚至可以到很遠的地方，與其他魂靈發生聯繫。人做夢就是浮魂活動的結果。此外，外力的影響也可迫使浮魂外遊，從而造成小兒驚嚇、精神失常等現象。薩滿招魂術就是針對這些現象而施行的。在滿族薩滿教觀念中，浮魂還有另一種形態，即「意念魂」。意念魂為人所特有，它是人生活於世間最重要的求知魂。人的意念、智慧、技能等都源於意念魂。所謂意念即指人的心理意識，包括期待、嚮往、憧憬、探求、默想等。通過特異的意念傳遞功夫，人們能夠將主觀的某種意念迅速傳遞、輻射與影響主體所確定的某一客體身上。其輻射、影響的深度與廣度，主要取決於主體自身功力的大小，此即

㉚ 〔蒙〕策·達賴〈蒙古薩滿教簡史〉，丁師浩、特爾根譯，中國社會科學院民族研究所《薩滿教研究》編寫組 1978 年印，第 27-28 頁。

意念魂的作用。意念魂源自人體所固有的一種潛在的本能。相距遙遠、未通資訊的親人之間能夠產生某種微妙的互應互繫的生理效應，即為意念魂活動所致。這種意念相通的現象主要存在於有血緣關係的親人之間和生命攸關的特定群體之間。一些深有造詣的老薩滿就是憑藉意念魂獲取知識和超人的技能，並藉此為氏族服務。在薩滿教觀念中，意念魂也因受外界影響而發生作用。在祭祀中，薩滿常通過祭神引來天光日光，彙於某種靈物上面，並將靈物繫在族人身上，便認為可使人由愚變智，由弱變強，這是七色陽光對意念魂作用的結果。

第三種靈魂被稱為真魂、神魂、轉生魂、轉世魂、屍魂等，其內涵不盡一致。赫哲族薩滿教認為轉生魂有創造來生的能力，是主司轉生之神所賦予的。[31]在滿族薩滿教觀念中，真魂的作用尤為顯著，它是三魂的核心，最具生命力，是永生不滅並能轉生的魂。它直接影響著命魂和浮魂，決定著人的氣質、精神、壽命和智慧。人雖死，此魂永存。蒙古族三魂觀中的屍魂是人死後守護屍體之魂，而轉世魂則具有轉世再生的功能。

三魂說是薩滿教的普遍觀念，三魂一體，密不可分，又各有所司，共同主宰著人的生、死及生命狀態。這是薩滿教對生命現象的系統闡釋，由此而形成了薩滿教的生死觀。三魂還決定著人的來世。據馬可波羅記載，古代蒙古族篤信「靈魂是不死的：當一個人一旦死去，他的靈魂立即就轉世投胎。並且這個人將來狀況依照他

---

[31]　凌純聲《松花江下游的赫哲族》（上冊），第 102 頁。

生前行為的善惡，也會變好或變壞」。**㉜**

(二) 三魂的活動特點

　　功能不同的三魂，其表現形式和活動特點也各不相同。命魂和生命的結合最為緊密，命魂受到損傷或侵害，身體就要受傷或患病。當生命結束時，命魂即離軀體而去，成為亡魂在人間遊蕩。薩滿要通過送魂、慰魂、祭奠亡魂等儀式，使其遠離故址，得其居所。在某種情況下，命魂甚至在人未死時即先行離去，或者漸漸離去，直到人死時，才徹底脫離軀體。據調查，薩滿在實踐中常常使用一些直觀、簡易的方法測試某位病重者或奄奄一息者的魂魄是否存於體內，如聽心臟跳動、嗅身體異味、撫探鼻息和口息、觸摸脈波跳動，並綜合諸種情況來加以判定，或魂已外失，或魂仍守舍，是為手摸測魂法或體熨測魂法。其測試的結果，成為薩滿施術的依據。

　　浮魂的主要特徵是遊動性。浮魂與軀體的關係遠不如命魂緊密，而是時依時離，若即若離。人在睡眠時，它能離體而去；受外力影響，它能被迫出體；受意念的驅策，它可離體外遊。浮魂在體外遊動期間，能與其他生命和其他神、魂發生聯絡。當然，浮魂離體畢竟是暫時的，如果長期離體不歸，就會出現發呆走神、昏迷不醒、精神恍惚等異常現象，薩滿則要據此施行招魂術、攝魂術，使遊離於體外的浮魂重新歸於體內。在薩滿教三魂觀中，浮魂最為活躍，與薩滿的關係也最密切。薩滿在施術時，常常要使自己的浮魂

㉜　　《馬可波羅遊記》，福建科學技術出版社 1982 年版，第 129 頁。

出體外遊，通過與有關神、魂的交往，或請求、勸說，或搏鬥、競法，最終達到神事活動的目的。可見，隨時使浮魂離體外遊是薩滿完成某些神事活動所必需的技能，薩滿也正是憑藉這一點與神溝通，獲得智慧和技能，開發內在的潛能，從而完成溝通人神的使命。

轉生魂的活動方式，各民族的解釋不盡一致。蒙古族稱此魂為「轉世的靈魂」，認為它在人死後即離開人體，依附於別的人體上，轉世再生。㉝赫哲族薩滿教認為，轉生魂在人死離體後，又回歸其來處。在回去之前，它要把生前所走的路再走一遍，男子須走七天，女子走九天。在赫哲族薩滿教觀念中，此魂的主要作用是轉生，並遵循著一定的規則：「以為好人死後仍變為人，父子互相更替不絕；次者則變為家畜；惡人則變為蒿子杆上疙瘩；永遠不得再投胎為人」。㉞滿族薩滿教對轉生魂的解釋雖也承認它具有轉生的功能，但卻認為永生性是它的主要特徵，即主張真魂是永生的魂和能轉生的魂，它平時藏於牙齒、骨竅和毛髮中。人死後，真魂不滅，永存於世。薩滿通過一定的法術就可使真魂顯現。顯然，滿族薩滿教對真魂的解釋更接近原始薩滿教的文化特質，即強調魂的永生性和再生能力，其精神實質是靈魂不滅。靈魂轉世再生觀念，特別是輪回思想主要來自佛教的影響。業報輪回思想是佛教關於人生、命運的基本理論，在民眾中頗有影響力。隨著佛教傳播的日益

㉝　〔蒙古〕策·達賴〈蒙古薩滿教簡史〉，丁師浩、特爾根譯，中國社會科
　　學院民族研究所《薩滿教研究》編寫組 1978 年印，第 28 頁。

㉞　凌純聲《松花江下游的赫哲族》（上冊），第 103 頁。

廣泛，這種影響也滲透到薩滿教觀念之中。在一些民族中，薩滿教固有的三魂觀與佛教的輪回思想巧妙地結合起來，確切地說，在薩滿教觀念中吸收了佛教某些與本體系不相悖，對本體系有補益的思想觀念，從而形成了一種新的帶有佛教思想痕跡，但仍以薩滿教固有觀念為主導的薩滿教三魂觀。無疑，這是一種晚進的信仰觀念。

在薩滿教的三魂中，浮魂最為活躍。我國北方民族多認為遊魂常以小動物的形態出現，如蜜蜂、蝴蝶、蠅、小蛇、螞蟻、蜘蛛、蜈蚣等都可能是遊魂的變體。此外，「烏麥」信仰在北方民族中相當盛行。鄂溫克族小孩得病時，便請薩滿舉行求「烏麥」（靈魂）儀式，烏麥的形象，是用木頭製成的小雀。果爾特人靈魂樹上的小雀也象徵童子魂。

靈魂的形體具有遊浮、變幻、輕柔飄移等特徵，緣於靈魂之形本為氣之所化，這是薩滿教靈魂觀的實質。魂為氣屬，又稱魂氣。滿族呼什哈里大薩滿毓昆說過：「萬物皆有魂氣，人有魂氣，樹有魂氣，鳥有魂氣，狐獸等有魂氣，石有魂氣，江有魂氣，山有魂氣，星月等有魂氣。魂氣無不有，魂氣無不在，魂氣無不升，魂氣無不降，魂氣無不流，魂氣無不遊，魂氣無不入，魂氣無不隱，魂氣無可見，魂氣卻可交，魂氣長不滅，魂氣永不消，言神不玄秘，魂氣侵體謂有神，何魂何氣為屬神，魂氣常存謂領神。」老薩滿基於神事閱歷和感悟的見解，道出了薩滿教靈魂觀的基本宗旨：萬物皆有魂；魂為氣，魂以一種氣態存在於宇宙間；作為一種氣態，魂能夠自由地升降、流移、潛入；作為一種氣態，魂又是常人無法見到的，只有薩滿能與魂相通；魂氣長存不滅，永不消散。可以說，老薩滿的一番話是對靈魂問題的感悟，一定程度上，又是對薩滿教

靈魂觀的概括和總結。無疑，為我們認識薩滿教靈魂觀，揭示薩滿
教靈魂觀的精神實質提供了難得的資料和可貴的見解。

　　魂為氣，但其稱謂又有所不同。按薩滿的解釋，人初死亡遊離
之氣為「殃」，歷久而遊離不移者曰「魂」。魂歷時愈久，其靈氣
越強，故有「初魂易伏，久魂為神」❸❺的觀念。當然，無論何種魂
氣，都是人或其他生物消亡後從體內遊離出來的一種不滅的氣態物
質，眾多的魂氣組成了浩大的氣團，遊浮、活動於宇宙之間。這個
神秘的氣團包括動、植物的魂氣、遠祖和近祖的亡魂、友鄰或敵對
氏族先祖的靈魂和逝世不久的族人的「殃」氣。據傳其形態變幻莫
測，有時呈橢圓形氣體依附某處，有時似霧氣飄移不定，顏色多為
黃褐色或黑色。靈魂也常常幻化為某種有形之物，如前面提到的
禽、獸、昆蟲、人形等。

(三) 靈魂歸宿

　　三魂的存在形式和活動特點雖各有異，但三魂均可脫離肉體而
存在，人死後其魂不滅。薩滿教靈魂觀主張靈魂為形體的主宰，靈
魂可以脫離肉體而獨立存在，人死而魂不滅，這是薩滿教靈魂觀的
實質。此外，薩滿教靈魂觀認為靈魂有所依託，有自己的歸宿。有
些原始部族認為：「靈魂的每一部分是居住在軀體的相應的器官
內。」❸❻我國北方民族薩滿教觀念認為靈魂主要居於牙齒、骨骼和
頭髮之中，因此，人的牙、骨和頭髮最有靈性。往昔，滿族先世女

---

❸❺　富希陸《璦琿祖訓遺拾》。

❸❻　〔法〕拉法格《思想起源論》，三聯書店 1978 年版，第 123 頁。

真諸部多有戴佩古俗，其中尤以野豬牙飾最受推崇。嬰兒從降生起，每年均由長輩往嬰兒搖車上掛豬牙飾物；壯年巴圖魯（勇士）胸前佩掛公野豬牙，為氏族勇士的象徵；族中秀女，多佩野豬門牙。崇尚豬牙飾凝聚著滿族先民神聖的靈骨崇拜意識。魂寓髮中的觀念，使北方先民對頭髮頗為重視。戰爭年代，如果戰士死於疆場，其髮由戰友帶回故鄉，由家人裝入盒中，或埋葬，或供奉於祖匣中，寓意著魂歸故里。

那麼，何處是浮魂外遊的去處和靈魂的歸宿呢？薩滿教觀念認為，浮魂出體外遊和人剛剛斷氣，命魂漸漸離體後，主要在宇宙間遊蕩，與其他神、魂聯絡，有時暫棲於草葉、露珠之上，山巒之間。特別是潮濕、寒冷、陰暗之地，魂魄常喜棲之。這種觀念的形成與原始先民在長期的生活實踐中積累的屍體防腐經驗有關，即認為潮濕、寒冷、陰暗之地能使人的屍體保存的時間更長一些，靈魂也必然喜居此地，忌見陽光。因而，在薩滿教觀念中，避光是靈魂棲息和遊動的重要條件。

在靈魂歸宿問題上，「靈魂歸山」的觀念曾在某些民族中承襲不衰。持此種觀念的民族，有北方古代民族烏桓和契丹族。烏桓人認為，人死後，靈魂歸於赤山。赤山，在遼東西北數千里。為使死者的靈魂最終順利到達赤山，烏桓人要為死者舉行隆重的祭禮，「至葬則歌舞相送。肥養一犬，以彩繩纓牽，並取死者所乘馬、衣物，皆燒而送之，言以屬累犬，使護死者神靈歸赤山……如中國人死者魂神歸岱山也。」❸❼契丹人素有祭山之俗，且所祭之山頗多，

---

❸❼　《後漢書》卷90〈烏桓鮮卑列傳〉。

其中黑山被視為靈魂歸宿地，並因此被奉為聖山，受到隆重的祭
祀。史載：「虜中黑山，如中國之岱宗，雲虜人死，魂皆歸此山，
每歲五京進人馬紙，各萬餘事，祭山而焚之。其禮甚嚴，不祭不敢
進山。」❸ 歸於黑山的靈魂由黑山神所管，「國主北望拜黑山，奠
祭山神。言契丹死，魂為黑山神所管。又彼人傳云：『凡死人，悉
屬此山神所管，富民亦然』」❸。

　　靈魂歸山觀念反映了古代一些狩獵民族對山林的強烈依賴感和
歸宿感。他們生於山林，畢生遊獵於山中，死後又葬於山林，因
而，魂歸於山，在他們看來則是自然的事情。

三、氣運觀

　　氣運觀念是薩滿教的核心觀念之一，它反映了北方先民對宇
宙、自然的觀察與探索，薈萃了人類認識自然並據此指導自己的社
會生活、生產實踐以及保護人類自身生存與發展的經驗。薩滿教氣
運觀念看去樸拙、簡單、淺顯，卻蘊涵著深刻的哲理，反映了人類
的原始思維觀念。薩滿教氣運觀念有著獨特的內涵和精神實質，具
有鮮明的實用性、功利性和實踐性。

(一)「氣運」內涵

　　薩滿教氣運觀念內涵十分豐富，既有對宇宙萬物生成的解說，

---

❸　厲鶚《遼史拾記》卷 13。
❸　《契丹國志》卷 27〈歲時雜記〉。

也有對自然規律的認識，又有對薩滿教的核心概念——神、魂和薩滿特質的由來等問題的解釋。

隨著先民思維能力的發展，薩滿教在對宇宙、萬物起源的闡釋上，出現了以抽象的「氣」代替具體物質的傾向，即認為：「氣是萬生之源，萬物皆從氣生氣化」，氣的千變萬化而凝成的體態即構成了世界萬物的生滅、消長、幻現等現象。氣是物質的，人隨處可以感受到它的存在。如宇宙中的大氣、人和生物的氣息、非生命物的存在形態，都是能夠驗看和感知的。這是原始人類通過對宇宙的直觀觀察而得出的結論，它雖然很淺顯，卻觸及到了宇宙的構成、萬物的本源等重大哲學問題，給宇宙萬物的起源以樸素唯物的解說。

在薩滿教觀念中，神、魂皆為氣，是宇宙間的氣化、氣運、氣凝、氣聚形態。正如滿族薩滿神諭所言：「神為氣屬，薩滿得氣、領氣、用氣為有神」。❹「萬物皆有魂氣，人有魂氣，樹有魂氣，鳥有魂氣，狐獸等有魂氣，石有魂氣，江有魂氣，山有魂氣，星月等有魂氣，魂氣無不有，魂氣無不入，魂氣無不隱，魂氣無可見，魂氣卻可交，魂氣長不滅，魂氣永不消」。❹神為氣屬，魂為氣屬。也就是說，薩滿教觀念中的「氣」與神、魂密不可分。凌純聲曾指出：「赫哲和其他的原始民族一樣，他們的宗教的基本觀點是

---

❹　滿族扈倫七姓薩滿神諭。扈倫七姓：即呼什哈里哈拉（胡姓）、那木都魯哈拉（那姓）、尼瑪查哈拉（楊姓）、何舍里哈拉（何姓）、齊古濟拉哈拉（徐姓）、蘇墨里哈拉（舒姓）、紐祜魯哈拉（郎姓）七個滿族姓氏，為東海窩稽部後裔，其薩滿教祭祀形態較為古老。

❹　滿族呼什哈里（胡姓）大薩滿毓昆所言。

屬於生氣主義。他們崇拜祖先，因為相信人和動物都有靈魂的存在；他們崇拜鬼神，因為天災人禍，冥冥中都是神鬼在那裏主宰；他們崇拜自然界，以為日、月、星、辰、山、川、草、木，都有神主管的。」❷可見，薩滿教觀念中的神、魂、氣三者密切相關，互生互補，其中以氣為核心，這是薩滿教諸種神祀、神儀多種動態的內在本質。

在薩滿教觀念中，神、魂為氣，並以不同的方式影響人類，產生有益或危害作用，只有獲得某種特質的薩滿們能夠辨識和利用這些氣體，避害逐利，為本氏族服務。如一些頗有造詣的老薩滿即能夠憑藉、汲納、施布充塞於宇宙之間的氣體，為氏族祛病除邪、占卜未來、祈福禳災，庇護子嗣。總之，薩滿能夠通過氣運、氣化來實現代達庶望，傳達神意的目的。溝通人神，祈神降神，是古代薩滿以及其他原始宗教祭司的基本特徵，薩滿正是憑藉氣運來實現和體現這一特徵的。其奧秘和機理有些與人體科學的理論相近。人體科學的理論與實踐證明：人意念專一即能從天地中汲取能量，從而產生一種神奇的力量，原始人便視此為「神」。

(二) 氣運精髓

薩滿教氣運觀的核心和精髓是對自然之氣的認知，即對山林川澤、花草樹木、禽獸蟲魚、風雨雷電、星雲、大地、冰雪等自然現象及其規律的認識，並據此判斷休咎禍福，決定本氏族的行止。由於生產力十分低下，原始人類對所生存的自然環境具有很強的依賴

---

❷　凌純聲《松花江下游的赫哲族》（上冊），第103頁。

性，不僅向自然索取衣食之源，而且，吉凶禍福、生死存亡很大程度上取決於自然環境的變化、災異的出現等等。人類為了保護自己，趨利避害，世代觀察天象和自然物候，探索自然規律，這些在薩滿教中得以保存下來。黑龍江滿族吳氏「先世自古喜書自然之氣，山川、江河、花卉、蟲、木、四季風雷、雨霓、雪雹、冰霜皆書皆記，祖制如此，世代不更。凡師凡學不單曉祭，必熟天氣」。**④③**在培訓新薩滿時，要用三天時間學觀天象，能否觀天象，是薩滿能否取得侍神資格的重要條件。

薩滿觀天象、觀自然，與自己生產生活關係密切者，觀察尤細。北方天寒，一年中有半年時間冰雪覆地，因而，北方民族尤其重視對雪氣的觀察。通過天象和自然徵候，判斷降雪的時間、降雪量的多少和何種雪降臨，此為雪兆：「天生白眼，臨雪可知；鷹岩比號，臥雪夜來；雲風動地，日有暴雪；號鳥啾啾，小雪淋淋；霜寒暖耳，隔日有雪；地氣難揚，隔宿飛霰。」**④④**通過觀測雪的形狀、味道、手感、顏色，預測天道即自然規律是否正常，有無災異、瘟疫，人畜能否平安。可見，薩滿教中的「雪氣」主要指雪的自然規律，這是北方自然科學知識的萌芽，是人類長期觀察、認識自然的經驗的積累和認識的綜合。

自然萬物皆有氣運和氣化，即自然規律，樹有樹氣，石有石氣，水有水氣，地有地氣。掌握、認識自然規律，遵循、順應自然規律辦事，人類將從中獲取極大的利益。據《吳氏我射庫祭譜》

---

④③　吳紀賢《吳氏我射庫祭譜》。
④④　吳紀賢《吳氏我射庫祭譜》。

載：「樹為地膚，萬物窺焉。宇闊疆遙，測樹易斷。地沃樹壯，地瘠樹萎，地涸樹枯，鳥獸號悲。」「石者地骨，九彩為耀。其氣最寒，諸症生焉……石氣三鑒，石白為旱，石綠為濕，石紅藏金，石明尤罕，百牲采焉」。《璦琿十里長江俗記》載：「晨露升氣為霧，山巒升氣為靄，江河升氣為霽」。這些源於生活、建立在觀察實踐基礎上的自然常識，直接指導人類的生活，並訓育後人，成為氏族寶貴的精神財富。

總之，薩滿教氣運觀內涵豐富，是人類對大自然的直觀觀察、有益探索的結晶，蘊含著珍貴的科學內核。薩滿教氣運觀與中國古代哲學史的氣論有所不同，具有強烈的功利性，目的在於解釋自然，瞭解自然，掌握自然規律，興利除弊，擇吉避凶，維護人類自身的生存與發展，具有突出的實用價值和原始樸素之特徵。

根據薩滿教的氣運觀念，氣運於內而浮於外，則其所依託的生命體才有生機。然而，人和其他物質的內在氣運活動必然在其外形上有所反映，而有所謂「氣旺」、「氣衰」之別，通稱為「氣顯」、「氣化」，即氣運的外在顯示。薩滿只要詳查該物質的外象、體態、氣味、異狀、聲響等，即可卜測其氣運情況，以此來為氏族謀福避災。

薩滿通過對周圍靜物的形態、變化的觀察，如察看高山、河流、草木等「氣勢」、「氣旺」徵象，卜測年景和族事興衰等大事，預卜氏族的休咎禍福。如薩滿通過驗測山谷洞穴泉水流向、流量、水質、顏色以及洞中的奇異音響，即能判斷山谷的氣運；從樹木枝葉的顏色、溫度，花草稈莖中溢出的汁液諸現象，可預知樹木花草的生長趨勢；根據岩石的硬度、酥碎情狀、汲水能力，便能知

曉岩石的氣數。薩滿將這些都視為物質的氣化和氣運，以此判斷卜測山川、河流、草木石礫等一切自然物的運動變化及其規律。

在薩滿教古老的祭禮中，凡舉山祭，要先由薩滿進行觀驗山氣，必擇山形壯觀，巍峨高陡，逶迤綿延、草木旺盛的高山為祭壇設立之所，被視為神靈棲居之所，所謂「青山藏神」。只有在這樣的山下建堂子、設塋地，才能氏族興旺、子孫繁盛。河祭時，先由老薩滿在太陽出升前觀河氣，選擇水面霧氣升騰、寬闊雄渾、兩岸樹草繁茂的大江大河設祭，視為水神和氏族水上守護神棲居之所。薩滿教江河祭是對為人類提供漁獵之源的富庶之水的神聖祭奠。

北方滿、鄂溫克、鄂倫春、達斡爾等族神樹祭時，通過觀察樹的形態、年輪、高矮、枝葉、鳥棲、根莖、樹向等「樹氣」，擇定粗壯高大的參天古樹為祭祀「神樹」。神樹以榆樹和柳樹為首選。榆、柳生命力極強，深為北方諸族所崇愛。

北方民族及其先世非常重視居住地的選擇。往昔，北方民族遷居時，多選擇水源、獵源、柴源並富，依山傍水的高崗之地設寨定居，視為最佳棲居之地。

卜測氏族的新居地，必由薩滿或穆昆通過觀地氣卜擇居址：

看土質，觀測土質鬆軟，地層地脈紋絡清晰，水氣濕潤、土質肥沃之地，視為土質最佳，宜於人類久居。

驗草質，根據草本根鬚生長情況來驗地氣，最為準確。如根鬚生長細密均勻，說明地氣、土質均佳；如根鬚鬆稀，此地土質必硬，是地氣不佳之象。

查水質，看水質色清澈，清甜可口，以確定水質的優劣，作為選擇居址的重要條件之一。

　　看水線，觀察河流走向，瞭解江河的水源及其流域的山川、草地、土質、植物、動物等情況，依山傍水，既得魚米水源這利，又可避免水患。

　　聽穴聲，殺牲驗地，是薩滿卜測地氣、地貌的方法之一，據此判斷該地的地旺、物阜情況。山林茂密、河水澄清，動物必然體健肥壯，既是動物繁育生息之地，也是人類擇居的佳處。薩滿經過上述多種方式卜測地氣，擇定氏族新居地後，還要舉行隆重的殺牲祭禮，將動物的頭顱作為標記，昭示此地是吉地，可世代安居。

　　薩滿觀氣是氣運觀念在實踐中的應用。它源於北方原始人類對自然的觀察。在生產力極端低下的古代，人類為了抵禦自然災害和猛獸的侵襲，為了維持自身的生存，他們首先學會了用眼、耳、口、手、身去體驗、觀察、感受、熟悉自然，包括自然地理環境及其規律、與人類共生於同一地域的各種動、植物的生息動態等等，而用眼觀察是最重要、最有效的方法。通過觀察，人類逐漸熟識並瞭解、掌握了周圍的自然物、動植物形態及其運動規律，並據此逐利避害，為己服務，最終實現保護自身的目的。

　　觀氣強調實地考察和驗證，不尚空談，很少臆斷，結論悉自詳察出，促進了北方少數民族務實精神的形成，通過薩滿的世代觀察、總結，積累了許多自然常識和生活經驗，並在薩滿教中保存至今，是一份不可多得的寶貴財富。此外，薩滿還將觀氣法用於診病、治病的醫療實踐中，即以氣問病，並採用補氣養血，調氣祛病的方法，成為薩滿治病的組成部分。

(三) 薩滿養身功

薩滿也特別注重「養身功」的修煉。薩滿所以在祭神活動中常常表現出超人的技能，如蹈火、潛水、舉重、拔樹、飛升、縱高、墜穀、穿火靴、過釘氈、滾針路、撫利刃等，被視為有神功；各族薩滿祭祀長達數日，神服重達數百斤，唱念跳躍，晝夜不歇，卻精氣足，目光明，睿志清，毫不疲憊，實際是薩滿在長期磨練中所獲得的氣化之功，俗稱「薩滿養身功」。有以下幾方面的內容：

1.**練動功**　練動功需經過艱苦的訓練，如在清晨擇清淨的高山林間，放聲闊嗓。滿族著名薩滿趙興亞老人自青年起，終日練嗓氣，風雨不輟，祭祀時聲音洪亮，十數里可聞。薩滿教觀念認為，聲音洪闊能震懾鬼神。練步，每天堅持爬山遠行，使腳步輕盈有力，身體靈活如燕；練跳躍，每天練騰身上樹、跳躍、跨越功夫；練單腳長時直立，風吹不動的本領；練敲抓鼓、甩腰鈴的協調動作，「一練五、七宿，邊唱、邊跳、邊跑、邊敲。乍學手腕子腫得像大海碗一樣粗，動一下疼得嗷嗷直叫喚，不敢攥、不敢擱的」。❹❺經過刻苦訓練，達到「能走、能跳、能跑、能攀、能爬、能滾」❹❻的程度，才能完成各種高難動作和緊張、繁重的祭祀活動。

2.**練內功**　薩滿教在長期的發展中，形成了「五要內氣養身功」，即「以內氣抵外氣，以正氣抗邪氣，以吸補清氣吐泄濁氣，以運化氣血消除疲氣，以振腹下滋昂生氣」。❹❼「五要內氣養身

---

❹❺　趙興亞薩滿訪談記錄。

❹❻　吳紀賢《吳氏我射庫祭譜》。

❹❼　吳紀賢《吳氏我射庫祭譜》。

功」正是許多老薩滿長壽，且至高齡仍頭腦清楚、記憶不減、行走提物如壯年的緣故。

3.**練力氣** 薩滿是氏族集體生產中的一員，在狩獵生產中，薩滿練就了鷹的眼力、虎的夜眼；通過提水、搬石、運木，練腕力；舉起捕縛的野牲，練臂力；擔物以練肩力。薩滿練力氣主要通過參與勞動來實現，並養成終生愛勞動的習慣。

4.**練心氣** 為氏族排難解紛是薩滿的神聖職能。因而，薩滿要練心氣、稟性，即養性修身，勿急、勿躁、勿妄、勿驕。遇事則穩、則靜、則緩、慎而度之，詳而謀之，誠而為之。為達到這個目的，薩滿很注意練心氣，即陶冶性情，磨練稟性。在新薩滿「學烏雲」時，老薩滿命眾小薩滿擊鼓，不管天氣寒熱，屯寨內外人聲多麼嘈雜，但鼓點變化有序，節奏平穩，不亂不雜。背神辭是「學薩滿」最核心、最具代表性的內容，眾薩滿跪在地上，在年期香的煙霧中，由老薩滿唱一句，眾小薩滿學一句，從早到晚，長達數日。薩滿們要互相監督、傾聽。在紛雜的環境中養心、穩心，陶冶性情，使之成為德高望重的氏族精神領袖。

往昔，北方諸族薩滿十分注重自身功法的涵養，每逢氏族大祭前，薩滿要遠離族人，在能見到星光、日光，空氣清新的山上搭起帳篷，分房獨居，渴飲山泉水，饑食野牲、野物，夏用江水、冬用雪水淨身，每天還要飲牲禽的鮮血，忘卻日常生活的諸多瑣事，靜心安排即將開始的氏族祭神大典。薩滿靜住荒野，實為「收心」之意，彷彿又回到了蠻荒的古代，這是野性的磨練，野性的召喚！使薩滿在大祭中真為眾神祇所信賴，將一幕幕神人同娛的原始祭神禮儀，激奮人心地展現在族人面前。正如一些富有經驗的老薩滿所

言：每進行一次祭祀，都相當緊張、熱烈，一連幾天幾宿吃不進飯，睡不好覺，沒有好體力、好精神都是不行的。而這些都是薩滿自幼習練，長期堅持練功的結果。

四、神祇原道觀

(一) 神道觀

　　神祇原道觀是薩滿教的神學理論和薩滿教觀念的理論基石。神祇原道觀實際是在薩滿教的長期發展中，在北方先民長期與大自然既生存競爭又密切相依的歷史進程中形成和發展的，只是由某些深有造詣的大薩滿和滿族一些文化人對此加以總結、概括而已。所謂神祇原道，是指薩滿教中的眾神在宇宙中的生成運動規律，其內在實質就是充塞於廣闊無垠的宇宙中的氣化運動及其客觀規律。薩滿們對上述問題的探索、認識和形成的簡樸的觀念意識以及圍繞這一觀念意識所形成的特定的信仰崇拜即謂薩滿神祇原道觀念，簡稱神道觀或原道觀。儘管原始先民對神祇原道的認識和解說還是朦朧的、粗淺的，而且披上了神秘的外衣，但仍不失為一種自成體系、獨具特色的神學觀念。我們研究神祇原道就是研究薩滿教的神學，換言之，亦即是探討原始人類形成神學觀念的思想基礎。

　　薩滿教神祇原道觀念是人類童年時期，原始人既依存、受制於自然，又欲擺脫自然桎梏這一特定關係的產物，是人類對宇宙、自然以及與人類的關係的最初探索。一方面，生存的艱辛，同自然鬥爭的困難，使原始人受到的精神壓抑是相當沈重的，這種精神的壓

抑,使原始人對浩渺無際的自然廣宇及其千變萬化的諸種現象產生
畏懼感和神秘感,他們相信有許多超人的精靈存在,時刻威脅、危
害著人類的生存,與人類自身作祟,從而將自然界錯綜複雜的生活
壓力予以人格化、神格化。這種對「精靈力量的信仰會很容易過渡
到對一種或多種神道的信仰。原因是,野蠻人會自然而然地把自身
所感覺到的一些情欲,一些復仇的願望或最簡單的還牙還眼的公平
觀念,一些恩愛和友好的情緒,整套而原樣地歸給這些精靈」。❹
另一方面,原始人在絕對依賴自然界而謀求生存與繁衍的條件下,
對自然界所賦予人類的光明、溫暖、飲食、衣服、居所等生存衣食
之源,產生了由衷的感激和無限的仰慕之情。原始人將這種大自然
的恩惠同樣視作神靈的惠顧和庇佑,他們用想像的思維意識將自己
與自然比作嬰兒與母親。這種對自然深深的依賴和感激之情,也使
他們視自然為神靈。原始人這種對自然恐懼、敬畏、不解、依賴、
感激、敬仰、嚮往等複雜的感情交相彙織,成為原始人萌生神念之
源,構成原始崇拜觀念產生的心理意識。同時,也成為原始人探索
宇宙、觀察自然諸種現象、思考人類與自然關係等問題的內在動
力。除此,原始人對謀求生存之源的渴望和化自然之害為自然之
利,避害逐利的憧憬,也促使他們對與人類生活息息相關的自然及
其變化規律進行細微的觀察和直觀的探索。經過一代又一代薩滿的
創造、感受、總結和完善,最終形成了薩滿教神祇神道觀念。因
此,從某種意義上說,神道觀念是原始先民,特別是其精神文化的

---

❹ 〔英〕達爾文《人類的由來》,潘光旦、胡壽文譯,商務印書館 1986 年
版,第 140 頁。

集中代表——薩滿們集體智慧的結晶。

　　神祇原道觀念源於先民特殊的思維觀念。古代先民所有的幻想的思維特徵和狹窄的視覺範圍使他們易生浩淼無垠的寰宇與人類具有相似性的觀念，具有超自然能力的眾神明也應像人世一樣有著固定的環域，有自己生活準則，只是由於人類自身渺小低能，無法企及而已。為瞭解人世與神域之間的關係，薩滿教便出現了「輸道」、「尋道」、「通道」、「修道」等概念和觀念。這便是薩滿教的「神道觀」。

　　薩滿教最基本最核心的觀念，即是泛神觀念，認為人類賴以生息的客觀廣宇及生存於其間的一切生物，即人類自身客體外的一切存在都是寓神之所，神無所不生，神無所不有，神無所不在，從而予以虔誠的崇仰和膜拜。這種泛神觀念不僅是薩滿教所有神事和儀式的思想淵藪，而且也是薩滿教神祇神道觀念的基本出發點。

　　薩滿教觀念認為：在人世之外，存在著一個眾神棲居、活動的神祇世界。所謂神，係指一般人類看不見而又確實存在的一種具備萬能力量的氣霧形幻像實體。神祇的最初含義可能是宇宙間眾生物及無生命物質的物化神、人化神、飛禽走獸化神，或者是自然界風雲雷電、山川峰巒、江河湖泊、日月星辰化神。神在宇宙間存在著、活動著、顯示著，它們自生自長，尊其本原，亙古長存，並按其獨特的神道觀念，在特定的神界中生息著。它們同人一樣有欲望、情感、意志和個性，而且又有遠高於常人的幻術和奇能，具有無所不能、無所不達、無所不有、無所不摧的超自然力量。這種神力又分類屬、區域、性質、譜系、強弱、大小、高低、遠近、善惡之別，而且神源繁雜、神名甚多。

薩滿教觀念表明：這種氣霧形幻像實體的神與人類聯繫極為密切，它往往依託於某種物質之上而長期存在，並運用其力量來影響人類和其他生物。有時某些氣體對人類產生有益效果，有時某些氣體對人類產生危害作用。只有獲得某種特質的薩滿們，能夠辨識和利用這些氣體，避害趨利，為本氏族服務。薩滿在神事活動中，能夠肯定地自感到，宇宙間有著一種幻力，衝擊和寄寓於自身實體中，忽生忽滅，忽來忽逝，影響並左右著自身的活動能量，甚至能在迷狂中完成許多常人難以承擔的超人動作。薩滿教將這種現象稱作薩滿「降神」、「有神」、「神附體」。這樣的薩滿才是實有神功的真正薩滿，只有他們方可通神，並能洞測神道，對宇宙神域中的幻像有所知、有所覺、有所聞、有所見，能隨時尋得宇宙間寓神之所，能交好宇宙泛神，能造訪宇宙神域，自由自在地出入於神人之間。老薩滿們便將達到這種境界的超人功夫稱作曉徹神祇原道。

薩滿作為人神之間的使者，主要依靠所感知的神祇原道意識並藉其神威，通過祈請眾神降臨，與人交往，影響人世，也包括祭、夢、授等其他途徑。祭請諸神時，薩滿並非祈請所有神祇，而是根據某種意願，迎請所轄司的某種職位的神屬，有什麼事，請什麼事屬的神，如此才不致於在祭祈中請來眾多的雜神，既褻瀆不恭，又達不到祭禮意願和目的。

概括而言，薩滿教神祇原道觀念包括以下三方面內容：

1.神祇原道觀念在宇宙中佔有突出地位，從時限上看，它是永恆的、無限的；從地限上看，它是無極的。

2.神祇原道與人類自身存在關係密切，二者息息相關，須與不離。人依賴於神祇神道，其生存生長、繁衍後代、吐故納新皆仰仗

於神祇神道。神祇神道充於人體內，與人交融。

3.神祇原道有自身的生成運動規律，它不受人的左右和干擾，是人類力量所不能駕馭、消減和改變的。

薩滿教神祇原道觀念雖然粗淺、樸拙、簡單、朦朧，而且不夠系統、完備，但卻是人類探索自然、企盼征服自然的大膽嘗試，體現了原始人的主觀能動性。其對「神即氣物實體」的解釋，實際上是原始人對宇宙中產生的霧氣、蒸氣、沼氣、巒氣、靄氣等一切宇宙空間中氣體的迷茫認識，具有樸素的唯物主義傾向。薩滿教神祇原道觀雖在概念上與中國古代哲學的某些範疇有相近之處，但兩者不可同日而語。薩滿教觀念仍然停留在簡單、較低級的層面上。勿庸置疑，薩滿教受強大漢文化影響的因素顯然存在，但薩滿神諭中所言之「道」，則帶有深刻的功利意念，有自己獨特的哲理內涵。

其實，在滿族一些保留大神祭家族的薩滿神諭中，「神祇原道」的詞意多有顯示。可見，「神祇原道」的概念是滿族薩滿神諭中的固有之詞，並非後世人們的杜撰。在黑龍江省孫吳縣滿族臧姓《章嘉哈喇察瑪神書》、《祭天神詞》中，有以下滿文神詞：「訥琿德恩安巴阿布卡，索闊闊羅蘇蘇筆赫」，漢意是「青天高大，神祇原道」之意。「索闊」漢譯為「神祇」，「闊羅」漢譯為「道」。「神祇原道」這一術語最早的記錄並漢譯者是富希陸先生和吳紀賢先生等幾位生活在上世紀 30 年代愛輝縣的滿族文化人，見於《富察哈喇禮序跳神錄》、《吳氏我射庫祭譜》等手抄資料中。在這些手稿中，多處提及「神祇原道」、「神祇神道」等術語。「神祇神道」，滿語為「索闊恩都闊羅」（soko endn doro）；「神祇神道」，滿語為「索闊蘇蘇闊羅」（soko susudoro）。「soko」，漢譯神祇。

「doro」，漢譯為道理、規矩、規律之意。「susu」，漢譯為故鄉、故土、故里之意。「enduri」漢譯為神。從上述滿語詞彙釋義可知，「神祇神道」、「神祇原道」的意思是一致的，即認為在人生活的世界之外還有一個神的世界，而且將它設想成同人世一樣。神祇們同人類一樣也是年復一年、日復一日有序地生活著、延續著。這種自成體系的生存軌跡，便是所謂神之「道」（滿語doro）。認為神祇是一個有意識的世界，按照他們自己既定成規的生存哲理、美善惡醜等規範，構成超世幻境，並能夠評鑒、佑助、困擾人世間的事物和生活。

近年，我們對滿族薩滿神本進行了翻譯和系統研究，發現在相當一部分家藏神本中都有關於「道」（dolo）的記述，表明諸位先輩文化人所提出的「神祇原道」之概念是有廣泛依據的。

1.吉林省永吉縣楊木鄉烏蘇瓜爾佳氏（關姓）滿文薩滿神諭中，有記述蟒神的神詞：「juru bada, hadai fejile dungi dorgi, doro baha aniya gidaha」。漢譯大意是「在雙峰洞的洞裏，年久得道(doro)」。「nadan usihai dorode」，漢譯為「七星在道」。薩滿教觀念認為，神道中至善至美至潔者為星辰所居之道，動物成神入星道，為無敵之神。該神詞兩處提及「七星規道」，均指最高神道。

2.吉林省九台市胡家鄉小韓村滿族石姓滿文薩滿神諭，在大神祭神詞中幾處提到「doro」。如：按出蘭雞渾（鷹神）tumen aniya doro bahafi(萬年得道)；金煉火龍神 tumen aniya doro bahafi(萬年得道)。❹

---

❹　宋和平《滿族薩滿神歌譯注》，社會科學文獻出版社 1993 年版，第190、215 頁。

日本東京大學東洋文化研究所珍藏的清乾隆中期滿洲《祭祀全書巫人誦念全錄》上下二冊，係迄今所知年代最早的滿文手抄圖像神諭，極為珍貴。該原件多處記述薩滿請神祭祀中要登臨神「道」：we cere doro kai（神道哉）；cakdaca doro be yarufi（引向老道）。❺⓿

不難看出，「doro」（道）一詞多見於保留大神祭家族的滿文薩滿神諭中。事實上，神本只是薩滿祭祀的備忘簡記。薩滿靈附後所講神道遠比神本記載更多更詳。上述幾例僅反映薩滿「道」的獨特涵義。「道」既反映神界神域全部內涵，同時又反映薩滿赴神界的神功、路途祈願心理，其內涵相當豐富。

(二) 薩滿神論

在研究薩滿教神祇原道觀念的同時，我們除了理解人類自身與神祇神道的關係外，還必須認識與神祇神道觀念密切相關的薩滿教重要術語——神論。神論是神祇神道內容的補充和昇華，而神道觀念的核心就在於神的意識的運化。

兀扎喇哈拉（吳姓）伯通老薩滿在薩滿神本「序言」中寫：「古曰神者申也，而余謂神者即心也，人之所思，人之所念，人之所想，人之所冀，便是神也，神無不滅，神無不有。」章佳哈拉（臧姓）六十七老薩滿在教「烏雲」的遺訓中曾說：「學薩滿要通曉之真諦，薩滿神力非求索其不可得的幻術奇能，而是要藉萬物之氣，仿萬物之能，彙萬物之力而獨攬一身，久習久練不可中輟，日

---

❺⓿　《祭祀全書巫人誦念全錄》，第72、97頁。

久石杵成針，真神即現，便謂之有神。」

四季屯富察哈拉（富姓）著名大薩滿、穆昆達依崇阿祖爺在訓示族中標棍薩滿（意即家薩滿）時云：「神也能也，神不在外，而在心也。心有則神有，心滅則神失。神處處有，神處處在，廣聚萬神獨善己身。要學勤蜂勞蟻，百草可知其藥性，百獸可知其稟性，百鳥可知其翔性，百魚可知其水性，山川星月可知其動性，不知不解不能不做，非薩滿也。」

精奇里哈拉（錢姓）著名神飛大薩滿、穆昆達闊郭突里曾說過：「余九令夢有一對白鷹落懷而得神，族人不領，欲架木焚之，火熊燃，余沖柴騰空，馳疾走竄於九株高樹之巔，不墮、不懼，如玩跳於炕上。神也，萬物之能助己用也。余後來便練輕功，跳澗跨樹自如，成為神飛薩滿」。

呼什哈里哈拉（呼姓）大薩滿毓昆則言：「萬物皆有魂氣，人有魂氣，樹有魂氣，鳥有魂氣，狐獸等有魂氣，石的魂氣，江有魂氣，山有魂氣，星月等有魂氣，魂氣無不有，魂氣無不在，魂氣無不升，魂氣無不降，魂氣無不流，魂氣無不遊，魂氣無不入，魂氣無不穩，魂氣無可見，魂氣卻可交，魂氣長不滅，魂氣永不消，言神不玄秘，魂氣侵體謂有神，何魂何氣謂屬神，魂氣常存謂領神。」

扈倫七姓光緒十六年薩滿神諭稱：「神為氣屬，薩滿得氣、領氣、用氣為有神……」。

通過上述薩滿對「神」的解釋，可以看出，薩滿教觀念中的「神」，並非後世所理解的神的概念。後世的神，多指虛幻的、迷茫的、抽象的、不可知的概念。薩滿教觀念中的神，則是在科學和

思維水平不發達的情況下，原始人無力認識客觀世界，對人體之外存在著的客觀事物作用於人這種現象無法理解，便用抽象的神的概念予以解釋。因此，「神」實際是客觀廣宇、自然萬物在人腦中的反映。薩滿對「神」、「氣」關係的闡發，是對薩滿教神祇原道觀念的補充和昇華，更具體，更直白地道出了「神即氣」這一薩滿神論的實質。可見，「神」即原始人觀念中自然現象及其運動規律。我們所說的「神論」，便是薩滿教對自然界瞬息萬變的自然現象及變化規律的綜合解釋，具有原始樸素的唯物主義觀念。

薩滿神論中將「神」視為人之所思、所念、所想、所冀，其即在人心中，久習久練，人人皆可通神。這一方面表明，原始人心目中的「神」，並非虛無飄渺的抽象概念，而是與人類息息相關的，人們用感官能夠聽到、看到、感覺到、觸摸到的具體事物在人們觀念中的反映。它更多地帶有務實意識和功利色彩，表明原始宗教與人類生存生活關係極為密切。另一方面，薩滿觀念的「神」，並非神秘不可知，只要主觀努力，神是可知可識的。這表明，人類童年時代，原始人並非被動地順從自然，而是能動地利用自然，至少是他們嚮往認識自然規律、駕馭自然的心理意識在觀念上的反映。它強調人的主觀能動性，認為世界是可知的，在自然條件和生活環境極其惡劣的原始時代，實際上成了原始人維繫生存、繁衍子嗣，與自然抗爭的信念和寄託，不僅在當時是極其難能可貴的，至今仍有借鑒和激勵人們戰勝自然的作用。

眾所周知，薩滿教觀念是通過主宰與支配祭神活動的薩滿而顯示與體現的。然而長期以來，在薩滿教學研究中，人們經常提及而又不得其解的，恰是薩滿教的精神內核和薩滿神秘玄奧、變幻莫測

的內心世界。薩滿神論是在北亞、東北亞特定的歷史地理條件下，北方諸民族薩滿們為本氏族的存在、延續與發展，在同強大的客觀自然力抗爭搏擊中世代創造、積累、演繹、豐富、薈萃和承繼著的指導全部生產生活準則的思維觀念結晶，是薩滿們一切認識和行為的精神淵藪，也是我們理解和認識薩滿教一切行為和現象的重要途徑。

第二章　薩滿教崇拜觀念與
北方自然科學的萌芽

　　原始人類為了保護自己，趨利避害並有效地進行物質生產，世代觀察天象和自然物候，探索自然規律，「各自以一定的方式適應自然，對於和他們有重要關係的事物作精密的觀察」。❶從而導致了自然科學的萌芽。薩滿作為氏族文化的代表，為氏族服務的責任心，使他們對與氏族成員安身立命至關重要的自然生態，予以極大的關注。正如弗雷澤所言：「他們應該知道得比他的同伴更多些；他們應該通曉一切有益於人與自然艱苦鬥爭所需的知識，一切可以減輕人們的痛苦並延長其生命的知識。藥物及礦物的特性；雨、旱、雷、電的成因；季節的更替；月亮的盈虧；太陽每日每年的運行；星辰的移動；生死之秘密等等，所有這一切一定都引起過這些早期哲學家的好奇，並激勵他們尋找這些問題的答案。」❷

　　原始薩滿教一個重要的社會功能便是彙集、傳承、弘揚人類認

---

❶　〔美〕羅伯特·路威《文明與野蠻》，三聯書店 1984 年版，第 266 頁。
❷　〔英〕詹·喬·弗雷澤《金枝》（上），中國民間文藝出版社 1987 年版，第 94-95 頁。

識自然、利用自然的經驗，客觀上有助於科學知識的保存與傳承。不難看出，原始薩滿教對於薈萃、傳播科學知識曾經發揮過積極的作用。

一、薩滿教天穹崇拜與天文學的萌芽

我國北方民族在長期的生產生活實踐中，也積累了豐富的天文學知識。天文學的萌芽與發展，一方面與薩滿教天穹崇拜有關。天穹崇拜以及日、月、星辰、風、雨、雷、雲、雪、虹等崇拜觀念，在薩滿教中十分突出。北方先民滿懷虔誠、熾熱的感情，世代觀測天象的運動、變化及與宇宙有關的自然現象，並將這些觀察得來的經驗與自己的生產生活實踐緊密相聯，從而掌握了一些天體、星座的變化規律，積累了十分可貴的天文學知識。

(一) 物候曆法

寒暑的變更、四季的交替，周而復始。自然界中動物和植物的生息動止多與這種變化有關，從而形成了特定的生態規律。北方民族在長期的漁獵生產中逐漸觀察、摸索出一些與自己生產生活息息相關的動植物生長變化規律，並以此指導生產，逐漸形成了以物候確定年歲、季節的自然物候曆。

史載：赫哲人「無文字，人各山居野處，無曆書，每至河冰開後，見河中有搭巴哈魚過，方知為一年」。❸「問年則數食達巴莫

---

❸　《吉林通志》卷 27，吉林文史出版社 1986 年版，第 486 頁。

嘎魚幾次以對」。❹蒙古人、韃靼人等皆以牧草的返青作為紀年的標誌。據《建炎以來朝野雜記》載：「蒙兀……不知歲月，以草青一度為一歲」。「人間其庚甲若干，則例指而數幾草青」。❺滿族先世女真人也沒有歲月概念。據宋人洪皓記載：「女真舊不知歲月」，「女真舊絕小，正朔所不及，其民皆不知紀年。問之則曰：我見草青幾度矣。蓋以草一青為一歲也。」❻

適應生產的需要，北方各族有著不同的季節概念。敖魯古雅鄂溫克人根據大興安嶺的氣候特徵和動物的活動規律，將一年劃分為六季，即打鹿胎季節；割鹿茸、擋魚晾子季節；蹲城場狩鹿季節；獵取鹿鞭、晾獸肉季節；冬獵季節；年終歲首，狩獵停止。❼鄂倫春人將一年劃分四季，即鹿胎期、鹿茸期、叫鹿圍期、打皮期。蒙古人根據草木、氣候變化安排牧業生產，形成春、秋兩時制的自然曆法。新疆哈薩克人和甘南裕固族牧民也根據季節的變化，適時進行轉換牧場和剪羊毛、配種、產羔、打草等生產。

物候曆的產生經歷了漫長的歲月和生產實踐的反覆檢驗，它直接服務於生產實踐。而原始薩滿教祭祀總是與人類的生產活動相伴隨，這就使薩滿教祭祀與季節劃分和物候曆法發生了聯繫。這一點

---

❹　曹廷傑〈西伯利東偏紀要〉，《曹廷傑集》上，中華書局 1985 年版，第116 頁。

❺　彭大雅、徐霆《黑韃紀略》。

❻　《松漠紀聞》，《長白叢書》本，吉林文史出版社 1986 年版，第 29、30頁。

❼　孔繁志《敖魯古雅的鄂溫克人》，天津古籍出版社 1989 年版，第 105頁。

正鮮明地體現出原始薩滿教所具有的社會功能。原始薩滿教祭祀最終是為了人類的生產與生活，與人類的生產活動密切相關。不僅各民族崇拜的對象依其生產重心的不同而有別，薩滿祭禮本身也與生產活動有著直接的聯繫。人們在大規模的生產活動之前舉行薩滿祭祀，從中獲得生產的信心和精神力量，為物質生產做了必要的準備。如鄂倫春族的春祭大典於每年春季舉行，旨在祈禱一年中狩獵豐收、平安吉順。祭祀結束，便開始了一年的狩獵生涯。滿族先世女真人每年秋季，遠行至外興安嶺迤東捕捉回雛鷹，進行馴養，使之成為狩獵的助手和工具。這是一項極為艱險的勞動，常常有去無回。壯士遠征前，由族中德高望重的老薩滿為之舉行隆重的祭神儀式，請神保佑他們平安、豐收而歸。祭奠了神靈，人們在精神、心理上得到了滿足，增強了信心，滿懷美好的憧憬，去從事生產活動。

祭祀與生產密切相關，而生產又受季節、物候的影響，因而，薩滿教祭祀也常常根據生產的特點，依季節舉行。如前所述，古代蒙古人適應遊牧生產的需要，將一年劃分為春、秋兩季。祭祀活動也與此一致，分為春祭、秋祭。據《魯布魯克遊記》記載：「蒙古人確實自遠古以來，就有春和秋兩個祭日」。春天，萬物復甦，牲畜開始繁育，舉行春祭，以祈禱人畜興旺。秋祭的舉行，旨在慶祝畜牧豐收，敬謝神靈庇佑。季節的劃分和人們對各季節的重視程度取決於他們的生產特點。隨著生產重心的轉移，人們對季節的觀念和物候曆法也發生了一些相應的改變，與此相伴隨，薩滿教祭祀活動也有所變化。如滿族先世女真時期主要從事漁獵生產，適應這種經濟特點和規律，女真人尤重春、秋兩季，薩滿祭禮亦於每年春、

秋定期舉行，稱常例祭。其中尤以春祭最為隆重，時稱春狩。女真人走向定居後，多以農業為主要生產方式。農耕生產的特點和漢文化的影響，使他們很快接受了春、夏、秋、冬四季劃分法和適應於農耕生產的曆法。滿族家祭的普遍流行，春祭的漸次衰微，便是在新的歷史條件下，薩滿祭祀所發生的變革。滿族家祭多在秋季舉行，人們用一年勞動所獲的豐厚祭品奉祀農神和祖先神，感謝他們庇佑子孫人壽年豐，祈求來年再賜豐年。

(二) 薩滿教星象天文圖譜與星象物候曆

　　星辰崇拜是薩滿教古老的崇拜觀念。薩滿教星辰崇拜與北方天文學的萌芽有著密切的聯繫。如果說原始人類對星辰的變化莫測產生的神秘感和人類靠幽幽星光度過長夜而產生的依賴感，是原始星辰崇拜觀念最初產生的心理根源的話，那麼，人類對自然天象的認識，對星辰運動規律的初步探索與實際應用，使星辰成為人類生活中不可或缺之物，則是星祭得以盛行並歷久而不衰的根本原因。它豐富了原始薩滿教的內容，同時，也藉助薩滿教這一載體，保留、傳承了北方先民天文學知識；它強化了人們固有的星辰崇拜意識，也使人類對自然的探索更加神聖化。星辰崇拜激發了北方先民世代觀察天象的熱情，從而積累了許多天文學知識，豐富了我國天文學的寶庫。

1.星辰崇拜觀念

　　我國北方民族對星辰的認識與他們所信仰的薩滿教密不可分，而且許多是通過薩滿教傳承下來的。這與古代先民及世界許多原始民族對星辰的認識途徑多有相似之處。

　　在薩滿教世界中，對星辰的崇拜悠遠而廣泛。首先，各民族的星神神話豐富多彩。如鄂倫春族把北斗七星稱為「奧倫博如坎」，即主管倉庫的女神。她由一位不堪丈夫虐待的鄂族婦女和高腳倉庫一起飛上天幻化成星。獵戶星座是一位百發百中的獵手被毒蛇咬死後，升天而成獵戶星。

　　哈薩克人稱昴宿星為避難星，傳說它原來在地上是一條蟲子，駱駝怕它飛走，老把它壓在腳下。有一天，駱駝站累了，想休息一下，就讓牛來接替自己，當牛站在駱駝的位置上用力壓昴宿蟲子時，昴宿蟲子就從牛蹄子的縫隙中爬了出來，一下子飛到天上去了。從這以後，地上便有了冬天。❽

　　在蒙古族各部落中，大都有三星來自「三頭神鹿」之說。據傳遠古時有位神箭手追殺三隻鹿，眼看著就要射殺的時候，突然三隻鹿升天而去，獵手立即向空中追射幾箭。鹿到了天上化為三星，它的下面還可以看到獵人放的箭。❾

　　滿族星辰神話更為古老，眾星神多為女性英雄神。布星女神臥勒多赫赫與天神阿布卜赫赫、地母巴那姆赫赫為創世三姐妹。布星女神人身鳥翅，身穿白色鳥羽皮袍，背著裝滿星星的樺皮口袋，周行天地，司掌明亮。穹宇間眾星辰所以東升西移，是由於耶魯里企圖將布星口袋騙入手中，以便獨攬星陣。布星女神用自身的光芒照射耶魯里的雙目，使其頭暈目眩，慌忙中將裝滿星星的布星袋自東往西拋了出去，布星女神便從東往西追趕，由此形成了星辰東升西

---

❽　蘇北海《哈薩克族文化史》，新疆大學出版社 1989 年版，第 380 頁。

❾　烏丙安《神秘的薩滿世界》，上海三聯書店 1989 年版，第 25 頁。

移的路線。❿有關星神神話還有許多，在一些民族中，幾乎有多少星名就有多少神話傳說，構成星辰崇拜文化的基元。

其次，北方各民族的祭星儀式別具特色。星祭以祭神娛人的形式展示了薩滿教星辰崇拜觀念，反映了北方民族對星辰和星辰與人類關係的認識。各民族星祭神祇與儀式的差異表明各民族對星辰認識水平的不同和文化的差異。北方諸民族對北斗七星的崇拜突出而普遍。但其內涵與儀式卻各不相同。蒙古族稱北斗星為「七老翁星」，奉為主司繁殖的生命之神。人們祭祀七星，祈求人丁興旺，牲畜繁殖。此外，為了求得狩獵幸運、佔有良馬以及擁有一位明君和優秀的戰爭首領，也要祭請七星，以驅逐邪氣、痛苦、惡鬼和妖魔。⓫祭祀早期要殺牲並獻酸奶子。後來則演化為於正月初七在庭院西北角舉行，屆時要在供桌上擺香爐，點著草香，燃明珠蘭（佛燈），盛上熟羊肉做供品。全家面向北斗星跪拜祈福，以求光明吉祥。⓬

錫伯族將七星視為方位神，在錫伯族先民漫長的狩獵生涯中，人們只能靠七星辨明方向。為了表達對七星神的崇拜心情，錫伯族每年陰曆十二月二十七日，宰殺一隻肥公羊祭祀七星。同時，在西屋西牆處置一小炕桌，按北斗七星的位置在桌上將點燃的七根蠟燭

---

❿　參見富育光《薩滿教與神話》，遼寧大學出版社 1990 年版，第 227-245 頁。

⓫　參見海西希《蒙古的宗教》，天津古籍出版社 1989 年版，第 463-466 頁。

⓬　波・少布《黑龍江蒙古研究》，黑龍江省民族研究所 1990 年印，第 187 頁。

擺好，家主帶一家老小點七根香跪拜，並把事先削好的七根木樁按北斗星的位置在西北牆角釘好，每一個樁上點一個面燭。 **⓭**

滿族及其先世女真人的星祭禮儀最為隆重，所反映的文化內涵也相當豐富。滿族民間說部《東海沈冤錄》記錄了滿族先民東海窩稽人的祭星情景：東海祭星一歲兩舉，可單獨祭星，亦可與祭祖合祭。初雪時祭星為禳祭冬圍豐盈；正月祭星為除祟祛瘟，祈祝康寧。初雪祭星要在那丹那位呼（俗稱七女星，昴星座）升上東天時，燃起九個木柴火堆，如同九個通天白柱，俗稱「星橋」。據傳，火柱起「神樹與天通」的作用。火又逐穢照明，可助星神不遭邪侵，夜夜明亮，為人間指路和傳遞吉音。正月祭星除有九堆火柱外，還要獻鹿、野豬、大雁、山雉等野牲。不求肥大，只要活牲，灑鮮血於山林和火堆中，並燔烤野牲肉做祭品。

滿族素有祭星之俗。史載：「祭祀典禮，滿族最重。一祭星，一祭祖」。**⓮**根據多年來我們在滿族地區的調查，往昔，滿族祭星禮儀相當普遍，也相當隆重。各地區、各姓氏的祭法、祭程不盡相同。其中，吉林地區鳳凰山麓清季拜星古禮**⓯**和黑龍江省愛輝地區「滿族徐姓祭星神書」所記載的當地滿族祭星禮儀頗有代表性，並較充分地反映出滿族薩滿教星辰崇拜的文化內涵。愛輝地區的星祭一般在冬季的夜晚舉行。祭壇設在山坡上，用潔白的冰塊砌成神聖

⓭ 參見賀靈〈原始信仰〉，《錫伯族歷史與文化》，新疆人民出版社 1989 年版，第 178 頁。

⓮ 《吉林通志》卷 27，《長白叢書》本，吉林文史出版社 1986 年版，第 475 頁。

⓯ 富育光〈滿族薩滿教星祭俗考〉，《北方民族》1988 年第 1 期。

的星壇和星塔，前有冰雕神偶守護。備有木柴堆三座，以為點燃篝火之用。山坡下設有供桌，供奉著族人敬獻的供品。地面上擺放著數十盞彩色的冰燈，均按每個星圖的圖案布列。屆時，闔族老幼紛紛參祭，燔柴祭星，殺牲獻血，禱星求福。在熊熊大火的照徹下，整個祭場如同白晝。當冬令星從東天升起，薩滿便開始念誦祭星神辭，並擊鼓喚星，族眾相和，彼此呼應，整個祭場群情激昂，使星祭達到高潮。喚星是星祭的主要內容，對所祭之星要一個一個地呼喚，喚星的順序和冬令星升起的順序一致。如當冬令領星「那丹那拉呼」（昂宿）升入中天後，薩滿擊鼓呼喚，族眾的和聲此起彼伏，聲傳數里：

> 金色的那拉呼，
> 那——拉——呼
> 眾星中的那拉呼，
> 那——拉——呼
> 萬星中的那拉呼，
> 那——拉——呼

與些同時，祭壇上也相應地掛起了彩繪著「那丹那拉呼」星圖的燈籠，並將已事先擺成的該星圖構圖的七盞冰燈點燃。地上的七女星冰燈星圖閃閃發光，與天上的星光和繪有該星圖的燈籠交相輝映，十分壯觀。祭期還要進行各種競技比賽，並會食「天火肉」，展示了原始薩滿教娛神娛人的景觀。滿族薩滿教星祭典禮形象、直觀地再現了薩滿教的思想觀念：火可與天通，以祀星神；牲血獻神

以補衛神魂，使之永葆神力，護佑族人；祭星族眾越多，布星越齊，年景越佳；祭星愈喚愈明，邪惡不侵……更為重要的是，通過祭星向後代傳授著有關星辰方面的知識，傳播著人們認識星象、認識宇宙的知識和經驗。人們在祭星中認識了星辰，通過星贊瞭解了每顆星與人類生產生活的關係，傳播了人們認識自然的經驗。這一點也正是星祭歷久盛行的真諦。

2.薩滿教星象天文圖譜

　　星辰崇拜觀念激發了北方先民在漆黑而漫長的夜晚關注星空的格局，他們從所在北方特定的地理位置觀察宇宙星空，詳察星體的移動和變化，久而久之，對日月升落，五大行星運行，恆星的方位、大小、亮度、形狀、顏色和移動顯現情況等「星象」有了一定的瞭解，又經世代總結、積累，並在薩滿教祝祭典禮中得以豐富、傳承下來。原始薩滿教綜合、總結了北方古人類認識宇宙、自然，探索自然規律的經驗與成就。在此基礎上，薩滿們更細心地觀察星象，不斷地總結勞動人民在生產生活實踐中積累的星象與生產生活關係的零星自然知識，逐漸掌握了一些星象變化的規律，並在觀測星象時，辨明了方向，認識了星象變化與季節變化的關係。

　　值得提及的是，北方民族在北方特定的地理位置觀測星空，按照自己的理解將某些星星聯繫起來，組成一個圖案，並借助想像加以命名，形成了獨具特色的星象圖譜。這些星座有些與我國漢族的二十八宿或當代天文學上通用的八十八個星座相一致，有些則不同。當然，這些星座只是整個星系中的一小部分，主要側重冬令星宿。其中有些天文圖譜的形成，與薩滿教星辰崇拜觀念密切相關，並通過薩滿教得以傳承下來。

　　鄂倫春人對星象有著獨特的解釋，並賦予狩獵文化意義。據上世紀 30 年代日本學者泉靖一先生的調查，當時鄂倫春薩滿教所解釋和提到的星座及星名主要有以下幾種。

北方星群

auran aushokta　北斗七星。

shelkan-morl ausnokta　黃馬星。在它的周圍還有四顆星以弧狀的形
　　式分佈。

kollgo aushokta　彎星。

altangattan　天軸星，即北極星。

東方星群

nadanuni aushokta　七仙女星，即天蠍座。

aldo aushokta　槍套星，為三角星。

anchunaida aushokta　野豬星，一種想像中的巨獸。

muchiaushokta　鍋星，由五星構成。

ganekin aushokta　犬星，見於黎明的半月形星座。

borkka aushokta　弓星。

niyd aushokta　箭星，與弓星在一起。

mangin aushokta　怪獸星。

南方星群

buyi aushokta　人星。

shihijanko, aushokte　槍架星（或譯為光明之星）。

omruchin aushokta　薩滿的帽飾（或譯為火星）。

西方星群

ganekin aushokta　犬星，由兩顆亮星構成。一為 shirnge，巨犬

星；另一個叫 kuri，小犬星。

hanclakan aushokta　駝鹿星，也由兩顆星構成，一為 handakan，一

為 karntokan，皆為想像中的巨獸。

bongol　銀河。

aushokta amonan　流星。

據泉靖一先生的記載，鄂倫春薩滿教所理解的天體星座大致如下圖。❶

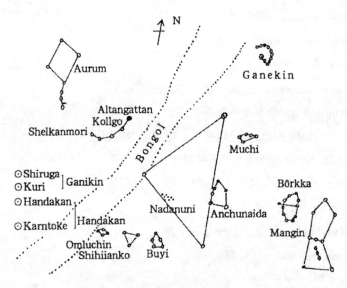

圖 1　鄂倫春族星座圖

❶　〔日〕泉靖一〈大興安嶺東南部鄂倫春調查報告〉（續），李東源譯，《黑龍江民族叢刊》1987 年第 1 期。

在北方星圖中，內容豐富、個性鮮明、自成體系者，當首推滿族薩滿教星圖。這是滿族薩滿教在長期的歷史進程中，逐漸創造、豐富並在祝祭典禮中傳承下來的星象體系。本書作者之一富育光在蔚為可觀的滿族薩滿教崇奉的星系中，經比較鑑別，剝離真偽，並與老薩滿們核證，整理出以下星圖：

星辰名稱	星位與性質	星數	星　圖	所屬星座	出現季節
阿瑪里刻烏西哈(北極星)	傍晚即見於北天，四季不變，指示方向	主星1顆，不甚明亮		小熊、大熊	四季均見
烏雲阿布凱恩都力布庫(九天神鹿星)	天空中亮星之一，由南天西移，卜吉祥、風雪	2		後發	初秋後始見，直到仲春
毛斤罕(棒星)	傍晚最早見於東天，南移後，那丹那拉呼方現，卜病瘟，辨方向	6		白羊座婁宿	初秋見於東天，天亮立於西天
托里烏西哈	卜時歲、卜獵	8		貫索	初春見於東天
瓜夫烏西哈(拐子星)	位於北天西移	7		牧夫	初秋見於北天
木都里烏西哈	位在南天地平線，橫亙東西，卜洪澇	14		天兔至波江之間	初冬見於南天
梅合烏西哈(蛇星)	鷹星右足尾下，卜歲、送	9			春節前後見於南天，除

	暖				此均不見
那丹那拉呼（七女星）	東升西落，眾星領星司命女祖神	7		昴宿 金牛座	立冬初
恩都力僧固(房架星、刺蝟星)	中天銀河中明星，西移位，司夜守宅神星，方位星	3-13		天鵝座	霜降初
塔其媽媽（蛇星、羅鍋星、斛斗星）	中天銀河中明星，東升西北落，計時星	5-8		仙后座	霜降初
托包烏西哈（窩鋪星）	東升西落，薩滿升天歇腳包（房）	10-12		英仙座 胃宿	立冬初
恩都力特克(台星)	位於南天，西移，薩滿觀測風雪候	4-15		室宿 壁宿 飛馬座	白露前後
依蘭烏西哈（三星）	東升西落，季節星，冬夜測時	3		參宿 東斗星	秋分後即見
那丹烏西哈（北斗七星）	夜計時，方位星	7		大熊座	全年皆見秋時平起於北天地平線（傍晚）
嘎思哈(達拉呆敏鷹神)	東升西落，佔據中天，東南天，西天，薩滿主祭星神，只見於秋冬，夏日不見，波江星座像條繩	明安烏西哈（幹星）		雙子、禦夫、獵戶、金牛、小犬、天狼、參宿、觜宿、畢宿、昴	秋分後子夜三時許見於西天，正月亥時見於西天

	拴著神鳥左腿			宿等合成。	
興惡里烏西哈（鼠星）	東升西落，佔據中天，西移位，冬迎日星可卜雪量風力	8-15		獅子座	秋分後
莫林烏西哈（野馬星）	東升西移，季節計時星	1-2	入冬後，傍晚即見於東天明星；戌時東方又升一明星寅時東方再升二星，天將明		秋分後
瓦丹星	東升西落，學薩滿或薩滿死必祭之天上存神器所在	4-5星不甚明，可卜雪量		烏鴉座	立冬後
尼瑪沁星（鼓星與鼓鞭星，布星女神用具）	東升西落，由中天西移，此星早出	16-20		雄羊座三角座仙女座婁宿	秋分後天將黑即見於中天
西離媽媽（鯉魚拐子星）	東升西落，位北天偏中西移。薩滿認為人變的魚星，司冰川魚族，卜驗冬日狩獵豐歉，助薩滿魂魄入水界	8-16明星不多，卜驗最難		天貓座鹿豹座	秋分後
妥親烏西哈哈（階梯星）	東升西移，方位星。薩滿認為助魂魄升天的登天梯，是位女神坐地相	6-12		室女星座後發座獵犬座角宿	立冬後見於東南天

	助姿				
烏西哈布魯古 (靈獸)	東升西移，迎日獸			牧夫座 獵犬座 後髮座	立冬後見東南天
佛朵烏西哈(柳星)	東升西移，位南天低處，人丁生育神星，卜歲瘟	8-16		柳宿	立春前始見南天低處
阿蘇烏西哈(網星)	東升西落，位於中天，西移。薩滿教獵神班達瑪發	8-12		武仙座	立冬見
尼瑪哈烏西哈(魚鈎星)	東升西落，夏季星神，後列入星宿，俗稱「暖星」，定農耕，卜豐稔	16		房宿 心宿 尾宿	小滿後

圖 2　滿族薩滿教星圖

　　從滿族薩滿教星圖、星祭與星辰神話中反映出來的內容看，該星圖在中國天文學史和宗教文化中都有著重要的地位。

　　(1)滿族薩滿教星圖較為準確地記錄了我國北方，確切地說是北緯 36° 至 50° 之間秋、冬、春天文星象及其變化規律。星圖主要包括星座名稱、星辰顆數、星位、圖像、出現季節、性質與功能等。可見，星圖的體系已相當完備，特別是明確標出每個星座的功能和對人類的作用，表明滿族先世已具有了相當程度的天文水平。該星圖是一份寶貴的天文學文化遺產。

　　(2)星圖具有鮮明的民族特色和獨特風格，是滿族薩滿教星辰崇

拜的產物。星圖中的星辰名稱都來自薩滿教，都是薩滿教星祭中祭拜的星宿神祇。其所構想的星圖主要反映了薩滿文化和狩獵文化特徵。如直接以自然、動物崇拜物構設星座圖像：刺蝟星、蛇星、鷹星、野馬星、鯉魚拐子星、靈獸星、柳星；以薩滿神器構想星圖：鼓星、瓦丹星；以創世神話中的故事和女神名稱構想星圖：毛斤媽媽、拐子星、布呼恩都力等等；網星、窩棚星則是依據捕魚工具和住宅來構畫星圖。此外，就星圖本身來說，具有鮮明的地域性、季節性、功利性等特徵。它主要記錄了北方冬季的星空格局，其中的每一星座都與人們的生產生活密切相關。這些特徵使其不同於漢族的二十八宿和巴比倫的黃道十二宮。滿族薩滿教星圖是薩滿教文化和地域文化的結晶。

(3)滿族薩滿教星圖是在長期的歷史過程中逐漸形成、完善的，它積澱著不同歷史層次的內容。從其產生來看，當在母系氏族社會晚期或向父系氏族社會過渡時期。薩滿教是氏族宗教，歷來靠口耳傳承，對星名、星圖尤忌外洩。這種神秘性和秘傳制度，決定我們難以從薩滿教以外的考古、文獻中尋找到滿族薩滿教星圖起源的任何跡象，但滿族創世神話《天宮大戰》卻為我們提供了這方面的珍貴資料。

《天宮大戰》主要講述了天地初開時，天母阿布卡赫赫與惡魔耶魯里爭奪宇宙統治權的鬥爭。神話對北方天象、自然物貌也賦予了樸素而合理的解釋。星圖中一些星座的來源即可在《天宮大戰》中找到答案。那丹那拉呼（七女星、昴宿）是布星女神用阿布卡赫赫眼睛生出，與日月同生。三星、北斗七星是突姆火神用自己身上的光毛火髮，拋到黑暗的天空中幻化而成。刺蝟星、鼠星、靈獸星、

鯉魚拐子星、塔其媽媽星都是幫助阿布卡赫赫開天闢地，卓有功績的創世神。**⑰**

《天宮大戰》神話為我們探索星圖起源提供了極為重要的資訊。上述七個星座很可能是北方先民最早認識的星宿。七女星居冬令星中心位置，由她導引冬令眾星宿東升西移。加上北方民族自古崇拜太陽升起的東方，素有東拜習俗，故而較早發現並認識了此星。三星和七星在星空中構圖明顯，又較明亮，容易辨認。就其功能來說，三星可幫助記時，七星能助人確定方向，而這兩點對原始人來說又至關重要。至於刺蝟、鼠、靈獸、鯉魚、蛇五種靈獸是薩滿教中最普遍的崇拜對象。「神的記號就是一顆星」，**⑱**憑藉神話的對象假想星圖是星圖產生的重要途徑，這一點早已被中外天文學史所證明。由此我們認為，上述七個星座名稱、星圖的產生當早於《天宮大戰》產生的時代。儘管就神話本身而論，它的最後形成經歷了漫長的歷史時期，非一個時代、某一地域的產物。然而，大凡一部創世神話，必然首先對一些重要自然現象及其規律作出符合神話創作群體思難特徵的解說，星辰當屬此類。主司星辰東升西移的布星女神臥勒多媽媽和上述七個星座的產生，正是原始初民基於對自然觀測和感性認識的基礎上，以神話的形式對自然現象作出的解釋。

《天宮大戰》是母系社會的產物。神話中女性神達三百位之多，這是一個龐大的女兒國；這個女神王國統屬關係不明顯；在惡

---

⑰ 詳見富育光《薩滿教與神話》，遼寧大學出版社1990年版，第227-245頁。
⑱ 〔英〕柴爾德《遠古文化史》，上海文藝出版社1990年版，第95頁。

魔耶魯里能自生自育這一特徵上，反映了原始宗教的兩性同體崇拜，這是氏族內婚的社會現實在神話中的體現。據此，有學者認為：「這一神話系列產生的土壤是母系氏族到父系的交替時期」。**⑲**我們由此可以推斷，上述七幅星圖的產生時代當是滿族先民母系氏族社會初期。隨著人類認識能力的提高，星辰等天文知識的積累以及薩滿教的發展，滿族薩滿教星圖不斷得到豐富。

　　應該指出的是，滿族薩滿教星圖主要體現了原始漁獵經濟文化形態。隨著滿族先世走向定居和經濟形態的改變，在星圖中，增加了祈禳農事豐稔的夏令列星，如房、心、尾、箕、亢、氐等東方蒼龍諸宿。房宿四星即《漢書》所云農祥星，主穀；心宿三星，古稱大火，民間俗稱「熱三星」。《宋史·天文志》載：「心宿三星，天之正位也」。它與冬令參宿三星相對應而不相遇，所謂「人生不相見，動如參與商」。這些農事星辰的出現，與薩滿教冬令星宿祭祀目的迥別，旨在「祈告天神壇，以祈甘雨」，「雨潦祈晴，冬旱祈雪」。這些星圖出現較晚，是農業生產出現後的產物。

　　綜上所述，筆者認為，早在滿族先民母系氏族社會初期，滿族薩滿教星圖即已具雛形。在漫長的歷史進程中，又經薩滿不斷豐富、完善，並逐漸形成。它是對不同歷史時期北方先民認識天象成果的綜合薈萃，記錄了人類觀察自然、探索自然規律的成就和艱難歷程，保留了一些極有研究價值的天文學資料，在中國天文史上，自應有其應有的地位。

　　⑷滿族薩滿教星圖也有許多局限性，這與其所具有的性質、特

---

⑲　　潛明茲〈薩滿的神話世界〉，《北方民族》1992 年第 2 期。

徵有關。季節性、功利性、地域性是滿族薩滿教星圖的主要特徵，這表明星圖不是全面地、科學地記錄星象，而是有所取捨。因而，不可能形成完備的、科學意義上的天文學體系，它畢竟是原始薩滿教的副產品。

3.星象物候曆及其應用

我國北方民族將天文學知識廣泛地用於生產與生活，總結了許多寶貴的實踐經驗。歷代薩滿將這些經驗、知識加以綜合、歸納，依憑北方夜空中出現的東升西移的星辰形態，如星辰方位、亮度、抖動、顏色及其變態，判定季節、方位、時間、氣象以及各種動植物的生態動息，並據此卜測年景和休咎禍福，決斷本氏族行止。這些做法和經驗又廣泛地應用於民間，成為北方民族寶貴的精神財富。更為重要的是，星象物候曆的發明，使人類可以根據星象的出沒、變化，來適時地安排狩獵、採集、捕魚、馴養和後期出現的農業生產。這些寶貴的科學知識和經驗，相當一部分即薈萃、融合在薩滿教中，通過星贊神諭和祝祭典禮，在氏族內部傳播。

(1)星象定季節

地球繞著太陽公轉，每一周期即是一年。由於地軸和公轉軌道面相交成一夾角，所以地球在不同的位置時，就以不同的半球對著太陽，從而產生一年四季的變化。地球繞著太陽運動，在天空上的反映，便是不同的季節出現不同的星座。而地球的周期運動，也就導致了星空格局周而復始、迴圈不已的變化規律。人類在長期觀察中，逐漸摸索、認識了這一變化規律，如季節不同，星空格局也不同，它說明每一個星座的方位隨季節、時間的變化而變化；每一個星座出現和消失的時間、方向都是固定的，年年如此。北方諸族薩

滿和族眾就是通過經驗和常識測定季節、時間、方向等。儘管他們不一定瞭解和認識星空格局及其運行規律的成因，但卻憑著世世代代積累的經驗和實際觀測，指導著生產與生活。

以物候定季節，在北方民族中應用廣泛，至今仍沿用不衰。然而，在長期觀測天象的過程中，他們發現星象定季節比物候曆更為準確。因而，在採用物候曆法的同時，北方民族也常用星象定季節。這無疑是一個進步。《北平風俗類徵》引《金台紀聞》曰：「北人驗時，以天明三星入地為河凍之候」，即三星天亮時西沈入地時的季節，正是江河開始封凍的時候。在北方民諺中，又有「斗柄指北，天下為冬」、「斗柄朝北，雪堆大腿」（極北地方民諺）、「鼠（星）見耳、風凍水兒」等，將以星象定季節的經驗進行高度概括，在民間流傳。

哈薩克族對星象特別重視，積累了豐富的天文學和星象物候曆知識。他們對昴宿星的出現與消失很關注，並據此安排一年的牧業生產：「昴宿星落地剪羊毛」，「昴宿星不落地，夏天不會來」。所謂「昴宿星落地」是指每年五月底、六月初，當太陽轉到金牛星座的方位時，就看不到昴宿星了，四十天後重新出現。哈薩克人稱這個時期為夏季。哈薩克人將「天狼星」稱為「蘇木畢列星」，此星出現，夏令已過，人們開始割麥子、打草，準備過冬的各種用品，故有「出天狼，水變涼」的諺語。

在滿族薩滿教星圖中，每一個星座的出現，都有較為明確的季節或節氣標誌，薩滿和族人即可根據不同星辰的出現，判斷季節。但滿族尤重「那丹那拉呼」即「七女星」（昴宿，金牛座）升於東天的時間。如此星傍晚時見於東天，即為晚秋初冬時節。「七女星」

為冬令領星,從立冬到驚蟄,皆由其導引冬令眾星東升西移。因此,該星的出現,標誌著北方冬天的到來。而漫長的冬季正是狩獵的黃金季節。因而,在滿族星祭中,那丹那拉呼星神備受尊崇。當該星升起後,由薩滿誦唱喚星神詞:

> 村屯迎請吉祥的神,
> 誠請那拉呼享祭肉。
> 在萬星升起的時候,
> 敬請那拉呼。
> 在千星中,
> 敬請那拉呼。
> 在獸星中,
> 敬請那拉呼。
> 在高棲雲天的鷹星和布穀鳥星中,
> 敬請那拉呼。
> 擇新月,在祖先眾星中,
> 敬請那拉呼。
> 在遠處拉出繩索,
> 敬請那拉呼。

(2)星象計時

　　北方民族白天以太陽計時,日出到日偏東南為上午,日從東南到正南為中午,日從正南到偏西是下午。為了準確地計算時間,人們還發明了日晷。在滿族薩滿教雪祭中,保留了滿族先世的測時器

——冰托利。用冰製做一個圓盤，上插木棍，放在庭院陽光下，據木棍影子的長短，即可測算時間。北方民族夜晚則觀星計時，尤以觀三星最為普遍。三星，又稱參宿，冬至節，子初三刻五分之中星。東北少數民族一般在秋分後傍晚觀看東南天空，觀星計時。三星在正南，多為子夜時分；三星偏西時為下半夜；沈入西邊，則天快亮了。赫哲族稱啟明星為「撮爾風」，當看到它在東方天空出現時，便知黎明在即。哈薩克人稱金星為啟明星，晚上守護羊群的人只要見到金星，即知天快亮了。在滿族薩滿教星圖中，也奉那丹烏西哈（三星）為計時星。其神詞為：

> 三星阿，
> 在天之南，
> 管時之星，
> 催冬獵啊，催冬獵。

莫林烏西哈（野馬星）、塔其媽媽（仙后座）也是計時星。野馬星於入冬後傍晚見於東天，當東方又升起一顆明星，是為戌時；東方又升兩顆明星時，當為寅時，天將明。塔其媽媽星（仙后座）以獨特的旋轉方式幫助人們計時。塔其媽媽星自霜降出現於北方星空，每晚入夜後升起，黎明時落下，星圖的形狀恰好顛倒過來。民間傳此星翻一個斛斗即為一宿。即先由臥形 ⁀，前傾後揚旋轉，由中天向西北移動。斜立西北天時 ⌇，當是午夜，黎明時，向另側斜立 ⌇。人們可根據其在天空中的方位、形狀，計算出入夜、前半夜、午夜、後半夜、天將明等時間。祭此星時，薩滿詠唱神詞：

　　塔其星啊，

　　在天之北，

　　計時之星，

　　翻跟斗，翻跟斗。

　　此外，也可根據鷹星的消失計時，所謂「鷹（星）落西天，日頭冒山」。

　　(3)星象定方位

　　對於狩獵、遊牧民族來說，方位的確定尤為重要。北方民族白天用太陽所在的位置判斷方向：日出於東方，落於西方。晚上，則靠星象辨別方位。如世界許多民族一樣，北方民族也在長期觀察星象的過程中，發現了北極星是一顆不動的恆星，故稱之為「金釘子」、「鐵柱子」等。夜晚，只要找到北極星，就可據此確定方位。

　　確定方位還可依據某一星座不同季節所在的固定方向。如鄂倫春族某些部落以北斗星觀測方位：春天北斗星在正東；夏天北斗星在西北；秋天北斗星在正北。[20]也可根據星座的升起與消失定方向。如巴比倫星座的獅子星座，即滿族薩滿教星圖中的興惡里烏西哈（鼠星），入冬後傍晚現於北方東天，生活在黑龍江流域和松嫩平原的北方諸族傍晚但見此星，即知其方向為東；夜間見此星的方向為南。嘎思哈星（鷹星），由雙子、禦夫、獵戶、金牛、小

犬、天狼、參宿、觜宿、畢宿、昴宿等星座組成，初夜現東南方，午夜現南方，即曉現西方。其他星座類同。

(4)星象測氣象

天氣的陰晴、冷暖、雨雪、風力等氣象變化，直接影響人類的生產，與人們的生活關係也十分密切。然而，變幻莫測的氣象受哪些因素制約，人類又是怎樣預測氣象的變化的呢？古人對此進行了長期艱難的探索。

或許由於古人對天穹的崇拜，或許由於風雨雷電等許多氣象現象都與天穹有關，總之，人類在探索這些現象時，便自然地與天象聯繫起來。經過長期觀測，人們確切發現星辰及日、月等天象變化與氣象變化有著密切的關係。《尚書·洪範》云：「星有好風，星有好雨」。孔安國注云：「箕星好風，畢星好雨」。歷代以星卜占風雨的記載亦不絕史冊。

我國北方民族在長期的觀測與實踐中，也逐漸認識到了星辰的變化與氣象的關係。並據此卜測災異、預測年成。以天象測氣象，在北方民族中相當普遍。如認為，日月有風圈將要變天，所謂「日暈三更雨，月暈午時風」。久雨而晚見亮星，次日早雨更旺。星座清晰，微星可辨，遠空天朗氣合，近期天氣晴朗。冬夜星星眨眼睛，第二天要颳風。星星灰白、擅抖，冬季寒冷。

(5)星象卜災異

觀星象測災異，在北方民族中也很普遍。鄂溫克族每年農曆十二月二十四，在天亮前看南斗星與月亮的位置，預測年成。月亮在南斗星的左上邊，來年要澇，月亮在南斗星的右上邊，來年要旱；月亮在南斗星的中間或下邊，來年雨量適宜。赫哲族通過每年十二

月或正月看南斗星和它兩邊的那顆小星星預卜水情，如這兩顆星離得遠，水位即小，離得近了，水位就大。鄂倫春人認為：月初月牙豎掛天邊要澇，平掛天邊要旱。

達斡爾族薩滿每年臘月三十晚占卜一年的年成。三十晚上十時許，天空銀河隱沒，如三天後重新出現，預示來年豐收；如一日後即出現，來年歉收。三十晚上刮西北風，來年病瘟較多，刮西南風，將發大水。❹鄂溫克族特別注重風向，如風向的改變違背了太陽運行的方向，即不是自左向右，而是自右向左時（如北風變成西風、西風變南方、南方變東風等），春季將多風多雪，災害嚴重。

在滿族薩滿教星祭與星圖中，有主司占氣象、測災異、卜冬獵的星神。如位於中天的鼠星興惡里烏西哈（獅子座），是薩滿卜雪量、測風力之星；柳星佛多烏西哈（柳宿），被奉為人丁生育神星，可卜歲瘟；鯉魚拐子星西離媽媽（天貓座、鹿豹座），可助薩滿靈魂入水界，並卜冬獵豐歉。星祭中的贊詞表達了人們對此星的認識：

> 鯉魚拐星啊，
>
> 在天之中，
>
> 卜占之星，
>
> 豐年啊，豐年。

位於南天的台星恩都力特克（飛馬座），是薩滿用以觀測風雪氣候

---

❹　郭淑雲採錄於達斡爾族薩滿楊文生老人。

的星辰。其星贊詞如下：

> 圍場星啊，
> 在天之南，
> 卜寒之星，
> 卜風啊，卜雪。

網星阿蘇烏西哈（武仙座）被敬祀為狩獵星神，卜冬獵豐歉。祭星
神詞為：

> 網星啊，
> 在天之南，
> 狩獵之星，
> 萬生啊，萬生。

人們用熾熱的情感表達著他們對星辰的虔誠崇拜之情。同時，也通
過祭星傳播著人們認識自然的經驗。

　　綜上所述，我國北方民族有著豐富的星象天文學知識。這些知
識來自實際觀測，又廣泛地應用於生產生活實踐，成為人們生產生
活不可缺少的精神財富，頗具科學價值和實用價值。其中無不凝結
著北方諸族薩滿的智慧和心血，許多天文學知識便是由薩滿加以總
結並通過祝祭典禮傳承下來的。事實上，一些深有造詣的老薩滿都
十分重視對星象的觀察，在人們的觀念中，只有薩滿對星象的觀測
才最具權威性。在長期的觀星中，還自然地形成了許多規則與禁

忌。薩滿一般在合朔日觀星。此時無月光，星象真切可識，為突出星光。冬季觀星尤以雪後為佳。雪後空氣清新，塵垢蕩滌，洞察星象尤為清晰，眾小星、微星、暗星平日難見，此刻則可辨識。此外，觀星最忌嘈雜、心亂，最好選擇遠山曠野，遠離村落，免受人犬打擾，並要靜心觀察，洞徹細微。久之，才能發現變化，掌握規律。可見，這是一項艱苦、特殊的勞動，體現了薩滿為氏族服務的宗旨和重實際觀察、講親身驗證的精神。

4.薩滿教星占與中國古代星占術之比較

薩滿教星占與中國古代星占術都是原始宗教的產物，宗教觀念、迷信與經驗、科學交織在一起。然而，就二者的精神實質而論，則是迥然不同的。中國古代星占術多以人間的禍福、政權的興亡、戰爭的勝負、個人的福壽等人事為卜測對象。薩滿教星占則始終以自然現象及其規律作為卜測的對象，它關注的是宇宙的變化、四季的更替、氣象的變幻、生產的收穫。儘管古代占星術也曾有過以自然為占卜對象的原始形態，在以後的發展中，也曾對一些自然現象進行觀察、探索，如占風、雨占等；儘管在薩滿教星神崇拜觀念中也有一些與人事有關的迷信色彩與內容，如認為天上的星是地上人的化身，即所謂「天上一顆星，地上一個人」，以及在此觀念影響下出現的向星神求子和有病向星神許願的儀式等，但薩滿教星占和中國古代星占的精神實質卻大不相同。這一點決定它們向著不同的方向發展。中國古代星占術，在階級、國家出現後，適應社會需要，便與政治相聯繫。又受中國古代學術政治倫理化的制約和影響，使預測政治、社會、人事變化等成了星占的主要內容。而星象與政治是風馬牛不相及的，其結果只能是離科學愈遠。原始薩滿教

將星象與自然聯繫起來，世代觀測，反覆驗證，從而摸索出許多自然規律，孕育了原始自然科學的萌芽。這是因為星象與自然確有聯繫，星占術促進了對二者聯繫的探索，從而向科學邁進了一步。造成這種不同的發展方向，倒不是因為薩滿教本身更科學，反而是由於它更原始，更多地保留了原始宗教的合理內核。信仰薩滿教的北方諸漁獵、遊牧民族，由於生產活動的特點，使集體勞動成為必要。而漁獵經濟主要是向大自然索取衣食之源，因而，人與自然的矛盾始終突出地表現出來，人與人之間則相對和諧，貧富分化不懸殊，人們的注意力自然投向於自然界。另一方面，原始薩滿教具有極大的功利性，總是與人類的實踐活動相適應。北方先民對星辰、對自然的認識主要來自實證、來自實際觀察。只有與他們的生產生活關係密切的自然現象才能引起他們的關注，並被他們所認識。人們對星辰的崇拜某種程度上正是基於人們對星辰有了一定的認識，反過來星辰崇拜又傳播了這種認識，促進了這種認識的完善。從而，使自然科學知識與生產生活之間的關係更加緊密，使其帶有很強的實用性。這既是薩滿教影響下北方自然科學的特徵，也是其具有一定科學性的基礎。

　　當然，薩滿教星占中的一些內容，如卜測災異、氣象等是否科學，還需要科學工作者進行觀察和科學驗證。這些星占內容對自然科學的認識，還僅僅停留在實證觀測這一層面之上，也不可能成為科學的天文學體系。這既是歷史的局限，也是原始宗教的性質所決定的。

二、薩滿教地域至上觀念與地理學的濫觴

地理環境是人類賴以生存的基礎。在人類社會早期，環境對人類的制約作用更大，人類對它的依賴性也更強。為了生存，原始人在爬山涉水，遷涉不定的採集、遊獵等艱苦勞作和抵禦野獸侵襲的生存鬥爭中，留心觀察與己息息相關的每一自然物的特徵，進而「完全熟悉自己的鄉土、自己的求食地區和圍繞著自己的自然界。」❷甚至對每一條河流、每一泓山泉、每一個山洞，每一片森林都瞭如指掌。民族學資料表明：「生活在大自然中的人們」具有超凡的掌握地理知識的能力，這主要依賴於他們的生產實踐和生物所具有的心理才能：注意力、記憶力，這些都是「人的理智方面的進步所依憑的」，遊獵生產的特殊需要強化了這種心理才能，使其得以充分顯示和發揮，表現為卓異的觀察力、熟悉地理環境能力的形成，在體質上則形成了「視力、聽力、嗅覺發達」的特徵。❷

原始人類對地域的依戀，表現在薩滿教中便是地域神的產生。北方民族主司地域安寧的神祇，其形象多為神鳥。通古斯諸漁獵民族特別崇拜鳥神，製成神偶供奉；在薩滿神服上，也有鳥神圖案或飾物，表現了它們時刻巡守著氏族的疆域，也象徵著薩滿具有司掌氏族地域安寧的神聖職能。

在滿族薩滿教神壇上，有兩位具有「地理通」之神格和神力的

---

❷　〔俄〕柯斯文《原始文化史綱》，三聯書店 1955 年版，第 159 頁。

❷　〔日〕永田珍馨《馴鹿鄂倫春族》，奧登卦譯，內蒙呼盟額爾古納左旗敖魯古雅鄂溫克族鄉政府 1985 年印，第 6 頁。

宇宙大神：德登媽媽和圖莫色媽媽。相傳，德登媽媽是天神阿布卡赫赫創世時代的女神。她身高齊天，能洞察山川大地的風吹草動和各種動物的生態動息，並能洞徹火災、山洪、兵盜等災異情況。她長著一隻高足，跳躍著行走，一跳能越過九個山頭，任何魔怪都難以逃脫她的懲罰。圖莫色媽媽也是一位地域神。她身材魁梧，長著一隻奇特的大眼睛，晝夜注視著四周的些微變化。她手持草把拂塵，用來驅掃眼前迷霧，以確保她能仰察穹宇變化，俯視地上異情，洞悉山洪、地震、雪崩、河川改道、泥石流、病瘟等災禍的來臨。薩滿祈請此神，便可知曉各種天災人禍，以防患於未然。這些高瞻遠矚、諳熟地域環境諸神祇的產生，充分說明先民們對地理環境的依賴和人類熟悉地域環境、掌握自然變異的困難以及祈求獲得瞭解和掌握地理知識的願望與追求，也體現了原始人類地域至上的觀念。

薩滿教與氏族地理的關係，還表現為薩滿教對氏族地理的記錄。在薩滿教神詞、神話、史詩等堪稱薩滿教經典的內容中，詳細記述了氏族發源地、遷徙情況以及所在地域山川江河、名貴特產等，無疑是一部別具特色的氏族鄉土志。如錫伯族《薩滿歌》，是清光緒十年十一月（1884 年）手抄本，由奇車山先生翻譯，賀靈、佟克力先生注釋並公諸於世的。神歌中記錄的地名三十餘個，其中包括山名：音登古林山、罕山、唐奴山、葉胡里嶺、色胡里嶺、阿爾泰山、重闊山、崩闊山；水名：嫩比拉（嫩江）、薩哈連烏拉（黑龍江）、松阿里（松花江）、伊石哈河、伊吉力河、色目爾河、阿爾坦湖、順縈舍里（五泉）縈昆舍里（八泉）、吳雲舍里（九泉）、法海、西海、東海；地名：蘇州城、依蘭、通州、伊州城、

尼堪嘎善、呼爾哈嘎善、綽霍爾嘎善。林名：烏裏毛林、尼馬蘭毛林、杜李木林、薩哈連林；渡口：蘇木布林渡口；溝壑名：蘇木布林火羅。㉔

　　新疆的錫伯族是清乾隆二十九年（1764 年）由東北遷去的。《薩滿歌》雖抄錄於錫伯族西遷一百二十年後，但其所涉及的地理名稱，主要是古代錫伯族在東北遊獵、棲息過的地方，說明《薩滿歌》的傳承有著悠久的歷史。可以推斷，《薩滿歌》手抄本產生前，必定經過了長時期口頭傳承的過程。可見，古代錫伯族很早就積累了豐富的地理知識，對氏族活動區域的地理尤為諳熟。

　　在滿族各姓保留下來的薩滿神本中，對本族的歷史地理沿革、家族發源與遷徙情況也多有記述。有的神本還附有部落村寨的分佈圖和墳塋圖以及所生存地域的山川、河流和地貌狀況。如石姓神諭記述了祖先在輝發河一帶的地理環境；富姓神諭記述了清康熙年該族在精奇里江戍邊與開墾的情況；那姓神諭記述了東海烏稽遷徙方面的內容；韓姓神諭記載了原祖居西部草原，為蒙古族，後並入滿族共同體的歷史地理情況；楊姓神諭詳述了古琿春屯寨的地理方位；徐姓神諭記述了嫩江沿岸古牧場以及與錫伯族聯姻的情況。

　　北方民族有著強烈的故土意識，對氏族的發祥地十分重視，這在薩滿教神詞中有著充分的反映。各氏族薩滿神詞大都有氏族發源地之山川水系、地貌特產的詳細記載。道爾吉·班劄羅夫曾指出：「蒙古民族現在居住、繁衍於全蒙古地方，但絕不能忘記他們最早

㉔　參見賀靈、佟克力編《錫伯族歷史與文化》，新疆人民出版社 1989 年版，第 233-346 頁。

住過的神聖故土。因此，對某些山川的崇拜，有時遠離其地而他遷的家族也還保持著」。❷「歷史證明，中亞才是蒙古人的最古故鄉，當發生了最大的政治變動以後，他們才向南方遷移的」。❷因而，蒙古族對北方山川森林崇奉備至，神詞即表達了這種感情。如蒙古族祭山神代表性的祝詞《甘吉嘎》唱道：

> 富饒的阿爾泰杭愛山呵！
> 在您那山谷的陽面，
> 在您那群山環抱的搖籃裏，
> 棲居著鹿、貂和猞猁，
> 養育著灰狼、山豹、松鼠和黃羊，
> 請賜給我吧！
> 浩瑞！浩瑞！浩瑞！❷

薩滿神詞還記述了氏族的遷徙路線。如吉林省九台縣滿族石姓薩滿神詞：

> 石姓子孫世世代代，
> 傳揚萬代。
> 滿族原依柳枝萌芽繁衍，

---

❷　〔俄〕道爾吉·班菊羅夫《黑教或稱蒙古人的薩滿教》，潘世憲譯，鉛印本，第 12 頁。

❷　〔俄〕道爾吉·班菊羅夫《黑教或稱蒙古人的薩滿教》，第 12 頁。

❷　秋浦主編《薩滿教研究》，上海人民出版社 1985 年版，第 15 頁。

以子孫皮口袋孳生。
石姓高祖從原籍，
帶著男女子孫，
徒步來到老城，
在花月譜居住，
多年平安生活。
石姓的原根基，
開天闢地的老祖宗，
原本為長白山之人，
在第三山峰頂上，
有一棵大柳樹，
有一條老危河從白山上流過，
在松花江的第三條支流江河中，
有三條船。

石姓大薩滿為頭輩太爺，
盤旋於日、月間，
從天而降的按巴瞞尼神，
為頭輩太爺所領。
石姓祖先，
帶領家族成員，
經過愛民郭洛，
越過訥音郭洛，
走過曠野大川，

沿著松花江，

疾風勁雨般來到老城。

又被派往烏拉衙門當差，

來到郎通屯落戶。

　　神詞記述了滿族石姓祖先從原籍長白山地區，沿著松花江，徒步來到老城（瀋陽），在瀋陽西南郊區花月譜居住下來，後又被派往吉林地區的烏拉衙門當差，定居郎通屯的遷徙過程。❷❸其遷徙路線和地點記述得都很清楚。

　　薩滿教對氏族地理的記錄只是薩滿教的副產品，是薩滿教地域至上觀念的產物，帶有突出的氏族性和地域局限性。儘管如此，如將北方諸族各氏族神諭及譜諜彙集起來，即可繪製出一幅別開生面的北方地圖，彙成一部來自民間，出自實測、實證的鄉土志。

三、薩滿教動植物崇拜與生物認知

　　大自然萬物競生，從蠻荒時代起，人類始終與周圍的動植物共同擁有著自然界，並與之結下了不解之緣。人類對生物世界的認識也由來已久，這些既反映在民間口碑文學中，又反映在各民族的原始宗教中。

　　薩滿教是北方漁獵、遊牧民族的原始宗教，動植物崇拜、圖騰

---

❷❸　宋和平《滿族薩滿神歌譯注》，中國社科文獻出版社 1993 年版，第 129-130 頁。

崇拜佔有突出的地位。這些崇拜觀念是建立在北方先民對動植物不斷探索和認識基礎上的。儘管這種認識充滿了神秘的色彩，也遠非科學意義上的生物學，但它畢竟是北方先民在狩獵生產實踐和漫長的歷史歲月中，逐漸摸索，不斷認識的結果，代表著先民對生物世界的認識水平。從這個意義上說，薩滿教動植物崇拜與北方先民的生物認知密切相關。

在薩滿教世界中，神化了的動植物，都被賦予了各不相同的神性、神格，這往往與每一種動物的習性、特徵有關，這是北方先民對生物世界認識的曲折反映。歸根到底，人類觀察動植物，為的是熟悉其性能，認識其對人類的利弊，並據此趨利避害。

(一) 野獸

在薩滿教神系中，獸類神祇主要可分為兩種，一為猛獸，一為靈獸。對猛獸的崇拜，一方面由於猛獸是狩獵民族的重要衣食之源，另一方面，野獸所具有的非凡性能、人無法企及的本領，使人恐懼，又使人嚮往。如野豬性兇殘、力大、勇猛，在薩滿教中多被奉為大力神。野豬威在獠牙，北方民俗中以佩戴野豬牙為勇敢的象徵，皆源於此。

熊也是一種烈性動物，力大無窮，在森林中無所畏懼。熊能夠直立而行，吃東西時，用熊掌將食物送入口中，這些習性與其他動物不同，卻與人相似。熊的生殖器也與人相似，這些恰是熊圖騰崇拜的重要依據。熊性冬眠，獵人常利用這一規律，進行獵熊。但熊極富報復心理，如獵人一槍未打死熊，熊即使受了重傷，也要向獵人反撲，常使獵人喪命，故獵人從不輕易地獵熊。如打死了熊，要

為其舉行隆重的風葬儀式，以開脫罪責，防止熊靈復仇。熊全身皆寶，熊骨、熊肝為名藥，熊掌是佳肴，熊皮特貴重。在薩滿教祭禮中，熊被奉為大力神，是太陽神的開路先鋒。熊被賦予這一神格以及獵熊、葬熊儀式與祭忌、視熊為氏族始祖的觀念，都是以對熊的習性的瞭解為根據的。

　　薩滿教的狼崇拜歷史悠遠，尤以突厥語諸民族最為突出，他們視狼為自己的祖先和保護神。狼兇暴殘忍，但它也具有多種可貴的特性和習性，為狩獵民族所嚮往。狼有著極大的忍耐力，即使身負重傷或患重病，也能完全憑自己的體力戰勝病痛；狼具有很強的抗餓力，多日覓不到食物，也能頑強地生存下去；狼群體團結，如一狼被猛獸或獵人圍困，只要狼一聲嚎叫，其同類便聞聲援救；分食獵物則互相謙讓，從不爭食；如若狼群中有瘋狼或被瘋狼咬傷者，必被群狼掐死，以免危害整個狼群；老狼對幼狼的訓練也十分刻苦，訓練它們捉食物的本領、耐餓能力，一旦幼狼能獨立生存，便被父母趕走，獨立謀生；狼生性機敏，與猛獸拚鬥，不是硬拚，而靠智取。這些正是原始狩獵民族奉狼為祖、為神的原因，認為「有蒼狼佑護，大難不死，民族昌盛。」❷⑨

　　在薩滿教神系中，還有一些溫馴型動物和弱小動物，多惠人惠世，有助益於人類。故被奉為神。鹿聰明機敏，跑得快，能辨識毒草和某種草藥；鹿有著很強的繁殖能力；鹿皮用途廣泛，可製皮衣、皮鞋、皮繩、皮鞭等；鹿茸、鹿鞭皆可入藥。鹿多被奉為善良的女神。

---

❷⑨　郎櫻〈西北突厥民族的薩滿教遺俗〉，《北方民族》1988 年第 1 期。

刺蝟喜居山地、草叢、晝宿夜行，刺蝟生性敏感，棲息之地必為地氣最佳處。因而，一個地方刺蝟的多寡便成了薩滿擇居地的依據。刺蝟對瘟疫、傳染病有敏感的反應力，瘟疫一來，它們首先染病，成為原始先民判斷瘟疫趨勢的依據，並據此來決定氏族的行止。刺蝟也由此而被奉為護宅神。

(二) 飛禽

鳥崇拜是薩滿教的普遍觀念。禽鳥中可分為兩類，一為猛禽，一為靈禽。猛禽中的鷹是薩滿教動物神的首神。鷹鷲目銳若神，搏擊長空，叱吒風雲，具有非凡的覓食能力，千米外的狐、鹿、兔、蛇等均難逃其利爪；鷹勇武威猛，勇不可擋，敢於同比自己強大的猛獸搏鬥；鷹不畏嚴寒，在山崖之巔築巢育雛鷹；隨著狩獵生產的發展，人類駕馭自然能力的提高，鷹被捕捉馴化，成為狩獵生產的工具；在部落戰爭時代，鷹被用作戰爭利器，即平時用與敵方服裝、旗幟顏色一致的布包裹肉食，帶著布包哺餵饑鷹，久之使鷹形成條件反射。打仗時，將戰鷹放出，它們一見敵方的服裝顏色，便猛衝入陣，其利嘴尖爪，常使敵人遍體鱗傷，潰不成軍。鷹由此而成為力量與威武的象徵，是狩獵民族英勇無畏精神的象徵。

對水鳥的崇拜體現了薩滿教靈禽崇拜的早期特徵，與北方先民的漁獵生產和居於水濱的地域環境有關。其中，天鵝神備受崇祀。天鵝高翔在天，羽潔若雪，性愛潔淨，從不吃死物，喝死水；天鵝群棲互愛，富有犧牲精神，如遇天敵，母天鵝總是讓幼子吸淨己之鮮血，高飛逃生，自己則甘願受難；天鵝忠貞戀伴，一對雌雄天鵝中一隻死亡，另一隻不久也會死掉。這些美好的天性使其成為純

潔、善良、忠貞的象徵。水鳥中的白水鳥和水喜鵲在薩滿教中為主司氏族漁獵豐收之神。此類鳥經常出沒的江河，必多漁蝦，漁民可據此選擇漁獵場所。

烏鴉是北方留鳥，黑大體壯，成群而飛。烏鴉是報警鳥，如在林海曠野中突見異兆或見人獸屍體，便滿天飛叫，為人類傳信。

喜鵲也是留鳥，架巢於屯寨林間，其身修長俊美，其性助弱鬥強。鷹是天禽之王，一般飛禽見之驚逃，惟喜鵲不怕鷹，常有一群喜鵲追鷹圍鬥。喜鵲尾巴長，飛翔時轉彎極快，鷹難以捕捉。

雀鳥是薩滿招魂時祈請的魂鳥。雀鳥包括山雀、家雀、麻雀、斑雀、朱頂紅等，多性致歡悅，喜群居，其喳喳叫聲像孩子一般活潑可愛，故被視為童子魂所化。其中，麻雀又有護宅神之神格。麻雀性聰慧，畏火懼煙，洞測細微；麻雀平日靜飛，主宅院吉利，若麻雀舌鬧喧天，必有隱火、毒蛇、瘟疫等異兆。

北方候鳥「隨季而來，隨季而歸，與人為伍，不捨不棄」。❸⓪北方先民正是通過觀察候鳥的南來北往，判斷季節的變化，並相應地進行各項生產活動。這類鳥被奉為報時鳥。如布穀鳥啼叫，即傳報著冬季將過，春天將來的資訊；五月，天鵝、百勞飛來，春耕開始；入夏，九尾鳥至；德德穀為報寒鳥，其鳥秋季育子，啼鳴時，草已枯黃，冬雪將降；天寒時，鷹鵰由北極到此過冬；十一月，千里紅迎雪而來。

---

❸⓪　吳紀賢《吳氏我射庫祭譜》。

㈢ 爬行動物

薩滿教對爬行動物的崇拜，首推為蛇。北方盛產巨蛇，據《長白徵存錄》載：「本境蛇多黑色，叢林中有大至丈餘，圍可盈尺者，草甸崗坡，在在多有」。蛇毒甚烈，咬人、纏人皆可使人喪命。久居山林的原始先民，易受蛇害，故對蛇十分畏懼。蛇的繁殖力很強，可連續性交，並能與龜交配，俗稱「龜蛇霧」。蛇無孔不入，洞窟、樹洞、石縫、石穴都穿行自如，在薩滿教中被敬為薩滿探察地界的助神。在薩滿教觀念中，蛇被奉為「太陽神」，這是由於先民們在長期觀察中形成的一種錯覺所致。蛇蟒常棲居陰濕石地，久之蛇鱗潰爛生蛆，故蛇素有晴天曬太陽的習慣。每當雨後日出，蛇群便蠕動而出，纏伏於陽光照射下的石、木之上。原始人每每見到蛇與太陽同時出來，便認為蛇必與太陽有關，並奉之為太陽神。

蜥蜴是爬行動物，俗稱馬蛇子。生活在山地草叢中，體內能分泌出一種液體，使其自身的顏色隨地域的變化而改變，成為天然保護色；蜥蜴可水陸兩棲，故能預知陰晴漲潦，辨識風向；其唾液為寶物，能治蛇傷，亦可用全蟲搗爛，敷於傷處，為人接骨；蜥蜴性群居，一有險情，相互報警。

龜與蜥蜴、蛙一樣，在薩滿教中頗受尊崇。龜具有頑強的生命力，背腹有硬甲，可防禽獸傷害並有隱身保護法；如遇天敵，能用四爪豁洞，鑽入沙石或土下，以保護自己；龜繁殖快，壽命長。以捕魚為生的民族敬龜為神，還由於打漁時，如網到了龜，則漁網常被龜抓破，導致網破魚逃。故漁民請龜神保佑捕魚順當。

(四) 水族動物

水獺是薩滿神靈之一，一般為畔水而居的氏族薩滿所領。水獺為半水棲獸類，棲息水邊，善游泳，主食魚類。

鰉魚又名牛魚，黑龍江、松花江、烏蘇里江皆產此魚。夏初溯江產卵，隨水入海，兩三年後回江。此魚肉草皆食，體重增得很快，重者達千斤以上。此魚眼小，看物困難，游動緩慢，朦朧中憑口吞物為食。如若惹怒它，其力大無窮，也頗難捕捉。對漁民來說，鰉魚有較高的實用價值。魚肉白而多脂，頭部軟骨亦可食；卵和晾曬後的魚頭可出售；魚皮可製衣，魚骨可架屋，魚鰾可製膠。

七星魚，產於黑龍江中，游於江底，並能鑽江底洞中。以食污泥和浮著物為生，生命力極強，大魚吃不到它，小魚吃不了它。薩滿祭祀時，請七星魚神清河，以助薩滿。

以上僅是薩滿教動物神系的一部分。自然，其所涉及的動物知識也是有限的。隨著家畜飼養業和畜牧業的發展，牛、馬、狗、羊等家畜也進入了薩滿教神系，與此相適應，薩滿教動物知識也更為豐富。

(五) 兩棲動物

青蛙是古老的兩棲動物，薩滿教視其為薩滿始祖之靈。青蛙體弱、命短，天敵很多。但繁殖快，天性敏感，其棲息、產卵處，空氣必佳，對天氣變化和火災有預先反應力；青蛙為補品，對老人、婦女尤宜；青蛙捕食也很特別，通過吐拿功，可將附近飛蟲吸入口中。

㈥ 植物

薩滿教有關植物知識的積累,與對某些植物的崇拜、薩滿採集草藥治病以及將植物用於祭祀有關。

薩滿教對樹木的崇拜,首推柳樹、樺樹。柳樹生命力強,存活率高,北方民族祭柳就寓意著祈望人丁興旺,子孫眾多。柳樹多棲水濱,對於逐水草而居的北方先民來說,柳成了水的標記,找到了柳,也就找到了水,找到了氏族生存、發展的源泉。柳是一種有多種用途的植物,柳葉、柳根可入藥,治外傷和風腫,柳皮可製衣帽,柳枝可編筐簍,柳葉、柳皮製成的柳哨是獵人誘捕鳥獸的重要工具。

樺樹對於北方民族有多種用處,其木材堅硬,可做各種建築材料。在薩滿教祭壇上,也多豎樺樹。白樺樹皮能製屋、造船、製食具、飲具、盒箱,也用於製作神匣、神偶,構成別具特色的樺樹皮文化。

對草本的認識,始於人類的採集時代。北方民族除了能辨識多種可食的植物外,還掌握植物的藥用部分,北方諸族薩滿對藥物的採集、炮製相當諳熟,這主要得利於對各種植物形態、生長規律、地域分佈等植物生長情況的瞭解。

致幻植物和祭祀用作香料的植物,是薩滿教特用植物。烏頭,一種多年生草本,其主根稱「草烏」。草烏含烏頭城,有劇毒。主根加工炮製後可入藥,主治風寒濕痹。北方狩獵民族早就發現烏頭可作毒藥,施於箭頭上,用以射獵。據《本草綱目》載:「後魏書言遼東塞外秋收烏頭為毒藥,射禽獸」對其生長規律,薩滿記載尤

詳：「烏頭生長喜鹽水地質，且喜靜生，尤忌鬧地，凡此類地之烏頭毒小不猛，殺獸麻麻而已。家傳不知多少世代，倭地北界烏頭最烈，常械鬥而還。其烏莖大且粗，莖生白毛，裏有水漿，苦烈刺口，其根黑大如刺牙，烈毒。採者慎慎，必帶皮手囊，歸來放於樹上或房頂，人畜沾口必亡矣。」❸薩滿將烏頭之鬚加工後，用作祭祀時秘密備置、使用的昏迷藥。選新鮮的成烏頭鬚，用河水洗淨，纏成小把，放入盤中，上覆紙或布每日滴水潤鬚，祭祀時，用鵝毛沾一下，點鼻數次，即能昏醉過去。

爬地蛛，又叫串根子草，當年生植物，串根而生，八月開紫色小花。花可止血、治癩子。將花曬乾，搓成粒狀，可用作昏迷藥物。

爬山松，松蒿植物，生長在山崖上，藤蔓狀，可治風濕病。夏秋採集曬乾，鄂倫春等族舉行薩滿祭祀時，燃之為香，以淨祭壇和薩滿神服、神器。

杜鵑花，一種灌木植物，生於石崖之上，春天開花，五六月前採集，曬乾後磨成粉末，為滿族祭祀用香，俗稱年期香。年期香味濃烈，可防蚊蟲，亦為防潮佳品。

基於對某些動植物的認識，產生了薩滿教的動植物崇拜觀念，而這種觀念以及薩滿在神事活動中對某些動植物的應用，又強化了這種認識，從而積累了豐富的動植物知識。在薩滿教中傳承下來的動植物知識，有著突出的地域性和功利性，與特定民族所在的地域環境和經濟活動密切相關。強烈的功利性，決定著這些動植物知識

---

❸ 引自滿族薩滿口碑資料《東海輿地》。

具有很大的局限性，這一方面表現在對動植物品種認識的有限，另一方面也表現在對這些動植物認識的片面性。它主要注重、強調與人類生存、生產相關的方面。然而，這種認識從某種意義上也深化了先民的生物認知。

第三章　薩滿預測術

　　人類為預知未發事件的需求產生了形形色色的預測術，在民間有著廣泛的影響。原始預測術發自安身立命的需要，與人類的生產生活密切相關。其中許多內容來自人們長期的觀察、體驗和在生產實踐中總結出來的經驗，具有一定的實證性和科學性。當然，在「萬物有靈」觀念占主導地位的古代，不可避免地帶有濃厚的神秘色彩。凡所測之結果，均被視為某種超自然力量給人類的暗示。

　　薩滿預測當屬於原始預測範圍。它沒有中國古代預測術那樣玄奧，而更貼近實際，反映出人們對自然、社會的認識，記錄了先民們在生產實踐中總結出來的科學知識和生活經驗。薩滿預測含有許多合理內核。

　　薩滿預測主要包括徵兆、薩滿預言、占卜和神判。本章通過對上述內容的分析，揭示薩滿預測的文化內涵。

一、徵兆

　　徵兆，是先民們認識世界，預測未來最古老的一種形式，按其性質可分「休徵」、「咎徵」兩大類。前者是吉兆，即對人類有利或無害的現象；後者是凶兆，是對人類不利或有害的現象。「徵

兆」是先民們認識世界的重要成果和積累知識的有效途徑。徵兆的被認識，是人類在長期的生產、生活和社會實踐中反覆觀察、驗證，不斷積累、總結的結果。如果將北方徵兆置於中國古代徵兆預測的歷史長河來考察，我們認為，它們更接近人類的生活實際，具有較強的實用性和功利性。特別是經薩滿們的繼承、豐富與昇華，更具有神聖性和可信性。

(一) 徵兆種類

1.災異之兆

在薩滿教中，保留著災異徵兆。如貓頭鷹白日落院鳴叫為不祥之兆；巢居無鳥，樹葉卷萎為時疫來臨之兆；一年四季燥旱燥熱，或陰雨不止，或風嘯彌天，均視為瘟疫前兆；草如柴，葉焦落，蟲蝶死，塔頭熱，地生煙，不過五日即生流火；鳥群飛噪，連日不寧，必生災異，凶象可斷；村寨中有人突然身上發熱，前身生白紅相間的花點，奇癢難忍，重者甚至人事不省，或高燒、喉疼癢、便秘、喜冰、妄臆語，皆視為天花先兆；春燕棄巢不歸，簷雀墜死，亦被薩滿視為天花疫先兆；有客驅車而過，突然拉車之馬噴鼻踏蹄不前，嘶叫不已，將有猛獸在此地出沒。

自然變化一般來說是有規律可循的。在各種自然災害發生前，總會有各種跡象。如呈異徵、異候，則預示著某種突發現象將發生。如江河生泡沫卜為漲水；魚群浮於水面，可斷為水有沼毒，不能飲；穴屋無火而燥熱，黃鼠、蛇、蜥、貉、貔有穴不居，銜尾長驅遠遁，十日內必有地動溢水；久住山莽的部落，在霪雨連綿的雨夜，忽然聽到山崖中鳴鳴轟響，但見蛇鼠逃竄，此為山嘯前兆，卜

為大凶，必須迅速遷移至安全地帶，否則將使人畜村寨遭受滅頂之災。

2.地氣之象

　　觀測地氣對北方古代先民來說至關重要。薩滿通過觀氣來卜定祭祀聖壇，選擇氣旺、氣盛之地為祭壇設立之所。據滿族族傳史料《璦琿祖訓遺拾》記載，薩滿在觀物候時，常以生活於該地域的諸生物體的動態為依據：「測土質，查蚯蚓在一定方位中數目，多為沃，少為瘠。蚯身紅嫩，蠕生液者為地潤，堪喜；蟻垤密布，群蟻絡繹若鬧市，吉地；蜂若團球，轟鳴擴耳，必花繁蜜甘，沃土；蜥肥尾壯，迅行如閃，棲殖愈久，地旺堪誇。測湖質，查蛙蚪在一定方位中數目，多為淤，少為暢。驗水，觀魚鰓，鰓紅豔而潔，水清魚肥；鰓灰泥滯，水渾魚悲；鰓褐宿蟲，餐飯釀難。崢山藏猛獸，秀水棲龍龜，蒼山鳴麗禽，峭岩屹驚鵬。瘴癘染汙穴，粗糲壯胃腸。懶臥生雜屙，勤作延壽方。熟研萬事趣，天道豁然知」。除此，也有一些類似謠諺的卜語由薩滿傳承著，甚至在民間流傳。如地穴生蛙為濕象，久居則生癘疫；地穴蟻蛇聚亡則是生有鬼氣（沼氣類）之象，必速遠徙；魚群浮於水面為有沼毒之象，測為凶地，水亦不可飲；虎棲沃地，人亦宜居宜狩；深谷常霧，日陽無芒，卜為災象，只可狩獵，不可安宅等等。在滿族族傳史料《吳氏我射庫祭譜》中，記錄了該族先世薩滿對「樹氣」的觀察和總結，從中可以看出，樹也可為地氣之徵兆，所謂「樹為地膚，萬氣窺焉。宇闊疆遙，測樹易斷。地沃樹壯，地瘠樹萎，地涸樹枯，鳥獸號悲」。先人所言，言簡意明，不無科學道理。

3.氣象徵候

人類為了適應自然環境，在自然界中謀求生存，世代觀察天象和自然物候，探索自然規律，這些在薩滿教中得以保存下來。黑龍江省愛輝縣滿族吳札喇氏（吳姓）薩滿對觀察天象頗為重視，代代傳承，積累了豐富的經驗。該族族傳史料《吳氏我射庫祭譜》中記載：吳氏「先世自古喜書自然之氣，山川、江河、花卉、蟲、木、四季星辰、風雷雨霓、雪雹冰霜，皆書皆記，祖制如此，世代不更。凡師凡學不單曉祭，必熟天氣。『烏雲』九日，三日天象，七日練祭。天象不曉，不饋宏布」。「烏雲」，薩滿教術語，指新薩滿學習薩滿術的過程。滿族吳姓在培訓新薩滿時，不僅要用三天時間向新薩滿傳授天象方面的知識，而且將能否觀天象視為是否能夠取得侍神資格的重要條件，即所謂「天象不曉，不饋宏布」。❶觀天象、觀自然，成了該族薩滿世代相承的傳統。特別是對與自己生產生活關係密切的自然現象，觀察尤細。北地天寒，一年中有半年時間冰雪覆地，北方民族均極重視對冬季氣候和冰雪的觀測，滿族吳氏認為：「雪乃寒母，北地充王」，「大氣當書，首推雪氣」。❷

該族還總結五種雪兆：「雪兆有五：天生白眼，臨雪可知；鷹岩比號，沃雪夜來；雲風地動，日有暴雪；號鳥啾啾，小雪淋淋；霜寒暖耳，隔日有雪；地氣難揚，隔宿飛霽。五兆諳熟，雪性在

---

❶　宏布：薩滿學成後，由家族賜一塊布披身，布的顏色與所屬八旗的顏色相同。故此「宏布」類似於學業結束的證書，是薩滿取得侍神資格的標誌。
❷　《吳氏我射庫祭譜》。

掌。」❸吳氏家族薩滿通過觀察天氣變化、自然現象和禽鳥的運動規律，即能預測各種雪情，無疑是極其寶貴的民間觀測自然的經驗總結。又載：「雪兆有五，雪氣安辨？其形有七：六出天正，偏一為缺；丘雪穿穴，內寒為缺；新雪苦澀，地道為缺；雪粘如脂，氣道為缺；雪潤濁濁，雲道為缺；雪砂蝗身，勘病卻亂；川巒銀素，百命彤彤」。這裏為我們展示了對雪情的細微觀察和對自然規律的直觀認識：雪花六角表明自然規律正常，缺角為病雪，是天宇氣運不正之兆，必有瘟病發生；薩滿在高如土丘的雪堆中挖洞，根據雪穴的寒暖來判斷天道運行的正常與否，如雪穴中寒冷為不正常；雪味苦澀、手感發粘或雪質潤濁等皆為天道不正之象。而雪色白質砂，則是天體運行和自然規律正常的徵兆，將帶來萬物生機。

此外，在薩滿教中還保存有關天氣陰晴、風雨變幻等徵兆民諺。如雲雀徑飛鳴唱，預示著天晴；大雁在湖邊集群旋轉，意在多覓食物，儲存備用，預示著暴風雨將來臨，湖水要上漲；蘇雀雲集，表明冬雪瑞沃，否則將出現冬旱；鷹鵰落於一地，爭奪食物，預示著將要變天，據此來安排生產、生活。

(二) 北方徵兆的特徵

人類早期對徵兆的認識，主要是他們直觀觀察認識到的自然現象，其中許多內容是先民生產生活經驗的總結。早在商朝以前至商代，漢族先民們在對徵兆進行收集與整理的基礎上，便總結出了吉兆與凶兆的區別。「徵兆的發現，使得先民們避免了許多自然災害

---

❸　《吳氏我射庫祭譜》。

的侵襲」。❹我國北方民族的徵兆系統即屬早期徵兆之列。其內容
主要是有關自然物候、氣象、狩獵生產、居址選擇、災異瘟疫等與
人類生產生活息息相關的徵象。應該承認，其中許多認識來自實際
觀察和實踐經驗，一定程度上揭示了自然現象的變化及其規律。這
些來自民間的經驗之談被人們奉為至寶，成為他們指導生產、決定
行止的重要依據之一，具有廣泛的實用價值。許多徵兆現象的發現
和被認識，經過了幾代人的努力和不斷的觀察、驗證。對自然災
害、瘟疫前兆的認識，甚至要付出生命的代價。因此，許多徵兆現
象是有科學道理的。如據老薩滿觀察，貓頭鷹白日落院鳴叫為不祥
前兆。其道理是，貓頭鷹屬野鳥，白日休棲於樹梢。如它們白日鳴
叫驚落村寨，多半是遇到了侵襲之敵，或染上了瘟疫，白日飛出鳴
啼，意味著尋群覓偶。人們據此即可卜測為將有災異發生。又如麻
雀被滿族尊為「摯友」，若麻雀舌鬧喧天，必有隱火、毒蛇、瘟疫
等異兆。其原因在於，麻雀性喜靜飛，故在民俗信仰中，麻雀主宅
院吉利。如麻雀表現出異常動態，則是異情發生前的預兆。科學研
究表明，在自然變化，特別是自然災害發生前，常有程度不同的異
常反應，而動物對此有著非常敏感的反應力，並表現出種種反常行
為。先民們對其中的道理並不知曉，但憑藉經驗卻將動物的異常反
應和自然變化這兩者聯繫起來，視某些動物的異常反應為一種徵
兆，實際上揭示了某種自然規律。「其實有些物象徵兆諺語是符合
自然科學的古文化的結晶，也是保留下來的最精煉、最富有哲理的

---

❹　金良年主編《中國神秘文化百科知識》，上海文化出版社 1994 年版，第
　　240 頁。

箴言。」❺這些徵兆現象記錄著人類生產生活和觀察、認識自然的經驗，反映著人類在認識科學、探索真理方面的艱難歷程。王堯、陳踐兩位先生在論及吐蕃先民對徵兆的認識時指出：「在吐蕃先民生活中積累的對某些前兆的認識確實反映了事物內在的規律，如『日暈而風』、『礎潤而雨』以及其他種種物候，那是先民在生活實踐中總結出來的科學知識。這些前兆，一旦成為人人皆知的常識，它就不再作為巫師們的預測後果的前兆，也就失去了神秘性和靈活性，換句話說，它不可能再成為苯教巫師用以裝神弄鬼的東西，不屬於前兆迷信，而是屬於知識的範圍了。」❻

中國古代有著系統的徵兆理論。在這方面，北方民族的徵兆則大為遜色。北方徵兆主要還停留在對徵兆表象的觀察和解釋上，缺乏理論色彩，內容也較簡單，遠不如中國古代徵兆那樣繁複。北方徵兆帶有突出的功利性和實用性，其內容多與人們的生產生活有著密切的關係。

隨著有神論觀念的發展，徵兆的範圍大為擴展。人們確信：鬼神是人世吉凶的主宰，對未來將發生的事情常給人以暗示，這就是徵兆。因而，原本簡單的自然現象和人的生理現象便與人世的吉凶禍福發生了聯繫，成了人們預測未來事物發展的依據。這種信念的廣泛性正是徵兆得以發展與傳承的思想根源。在北方徵兆中，也參雜著用自然現象比附人世吉凶的徵兆現象，這類徵兆揭示的關係主

---

❺　席元麟〈事象徵兆與土族文化心理〉，《青海民族學院學報》1992 年第 1 期。

❻　王堯、陳踐〈吐蕃時期的占卜研究──敦煌藏文寫卷 P.T.1047、1055 號譯釋〉，《世界宗教研究》1985 年第 3 期。

要包括生理事象與生產、氣象、生老病死、人情事故、錢財；動物
事象與生產、生活、人間禍福等方面。就科學性而言，此類徵兆幾
乎沒有什麼科學根據，有些還充滿著迷信色彩，將一些毫無關係的
事象附會在一起。

二、薩滿預言

　　往昔，預言通常係指巫師預測未來的一種神事活動。對於具有
預言特異能力的人，世界許多民族皆虔誠信仰之。西方稱專門從事
預言的人為「prophet」，即預言家、先知。在古代世界各國，預言
曾被譽為「最高貴的藝術」、「最受尊敬的科學之一」。

　　預言是薩滿的職能之一，薩滿通常又是一位預言家。中外文獻
中不乏這方面的記載。俄國布里雅特學者班劄羅夫在論及薩滿的特
徵時指出：「薩滿的第三個特徵是預言。預言賦予他以莫大的威
望。預言的能力是他就薩滿職時所授予的。他有時作單純的預言，
有時也依占卜作預言」。❼已故匈牙利著名薩滿教專家 V. 迪歐塞
吉認為：「薩滿的義務是瞭解人們在日常生活中想知道而又無力知
道的一切事情。他經常去預見未來和遠方的事情，發現失去的動物
在何處，預報漁獵的收穫。」蒙古族薩滿也兼有預言家的職責，
「珊蠻者，其幼稚宗教之教師也。兼幻人、解夢人、卜人、星者、醫
師於一身，此輩自以各有其親狎之神靈，告彼在過去現在未來之秘

---

❼　〔俄〕道爾吉·班荀羅夫《黑教或稱蒙古人的薩滿教》，第 24 頁。

密……人生大事皆詢此輩巫師，信之甚切。」❽六至八世紀在漠北、西域創建強大突厥汗國的主體民族古突厥民族也「有祭司預言未來之事」。❾日人永田珍馨在對我國鄂倫春族進行一番考察後指出：「自然的威脅，生活的艱難使原始民族的鄂倫春族把命運寄託在對神的祈禱，以被除惡魔，對超自然的威力深信無疑。然而在鄂倫春族對薩滿是如何的解釋呢？他們僅僅回答：『薩滿是預告疾病的術士』。而沒有我們所理解的這樣深刻的。薩滿除是山林醫生外，還擁有預言將來命運的可怖力量。」❿

(一) 預言內容

　　薩滿預言在北方民族中有著廣泛的信奉基礎。它源自族眾對薩滿、對神的依賴感，實質上是人對自然的依賴感。認識能力的低下，使人難以把握未來，也更加缺乏信心。因而，人們便把瞭解未來，駕馭未來的願望寄託在薩滿身上。這種希望越大，對薩滿的依賴性越強。久之，各氏族成員便形成了「每事必問，有事必求」的習俗，凡生產、生活諸事惟氏族薩滿之言是聽，所謂「緬宗懷古莫大於祭，族情己事莫廢於問，祭誠豫問不悖常道。」⓫凡事求助於薩滿成了氏族成員的生活信念，其中求醫、問卜是最重要和經常性

---

❽　《多桑蒙古史》（上），中華書局1962年版，第30頁。

❾　轉引自沙畹《西突厥史料》，馮承鈞譯本，第177頁。

❿　《使馬鄂倫春族》，趙復興譯自永田珍馨所著《滿洲鄂倫春族》，內蒙古民族問題五種叢書編委會、內蒙古社會科學院民族研究室1982年印，第79頁。

⓫　富希陸《瑷琿祖訓遺拾》。

的需求。

氏族的需要、族眾的依賴，是薩滿預言產生與發展的重要因素，也是薩滿不斷提高自身修養，增強預言準確性的內在動因。預測未來的吉凶禍福遂與主持祭禮、治病一樣成為薩滿的神聖職能之一，預言即是其中的一種重要方式。

根據北方諸族薩滿口碑資料和一些族傳史料，往昔薩滿預言所涉獵的知識相當豐富。遺憾的是，由於預言所具有的神聖性、嚴肅性和較強的針對性，其傳佈範圍往往因內容而有著不同的嚴格要求，加上薩滿神諭、預言皆為口傳、秘傳，致使薩滿預言多已流失於歷史歲月之中。近世，收集到的薩滿預言實例也很有限。

1.軍事、政治、外交等方面預言

《新唐書》、《舊唐書》都記載了維吾爾族先世薩滿預言回紇與唐締結盟約的情形。相傳唐肅宗永泰六年（公年 765 年），回紇與仆固懷恩等寇唐，郭子儀單騎入回紇營，曉以利害，並與其訂立了盟約。然而這種結局早為回紇薩滿所預見：「始虜有二巫，言此行必不戰，當見大人而返。」❷當回紇首領見到郭子儀，見郭子儀「『不為疑，脫去衣甲，單騎相見，誰有此心膽！是不戰鬥見一人，巫師有徵矣』。歡躍久之。子儀撫其背，首領等分纏頭彩以賞巫師。」❸薩滿預言應驗，未戰而和，故受到獎賞和愛戴。

據《金史》記載，女真族的歷代酋長多擅預言，並常據此決策軍政大事。薩滿未卜先知，神機妙算的品格在世祖劾裏缽身上有著

---

❷　《新唐書·回紇卷》。
❸　《舊唐書·回紇卷》。

充分的體現，「初，金之興，平定諸部，屢有禎異，故世祖每與敵戰，嘗以夢寐卜勝負。」❹世祖與斡勒部杯乃等戰於蘇素海甸之前，「世祖曰：『予昔有異夢，今不可親戰。若左軍有力戰者，則大功成矣。』命肅宗及斜列、辭不失與之戰。」❺

金太祖阿骨打的預言也相當準確。康宗四年（1106 年），「斡塞伐高麗，太祖臥而得夢，遽起曰：『今日捷音必至。』乃為具於毬場以待。有二獐渡水而至，獲之，太祖曰：『此休徵矣。』言未既，捷書至，眾大異之。」❻

部落時代，部落酋長往往集軍事、政治、宗教、法律諸權於一身，他們在處理政事的同時兼行著巫的職能。中國歷史上的「五帝」「都是天生異稟，可以通神鬼的人物。」❼金世祖、金太祖等金代奠基者被視為「知天意有神力」，常用夢驗、預言等手段作為軍政決策之依據。兩者頗有相類似之處。關於他們的身分，有人推測：「看來世宗既是酋長，又是個薩滿，經常用一些異夢、預言來輔佐自己的統治。」❽也有的學者指出：「雖然根據現在資料，我們還難以斷定他們的身分就是巫，但是他們在處理政事時兼行巫的職務，並且利用宗教的手段為自己的政治目的服務，從而使私有財產的出現、階級的分化和國家機器的形成一步一步地走向合法化，

---

❹　《金史·五行志》。

❺　《金史·世紀》。

❻　《金史·五行志》。

❼　童恩正〈中國古代的巫〉，《中國社會科學》1995 年第 5 期。

❽　孫進己〈遼代女真族的習俗及宗教藝術〉，《北方文物》1985 年第 4 期。

恐怕是沒有問題的」。❶這是一個適應那個時代的需要而產生的酋長兼薩滿群體，至少是兼行薩滿職務的酋長群體，他們將包括預言在內的各種宗教手段運用於政治、軍事、外交等事務之中，無疑對那個時代的社會發展產生了深刻的影響。

2.狩獵方面預言

往昔，每逢氏族集體出獵前，常由薩滿主持祭祀活動，祈神保佑狩獵順利、豐收，並宣講預言，告示狩獵方向、獵場、宿營地址、可能出現的結局和應該預防的事情。近世，這種預言已很少見，但宋兆麟先生在鄂倫春地區調查的一則資料，從一個方面說明獵人出獵順利與否是薩滿預言的內容之一。宋先生曾在興安嶺地區遇到一位鄂倫春族獵手，因打獵而使左眼失明。出獵前，薩滿曾勸阻他不要出獵，「否則會遇到不祥」。但獵人未聽薩滿勸告，第二天就進山打獵去了。「在林中遇母熊，獵手一槍射中，母熊傾倒在地，平常在獵到熊時，必須舉行一番祈求儀式，然後才能索取獵物。這次獵手心中煩躁，急於回家，未做祈禱上前就去拽熊，原來熊並沒有死，一爪撲過來，摘掉了獵人的一隻眼睛；幸而他急中生智，又補了一槍，才把熊打死了，否則就會葬身熊口」。❷此事使這位獵手對薩滿的預言能力深信不疑，當地人也交口譽之。

3.氣候變化預言

北方民族向來重視季節的更替、氣候的變化和氣象情況。漁獵、牧業以及後來發展起來的農業生產又都是季節性很強的生產活

---

❶　童恩正〈中國古代的巫〉，《中國社會科學》1995 年第 5 期。

❷　宋兆麟《巫與巫術》，四川人民出版社 1989 年版，第 137-138 頁。

動，適應這種季節性生產，北方民族的一些祭祀活動常在大規模生產開始前或結束後舉行，有些歷久而成定制。如鄂倫春族的春祭在每年春狩前舉行，旨在祈禱春季狩獵順當、豐收。滿族家祭則在秋收後舉辦，以感謝神的庇佑。無論何種祭禮，都有著在精神上、物質上為生產活動做準備之意義，因而，在往昔古老的大祭中，薩滿常要對一些與生產有關的事項作出預測，其中便包括氣候變化情況。當然，在近世薩滿祭禮中，這些內容已不復存在，或僅存遺跡而已。有些原由薩滿掌握的知識已為族眾所掌握，並在民間流傳。

值得慶幸的是，俄國一些民族學家早在十九世紀始對阿爾泰語系諸民族薩滿教的調查與研究，為我們提供了可資參考的資料。其中，由素有「俄國突厥學之父」之稱的 B.B. 拉德洛夫所著的《薩滿教及其神像》一書，基於作者在十九世紀六十年代對阿爾泰地區突厥部落薩滿教的田野考察，詳盡地記錄了在隆重的祭禮中薩滿通神後所作的種種預言，無疑，這是一份難得的薩滿教研究資料。誠如譯者所說，此資料「對全面反映北方民族文化，提供了絕好的第一手資料」。❹

據該資料記載，經過隆重的祭神儀式，薩滿的靈魂可自由地通達天穹各界，並將在天穹上的所見所聞告之參祭的族眾，「這些見聞往往都是人們想知道而與生活有著密切聯繫的消息：未來的天氣情況……如果天即將要下雪，他就會說道：

---

❹　賀靈、佟克力為翻譯 B.B.拉德洛夫《薩滿教及其神像》所撰《譯者說明》。

　　　　看吧，樺樹梢低下來了，

　　　　夯拉得好低好低，

　　　　白雲降落下來，

　　　　雷電閃閃四處發光，

　　　　到處白霜一層。

如果開始下雪，他就會這樣說：

　　　　看吧，樺樹梢夯拉下來了，

　　　　落下了一層白雪。

如果暴風雪將臨，他就會大聲喊叫：

　　　　卡拉舒魯拿著六根粗杆，

　　　　往下降落下來，

　　　　有腳的也跑不掉，

　　　　有爪的也躲不掉！

類似這樣的預言，薩滿不僅可以在此處發表，而且可以在天穹的任
何一層，在任何情況下都可以說，只要他認為這是必要的話」。㉒

4.祭祀方面預言

　　祭祀是闔族大事，隆重而神聖。有關祭祀諸事，常由薩滿卜

㉒　B.B.拉德洛夫《薩滿教及其神像》，第 89-91 頁。

定，或由薩滿請神後講述預言，並召告族眾。吉林省永吉縣烏拉街查里巴村滿族楊姓薩滿，曾為祭祀事偶得預言：「三年設祭，不祭失傳」。預言是薩滿的師父夢中所授，後該族遵預言之意舉行了祭禮。吉林省九台縣胡家鄉小韓屯滿族石姓薩滿，幾年前曾為本族薩滿被請至外地舉行祭祀活動或參加有關薩滿教文化搶救方面的活動，專門設祭祈請本族已故的薩滿神，請薩滿降賜神諭和預言，如薩滿預言此項活動順當、不會有什麼差錯，則行之，否則則作罷。

突厥部落的薩滿對祭祀內容所作的預言更為詳盡：「薩滿可以向烏爾肯探知祭祀順利與否……還有烏爾肯還要不要祭品，究竟要什麼樣的等等最確切的消息。說到最後一種要求，薩滿一般都會明確指出某一應該進行祭祀的戶主，而且會指出祭畜的毛色和外表等情況」。[23]祭祀是全族的大事，尤為薩滿和氏族成員所重視，有關這方面的預言在氏族中更被虔誠地信守著。

5.災異方面預言

求利避害是人類的共同心理，也是人類生存的需要。具有強烈實用性、功利性特點的薩滿教與人類的生產生活、生存鬥爭密切相關。因而，有關瘟疫、疾病、自然災害等災異情況一向為薩滿所重視，這方面的預言事關整個民族的安危，對族眾頗有影響。

民國年間，黑龍江省綏濱滿族張姓薩滿夢得預言：「×季有×瘟，速避青山」；「山岩愈頹，有死象」。[24]永吉縣烏拉街滿族閆姓、趙姓薩滿也曾宣佈過此類預言：「今鯉魚星暗斜，水潦、魚

---

[23]　B.B.拉德洛夫《薩滿教及其神像》，第110頁。
[24]　富育光1982年2月調查記錄。

稀,速遷防洪」。㉕

　　有關史料對薩滿預言情況也有記載。如「魯不魯乞（即魯不魯克）曾見蒙古教師或巫師居於帝帳之前,約一擲石之遠,守護其車中偶像。此類巫師兼諳星術,知預言日蝕月蝕。凡日月之蝕,此輩擊鼓鉦。大呼以禳之。指定吉日凶日,人有事必諮詢之」。㉖

6.人的生死、壽命方面預言

　　薩滿有時也會對人的壽命、命運等作出預言。此外為無子者求子,是薩滿職責之一。史載:「昭祖久無子,有巫者能道神語,甚驗,乃往禱焉。巫良久曰:『男子之魂至矣。此子厚有福德,子孫昌盛,可拜之受之。若生,則名之曰烏古乃』。是為景祖。又良久曰:『女子之魂至矣,可名曰五鴉忍』。又良久曰:『女子之魂復見,可名曰斡都拔』。又久之,復曰『男子之兆復見,然惟不馴良,長則殘忍,無親親之恩,必行非義,不可受也』。昭祖方念後嗣未立,乃曰:『雖不良,亦願受之』。巫者曰:『當名之曰烏古出。』既而生二男二女,其次第先後皆如巫者所言,遂以巫所命名名之」。㉗史籍中記載的女真族薩滿不僅能為求子者準確地卜測未來生兒育女的情況,而且,能準確地預測出他們的稟性、人品與命運,真可謂神通廣大。

　　金世祖對生死、壽命預言之靈驗更令人叫絕:世祖「寢疾,遂篤。元娶拏懶氏哭不止,世祖曰:『汝勿哭,汝惟後我一歲耳。』

㉕　富育光 1982 年 7 月調查記錄。

㉖　《魯不魯克行紀》第 45 章,轉引自《多桑蒙古史》（上）,第 265 頁。

㉗　《金史·烏古出傳》。

蕭宗請後事，曰：『當惟後我三年』。……明年，挐懶氏卒，又明年，蕭宗卒」。㉘

　　此外，薩滿預言還涉及到氏族興衰、人丁繁減、年成好壞、居地優劣等事關氏族生存、發展的問題。總之，薩滿預言具有相當的廣泛性和群眾性。

(二) 預言的由來

　　預言是怎樣產生的，是否靈驗，這是探討薩滿預言無法迴避的問題。從零星而有限的資料可知，以往人們普遍相信，預言來自神的啟示，薩滿與神溝通的結果所獲預言即是神諭。薩滿教觀念認為，神是世界的主宰者，因而，預言來自神示則是順理成章的事情。那麼，怎樣才能曉徹神意呢？自然離不開人神中介薩滿。

　　薩滿預言主要通過以下途徑獲得，一是通過夢授、心靈感應等方式，使薩滿領會神意。一是薩滿代表氏族或族人通過向神靈祈禱、集會、祭祀等形式，獲得神示。一是依占卜兆象作出預言。古代蒙古族薩滿「就是用火燒羊的肩甲骨，由燒出裂縫來預言將來的事」。㉙以往的史料記載和研究皆強調預言來自神的啟示，卻忽略了一個極為重要的問題，即薩滿自身的修養、廣博的知識、豐富的閱歷和經驗以及薩滿在宣講預言前後的諸種禮規、禁忌等在薩滿預言中的重要作用。宋兆麟先生在分析鄂倫春族女薩滿準確地預言那位妻子生病的獵手出獵將遭不測時指出：「這是女薩滿掌握了獵人

㉘　　《金史·世紀》。

㉙　　〔俄〕道爾吉·班筍羅夫《黑教或稱蒙古人的薩滿教》，第 24 頁。

心理狀況而作出的判斷預言」。**㉚**無疑，這種分析是確當的。事實上，影響薩滿作出預言的因素是多方面的。換言之，一位神事造詣較高的薩滿必然具備某些特殊的品質，這些正是薩滿進行預言的重要條件。

1.良好的品德修養

每一位有著較高造詣的薩滿都十分重視自身修養的提高。這一過程從擔任薩滿之日始，一直伴隨著薩滿的一生。無論通過何種途徑產生的薩滿都需要經過老薩滿的培訓，通古斯語為「教烏雲」。教烏雲不僅是新薩滿學習祭禮、祭規、祭神技藝的課堂，而且是老薩滿對新薩滿進行責任、品行、修養等人生教育的好機會，為薩滿未來從事神事活動奠定了基礎。這個過程在有些民族中需要幾年的時間，「布里亞特族，其族人欲獲得薩滿之資格者，必需經一定修養期間，及薩滿方術之練習。並需有神話之知識方可。此項修養，必經過兩三年之期間，且需受老練薩滿之指導。」**㉜**

氏族社會生產生活的需要，使培養德才兼備的薩滿成為全氏族的職責，而嚴格的師傅身教為這種氏族薩滿教育奠定了基礎。蒙古族薩滿的過九關儀式，都是在師父的培訓和指導下進行的。氏族和老薩滿對新薩滿的品德、修養期望更高，要求也更嚴。歷代薩滿都十分注重養身悟性、陶冶神技，這是他們從事預言和其他神事活動的基礎。而「心術正，則萬事通」更是一切之根本，是薩滿責己修

㉚ 宋兆麟《巫與巫術》，四川民族出版社 1989 年版，第 139 頁。

㉜ 〔波〕尼幹拉茲〈西伯利亞各民族之薩滿教〉，遼寧省民放研究所編《滿族研究參考資料》1986 年第 1 期，第 37 頁。

身的格言。樂於助人、不計得失、不畏艱難，常懷惻憫之心，不為
利惠而動是一些德高望重的大薩滿所具備的品德修養。

　　滿族族傳薩滿教史料《吳氏我射庫祭譜》概括了該族薩滿預言
的要旨：「邏事成師，邏察成師，邏思成師，邏縝成師，不為不
豫，不邏不豫，不恒不豫，不躬不豫。疲足斂口，憫人寡欲。貪衍
自戔，修心豫正」。「修心豫正」是薩滿預言的要訣和核心。

2.強烈的責任感

　　氏族時代，薩滿是氏族的精神領袖，同時又是一個普通勞動
者。他們與氏族成員同勞共息，生死與共。因而，他們將為氏族服
務、為族眾排憂解難視為己任。很自然，薩滿對氏族未來的命運十
分關心，對與此相關的生活事宜也十分留心。這個傳統一直被保持
著，近代薩滿亦如是。永吉縣烏拉街韓屯村滿族趙姓大薩滿趙興亞
曾說過：「當薩滿平時就得留心，啥事都得有興趣，敢碰敢琢磨。
年輕時我沿江走過不少地方，得熟悉水土人情。薩滿一要能幫助族
人指出一些難事，有啥閃失；一要勤告訴族裏馬上該做些啥事
兒。」趙興亞老人的一席話聽起來樸素，卻道出了一位老薩滿忠心
耿耿為氏族服務的心聲。事實上，一些預言的產生即源於這種責任
感，如滿族楊姓、石姓薩滿關於祭祀方面的預言，其實是薩滿本人
擔心祭祀禮儀在本族失傳這種思想和心理的反映。我們曾訪問過兩
家族薩滿與栽利，他們既承認是神意，也承認這些神意是他們很長
時間就常常掛念的大事。為組織族眾，薩滿通過神意表述出來，更
具感召力。

3.豐富的知識和經驗

　　薩滿對氏族的責任感促使他們勤於觀察和思考，不辭辛苦，腳

踏實地地進行調查實踐，並不斷豐富自己的知識和生產生活經驗。正如弗雷澤在論及為公眾服務的巫師時指出：「他們馬上擔負責任並且要關注的事就是：他們應該知道的比他的同伴更多些；他們應該通曉一切有助於人與自然艱苦鬥爭所需的知識，一切可以減輕人們的痛苦並延長其生命的知識。」❷薩滿是氏族的智者，他們擁有廣博的知識，包括天文、曆法、地理、建築、氣象、醫學、生物、生產及禮儀、交往、習俗、族眾心理等多方面，並在長期的生產生活實踐中積累了豐富的經驗。這些是薩滿進行預言所必備的條件。氏族生活是多方面的，需要進行預言的事情常涉及諸多方面，如果沒有廣博的知識和對氏族社會生產生活瞭如指掌的熟悉程度，是很難對氏族成員隨時可能提出的問題予以解答，對複雜而多變的未來作出準確判斷的。黑龍江滿族張姓薩滿對災異的預言後來被證實是相當準確的。這種準確的判斷很大程度上取決於薩滿對自然的觀測和對自然規律的掌握。鄂倫春族女薩滿對獵手作出的勸阻性預言，也是因為這位獵手因妻子有病而忐忑不安，薩滿「看他心中有事」，才勸阻他不要出獵。這是根據常識和人的心理狀態作出的判斷。我們曾在調查中特別追問過一些薩滿：「有些預言為什麼如此準確？」多數薩滿講「這事早有，一直惦著，告訴了大家」。

4.特異的思維品質

薩滿一般不尚空談，尤忌浮華、信口開河。故高師均常閉目斂言，靜思待觀，語不輕出，出即準，所謂：「久驗出真言」。此

---

❷ 〔英〕詹·喬·弗雷澤《金枝》（上），中國民間文藝出版社 1987 年版，第 94 頁。

外，「稱職的薩滿都必須具備反應敏銳、接受能力迅速、邏輯性強、預見準確、判斷少誤差等特殊品質」。❸❸只有頗有修養的薩滿所示預言，才能近於符合實際，富有可信性，並由此而具有神聖性。

三、薩滿卜術

在薩滿神事活動中，薩滿預言雖佔有著重要地位。但薩滿完成預言的神秘手段，還是薩滿世代傳襲不衰的卜術。不僅如此，薩滿占卜和族眾占卜都具有相當的普遍性。可以認為，薩滿教活動與占卜關係至為密切。薩滿無神不卜，無兆不卜，無事不卜。

㈠ 占卜種類

據我們多年來在北方諸民族所獲薩滿調查資料，薩滿卜術大致可分以下種類：

1.**異兆卜** 憑藉人的視覺、嗅覺、觸覺對某一客體的觀察經驗，依據平常的一般性特徵來鑒別其偶發性的異態、異徵、異候、異象，確定事物的反常和吉順兇險。如江河生泡沫卜為漲水；地穴生蛙為濕象，久居則生癘疫；地穴蛇蟻聚亡卜有鬼氣（沼氣類），必速遠徙；巢居無鳥，樹葉卷萎為時疫候，三日不遷則染癘；魚群浮水面有沼毒，不可飲，卜為凶地；穴屋無火而燥熱，黃鼠、蛇、

---

❸❸ 佟德富、趙力〈蒙古族薩滿教初探〉，《黑龍江民族叢刊》1990 年第 2 期。

蜥、貉、貐有穴不居，銜尾長驅遠遁，十日內必有地動溢水，卜為凶兆；虎棲沃地，卜人宜居宜狩，深谷常霧，日陽無芒，卜為災象，只可獵狩，不可安宅；鳥群飛噪，連日不寧，必生災異，凶象可斷；黃花生、卜鹿獐、芍藥白、熊羆來；虎食人，洞中骨；豺食人，岡上骨；鷙蟒害，樹上骨，白骨陳野卜刀兵；草如柴，葉焦落，蟲蝶死，塔頭熱，地生煙，五日不過卜流火；豬鹿驚遁，必有水火；山窩炸雷，卜火卜亡，等等。

2.**物測卜**　在困境險地攫取某種生物，卜定吉凶。如水中投石木，卜水流急緩深淺；洞穴中放入蛙、鳥，卜斷穴中是否有毒氣（沼氣）或蟒蛇；往山洞中驅趕麂鹿，觀其動靜，測斷深洞中是否有猛禽猛獸；夜間火烤獸、禽骨肉，依憑肉香召引熊羆、野民，卜存身棲居是否安寧；擒捕野豬崽、鹿、犴等，分別立樁縛於林中，次日查看是否尚存，卜此地是否有狼、豺、猞猁、豹等動物，便可設阱、夾獵獲。

(二) 以卜具分類

1.**骨卜**　用骨類占卜在北方薩滿教十分普遍。採用骨類作卜器源於各種生物的骷骨，包括人、虎、豹、熊、狼、獾、猞猁、鹿、麂、野豬、犴、馴鹿、刺蝟、山羊、穿山甲、狸、蝙蝠等，另外飛禽中鷙、鷹、鵰、雉、雁、鶴類，野雀類和家養的牲畜牛、馬、豬、羊、犬，家禽雞、鴨、鵝等，再者水中之魚類，兩棲類的水獺、水蛇、龜類，陸上的巨蟒、蟲類中還可用大馬蓮蝴蝶、大彩色牛蛾、大蚰蜒等百足蟲、大蜘蛛、大螻蛄、大蜻蜓、大蝗蟲、螢類等等。從《鄉祀筆彙錄》中可知，「百獸、百鳥、百蟲無

不可不為卜者，因奇而卜，因猛而卜，因形而卜，因色而卜，因時而卜，因事而卜。凡作卜者，均選用某一物之某一特有骨骼、臟器、肢節也。且必生捕，死腐獸鬐射殺病羸者不採也」，由此可以看出，卜用甚嚴，不可敷衍為卜，視為不靈無效。

採作骨卜者各種生物所用部位、器官不同，獸類多用牙、肋骨、胛骨、頭骨、脛骨、尾骨、膝脛碎骨，除此百獸眾畜之雄性生殖器（俗稱「鞭」）；鳥禽類的全骨骼架，用線穿成的白骨全鳥，或胸丁字骨、足骼管骨以及新鮮臟腑；蟲類主要觀其形、聲、色、動態，用全蟲；魚類主要用其喉牙兩顆，大魚鰓片、鱗片、臟腑等鮮骨物等；龜、蟒等用其骨，蟒還用其皮，但必須有紋彩者可作卜用。

2.草木卜　薩滿採用植物為卜器者尤多。北方諸族薩滿「遇事遇險，隨手拾草木為卜，亦甚靈效。」木類如松、柳、榆、槐、樺、楊、柞、黃柏、水冬瓜、楸、冬青、荊、藤、鐵力木、老鴰眼木、鑽心木、赤心木、空心木、山裏紅木、爬山虎、爬地松、水生木、倒生木等等；草類為烏拉草、蘭草、苦房草、塔頭草、節骨草、車前草、野豆秧草、蜀蔡草、水萍、薄草、藻草、蘆葦、苔蘚、蒿草、苜蓿、葛類草、茅草、白頭翁、蒺藜等等；花類如鳳仙花、芍藥花、百合及根、黃花、迎春紅、刺敏果花、杏花、裳粒花、山梨花、燈籠花、黃瓜香花、紫鈴花、山茶花、野菊花、金簪花、粉蓮花、牽牛花、雞冠花、婆婆丁花、野地小葉白花、冰了花、雪地杜鵑花等等，都可以隨時成為薩滿的頭飾、頭環，並作卜器。草、木、花類必選自高山、水濱等空氣清新而無畜糞汙濁之地。採時必在日出前有露時為最佳，採活木、鮮花、鮮草有水珠

者，凡採之木多用其枝其皮，草用其莖，花用其苞朵，經焙制而後卜用。薩滿用花木草等占卜，主要卜豐稔、蟲害、年景、疫疾等，茅草、樹皮等斷其絲紋，並卜凶吉諸事。

3.**星光卜**　最初的薩滿教星光卜，多屬自然界的占候卜，卜測風向年景、陰晴寒暖等。後隨社會發展，原始星象學隨之產生，依據北方地域地理特點產生了冬令星圖，又受漢文化影響，十二宮及二十八宿和五大行星運行、日月升降等在薩滿教中亦有廣泛傳播。滿、鄂倫春等民族也在長期生產生活中有自己的星圖與星象占候，除此北方民族還保留各自特點的星象神話。

4.**金石卜**　在薩滿占卜中還選用五彩礦石作卜器，或打制石器，多為傳年久遠的各種形狀石器，既可做神衣佩飾又可為占卜神器。除此，銅鏡、瓦片、瓷片、琥珀、琉球、針、簪、元寶、元錁、古錢、古代劍矛、銅鈴、鞍飾、頭桃形尖器、扁方、古笛、古口弦琴等等，都可以作為卜器。但是，凡能從金石、古器中選作薩滿珍藏的卜器者，多數都屬於兩種來源：(1)祖先數代傳承下來的生活遺物和薩滿先人傳下來的遺物，被視為珍寶，含靈魂之氣，奉為卜物；(2)由某一代薩滿或本民族人所挖掘、征戰得到的古墓中之遺物，多達數千年之久，便視為含幽冥之靈氣、神氣、鬼氣，便可秘傳為卜物。古墓遺物，可以「占鬼」。

5.**夢卜**　人體的特異活動如突然眼皮跳動、耳鳴、打噴嚏、做夢等，都被視為災喜出現前的先兆。這些體態卜象，極為普遍。北方薩滿教諸民族夢卜，與中原諸地夢卜，大同小異。民族特點已不甚突出。

6.**神偶和神器卜**　神偶與神器占卜，在薩滿教占卜中佔有突出

地位。神偶占卜，對薩滿教信仰者來說，被虔敬地看成是迎請神祇親臨現場卜斷，尤具神秘性。占卜時要焚香、殺牲獻血，並給神偶嘴上塗血，然後才能占卜。卜問情由，一般是跪看神偶是否有晃動感，或看盒中神偶臉朝上朝下，或在眾神偶中用手摸出其中一位判定是何性質災難（因神偶各有所司），或者晚上同夢卜結合判斷，也可與骨卜等相結合判斷。總之，占卜中禮序甚嚴，非一般事則不敢擾動神偶占卜。而且多由薩滿卜占，一般族人不擅用偶卜。

　　一個個帶血的骨骼，一塊塊粗糙的石礫，一束束花草，在薩滿教崇信者的眼裏，視為瑰寶，都有一個不平凡的經歷，不是輕而易舉地便來到主人虔誠敬奉的氏族宗教神壇之上的。

(三) 卜具的製取與存放

　　1.**血取**　薩滿教是原始漁獵經濟為主體的諸民族所崇信的宗教，保留著極熟練的殺牲求骨的高超技術。不僅在鄂倫春、鄂溫克、赫哲等族薩滿祭祀中可見此類能手，在滿族何姓「薩瑪祭祀程式過程」中還明確記述：為了取卜骨，選山中兩歲雄鹿，「鹿尚未發情，鞭精未洩者方可用陷阱生縛，用河心水淨洗沖刷，不可有污泥糞便，蹄尾皆淨，攙至院外神案前，灑水領牲後，由青壯薩滿在鹿剛要跳起時便要刀斷其喉嗓，血流如箭時便踢倒活鹿，這時可再來一名青壯薩滿，一個踩鹿脖，一個踩鹿後腿，踩前脖頸的薩滿要迅即用尖刀豁開肩胛骨，並將其解下，再解另一側肩胛骨，然後兩個薩滿各解下四個足膝上的嘎拉哈，取完供於神案，叩頭。鹿此時癱在地上，血在流，奄奄噴氣。鹿不死，殺其骨，骨中藏魂，為有神效。最後全族共食骨肉，其餘骨瘞等投入河中或埋於山上。」

《璦琿祖風遺拾》中記載，達斡爾、鄂倫春族往昔卜用骨，也是血取，在宰殺虎、豹、熊、黃羊、犴、猞猁等獸時，迅即取骨保存。有些小牲如刺蝟、蜥蜴等主要用其皮為卜，也是活取。甚至連網到上百斤重的細鱗、草根、鯉魚等，為取占卜用的魚牙，也在宰殺時裂喉活取雙牙齒。

2.**夢取**　有些卜物是薩滿通過神奇的夢幻覓得的。薩滿為追求夢卜、夢兆，要獨宿於深林荒野之中，住茅帳，飲山泉，不與親朋接觸，使神志完全進入靜息狀態。相傳只有這樣才可得真夢。據薩滿夢卜者敘述，如此輾轉數日，誠心求卜，夢到何物醒來後就要按夢索物。若久不得夢，或夢中物似清似迷，似是而非，或同時夢得雙物或多類夢物，皆為不靈，要繼續祈神求夢於野。夢取是求卜中最含辛茹苦的舉動，依夢幻雕刻，稱夢卜神偶。

3.**神取**　神取即祖傳、神傳之意，意指卜具完全是薩滿祖傳遺物，由後世薩滿代代相因，承襲使用，成為本氏族的傳世法器，被虔誠祭奉。當然，這些祖傳占卜物，究其源仍是遵循傳統的「血取」或「夢取」方法獲得的。

4.**意念取**　意念帶有很大程度的突發性，是人對某種客觀現象突發閃念而形成的心理意識。意念取卜，形式靈活，因事而定，因情而定，沒有固定的卜物，不受一般占卜的約束。如立筷、立雞蛋、水上放硬幣、硬幣投入水缸中心點、箭射某中心點、往空中拋嘎拉哈看其反正、閉眼摸已寫好的各種字測其含義等等，求其意念卜。

(四) 預言、徵兆、占卜三者的關係

預言、徵兆、占卜都是預測未來的方法，三者同屬於薩滿預測

學範疇，既有聯繫，又有區別。

徵兆是自然出現的現象，或者是自然現象，或者是人的生理現象，被視為另一種自然現象或社會現象的先兆。徵兆一旦被人們所認識或認同，便成為人人皆知的民間常識或婦孺遵從的民俗和共同的心理意識，具有較強的世俗性。在一定歷史條件下，薩滿對徵兆的解釋具有權威性。預言則是由薩滿主持進行的神事活動，頗具神聖性。

預言也不同於占卜。從表面上看，薩滿預言似乎亦具有占卜的性質，但二者還是各具特點。《吳氏我射庫祭譜》對預言與占卜的區別作了很好的概括：「要兆生豫，雜情求卜。豫急攸關，警言醒也。豫成高師，豈可常有。豫果在先，卜果在後」。總體來看，預言與占卜主要有以下兩點區別：

1. 實施範圍和神聖程度不同

預言屬於薩滿教祭祀內容。預言的產生一般要經過祭神儀式。預言的宣佈範圍也有嚴格的範圍，有的可公之於眾，有的只能講給幾個人，有關人員必須守秘，有的甚至只為薩滿一人所知，不得外洩。預言宣佈後，如是關係氏族生死存亡的大事，還要舉辦規模不等的祭祀活動，祈求神的庇佑。如預言應驗，也要適時舉行祭祀。凡預言所涉及的人、畜等都要參祭，並殺牲以謝神靈。占卜則只是一般的神事活動，不受時間、地點之限制，也不一定要舉行祈神儀式。

預言的神聖性還表現在預言產生與宣講皆非一般人所能為，必須是薩滿或具有某種特異素質的人才能、才有資格宣講預言，也只有他們才能獲得預言，這一點為人們所普遍信奉。占卜則不同，除

薩滿外，其他人也可占卜，特別是在後來的發展中，這一趨勢尤為突出。當然，薩滿占卜所具有的權威性是其他人所無法取代的。

預言不是常有的，一般來說，只有重大事情才有預言。占卜則不論大事小事均可操作。這一點也增強了預言的神聖性。

2.思維方式不同

預言是將未來發生的某一事件的結果先召示於眾，令人們警覺，有所準備。但預言的結果是否正確，當時並不知道，必須經過一定時間的考驗，直到所預言的景象出來，才能驗證預言是否準確，才算全部完成一個預言的檢測周期。占卜的情況則相反，卜前占卜者對所卜測的事情結局一無所知，但通過一定的占卜手段，在驗看卜象後即可迅速瞭解事情的結果。當然，是否應驗也須時間的驗證，這是占卜與預言的相同之點。

值得提及的是，預言與占卜經歷了一個合而分、分而合的過程。預言和占卜都是原始人類在生存鬥爭中萌生的。在原始時代，先民的思維尚不發達，也不複雜，因而，預言與占卜的劃分並不嚴格，在原始思維中二者常常是混淆在一起的。預言與占卜的畛域劃分是隨著社會的進化、思難的發展、社會分工的縝密才逐漸明確起來的。《祭譜》對預言與占卜的區分與分析，很大程度是受近世預言、占卜特徵的影響。這是我們應該說明的。

然而，隨著薩滿教觀念和預言、占卜本身的發展，預言與占卜又常常被混而兼用。有時，薩滿先行占卜，再根據卜情提出預言。有時，則先提出預言，再行占卜以測其結果是否準確。無論是先預後卜、先卜後預，還是卜預兼用，或單行卜、預，皆視所測之事而定，具有相當的靈活性。

　　由於北方民族社會發展相對緩慢及其他社會歷史原因，北方民族薩滿教保留著氏族宗教的性質和特點。表現在預言方面，也必然帶有原始預言的特徵，即重實際、重調查、重主觀努力，不尚空談，與近世一些巫醫、神漢裝神弄鬼，假借神鬼傳達預言之舉不可同日而語。薩滿預言更具求實性和實踐意義。近世，隨著薩滿教的衰落，薩滿預言在多數地方已不多見，只有少數老薩滿還具有這方面的修養，但也很少承擔這方面的職責了。

四、薩滿神判

　　神判曾普遍存在於世界各民族特定的歷史階段，在一些民族中，至今仍有深遠的影響。因而，在原始文化研究中，有關神判的研究日益引起學術界的關注與重視。近年來，我國學者也有論著問世。❸但主要限於南方少數民族神判法的研究，對北方薩滿神判尚無人問津。其主要原因在於，有關北方薩滿神判法的資料十分匱乏，不僅文獻記載極少，而且，在民族生活中，這種神判法早已成為歷史的陳跡，已無從進行民族學方面的考察。本章主要依據本世紀二三十年代滿族文化人富希陸等人的采風調查實錄《璦琿十里長江俗記》等手抄資料和薩滿教調查資料，對以滿族先世女真諸部落為主的古老的薩滿氏族神判作一探討，以期有助於對薩滿教文化的全面認識。

---

❸　參見夏之幹《神判》，上海三聯書店 1990 年版；鄧敏文《神判論》，貴
　　州人民出版社 1991 年版。

㈠ 薩滿神判種類

　　神判，又稱神斷、神明裁決、天判等。❸根據薩滿神判法的內容及其分類，我們認為，薩滿神判既包含上述裁決是非之意，但主要係指在生產力極端低下的氏族部落時期，氏族成員在萬物有靈觀念的支配下，對氏族內外產生的事端、矛盾等，無法謀求公正的裁斷，無法平息糾紛，便祈請神明予以裁定和判斷。整個神判過程，一般由氏族中德高望重的薩滿作為神明代表，如遇特殊情況，薩滿可責成某位氏族重要成員代行其責。但均須嚴格地遵守特定的驗判程式，在公眾的注目下，神聖而隆重地進行。其最後裁決，無論勝負在哪一方，都天經地義地被視為最公正、最合理的神明判決，須立即踐行。這種形式便是原始氏族神判，可謂氏族時代不成文的法律。

　　原始氏族神判，主要有以下三種形式：

1.氏族盟誓神判

　　在氏族時代，氏族與氏族之間常因相遇、會盟、分支、合兵等原因，祈祝神靈進行公正的裁判，以圓滿地解決爭端，考驗誠心，順利實現祈願目的。這種神判神聖而隆重，在氏族中頗有影響。

　　⑴相遇

　　在狩獵、遷徙途中，氏族之間常因搶佔某一有利地勢，或爭渡山崖、渡橋、密林小路而互不相讓，彼此爭鬥，常釀成大禍。為和平解決爭端，一般由雙方氏族長相邀，請薩滿祈神示諭，然後，依

---

❸　宋兆麟《巫與巫術》，第275頁。

神意進行神判。神判多採用鬥獸與摔跤形式。由雙方獵手縛獲數隻
駝鹿、熊、野豬等猛獸，將它們分別放入地窖中，雙方選出最勇
猛、強壯者跳入地窖，與猛獸搏鬥，先縛倒野獸者為勝。若雙方均
勝，再由雙方猛士直接進行摔跤，其勝者所代表的氏族被視為神
佑，一切任其方便。

(2)會盟

會盟是氏族間較普遍的一種神判方式。據《清太祖武皇帝實
錄》記載，清太祖努爾哈赤在統一女真諸部的過程中，主動與明通
好，「遂會明遼東副將及撫順所備禦同勒誓辭於碑，刑白馬祭
天」，❸並立盟約。努爾哈赤與海西女真四部建立的短暫且只是表
面現象的會盟，也要行「刑馬歃血，祭天盟誓」之儀式，❹似乎這
樣才能表示彼此的誠心。

會盟神判旨在檢驗會盟各方是否誠心，以便進行政治、軍事聯
盟。屆時會盟各方要競相獻上鹿、野豬、巨蟒、虎、熊等巨獸，祭
典神靈，並痛飲犧血。火驗神判是會盟時普遍採用的方法。屆時，
先由薩滿擇定聖地，並殺牲祭地，布設神判地點。參加會盟的各氏
族首領一齊跪地盟誓。當星斗滿天時，由薩滿將象徵神明的篝火點
燃。待大火熊熊燃燒後，各氏族首領相互跪抱，跪地祈禱，並競相
往火中敬獻血肉，然後進行跨火神驗。各氏族首領依次從燃燒的火
堆上飛越而過。凡在大火前毫無懼色，並能順利跳過篝火者，表明
其經受了聖火的洗禮和考驗，誠心會盟；如在烈火前卻步不前或不

---

❸　《清實錄·太祖實錄》，中華書局 1986 年版，第 50 頁。

❹　同上，第 46 頁。

能跨過火堆，即表明沒有會盟的誠意。據滿族長篇歷史說部《兩世罕王傳》傳講，建州女真首領王杲曾向土默罕求兵，土默罕王使用火驗神判法驗其誠心。面對熊熊燃燒的火堆和火堆前插著槍尖的場地，王杲坦然地跪地灑酒，一步步接近火堆，飛跨而過，鬚髮被火苗燒卷，皮毛斗篷上火舌翻滾，王杲大笑著走向土默罕，跪地施禮，遂與土默罕會盟。

火驗神判法源於北方民族的火崇拜意識。北方滿、蒙古、鄂倫春、鄂溫克、赫哲、錫伯等民族對火的崇拜悠遠而突出。火被奉為最純潔、最光明、神聖不可侵犯的聖物，它能蕩滌污垢，驅逐邪惡，使福壽和光輝永駐人間。故只有經過火驗，才能表明赤誠與純正。

在長期的歷史發展中，火驗法在北方民俗中有著不同形式的演化。如鄂倫春、鄂溫克族新娘到夫家，要先拜夫家的火塘，遇事則對火神發誓。蒙古族婚禮中也要舉行拜火儀式，高唱《拜火歌》，寓意夫妻永結同心。火驗法也被用於外交禮節。「六世紀西部蘭突厥可汗讓拜占庭使者從火堆裏經過。」❸當俄羅斯的使者前來謁見欽察汗國的建立者拔都時，兩人先從火中走過，以示彼此的誠心。然後，才進行其他外交活動。儘管各種儀式的宗旨不同，但都表達著同一內涵，即經火驗，彼此才能誠心。

(3)合兵

適應某種政治、軍事或生產的需要，將一些分散的氏族合併為

---

❸　〔土〕阿·伊南〈薩滿教今昔〉，中國社會科學院民族研究所《薩滿教研究》編寫組 1979 年編印，第 79 頁。

一個大部落，並選出最有威信、最有才幹者擔任首領，便要舉行合兵神判，旨在驗證參加合兵的眾氏族首領是否誠心，能否服從新的首領的調遣，能否遵守新的氏族規章等等。合兵神判多採取血祭方法。凡參加合兵各方的氏族首領，經過薩滿祈禱，共同殺牲祭神後，由薩滿舀來清澈的江河水，裝入皮囊中，放於神案上。眾頭領半跪於神案四周，各自挽起自己的左臂，右手各執佩於腰間的小食肉刀，刺向自己左腕凹處，鮮血流出，滴入盛著清水的皮囊中。薩滿手捧皮囊，在神案前擊鼓、起舞，眾人擊手相合。然後，再將皮囊放至神案上，眾人凝神注視皮囊。如見囊中水滾動成一個殷紅色的血球，猶如一個人的血在水中滾動。此徵兆便是合兵神判的上上吉兆。氏族首領們相互半跪擁抱，向天地、山河叩拜。所有的族人互施抱見禮，相互祝禱慶賀。

滿族先世東海女真人的捧魚神判法也頗有特色。參加合兵的各方首領齊集河邊，多選水淺而平坦的小溪。眾首領首先要殺牲飲血，祭祀江河神。由族人捕來一條活魚，江魚以狗魚為最佳，海魚以小鯊魚為上乘，必須是勇猛的食肉魚，以象徵著部落英勇無敵。將活魚放入一張熟好的獸皮上，內裝河水或海水，由眾首領各掐住皮子的一角，高高地、平平地兜起，在薩滿神鼓聲中，在海濱、河岸平穩行進。直到薩滿鼓聲中止，小薩滿將魚和水接入石盆中，眾首領才歡呼著；擁抱著在水中打滾，互相潑水，神判即告結束。魚和水象徵著合兵後如魚水相親，意味著洗去往日的隔閡，在眾神的護佑下，合兵後的部落猶如浩蕩的江河川流不息。如魚和水從獸皮的一角或一面流出，即表明掐這個角的首領及其所代表的氏族無合兵誠意或有不軌之兆。

⑷分支

隨著氏族人口的發展，支系的增多，維繫原有的共同勞動、居住、分配的局面已極為不便。為了有效地保證氏族的繁衍與發展，又能維繫原有氏族成員之間的密切關係，便要通過神判法進行合理的人口分支，井然有序地安排好居址，並使支系與支系之間維繫著親密的宗族關係。

氏族分支既複雜又細微，怎樣劃分人口、工具，劃定居址，非人力所能決斷，必請薩滿通過神判而定。分支神判常用踏花法。先由薩滿按照欲分支系的數量秘採幾種顏色的野花，分明暗藏在叢林中一排樹上或埋於樹下，只有薩滿知道哪棵樹藏著哪種顏色的花。全族人要一步步地從樹下走過。在行進中，凡踩到藏有相同顏色鮮花的樹根者便被分到一支，視為神意。此外，拍樹法、滴水法也用於分支神判。

如何確定各氏族居址，薩滿多採用山雉定位神判法。神判儀式由薩滿主持，並親自從山中捕來數隻山雉，將其腿稍加捆綁，放入籠中。在薩滿鼓聲中，各分支氏族代表依次從籠中取出山雉，就地旋轉，鼓聲一停，即放飛，其首次鳴落地即為該氏族的神示居址。如果山雉飛起，又落原地，該支便留居原址。如兩隻以上山雉同落一地，除第一次降落有效外，其餘各次依次順同一方向，每隔二十七米❸之地築室，依次排開。如果山雉落入山林，則伐木架屋；如落入河谷，則沿河築室，一切視為神意。在滿族先世女真人中，山

---

❸　二十七米來源於鹿九躍（一躍相當三米），這是滿族古老的量度單位，「九」是極數。

雉定位神判法普遍流行。據《兩世罕王傳》傳講，努爾哈赤祖先由虎爾哈一帶南遷至蘇庫蘇護河畔的赫圖阿拉一帶，諸祖先亦採用山雉定位法分配諸支居地。

嘎拉哈定位法出現較晚，方法也較簡單，以鹿嘎拉哈為最佳。一般常以嘎拉哈的正面（即凹面）代表原居址，其餘三面各代表北、東、西三方（嘎拉哈背面即凸部代表北，兩側以正面為準，右為東，左為西），嘎拉哈滾動或立起來為南方，依此法來安排各支的居址。

隨著社會的發展，氏族之間關係的鬆動，某些大的氏族分支時，只用嘎拉哈確定一支原址不動，其餘諸支新選住地，只需各支薩滿與頭領商議而定，這是氏族社會發展的必然趨勢。一些氏族分支時，甚至出現某些支系遠離中心支系的現象，自然也不必再恪守古制。

2.選酋神判

選酋神判，係指通過神判法產生氏族首領、獵達和將領。

(1)首長選舉神判

北方滿、鄂倫春、鄂溫克、錫伯、達斡爾等族，直到解放前，仍殘存著氏族制度和傳統的習慣法。在這些氏族中，氏族長的選舉是闔族的一件大事，由氏族大會選舉產生。氏族大會是氏族的最高權力機關，由全體氏族成員參加。產生穆昆達（氏族長）是氏族大會的主要職能。當選穆昆達的條件是：威信高、辦事能力強、為人公道正派、關心穆昆利益。❹

---

❹ 莫日根迪〈達斡爾族的習慣法〉，《民族學研究》第六輯，民族出版社 1985 年版，第 275 頁。

據《璦琿十里長江俗記》載：在滿族先世女真時代，氏族長的產生要經過隆重的選酋神判，實際是勇力、智力、體力的競爭與角逐。每逢氏族長謝世，或久病不能臨事，或長期被其他氏族所囚困，甚至下落不明等情況，氏族大會便決定在全氏族選拔新的氏族首領，凡氏族成員均可參加競選。屆時，將舉行隆重的祭祀活動，祭後，選出德高望重的薩滿擔任「拜唐阿」（主事人），主持氏族選酋神判。

為選舉氏族長而進行的祭祀活動是闔族莊嚴而喜慶的大事。本部族眾紛紛從四面八方趕來，殺鹿供血祀神。祭禮十分隆重，分報祭禮（告天禮）、家規禮（講述選酋時應遵守的族法族規，嚴禁結黨滋事）、請神禮三項內容。屆時，將各種形態的祖先神偶請出，供於神案上。殺牲獻祭後，薩滿擊鼓祈請祖先神降臨神堂，為氏族選出公正能幹的首領。祭後，從眾薩滿中選出德高望重的薩滿擔任「拜唐阿」，在眾分支首領和其他老薩滿的輔助下，主持氏族選酋神判。

伏獸神判是產生氏族長的主要方法。金元以來，女真諸姓望族大多設有「獸圈」，以活捕野獸為時尚，主要通過窖捕，將野獸抓回氏族飼養。有些氏族的「獸圈」分得很細，有「猛獸圈」、「麋鹿圈」、「野豬圈」，「禽棚」又分「鷹棚」、「天鵝棚」、「山雉棚」等，此外還有「魚池」、「大蟒池」，專門餵養各種猛獸、猛禽、毒蟲等。其目的主要有三：為氏族儲備豐厚的衣食之源；為氏族大祭、神判提供所需禽獸；將「獸圈」當作教場，通過馴獸伏獸，培養後代的機智勇敢，練就他們的膽識與氣力，這一切都是狩獵民族所必須具備的。世代畔海而居的東海窩稽人還專設「海

池」，訓育年輕後生潛水、抓魚的神技。

伏獸神判，一般在林中或雪地上擇一場地，專設為競技場，四周圍以木柵，參祭族眾皆站於柵外，觀看助威。競技場四角設角樓，作為瞭望台，一旦競技者不敵猛禽而陷入險境，角樓內的護衛將衝出援救。鬥獸場與獸圈之間有通道相連，中間設一閘門，有專人守護。參賽者由族人裝備齊全，夏日多為赤臂、赤腳，有皮甲護腕、護膝、護肚部與前後陰部；冬日則穿短皮褂、皮褲及長筒皮靴，自佩短刃、縛繩以及各種迷醉野獸的「醉煙」、「醉藥」。

一切準備就緒後，先由大薩滿擊鼓請神助佑，並賜參賽者飲鮮牲血。然後，參賽者全副武裝地進入競技場。在一片吶喊聲與鼓聲中，專門看管閘門的人將閘門打開，猛獸順著事先特設的通道猛衝入競技場，參賽者迎面與之搏鬥。如參賽者迅速將其縛住或殺死，取下牙、爪、心等部位，而自己卻毫無損傷，即為勝者。如幾位參賽者伏獸獲勝，則繼續與更兇猛的野獸搏鬥，多達與九隻獸搏鬥，甚至鬥「三九」隻猛獸，方為滿數。野獸多為鹿、野豬或熊。然後，還要進行識獸蹤、辨風向、觀星辰、縛鷹鵰等檢驗參賽者智慧、經驗、勇力的各項活動，亦視為神驗。只有獲得全勝者，才視為神佑，才能當選為氏族長，備受族人的尊重。在鬥獸中傷亡者，視作不為神所護佑，看作氏族正常死亡，葬入氏族公共墓地。

(2)獵達競選神判

獵達是狩獵組織的首領，負責組織集體圍獵等事宜。集體圍獵是狩獵民族自古形成的傳統。已面世的陰山岩畫、阿穆爾河林區岩畫、內蒙阿拉善右旗岩畫都有集體圍獵的場面。直到近世，狩獵為生的鄂倫春、鄂溫克族仍進行集體圍獵，這個傳統由來已久，「從

古代的部落酋長率領圍獵，以及後來由『阿圍達』領導的圍獵活動，直到目前的狩獵，除了個人在村子附近打獵外，到遠處去都是集體進行，單獨行獵的很少……單幹的人無論技術怎樣高，人們會用白眼看這種人。」❹

集體圍獵需要有組織進行，獵場的選擇、人力的分配都需要獵達具備機智、勇敢的素質和豐富的狩獵經驗、高超的技藝。因此，競比獵達，在北方民族中頗為重視。據滿族長篇說部《兩世罕王傳》傳講，滿族先世女真諸部中，伏豬伏熊的力士甚多，每個氏族窖捕成群的「米哈倉」（野豬息），在圈中馴養，以備食用；待野豬長大時，族中青壯年常以智擒野豬為戲耍；捕獸也是競比獵達的重要方法，通常有鬥熊、鬥野豬、鬥蟒蛇等不同形式，獸斃曰吉，人傷曰凶，俗稱「神驗」。

神聖的獵達競選神判於每年春季舉行。先由薩滿主持祭祀，競技者在神案前焚香，由薩滿為之祈禱，族眾站在競技場四周吶喊助威。競技者赤胸赤腳，手持一把石匕，立於木柵內。待窖門一開，獠牙如刃的野豬便竄向鬥士，鬥士猛然躍起，跳上豬身，揮石匕刺瞎豬眼，野豬痛跳時，鬥者速用石匕刺向豬心窩，很快掏出心肺。豬死，去掉獠牙，供於神案前。有時，鬥者一連擊倒幾頭野豬，才被氏族推為獵達，率領全族壯年四季進山圍獵。經過神判而產生的獵達被視作與神靈最接近的人，是神靈賜予他神奇的力量，才能成為勝者，備受族人的尊重。神判結束後，由氏族大薩滿在神案前為

---

❹ 《鄂溫克族社會歷史調查》，內蒙古人民出版社 1986 年版，第 52-53 頁。

勝者佩戴虎牙、豹牙、野豬牙等獸牙，象徵著英勇無畏。所佩戴的牙飾，不僅視作護身靈物，而且作為狩獵才幹的標誌。

在北方古俗中，佩牙飾不僅十分榮耀，而且也很美觀。有些氏族成員自年輕起就年年競比獵達，所佩牙飾多達數十顆，受到闔族的愛戴與敬仰。在我國東北一些考古遺址和黑龍江下游及濱海地區「貝丘文化」中，都先後出土了數量可觀的野豬牙飾。❷這也從一個側面說明了北方古代先民對牙飾的重視。

⑶**巴圖魯競選神判**

北方民族素有尚武精神，長期的狩獵生活有利於鑄造這些民族勇敢的品格，氏族與氏族、部落與部落之間頻繁發生的武裝衝突、血親復仇，客觀上也促進了各部族對後代英勇善戰精神的培養和戰鬥競技的訓練。遼金以來，契丹、女真、蒙古、滿等少數民族先後崛起於北方，進行了一系列征伐與統一戰爭，先後建立了政權。其間，戰爭頻仍，一個部落，乃至一個民族的生死存亡，往往與其所具有的戰鬥力有著直接關係，這種客觀的歷史現實加速了北方民族全民皆兵的歷史進程。建立在女真人牛錄製基礎上的清代八旗制度，將這種現實加以制度化，凡滿族成員分隸各旗，平時生產，戰時從軍。鑒於上述歷史條件，北方各民族都非常重視對後代尚武精神的培養。女真人的一些部族還要定期舉行巴圖魯（戰鬥英雄）競選神判，以便有效地進行對外戰爭和對後代進行英雄主義教育。

巴圖魯競選神判同樣是在神秘的氣氛下進行的。首先，由主祭

---

❷　參見延邊朝鮮族自治州博物館〈延吉德新金谷古墓清理簡報〉，《東北考古與歷史》1982 年第 1 輯，第 168 頁。

薩滿進行報祭，向天地、山河和諸祖先神通報競選巴圖魯的喜訊，
恭請諸神降臨，予以公正的裁決。勇敢和具有較強的作戰能力是競
選巴圖魯的主要標準。參賽者多是訓練有素，智勇雙全的壯年。其
方法多採用跳崖或越山澗等。要求參加競選的勇士從陡峭的山崖上
往下跳，以平安著地和迅速、敏捷、俐落為勝。跳崖時，身上要戴
有鹿角鉤的長索，鉤住崖上的一樹根，順崖而下，至半山腰，將鉤
索抖掉繫在身上，看準森林中的樹枝，騰空而下，雙手抓住樹幹，
再沿樹滑到地面。其速度之快，動作之敏捷如飛鳥，似猿猴。此
外，還要競比弓箭、馬術、馴獸、駕鷹等技藝，超群者被推為巴圖
魯，遇有戰事便率部出征。

往昔，春秋兩季，氏族間常舉行以比武為主要內容的「奧米仁」
競技活動。巴圖魯代表本氏族與其他氏族勇士比武。其勝者由聯合
部落的長老們授予「奧米仁巴圖魯」稱號，由最有威望的大薩滿贈
賜「奧米仁徽標」，受到各氏族的推崇和敬重，是部落中難得的殊榮。

3.雜類神判

隨著北方民族由單一的漁獵經濟擴展為漁獵農牧多種經濟形
態。與之相適應，北方民族中多數出現了不同形態的私有制，包括
家庭奴隸制、軍事封建制、封建制等。私有觀念和私有財產的出
現，給社會帶來了深刻的變化，財產糾紛現象相繼出現。這使薩滿
神判從形式到內容都有所改變。在原有帶有氏族祭禮特點的原始神
判外，出現了以解決財產糾紛為主要內容的神判。其形式也發生了
一系列變化：原有樸素簡單的特點弱化，巫術色彩濃厚；在神判仲
裁方面，薩滿不再起支配作用，多由部落首腦、家主或由爭執雙方
共同選定的仲裁人主持神判，亦稱評判；神判已由神聖的宗教祈神

活動趨於民間化、大眾化。根據其採用的方法，這類神判可分為以下幾種：

(1)吊髮

吊髮神判是中古以後北方民族一種較為古老的神判法。凡在氏族、部落或村寨中發生盜竊、通姦或難以斷決的疑難案件，便用吊髮神判加以判明。執行神判者為薩滿，後來多是氏族首領或共同商定的仲裁者。神判場地多設在林中一塊平地上，由仲裁者選擇，場地上要有一棵高樹，在樹下攏起一堆火或挖一坑，內放一、兩隻饑餓求食的熊、豹或猞猁等。也可在樹下擺放十幾把刀刃向上的長刀。然後，將被告人的長髮用黑鬃絲繩拴好，吊於樹梢上，由薩滿或仲裁人祈請神明予以公正裁斷。如鬃繩斷開，表明該人做了不軌事；如該人平安無恙，則表明被告無過，事後不許再攻訐該人。

(2)馬（鹿）踏

凡遇與吊髮神判原因相類的疑難案時，亦有用馬踏法斷案的。最初多用馴鹿，後用馬代替，但比鹿更殘酷。先由仲裁人將被告手腳緊綁一起，令其不能動，然後將其拉至野外平地。由仲裁人指定一人趕出鹿群或馬群，使之驚跑。如踏在被告身上，便說明被告有罪，神人共譴，如獸群驚奔，躲道而跑，被告安然無恙，則表明被告蒙受誣陷，原告將受到重責。

(3)撈沸

凡遇重大疑案，互相攻訐，調解不能，便由仲裁人主持撈沸神判。先由仲裁者擇一地，搭竈支鍋，鍋中放油，將油燒沸，油鍋裏放兩塊石子。待油燒沸，雙方同時赤臂探入油鍋中，各撈一塊石子，由仲裁者驗看手臂，被燙傷者為理曲，未傷者為清白。氏族以

此據，對作案者進行懲治。

(4)穿火鞋

如有人失竊，受嫌者又不承認，可請仲裁人進行穿火鞋神判。將鐵犁鏵在火中燒紅，爭執雙方赤腳踏於其上。如受嫌者腳被灼傷，便被視為作案者；若原告腳傷，則以誣陷罪論處。

(5)車軋

執行神判時，要求被告橫躺於地上，頭朝外，仲裁者令一輛裝有三根原木的馬車從被告大腿處軋過。如未傷骨，便視作無罪，否則，便判為有罪。

(6)踏冰河

當部落舉行重要活動，有人滋事生非，心懷歹意，卻又無法確定係何人所為時，便由薩滿舉行踏冰河神判。涉嫌者在薩滿面前跪拜、焚香、起誓後，走上初冬的冰河。河面新冰初結，走在冰上能聽到冰裂的響聲。踏冰者彼此間隔一段距離，小心翼翼地在河面上行走，一直走到對岸為止。踏冰河神判被看作是接受自然神的驗證。凡能順利渡過者，皆因得到江神的庇佑，必是安分守己，對部落忠心耿耿的人；凡墮入冰河者，即為江神所憎惡和唾棄，必是心懷叵測，滋事害群之人。

(二) 薩滿與神判

一個民族的生產方式、地理環境、風俗習慣、宗教信仰等因素不同程度地制約著該民族神判法的形式和面貌。其中，宗教信仰對神判的影響更大。就北方古老的氏族神判而言，無論其內容和表現形式都與薩滿教有著密切的關係。特別是侍神人薩滿在神判中充當

著不可替代的角色，發揮著重要作用。

　　首先，薩滿作為神的代表執行神判，使神判具有神聖性。

　　神判的主要功能是判明是非，解決爭端。神判一般是在氏族內、村寨中發生各類案件、糾紛、爭執，而人力又無法平息、解決的情況下舉行的，因而，神判的權威性至關重要。北方民族自古崇信薩滿教。在北方先民的觀念中，他們賴以生存的自然界充滿了神靈，主宰著人類與萬物。神棲於九天，對人間的善惡曲直洞徹細微，懲惡揚善，偉大公正。然而，神高高在上，普通人難以與之溝通與交往，只有通過薩滿的一系列神事活動，才能代達庶望，傳達神意。在薩滿教世界中，人們將薩滿視為直接通神者、神的化身與代表，凡事無所不知，無所不能，無所不解，在族中享有很高的威望。薩滿正是憑藉這種威望，為氏族排難解紛，維繫著氏族內部的和睦與安寧。偶有爭執，薩滿則是當然的調解和裁判者，這正是薩滿充當神判執行者的思想基礎和特殊條件。

　　神判早期主要由薩滿為仲裁，後期亦有由氏族首領或公推的仲介人來主持神判的，但並不普遍。人神中介的特殊地位，大大增強了薩滿執行神判的權威性、神聖性以及當事人、族人對神判結果的信服性，為順利平息事端創造了條件。

　　薩滿為氏族神明斷事，這在神話傳說和民俗中都有所反映。音姜女神是滿族創世神話中的一位斷事大神，她巨髮撐天，能洞悉宇宙的瞬息萬變；雙眼光芒閃爍，可洞察暗夜，辨識虛實；長耳若勺，能辨析各種音響；尖嘴鋒利，能撕開黑心毒膽。音姜女神崇高偉大，明察秋毫，深受各氏族的敬奉。薩滿在執行神判時，即請音姜女神裁決。相傳，音姜女神手下有兩位助神，一是天鵝郭羅女

神，一是烏鴉嘎查女神，她們原是天神阿布卡赫赫的侍女神，在與惡魔耶魯里進行爭奪統治權的天宮大戰中，天鵝女神和烏鴉女神分別用天鵝血和烏鴉的黑羽使耶魯里迷醉，罩住了它的雙眼，才使其被擒，贏得了宇宙的安寧。這兩位主持正義，戰勝邪惡的宇宙戰神，後世被尊為裁決評判的大神，同音姜女神一起維護著氏族的平安與和睦。

北方滿、鄂倫春、鄂溫克、赫哲等民族，至今保留著崇拜天鵝血和烏鴉羽毛的遺俗。據傳，這兩種聖物可避邪。若驗證某種東西是否含有毒質，只要在上面點上天鵝血或插入鴉羽一試便知。正因如此，天鵝血和鴉羽編織的披肩，是薩滿斷事時的必備聖物。可見，由薩滿主持神判，使神判頗具神聖性。

其次，薩滿通過各種祭神方式執行神判，使神判更具神秘性、權威性，為獲得神判成功奠定了基礎。

如果說薩滿的特殊身份客觀上為順利執行神判創造了條件，那麼，薩滿在執行神判時利用多種祀神方法，則為神判的成功創造了條件。薩滿神判並非簡單地裁決當事人雙方的是非曲直，而是一次莊嚴的祭祀活動。薩滿在主持進行每次神判的過程中，常常融合了諸種祭神方式，大大增強了神判的神秘氣氛。

祝禱、咒語是薩滿請神、祭神的重要步驟和方法。薩滿在執行神判時，便用禱詞、咒語等進行祈神活動，並向神界通報神判的資訊，請神裁決。

歌舞事神是薩滿教的重要特徵。無論從事何種神事活動，薩滿都離不開歌舞。正如恩格斯所說：「舞蹈是一切宗教祭典的主要組成部分。」在薩滿教祭祀中，每一個鼓點、舞步、音符都是薩滿溝

通人神、表達思想感情的特殊語言。薩滿在執行神判時，也正是運用了音樂與舞蹈這些特定的語言，完成了降神、娛神、酬神、謝神等程式。當神附體後，借薩滿之口，傳達神意。

巫術產生於矇昧時代，曾普遍存在於特定歷史時期各民族生產生活諸方面，並以其特有的玄妙神秘特色，滲入到原始宗教的各種祀神活動之中，成為原始宗教的重要組成部分。在薩滿祭祀、治病、祈福祛災、新薩滿的產生等一系列神事活動中，都伴有各種巫術，巫術在薩滿教中佔有重要地位。如錫伯族薩滿學期已滿，要舉行「上刀梯」儀式，只有成功地登上刀梯者，才能正式成為薩滿。在東蒙地區，每隔幾年的九月初九，便由當地最有聲望的薩滿發起一次以競比法術為內容的祭神活動。屆時，每位新薩滿要在師傅的引導下進行過關儀式，通常要過九道關，即鎖杆、踏劍、踩針、鑽刀圈、跑火池、舔烙鐵、油鍋中撈鐵器、穿鐵鞋、踩鍘刀等。九關具體內容各地區又有所不同。儘管九關不一定在一次祭神會上全部通過，但只有通過了九關，才能獨立行博。過九關儀式實際是蒙古族薩滿之間競比法術的競技活動。在滿族野神祭祀中，當神附體時，當上薩滿了也要施行上刀山（上刀梯）、下火海（跑火池）、吃紅棗（舔烙鐵）、鑽冰眼（鑽冰窟窿）、捋鎖鏈、吃火炭等巫術，以展示諸神的雄姿與風彩。鄂倫春、鄂溫克、達斡爾、赫哲等民族薩滿在治病、追魂等神事活動中，為了與惡魔鬥法，也要施行各種巫術。

巫術的驚險和神秘，使人望而生畏，更加確信神的至高無上、神意的不可悖逆。巫術的這種客觀效應正是神判特別需要，而其本身又無法實現的。於是，巫師將巫術作為一種手段和表現方式直接

參與神判，則成為必然。薩滿神判中的巫術成分雖不如南方少數民族那樣突出，但在後期出現的神判中，也參雜著許多巫術內容，其中主要是薩滿在神事活動中經常採用的巫術形式。神判是多神崇拜觀念的產物，人們相信神的偉大公正，能夠辨別人間真偽，這是神判產生並得以存在的思想基礎。而神奇多樣、動人心魄的巫術又將神判的神聖性推向了頂峰，進一步造成神判可信性、公正性、不可違背性的心理效應。總之，巫術以及祝禱、咒語、歌舞等多種事神方式一併應用於神判，進一步強化了神判固有的神聖性，為順利平息事端奠定了基礎。

再次，薩滿憑藉自己的知識和經驗，在一定程度上影響著神判的進程，薩滿是神判最有權威的解釋者。

一位神事造詣頗深的薩滿，必定是一個知識豐富，富有經驗的人。薩滿神聖的職責催發著他們觀察自然，摸索自然萬物的變化規律，積累生產生活經驗，並熟知氏族成員的個性。這就使薩滿在執行神判時，能夠根據實際情況，更多地發揮「人」的主觀能動作用。如分支、遷居等氏族神判，薩滿與穆昆商議後，多事先私下做一些準備，以免出現分支時各支實力相差過於懸殊的局面。薩滿又可以基於對周圍自然環境和動植物生長規律的諳熟，在選擇神判場地、用物、確定神判標準等方面做些安排，並在此基礎上加以解釋。因此，我們認為，神判看似由薩滿代神傳諭，係神斷，實際上許多神判行為更多地反映著一定時期人們的意志，只不過通過在氏族中享有崇高威望的薩滿來實現而已。

可見，薩滿與神判關係十分密切，薩滿不僅是神判的主要執行者和解釋者，而且以其客觀的條件和主觀的作為影響著神判的進

程。應該說，薩滿作為氏族利益的代表，對公有制下氏族神判的影響是積極有益的，反映了氏族的意志和利益。至於階級社會以後出現的神判，人為的影響則利弊兼而有之，主要取決於薩滿本人的素質和為氏族服務的責任心。

(三) 薩滿神判特徵

迄今為止，國內外研究中國神判法的論著，主要依據我國南方少數民族的資料，其研究也主要限於南方少數民族神判法。那麼，與其相比較，北方薩滿神判具有哪些特徵呢？

1.在信仰薩滿教的北方少數民族中，神判法的施行遠不如南方少數民族那樣廣泛而突出。根據民族志的調查材料和有關專家的研究，神判在南方少數民族中不僅有著悠久的歷史，而且至今仍可見到這方面的遺跡與影響，其內容和形式豐富多彩。在北方民族中，神判法的產生也很早，但遠不如南方民族那樣盛行，特別是至近世，除蒙古族❹、滿族等民族外，在其他民族中，則很難尋覓到神判的遺跡。本章所述諸種神判法，主要來源於本世紀二三十年代，黑龍江省愛輝、遜克一帶滿族文化人的實地調查，其中許多是由薩滿世代傳承下來的古代女真人的神判法。

南北方神判法所以存在這樣的差異，探究其原因，主要有以下幾點：

首先，北方民族私有觀念較為淡薄。這些民族歷史上都經歷了

---

❹　參見田山茂〈近代蒙古的裁判制度〉，《蒙古史研究參考資料》新編第 24 輯，內蒙古大學蒙古史研究所編。

相當長時期的漁獵經濟階段，鄂倫春、鄂溫克、赫哲等族至今從事
狩獵或捕魚經濟。滿族原東海窩稽部後裔直至民國年間，仍以下海
捕魚、捕撈海產品為生，在琿春一帶稱「跑崴子」，並兼事狩獵
業。狩獵業在達斡爾、蒙古、哈薩克爾、柯爾克孜等族作為副業被
長期保留下來。遷徙遊獵的經濟生活十分艱苦，需要依靠集體的力
量，相互依存；漁獵經濟收益很不穩定，因而，相互助持則成為十
分必要。這種觀念體現在分配制度上，便是帶有原始共產主義遺風
的平均分配。在鄂倫春、鄂溫克獵民的狩獵組織「烏力楞」內，獵
物要按戶平均分配，皮子則分給未打中獵物者。在他們的觀念中，
獵物分得少，反而是獵人的驕傲。因而狩獵技術越高的獵手，往往
獲得的分配物越少。氏族成員之間互助精神也被自覺地遵守著。如
獵人在狩獵途中無食物可充饑，當途經其他獵組的宿營地時，無論
主人是否在家，都可點火做飯或帶走食品。哺乳期婦女如見到別人
家的嬰兒吊在樹上，便主動將孩子抱下餵飽，再繫於樹上。這種社
會公德世代被人們遵守著，相沿成俗。

　　平均分配的原則在達斡爾、錫伯、赫哲、滿族等集體勞動組織
中，也恪守不渝。如達斡爾人的放排、狩獵、燒炭等生產，多是集
體勞動，都平均分配勞動成果。錫伯族農業生產中的「嶽喜制」是
原始共產主義思想在農業生產中的反映。這種生產法，主要在耕種
山地時實行，由官方分配土地，耕種者合夥，共同出生產資料、種
子、勞動力，不論勞動力強弱、生產技術高低，年底均平均分配收
穫物。❹

---

❹　佟克力編《錫伯族歷史與文化》，新疆人民出版社 1989 年版，第 164 頁。

　　公有觀念和平均思想在祭祀活動、生活習俗、社交禮儀、民族精神等方面也有所體現。在各族祭祀中有一個共同點，即祭祀是闔族共同的大事，族眾共食祭肉。如有年長、體病不能參祭者，要為其留出最好的祭品，並親自送上家門。如有他族人在祭期路過此地，必待為上賓，熱情款待。在達斡爾人習慣中，每當「乳牛下犢後，須用最初幾天的牛奶做一大鍋稠粥，通知本莫昆各戶派一代表來品嘗初乳粥。」❹⓹

　　北方民族在謀求生存的鬥爭中，取之自然，也深受大自然的陶冶。在他們的意識中，自然資源為公眾所有，收益均分是天經地義的，這種意識培養了這些民族熱情、好客、樂於助人的社會公德和民族精神。因而，在這些民族中，私有觀念較為淡薄，財產糾紛較少，至今在鄂倫春、鄂溫克族中，仍很少發生盜竊行為，傳統觀念和習慣勢力制約著人們的行為規範。因而，在北方民族中，用以解決這類糾紛的神判法自然也就不像南方民族那樣突出而廣泛。

　　在南方民族神判法中，解決偷盜、搶劫等財產糾紛的案件占很大比重。我國南方少數民族主要從事農業經濟，「農業經濟是一種花費勞動力很多，生產時間長，又受自然氣候影響較大的一個經濟門類，並且，多是單家獨戶地進行生產。因此，農產品的私有性質和農業生產者的私有觀念，一般說來似更為濃厚。」❹⓺不同的自然環境一定程度上制約著人們的經濟生活，又共同影響著人們的觀念

---

❹⓹　莫日根迪〈達斡爾族的習慣法〉，《民族學研究》第 6 輯，民族出版社 1985 年版，第 275 頁。

❹⓺　夏之幹《神判》，第 101 頁。

與風俗，我國南北方民族在神判方面表現出來的差異，也證明了這一點。

其次，北方民族習慣法的勢力和影響遠不及南方民族強大。

法律和習慣法都以規範人們的行為，維護社會的秩序為目的，在一定歷史時期，二者可共存並相互補充，但一般說來，法律實施力較強的地方，習慣法的勢力和作用就相對疲弱，反之亦然。

我國北方是歷代王朝的統治中心，相對而言，其政令、法律對北方少數民族影響力更大些。特別是北方少數民族在歷史上先後崛起，建立王朝或國家。適應政治統治的需要，這些統治民族在繼承本民族傳統習慣法和吸收漢族歷代王朝法律的基礎上，制定了帶有民族統治特色的成文法，如金代的《大定重修律條》、元代的《大元通制》、清代的《大清律例》、《大清現行刑律》等。除此，一些文化較先進的民族或部族也頒行了成文法，如 1709 年頒佈的蒙古《喀爾喀法律》、哈薩克汗國時期制定的《哈斯木汗法典》等。這些法律的實施，不僅直接作用於本民族，而且對與其經濟、文化、習俗關係密切的北方其他少數民族都有著特殊的影響力，使各民族傳統習慣法的實施受到一定程度的衝擊。因而，儘管滿、蒙古、達斡爾、鄂溫克、鄂倫春、赫哲、錫伯、哈薩克等民族都曾有過用習慣法來維持社會秩序，調整氏族內部成員之間的關係的歷史階段，但其勢力和影響遠不如南方民族中的習慣法那樣強大。南方少數民族因歷代王朝的統治對其鞭長莫及，法律實施力較弱，習慣法則發揮著更為重要的作用。當然，這裏所說的強弱，只是相對而言。而且，在北方民族中，習慣法的作用與影響也不盡一致。錫伯、達斡爾等民族直至解放前，習慣法仍在一定程度上產生著效力。

　　最後，北方民族有著較健全的氏族制度。氏族制在北方民族中很有生命力，在教育後代，維護氏族內部安定團結等方面發揮著重要作用。

　　以血緣關係為基礎的氏族組織曾是北方民族基本的社會組織形式。在這個組織內，人們共同勞動、生活，以特有的制度與習俗維繫著氏族內部的凝聚力與穩定性，從而實現社會相對和諧地向前發展。隨著社會的進步，北方一些民族先後由氏族制或家長制奴隸制進入封建社會。然而，氏族制度這個具有極大的穩定性和生命力的組織形式，並未因此而消亡，而是被完整地保留下來，繼續發揮著作用。直至當代，在滿、錫伯等民族的一些姓氏中，氏族制度仍被頑強地延續著，由選舉產生的穆昆達主持氏族祭祖、續譜、教薩滿等公益事業。

　　在氏族制盛行時期，氏族通過各種方式有效地制約著氏族成員的行為規範，教育後代向善避惡，發揚正氣。如祭期、年節，由穆昆達和薩滿對族眾進行族教；通過說服、教育和輿論的力量使犯錯誤者改過自新；通過體罰、刑罰對犯罪者進行懲處，從而使氏族內部的矛盾與糾紛控制在最低限度內，並得到較圓滿的解決。不到萬不得已的情況下，決不輕易舉行神判。

　　2.薩滿神判的主體是原始氏族神判。所謂原始氏族神判是指那些不以解決財產糾紛為目的的神判，多為在諸事或諸人中擇其一，而人力又無法決定時舉行的神判。如為分支、合兵、路遇而舉行的會盟神判、選酋神判均是原始氏族神判。這類神判的產生當早於因財產糾紛而舉行的神判，即產生於私有觀念萌芽之前。

　　原始氏族神判的當事人雙方不一定是個體，往往是氏族、部落

等集體。參加神判的當事人可能是雙方，也可能是三方或多方。裁決的方式比較簡單、古樸，很少以巫術的形式出現，多與氏族的生產生活密切相關。如鬥獸神判既培養了狩獵民族所必備的機智、勇敢的品格，又實實在在地進行了一次狩獵生產實踐，更多地體現著原始宗教的社會功能。這是與南方少數民族主要因財產糾紛而舉行的神判有所不同的。

3.北方氏族神判宗教色彩更為濃厚。神判過程本身就是一次莊嚴、隆重的薩滿教祭禮。屆時，薩滿要進行請神、降神、送神等一系列神事活動。神判的執行者也多由薩滿承擔。南方少數民族神判雖然也由祭司進行祭祀、請神，但程式比較簡單，神判仲裁人不一定非由巫師出任，雙方當事人可指定仲裁者。因而，南方少數民族神判法更多地帶有世俗性色彩。

總之，由於自然環境、生產活動、風俗習慣和宗教信仰的差異，南北方少數民族神判法呈現著不同的面貌和特徵。北方薩滿神判法常常涉及氏族之間或氏族內部各集團之間的事情，集群性更強，宗教色彩也更為濃厚，帶有早期神判的諸多特徵。由於特定的歷史條件，北方薩滿神判法遠不如南方民族神判法影響深遠、廣泛，它是北方民族在特定的歷史時期出現的文化現象。

第四章　薩滿治病與原始醫學

　　薩滿治病是建立在超自然力存在並與之交涉這一基點之上的，因而，其診病、治病的方法無不充滿著神秘的色彩。毫無疑問，其中有許多愚昧、落後的內容和偽科學的一面。但是，在世代承擔著為氏族除疾治病的漫長歲月中，為了顯示治病的神跡，薩滿們也必須掌握一定的醫療知識和方法，從而積累和總結了許多土方和療術。即使是以降神驅魔為主要內容的薩滿跳神治病儀式本身，如果從心理學、生理學的角度來考察，也有一些合理因素，並由此而收到一些療效。因此，薩滿治病又有許多實用、有效的內容和富有科學價值的一面。總之，在薩滿治病的過程中，巫術與醫術雜揉。巫術行為中，包含著醫療的成分，醫療的實施又以宗教和巫術觀念為統帥，這就是在漫長的歷史發展中，薩滿治病所呈現的複雜面貌。

　　貝爾納曾經說過：「科學醫學的任務，就是要從這些龐雜的資料裏，挑選出其中的精華部分，經過細心的科學研究以後，將它們作為經過科學檢驗過的藥物和療法來運用。」❶儘管本章僅是從文化的角度對薩滿醫療文化作一梳理和初步探討，但筆者還是力圖鈎沈薩滿治病中有科學價值的內容，以期有助於我們對薩滿治病常能

---

❶　〔英〕貝爾納《歷史上的科學》，科學出版社 1959 年版。

奏效，薩滿治病世代因襲不衰以及薩滿在氏族中享有崇高威望等問
題的認識。

一、薩滿跳神治病與醫療心理學

在薩滿教世界中，薩滿不僅是氏族最早的醫生，而且在相當長
的歷史時期，薩滿也是唯一的醫生。蘇聯學者謝·亞·托卡列夫曾
指出：「早期的薩滿職責影響了他們文化知識的結構，大凡天文、
地理、歷史、醫藥等諸學科無不知曉。但其最主要職責還是祛邪除
病」。❷這是由於當時人們對疾病的病因以及動物和人的生命現象
無法解釋，便將其歸之於超自然力的作用。而能夠解除疾病的人只
能是具有與神鬼打交道能力的特殊人物，這就是薩滿。

正是基於人們篤信人患病源自超自然力作用的觀念，因而，薩
滿治病也主要是通過祈神診病、跳神治病的形式來實現的。跳神治
病是薩滿的重要神事活動，無論是薩滿、患者及其親人，還是參祭
的族眾，態度都極其認真，整個治病過程是在虔誠的氣氛中進行
的。薩滿跳神主要經過請神、降神、送神三個階段。其中第二階段
最為重要，薩滿通過脫魂或憑靈來診斷病因，並根據病因和病情，
採取相應的措施，以達到除祛疾患，使患者康復的目的。根據近世
的調查，薩滿跳神治病程式大體可分為拜請薩滿、布設神堂、請
神、降神、送神等環節。

---

❷　〔蘇〕謝·亞·托卡列夫《世界各民族歷史上的宗教》，魏慶微譯，中國
　　社會科學出版社 1985 年版。

　　跳神治病是各民族薩滿普遍運用的方法。因其耗資費力，多對其他方法不見效者或較重的病人行之。一般患者或初病者可採用其他的袪病方法。如錫伯人患病，先用剪「分碑」（一種送祟符紙）、送巫爾虎❸和紮針等方法。如不見效，再採用跳神的方式。鄂倫春人剛得病時，一般在自己家向各種神祈禱，如病不見好，才請薩滿進行跳神治病。這使薩滿跳神治病備受重視。特別是由出薩滿、觸犯神靈等病因引發的病症，雖出現在某一氏族成員身上，卻往往與整個氏族密切相關，因而，頗受氏族首領與族眾的關注，為其舉行的跳神或祈神治病儀式往往成為闔族祭禮。

（三）薩滿跳神治病程式

1.拜請薩滿

　　病家請薩滿治病，必先拜請薩滿，以表示對薩滿的尊敬和虔誠信仰。郭爾羅斯蒙古族請薩滿治病時要帶上禮物，到薩滿的家裏先焚香，向神靈偶像跪拜，然後給薩滿點煙，說明家中病人的情況。鄂倫春人患病時，由病人家屬或派人去請薩滿，屆時，請神人要拿著神衣條去薩滿家，小輩人將神衣條繫在神服的右邊，平輩人繫在神服的左邊，長輩不帶神衣條。如患重病或急症，請神人手裏要拿著馬籠頭，進院後拴在斜仁柱後的木柱上，意即願意用馬的生命換回家中病人的生命。當病人病癒後，便將這匹馬送給薩滿，以感謝薩滿對病人生命的挽救。

---

❸　巫爾虎，錫伯族薩滿送祟用品，用各色紙剪成，形狀多樣。

2.布設神堂

布設神堂主要是為了迎請神靈的降臨，因而神堂的設置必然是薩滿教思想觀念的體現。維吾族薩滿在舉行跳神儀式時，在場地中心豎起象徵性的旗杆，將數股繩合成一股，上端繫在房頂上的鐵環上，繩子垂直而下，末端固定在木樁上，做為跳神儀式的中心，稱「圖格」。「圖格」繩的外面用白布纏好，頂端插上枝葉繁盛的沙棗樹枝。選用沙棗樹的原因，據說是各種鬼喜歡在沙棗樹下聚會。緊挨著沙棗樹枝，掛有紅、粉、藍、黑、黃、白等各種顏色的布條，象徵著薩滿供奉的精靈。❹這裏，沙棗樹的選用和彩色布條的懸掛，都是為了悅神逐鬼的需要。鄂倫春族薩滿的跳神治病儀式一般於晚間在病人家舉行。主人將家神的神像、神偶供奉在「瑪路」的上方，下面供著各種供品。還要專門為薩滿準備一個野豬皮坐墊。開始跳神之前，要點燃爬山松以淨化跳神治病的場地，並以其煙薰薩滿的神服、神鼓。據信，只有潔淨之地，薩滿神靈才能降臨。

3.請神

請神是薩滿跳神的重要程式。所請之神，各民族薩滿因襲傳統，各有所遵。近代科爾沁薩滿在祈禱請神時要向他所信奉的一切神靈鬼怪，逐一擊鼓誦唱，不可疏漏。阿爾泰語系突厥語族的維吾爾、哈薩克、柯爾克孜等族薩滿都有各自的守護神，治病時主要是

---

❹ 滿都爾圖〈維吾爾、哈薩克、柯爾克孜族薩滿教調查〉，中國社會科學院民族所民族學研究室編《民族文化習俗及薩滿教調查報告》，民族出版社1993年版，第224頁。

請他們自己的神靈降臨。達斡爾、鄂倫春和滿族某些大薩滿主要請各自的主神和治病大神。具體請何神，因薩滿而異，亦因病人的病情而異。根據筆者調查，達斡爾族薩滿何青山治精神病時，要請薩滿祖神。郭爾羅斯呼和少布薩滿在為重病患者治病時，主要請胡日勒神。鄂倫春族薩滿孟金福以及已故鄂倫春族著名大薩滿關烏力彥、孟明其罕等人都領有「涉刻」神，遇到疑難病症，即請「涉刻」神降臨診治。總之，薩滿治病請神，個性特徵突出，很難籠統概括。

　　誦唱神歌是薩滿請神的重要方法和步驟。薩滿通過唱神歌逐一呼喚神靈的名字，籲請諸神降臨。郭爾羅斯呼和少布薩滿的請神神歌如下：

> 點燃九柱供香，
> 向九萬翁袞祈禱。
> 供桌已擺好，
> 向神力無邊的翁袞禱告。
> 盤中靜默串遊的哈拉們，❺
> 四周歡跳聰慧的哈拉們……
> 請快快降臨吧。❻

　　薩滿在請神歌中，常常對神的神力、神威大加讚美，以娛神媚

---

❺　哈拉們，蒙文，指黑薩滿眾神靈。

❻　神詞和以上注釋均由孟和伯拉先生翻譯。

神，使之臨壇相助。如阿爾泰地區突厥諸部薩滿舉行跳神儀式時，要吟唱神歌，以向諸神靈求助：

　　　　噢，飄浮的輕雲來吧，

　　　　來壓壓我的肩膀骨吧！

　　　　所有的人們抱著我的雙肩，

　　　　向我走來吧！

　　　　唐薩勤，您是上天之子，

　　　　烏爾肯汗之子，噢，克爾戈代！

　　　　為了要看，您是我的雙眼，

　　　　為了要抓，您是我的雙手，

　　　　為了要快去，您是我的雙腿，

　　　　為了要絆跤，您是我的腳蹄……

　　　　您在雷鳴中搖動，

　　　　您在閃電中跳舞，

　　　　秋雲孕育著雷鳴，

　　　　春雲孕育著閃電。

　　　　那是誰的腳步聲，

　　　　噢，我的父親默爾根汗，

　　　　沙沙響著，像亞拉瑪，

　　　　向著我的右手走來吧！❼

---

❼　〔俄〕B.B.拉德洛夫《薩滿教及其神像》，第 45 頁。

通過吟唱神歌，薩滿呼喚著棲居各方的神祇，向他們傳遞著請其降臨相助，為人治病的資訊，表達著薩滿和族人的意願。與此同時，薩滿還在助手的協助下，以擊鼓、舞蹈等形式相配合，邊唱邊跳，載歌載舞，以表達對神靈的虔誠祈願。

4.降神

就一般程式而言，薩滿在歌舞一段時間後，其聲調和動作便由慢而快，由緩而急，進而轉入激烈的狂舞，並有諸多特異的表現，被視為已將神請下，附於薩滿體內。在神附體後，薩滿首先要對病人的病情進行診斷，找出病因，判斷是實病，還是虛症，並據此採取措施。在薩滿教觀念中，人患病多與靈魂、鬼神有關，因此，人們只能從神魔所能採取的行為方式和自身的行為中，尋找病因。

縱觀各族薩滿跳神治病儀式，薩滿在神附體後，主要採取驅魔逐鬼的象徵方法、各種形式的巫術來完成治病過程的，有的還輔之以某種療術。其具體儀式和方法，各民族薩滿則多有不同。這裏既有病因不同的原故，又有因薩滿教傳承中的傳統不同使然，從而使其呈現出十分複雜的面貌。內蒙呼盟莫力達瓦達斡爾族自治旗達斡爾族薩滿為病人舉行治病儀式時，多以象徵的方法來實現逐魔驅病的。在薩滿探清病因後，由其助手巴克其用衣物裹著三支箭，從病痛處向外拉，意味著將病魔從患者體內拉出，附在箭上。然後，巴克其將帶有病魔的箭刺向家禽，示意病魔已移入禽體，病人將轉危為安。再把箭放在火中燒過，向天空放箭，意即將病魔逐去。夜晚，薩滿將「染上」病魔的家禽及供品一起送出村外。至此，病魔已被遠逐，病人也將隨之痊癒。

黑龍江省齊齊哈爾郊區達斡爾族薩滿則多採取與病魔鬥法的形

式,其間運用了多種巫術。1934 年,海格屯的愣子薩滿在鐵匠屯額勒特哈勒海倫莫昆氏平福家,為其家中久治不愈的病人舉行一次驅鬼治病儀式。該病人長期患病,幹家務活都感到吃累,請幾次漢醫,總不見病勢減退。愣子薩滿一看便斷言:「這是冤死鬼魂纏身,非用火除鬼不可。」在請下神之後,薩滿從外邊跳進屋內。這時迎神的「額耶」聲籠罩著屋內,渾身響動的神衣和敲打神鼓的交錯聲,把人們引入神化世界。旁觀者這時都嚇得神情緊張。在漆黑的室內,薩滿像瘋了似地用鼓滾轉在患者頭前,一陣一陣帶起的風,扇向患者臉部,意即除鬼。隨後,端來燒紅了的鏵面朝上的鐵鏵子,放在患者頭前。薩滿光腳蹬一下鐵鏵子,冒起一陣火,如此反覆七、八次。這期間,患者的頭緊挨著地上的鏵子,烤燎驚嚇使其渾身是汗,濕透了衣服。然後,愣子薩滿又橫躺在鍘刀的刀口下,叫人們用鐵榔頭狠勁地敲,鐵榔頭噹噹地響,薩滿不見動靜了,人們猜疑薩滿被刀鍘死了,剛要點燈,被薩滿制止了。老太太們走到患者面前問:「見到了沒有」?哪知患者已嚇得不省人事。大家見此情景,趕緊往患者臉上噴涼水,患者才慢慢緩過來。最後,薩滿從屋裏跳到大門外,意即將鬼魂驅走。族人隨著將沾滿血的用羊草編的草鶴送至野外,這場跳神治病驅鬼儀式至此結束。❽

5.送神

降神治病結束後,薩滿要將請來的神送走。送神儀式較為簡單,薩滿也通過吟唱神歌的形式送神歸位,只不過不像請神時那樣

---

❽ 參見卜林〈達斡爾薩滿跳神行巫見聞追憶〉,《嫩水達斡爾人》,齊齊哈爾市政協文史辦公室 1989 年編,第 409-411 頁。

虔誠、恭敬。科爾沁蒙古族薩滿送神時唱到：

> 長生天的氣力裏，
> 騰雲駕霧飛行吧，
> 廣闊大地保佑裏，
> 直指天涯起程吧。
> 赤色天的氣力裏，
> 騰雲駕霧飛升吧，
> 蒼茫大地有脈絡，
> 沿著脈絡遁行吧。
> 沈沈酣睡者門前，
> 你可隆隆地馳過，
> 警犬兇悍的人家，
> 你要悄悄地遠躲。
> 草原上莫遊玩，
> 場院中莫停留，
> 走路莫走人行道，
> 荒塚野徑任你走。
> 山林中莫盤旋，
> 大樹上莫留宿，
> 走路莫走人行道，
> 你等自有翁貢路。
> 醉者要攙扶，
> 盲者要引路，

> 弱者應等候，
>
> 跛者須照顧。
>
> 遊者快招回，
>
> 落伍者要收留。❾

　　同時，薩滿還要進行焚香、撒酒，並由室內擊鼓跳到室外，意即擁送諸神，使之迅速地各歸其處。

(二) 薩滿跳神治病機理

　　在薩滿教世界中，人患病主要從超自然方面查找病因，各種療法也是建立在對超自然力虔誠信仰的基礎上的。這在我們今天看來，顯然是偽科學的，充滿著迷信色彩。在實際調查中，也確有因此而被貽誤病情，甚至造成死亡的事件發生。然而，值得深思和探討的是，這些方法何以千百年來在民間世代傳承，沿用不衰呢？即使在自然科學和醫療水平相當發達的今天，有些民族的薩滿仍在本民族地區承擔著為人治病的職責，而且，經薩滿跳神治癒的病人也為數不少。據滿都爾圖、夏之幹兩位先生的調查，八十年代初在新疆鞏留縣有一位很有聲望的哈薩克族薩滿斯拉木江，治好了許多病人，其中有鞏留縣醫院醫生和機關幹部的家屬。每當他給人家治好了病，便讓其家屬給寫一份證明書，以證明他並非騙人。據說這

---

❾　烏蘭傑〈蒙古族古代音樂舞蹈初探〉，《科爾沁薩滿教詩歌譯注》，內蒙古人民出版社 1985 年版，第 141-142 頁。

種證明書他已積累了一大疊。❿這種情況在蒙古、達斡爾、維吾爾、鄂倫春等族中也不乏其例。因此，將薩滿跳神治病一概視為迷信，恐怕有失簡單。儘管目前我們對其中的奧秘尚難全部揭示，但是，從醫療的角度看，薩滿跳神治病具有某種有效的機理則是肯定的。

　　首先，薩滿跳神治病具有積極的心理暗示作用。

　　暗示屬心理學範疇，指通過含蓄、間接的方式對人的心理產生影響的過程。彼得羅夫斯基認為：「受暗示性在於一個人很容易受別人的影響，他的行為動機不是自己形成的意念和信念產生的，而是旁人影響的結果。」「暗示具有驚人的作用，消極暗示可以導致人體功能失調，形態器質性損傷，甚至引起死亡；積極暗示可以治療疾病和調動人體潛能。」⓫薩滿跳神治病作為一種巫術醫療，具有一定的積極暗示作用，這已被世界衛生組織所肯定。⓬信仰薩滿教的人們普遍相信人患病與某種超自然力有關，而只有薩滿能與這種超自然力交往，並通過相應的措施，為患者根除病源。在請薩滿治病前，患者對此是深信不疑的，這就為接受心理暗示創造了條件。在跳神過程中，薩滿通過歌舞、各種象徵性的動作、巫術等形式表達著逐魔除病的意義，這實際就是在向患者施授心理暗示，使患者認為，病魔已除，病將痊癒，從而解除了精神負擔，在心理上

---

❿　滿都爾圖、夏之幹〈哈薩克族薩滿教調查〉，《民族文化習俗及薩滿教調查研究》，第 216 頁。

⓫　張洪林《還氣功本來面目》，中國社會科學出版社 1996 年版，第 18 頁。

⓬　轉引自徐維廉、李志平、董曉東《鄂倫春醫學史料調查研究》，列印稿，第 9 頁。

產生安撫效應，有助於促使病人實現心理和精神平衡，調動了病人的積極體能，對身體的恢復很有益處。

現代醫學表明，人患病多與精神有關。特別是遠古時代，人類自身力量的弱小，對自然世界的迷惑不解，使他們經常處於一種恐懼、緊張、迷惘的精神狀態，這不僅容易誘發許多神經系統的疾病，也能導致其他病變。因而，薩滿跳神對於治療這些精神疾病及由於內疚、罪責心理引起的抑鬱症等均有積極的療效，有益於人類心理和體質的健康。

其次，薩滿跳神治病往往表現為一種族體性，並由此而形成場效應。儘管薩滿治病是針對某個人進行的，但卻為氏族成員所普遍關注和參與。他們有著共同的文化心理和族體意識，薩滿祈請的諸神為大家所共同信奉，薩滿跳神治病具有神奇的療效也是眾人企盼和深信不疑的。在這種特定的環境、特定的氛圍下，以特定人群的共同心理、共同念力為基礎，形成了一個特殊的文化心理場。人們在這種場態中，心理以及生理的某種不平衡得到調適，從而產生了特殊的場性效應，這一點在薩滿跳神治病過程中發揮著不容忽視的作用。有學者曾指出：「從這個角度深入探索，那麼薩滿跳神所產生的心理場效應和超物理學意義上的心靈溝通，就不是簡單的『迷信之尤』。我們還應該認定，這個心理場以及人我溝通，既是文化的，又是具有生物物理學意義和人體科學內涵的重大科學研究物件。」⑬

---

⑬ 宋抵〈民族文化的前提與心理場效應〉，《黑龍江民族叢刊》1993 年第 4 期。

　　再次，在薩滿跳神治病的過程中，某些儀式和方法客觀上具有一定的醫療效果。事實上，薩滿在為病人治病時，常使用藥物、施以療術。即使在跳神治病儀式中，也有一些合理成分。如維吾爾族薩滿讓病人盡情地唱跳，直至大汗淋漓。這是一種心理療法與運動療法結合的方法。中醫心理平衡術中有一種「以情勝情療法」，即有意識地採用相對的情志，通過刺激和調節的作用，從而最終達到控制和戰勝疾病的療法。❹讓病人隨著鼓點和助唱者盡情歡唱、舞蹈，其優美的曲調和歡快的舞步以及眾人齊唱的氣氛，有助於病人情緒的轉化，使其壓抑的不良情緒得以宣洩，從而收到以喜勝憂的效果。同時，劇烈地跳舞也是一種運動療法，有益於增強病人的體質，調動病人的積極體能。可見，看似簡單的儀式，卻有著意想不到的效果。又如蒙古族薩滿在神附體後多以巫術驅魔治病，或用牙咬住燒紅的烙鐵，向病人患處作噴狀；或噴火酒；或用香火薰；或用腳踩燒紅的鐵鏵，再用這隻腳去踩病人患處。這些方法為各族薩滿所常用，它們雖以巫術的形式出現，客觀上卻有著程度不同的醫療效果，有些方法實際上具有物理療法的功效。如往病人患處噴酒、噴水，是噴術的一種。用香火或其他植物的莖葉薰患處，屬艾灸療術。用踩過燒紅鐵鏵的腳去踩病人患處，具有熱敷、按摩的效果。

　　總之，薩滿治病虛實並舉。就薩滿跳神治病而言，以薩滿教靈魂觀、神道觀為基礎建構起來的虛幻的超自然存在是薩滿跳神儀式

---

❹ 陳樂平《出入「命門」——中國醫學文化學導論》，上海三聯書店 1997 年版，第 182 頁。

及「醫術」賴以施行的參照系統；而原始人類對病因的不解和迷信，也使得薩滿治病時必須使用一些神秘的方法，以實現娛神逐魔，並由此解除病因。隨著薩滿教觀念的發展，其儀式日趨繁複，其方法也更為豐富。祈禱、獻祭還願、念咒、招魂、追魂和跳神驅邪等不同形式，分別針對不同病因所致的病患而進行。對此深信不疑，對薩滿治病虔誠信服的患者，在接受薩滿治療後，往往便解除了心理負擔，調動了他們的積極體能，有助於身體的康復。如果我們拋開薩滿治病諸神秘方法的迷信、虛幻性不談，應該承認，對於特定的時代、特定的群體來說，這些方法具有積極的心理暗示作用，不失為一種心理療法。這種神秘的方法所以能收到醫療效果，這有著心理學、生物學等多方面原因，與現代醫學心理學的原理有著諸多的相通之處。

二、薩滿用藥與原始藥物學

多年來，我們在薩滿教調查中非常重視薩滿醫藥的問題，並引發出許多思考，如薩滿治病是否用藥，何時用藥，薩滿用藥與民間土方土藥之間關係如何？根據民族學調查資料，往昔，北方諸族一些大薩滿在為族人治病時，常用土藥，單方或複方配製，取之方便，又甚有療效。上世紀三十年代，在齊齊哈爾一帶遠近馳名的達斡爾族女薩滿奧吐西，治病時多用一種自己研製的面子藥，主要用於治療腹瀉、小兒麻痺等症。[15]滿族薩滿關毓峰、高岐山、富小昌

---

[15] 此資料由卜林先生提供。

和錫鉑族一些薩滿也多研製、使用草藥。黑龍江省塔河縣十八站鄉鄂倫春族薩滿孟金福老人是鄂倫春族重要的文化傳承人，他諳熟本民族的歷史與文化。作為一名氏族薩滿，他承繼著先輩薩滿治病的經驗，又不斷豐富和積累，掌握了一些土藥和驗方。近年來，他又將其掌握的驗方加以整理，為保留、傳承本民族醫藥文化做出了貢獻。突厥語族諸民族薩滿教巫師巴克西（薩滿）在治病過程中常使用草藥，或在跳神中配合藥物治療，或單獨使用藥物治療。據維吾爾族薩滿阿布來提講述：「除了需要作手術的病以外，精神病、癱瘓、肺炎、感冒等病，巴克西都能治。前兩種要作法驅鬼，後兩種可以用草藥治療。」⓰哈薩克族薩滿在跳神治病的過程中，有時也用藥物治病。如「卡爾塔瑪克」，是一種食道系統的病。薩滿治這種病首先要跳神，再用生皮張擰成長約一尺的細繩，綁在小木棍上，皮繩的頂端塗上用羊尾油拌好的白色藥粉，將它插入病人食道裏，用藥粉醫治病症。⓱這裏，巫術治療與藥物治療密切結合，對病人產生著綜合效力。這是巫醫同源、巫醫結合的特徵在近代社會的遺跡。

　　薩滿所用藥材多取之於為他們所熟知的草本植物和動植物，從求藥至配方均親自動手，體現出薩滿醫藥的實踐性和實用性。

⓰　滿都爾圖〈維吾爾、哈薩克、柯爾克孜族薩滿教調查〉，《民族文化習俗及薩滿教調查報告》，第 236 頁。

⓱　同上注，第 242 頁。

(一) 求藥

北方民族及其薩滿所求藥物之源，即是生長於當地的動植物和其他物質。薩滿對藥物的認識，主要來自兩方面，一方面來自薩滿的師承，另一方面則來自平時的積累。薩滿是氏族中的普通勞動者，直接參與採集、狩獵、農牧等生產勞動，熟知家鄉的植物分佈、生長規律和動物器官的藥用價值，常利用生產之便，隨時採擷、炮製，留存備用。

根據我們的實地考察，薩滿求藥主要有兩種途徑：

1.活取

活取是薩滿對牲禽類活物提取各藥用部位的基本方法，即用籠、網、夾箭、霸王閘等方法捕捉活牲，一年四季隨獲隨提取藥用部位，如動物的胎盤、生殖器、骨髓、膽囊、心臟、腎、脾、肝、兩月前死胎、鵝鴨鳥卵巢、鵝鴨鳥肫、鷹睛、鷹肝、魚籽、鯉魚鼻骨、泥鰍、蛇皮、蛇膽、蛭類、獸禽血、獾油、龜類、水蛭（螞蟥）、蚯蚓、螞蚱、土鼈、刺蝟等。鹿、麝、獐、馬鹿皆取其角、胎盤、生殖器、血塊、心臟等入藥。

2.採集

採集是求取植物藥材的重要方式。將生長在山野莽林中一些植物的皮、根、莖、葉、籽實、花卉、藤蘿、樹汁液、朽木內薄膜、樹脂、苔蘚、樹苔菌等採擷入藥，即為採集。

薩滿進山採藥，首先須識藥，即根據地域、氣候、季節等判斷何種植物為藥、何時為藥、何部位為藥。採藥季節多為春、夏、秋三季，舊曆五月節前後為採艾葉季節，樹皮等冬季亦可採集，其他

以秋季為多。薩滿採藥多用骨刀、石刀、木片割、挖、摳，不宜用鐵器，以免鐵器下鏽，與草藥發生中合反應。草藥採下後，裝入大木簍、樺皮簍內，注意保鮮，不使花、葉、莖磨損，以免藥性變化。

採藥有多種禁忌。採藥前須淨身，不得同房。至於吃何種食物，枕何物而眠，是否有夢等，皆甚有講究。採藥時間以太陽出升前為最佳，採藥地點、採集何種藥材，皆秘不示人。

(二) 炮製與儲藏

藥材的炮製、儲藏方法依藥物種類不同而有別。將動物心、腎、肝、肚、脾等洗淨後，吊於支架上，略曬數日，使其水分稍有蒸發而變軟，再切成小碎片，曬成乾，分類貯存。動物鞭與腎一起放陰乾處晾曬，絕禁蟲蛀，否則有失藥效。為便於保存，必須使之堅韌，用時切塊蒸煮、燒烤或研粉末，以水送服。女子胞胎亦為重要補藥，製法與鞭同。蛭、蛇的肝膽，蛙卵巢（即蛤蟆籽），鳥的肺肝等都要晾曬，使之乾硬，便於保存。魚類的膽囊能清眼清腦，破腹後馬上服用，效果最佳，亦可曬乾後保存，隨時服用。動物鮮血可大補，生飲、熟食均可。

草藥須經薩滿焙乾、炮製，方能入藥。焙乾的方法主要有兩種：一是將草藥放置房頂，在陽光下晾曬十至十五天，經常翻動，不得雨淋；一是將草藥放於炕席底下，燒火使之乾燥。草藥焙乾後，將莖塊切片、研碎，分類裝入皮口袋中，袋嘴用椴木做的木塞塞住，用繩纏緊。每個口袋只能裝一種草藥，不得混雜。袋外插上一株草藥作為記號，然後放於乾爽處備用。

因地理環境不同，北方諸族薩滿所選草藥不盡一致，且各有自己的稱謂。即使是同一種植物，其用途、用法也不統一。可見，北方諸民族對植物及其藥用價值的認識有一定的地域性。

北方諸族大薩滿大多掌握並使用北方常用藥材治病。當然，每位薩滿所掌握的草藥多少不等，有些醫道高明的老薩滿藥備得就多些。這些草藥或單方使用，或複方配製，為薩滿治病、祛瘟時所常備。限於篇幅，薩滿使用的常用藥和藥方在此略去。近世以來，薩滿用藥與民間醫藥之間互融性的傾向表現得更為突出。許多由薩滿保留下來的驗方早已為族人所掌握和應用，成為民族醫藥的組成部分。薩滿也往往成為該民族民間醫藥知識的傳承人。

三、薩滿療術與原始醫術

療術是薩滿治病行之有效的方法，也是薩滿醫藥的重要組成部分。薩滿在跳神治病和日常的治療活動中，常施以療術。薩滿療術簡單易行，效果顯著，具有鮮明的地域特徵。根據族傳史料和我們在北方少數民族地區的實地考察，薩滿療術大體可分為以下十二種：

(一) 火療

在薩滿教祭祀中，火具有特別重要的意義。它不僅是除穢、淨宅、器具消毒的工具，也是重要的醫療手段。火療法主要用於治療濕症、風寒症。用芍藥花、百合花、艾葉等草藥作燃料，點燃數堆火，交叉排列，薩滿一面擊鼓，一面率患者在火上跑跳，烘烤疼痛

部位和關節，也可臥於床上，架火烤全身或某一部位。大興安嶺鄂倫春獵人至今仍常在入睡前赤身在火塘旁烘烤風濕關節，久之即能治癒或緩解上述疾病。

據吉林省九台市滿族石姓老栽力（薩滿助手）石殿發介紹，該姓大薩滿石殿峰常用火療法為族人治病，石殿發本人的病即是石殿峰為之治癒的。石殿發（1925 年生）七歲時，身染奇病，兩條腿小腿以下長瘡，滿腿膿包，疼痛難忍。從七歲至十三歲，他不僅不能站立，而且雙腿伸不開，每天只能在屁股上綁一塊皮子，坐在地上一點一點往前蹭。白天蹭到井邊，將雙腳放入井沿旁的一個水窪中，以減輕疼痛，晚上只能蜷曲雙腿睡覺，十分痛苦。直至十三歲，本族大薩滿石殿峰用跳神、吹術和「走酒火」等方法將其病治好。石殿峰所領之神為金錢豹神，滿語為「托亞拉哈」。請此神時，要攏柴燃火。神降臨後，薩滿便張嘴要吃火炭，族人便往其嘴裏放火炭。薩滿口含炭火，往石殿發腿上吹火。然後行「走酒火」療術，即用鐵盒等器皿裝四、五斤酒，將酒放置火上燒熱，薩滿手捧熱酒，往病人患處塗抹、揉搓，每次半個多小時，隔幾天作一次，約治了一個月，腿病基本痊癒。石殿發治到七十多歲，身體健康，只是走路時略有點跛。石殿峰還用「走酒火」療法治療風濕、關節炎等症，甚有療效。

在西北突厥語族諸民族薩滿治病儀式中，多有薩滿用手腳、舌頭觸摸燒紅的鐵器來為病人治病的巫術儀式，實際上具有火療的效果。俄國學者馬洛夫 1915 年在新疆阿克蘇就曾親眼見過薩滿「赤著腳踩通紅的鐵，用腳去觸病人」的治病儀式。這種治病方法至近世仍有遺跡。如維吾爾族巴克西（薩滿）為病人治病時，通常在病

人癲狂起舞後，讓病人躺下，一邊念咒，一邊揉患者的病痛處，接著赤腳踩在燒紅的坎土曼（農具，似鋤頭）上，待腳被烙得哧哧作響，冒出白煙時，再移腳踩在病人患處。如此反覆多次，直到坎土曼變涼為止。在維吾爾族、哈薩克民間，也有「用火薰病人」和「用火給嬰兒和兒童驅邪除病」之俗。

在西伯利亞的一些民族中，火療法也用於治療外傷。如手指生瘡或化膿，被視作惡精靈居此指中，非醫治不能痊癒。此患者立取灼熱的炭火，將患瘡之手放在炭火旁，然後向該手指猛吹，炭火火焰將腫的手指燒破。❶此治療過程與薩滿教觀念密切相關，被視為驅逐惡靈的過程。以火驅逐惡靈的觀念和儀式具有相當的普遍性。巴什基爾人和哈薩克人在為患者治病時，把一塊帶油的布點著，繞著病人轉，並且邊走邊說：「阿拉斯，阿拉斯」，意即「除淨」。❶火療法的廣泛運用與這種觀念不無關係。

(二) 熱療

熱療包括熱烘和熱敷。熱烘法主要用於治療寒症、感冒等。熱烘法有多種形式，可將炕燒熱，病人裸體躺在鋪有皮子的炕上，上面罩一個用柳條編的半圓形的罩，除頭外，整個身體全在罩中。因受熱炕和熱氣的薰烤，病人很快便大汗淋漓。也可在火炕兩邊搭火牆，三面燒火，患者裸體站立其間，受三方熱力燒烤，使之很快發

---

❶ 〔波〕尼斡拉茲〈西伯利亞各民族之薩滿教〉，《滿族研究參考資料》1986 年第 1 期，第 46 頁。

❶ 〔土〕阿·伊南《薩滿教今昔》，中國社會科學院民族研究所編譯，1979 年印，第 79 頁。

汗。如病重打冷戰，發不出汗，薩滿便採取人體烘的方法。由薩滿本人或指定患者的親人在熱炕上緊緊擁抱患者，上蓋大被，用健康人的汗引發患者出汗，以達到驅寒、活血，促進身體新陳代謝之目的。

　　熱敷法主要用於治療關節炎等症。呼倫貝爾盟達斡爾族薩滿常用燒熱砂土，使患者腳埋於土中的方法，以治腳關節疼痛症。或架火將大塊石板燒熱，擡至另處，讓患者臥於石板上，將痛處貼於石板，對治療腰腿痛、肚子痛等均甚有療效。滿族薩滿石殿峰也用熱療法治療關節炎等寒症，即將燒開的水倒入洗衣盆中，再將新買的七尺白布放入盆裏，浸透後從開水中撈出，即往患者患處反覆搓，稱「作湯」。「作湯」後再行「走酒火」，療效尤佳。日光浴也是一種熱療，曬太陽時，頭戴一柳編帽，防止昏迷。同是熱療，其理一也。

(三) 艾灸

　　薩滿的艾灸術素有奇效。本世紀三四十年代，黑龍江省愛輝縣滿族著名大薩滿富小昌治病專用艾灸，遠近馳名。他平日積累多年陳蒿，放於倉房中風乾，治病時隨用隨取。艾灸法主要治療風濕病。先令患者喝足水，脫掉內衣，蓋上被單，然後將放入瓦盆中的艾枝、艾葉點燃，用燃燒的艾枝薰烤患者的穴位、關節及患處，直至其風濕關節處發熱，汗水流出，風寒拔除。輕者數次即愈，重者經常堅持，扶杖而行者亦能行走如常。北方諸族薩滿常用艾灸法，只不過有的用艾葉，有的用狼毒草、爬山松等草藥，但其醫理卻是一致的。在維吾爾族薩滿、蒙古族薩滿在跳神儀式中，用點燃的棉

絮、香火薰烤病人患處，即屬於艾灸法。

㈣ 冰敷

　　冰敷法為北方所獨有。它主治高燒不退、內熱、昏厥等症。如有「天花」等傳染病流行，也多用此法。天花，俗稱「痘瘟」，屬熱症，其患者高燒、昏迷、嘔吐、四肢抽搐、全身出現斑疹，急驟傳染。在這種情況下，薩滿便讓人取來冰塊，將冰塊放於柳編簍中，置患者四周，頭部周圍要多放幾簍，能起退燒、降溫、洩火的作用。如心、胃有火，燥熱煩悶及患痢疾，薩滿便讓患者吃冰塊，或服用草藥水凍成的冰塊，藥效、冰療同時起作用，以洩心火、胃火、腸中之火，使病症減輕。冰還可以用於室內降溫、增加濕度、除燥去熱，使人頭腦清新。冰在北方冬季隨時隨地可取，夏季用冰則取之於初春，存於地窖中。在地室貼地放幾根圓木，將大塊冰放置其上，保存至夏，隨用隨取。雪浴法和以雪按摩也具有袪病之作用。以雪搓身洗面，具有活血、潤膚、抗寒的功能，可治病強身。冬季出生的嬰兒，產後用雪搓身，除去汙物，增強禦寒能力。飲服雪水，具有清熱、敗火之效。在滿族薩滿教雪祭中，主神尼莫媽媽降臨後，女薩滿在雪屋中，用雪為求子者按摩，尤重婦女腹部、男子陰部，以使早孕。

㈤ 氣薰

　　氣薰法主治傷寒、瘕症（腹內結塊）、毒瘤等症。先在室內地上挖坑，用三塊石頭支一口鍋，放水和艾葉、狼毒等草藥於鍋中，離鍋數尺高架一木床，患者躺在床上，竈下點火燒水，水以熱為

度，不能沸騰。下面以熱氣薰患者患處，身上則罩一皮罩，這樣，
熱上加熱，促使膿瘡化解，病毒早日除掉。維吾爾族的「向燒熱的
石頭噴水驟發蒸氣治病」的方法，**❷**亦屬氣薰療法，與桑那浴對風
濕等症具有一定醫療效果的原理相同。

(六) 噴術

　　噴術是薩滿利用內功的氣衝力量，包括氣吹力、氣壓力、氣衝
擊以及內氣的溫熱、灼烤等，將水和酒突然從口中猛噴出來，刺激
身體的穴位，以收到疏理肌肉、活動筋骨、舒通血流、驅寒逐邪的
神效。噴術應用範圍較廣，如瘡傷、骨折、長癤子、中風不語、口
耳歪斜、昏迷不醒、難產、不孕症等，皆可用此法。但根據病症不
同，噴力的大小、強弱和噴物有所不同。

　　噴術初為噴氣，後來則發展為噴水。薩滿口含清涼的井水、泉
水，經運氣，噴至病人身上，以肉紅為度，具有消炎、驅熱之效。
如皮膚紅腫、有傷，口噴則以膚白為度。噴熱水和後來的噴酒，則
能舒筋活血。噴術效果最佳者當屬噴藥，但更需諳熟要領。薩滿在
噴藥前必先漱口，然後喝某種抗藥性的藥水，如艾葉、紅花根泡水
等，以防自己受藥過多。含藥時口中不能有瘡和傷牙，舌不能起
泡。噴藥要用鼻子呼吸，講求速度，瞬間即出。至於噴何種藥水，
則依病症而定。噴藥後要用白水漱口或用解藥。

　　噴術既為薩滿平時治病時所施用，在薩滿跳神儀式上也常用噴

---

❷　楊富學〈維吾爾的薩滿教及其演變〉，《伊黎師範學院學報》1988 年第 1
　　期。

術。據達斡爾族薩滿何青山介紹，他為人治風濕病和接骨時並不動手，而是用噴術兼氣功療法。他通常是一面喝酒，一面對著病人大聲喊叫，使內氣通過口腔直至病人身上，促進其周身的血液循環。用這種辦法，他治好了一個摔傷的三歲男孩何惠，在當地遠近皆知。

前已述及，在跳神治病儀式上，薩滿也常向患者施以噴術，或噴水，或噴酒，在神秘的氣氛下，薩滿療術悄然地發生著作用。日人池尻登在《達斡爾族》一書中，記述了三十年代莫力達瓦達斡爾族薩滿在跳神治病儀式上用噴術治病的情景：「靠附在薩滿身上神的力量驅除疫病的方法叫『火的儀式』、『血的儀式』……（薩滿）把正在燃燒的線香拿起來，在人們倒抽涼氣的一瞬間放進嘴裏嚼碎後，向患者吹噴過去，頓時病人疼痛的部位就染上香灰的顏色。這種吹噴醫術，他們叫『塔林』。」❷這裏，巫術和療術巧妙地結合一起，共同發揮著治病的效果。與此相同，蒙古族薩滿噴酒正骨也是融精神療法與醫療方法於一體，並將薩滿噴術提上了一個新的水平。

噴術的應用範圍很廣泛。巴西塔皮拉佩人是印第安人的一個部落，當熱病流行期間，薩滿用噴術對村民們進行集體治療，消毒驅邪。屆時，薩滿派出兩人採來野蜂蜜，稀釋成蜜水，薩滿潘特里先吸一會兒煙，然後口含蜜水逐家走訪，把它噴在村民的身上和房子上，並對村民進行按摩，以便驅除侵害物。他一連幹了好幾個小

---

❷　〔日〕池尻登《達斡爾族》，奧登掛譯，達斡爾歷史語言文學學會 1982年編，第 64 頁。

時，在每間房內外噴吐蜜水，其中包括男子的中央禮儀廳。❷

　　噴術功為薩滿的內養功。凡有此技之薩滿，多有師傳。且平時堅持練氣功，主要練運內氣、練吹功。運氣源自丹田，突然擠壓，使氣經腹腔、胸腔，經喉嚨從口中射出，使氣流如彈、如針、如板，直噴患處。因口是氣流變形的主要通道，故噴術尤賴吹功。平時可練吹油燈，距離由近至遠，或吹搖樹葉，久練成技，從而達到熟練地掌握口噴術的要領：「口圓、頸挺、腹收、胸填、腳頓也。」❷

(七) 吸吮與蟲噬

　　北方遠古人類常年在崇山莽林中採集、狩獵，常常遇到被毒蛇咬傷、毒蟲叮傷、瘡疔和紅傷化膿等危症，隨時有喪生的可能。薩滿常用吸吮法治療這類病症，即用嘴吸出患者傷處的毒汁、濃血。吸毒時，病人疼痛難忍，薩滿不僅十分勞累，而且常為此中毒身亡，表現出薩滿為氏族獻身的精神。美洲塔皮拉佩人薩滿和我國珞巴族巫師也用此法治病。❷

　　蟲噬法是在吸吮法的基礎上發展而來的，反映了人類認識自然能力的不斷提高。蟲噬法常用於傷口化膿、蛇毒、麻風、黃症等。薩滿主要使用生於水中，以吸血為生的螞蟥為吸血蟲，將螞蟥放在

---

❷　〔美〕C.瓦格里〈巴西塔皮拉佩人的薩滿教〉，《民族譯叢》1982 年第 4 期。

❷　富希陸《瓊琿十里長江俗記》。

❷　參見〔美〕馬文·哈里斯《文化人類學》，東方出版社 1983 年版，第 319 頁；宋兆麟《巫與巫術》，四川人民出版社 1989 年版，第 261 頁。

病人身上，任其吸吮病人身上的毒血，毒血吸出而螞蟥中毒而死。蟲噬法避免了人口吸毒而帶來的不衛生和中毒之險。如有胃火、胃熱或腹中有浮水，可將蚯蚓、泥鰍吞入腹中，任其吸收腹胃中毒水、浮水，然後悶死於腹中，便出。這種方法可解胃熱，洩胃火。

(八) 放血

放血療法是世界許多原始部落普遍使用的療法。《天下郡國利病書》卷 68 載：「么些人，病則刺肉取血……」，放血術常用於久患重病或突感風寒以及扭傷瘀血等症。薩滿先按摩患者胳膊，然後用皮條將上臂緊緊紮上，將針刺進肘間動脈，針拔出後，血流如注，這時再將皮條解開，讓血緩流片刻，再將血止住。

放血療法的實施與薩滿教觀念有關，即認為血髒則人患病，放出汗血，減少血中毒素，新鮮血液便自行注入，病體即愈。基於這種觀念，有的民族在薩滿跳神治病儀式上，也兼用放血療法。

(九) 血敷

血敷療法是在長期的狩獵實踐中總結出來的治病方法。如有人患毒瘡、長毒癤或化膿潰爛，便採用血敷法，即在骨刀上塗麻藥、刮病人患處，將膿、血或潰爛處刮掉，然後將鮮獸肉割下一塊，連血帶肉貼於傷處，再行簡單的包紮。對骨折患者，也常用血敷法治療，即將烏雞或龜帶皮毛砸爛，用血肉敷於患處，可消腫、止痛、接骨。這些方法有一定的科學性。人與動物肉相貼，空氣無法進入，細菌不得侵染，有益於傷口癒合。兩種不同的肉、血又不能長於一處，只是在動物肉的保護下，傷口不斷癒合，長出新肉，待痊

癒後，將獸肉揭下，二者並不粘連，故不疼痛。

㈩ 針灸

　　針灸起源甚早，流傳廣泛，早已被各民族所採用。儘管針灸法並非薩滿的獨特療法，但北方諸族薩滿多長於此法。如錫伯族薩滿為人治病時，先用針灸法，如不見效，再舉行跳神治病。黑龍江省齊齊哈爾市富拉爾基區已故達斡爾族薩滿鄂文海長於針灸，以此法治療小兒驚嚇、風濕等症甚有療效。他所用銀針為祖傳，平時裝入一個精心特製的針包，上面繡著一種花卉圖案。薩滿針灸治病有的與中醫針灸無異，有的則有自己的獨到之處。根據滿族族傳史料《吳氏我射庫祭譜》，滿族吳姓幾位頗有造詣的薩滿和文化人將薩滿治病的經驗進行歸納、梳理，總結出薩滿針灸、按摩所據之穴位，稱「薩滿七十二氣站」。在《吳氏我射庫祭譜》中，尚無「穴」之概念，而將氣血的重要輸注點稱為「氣站」，其中頭部三十六個，上身十八個，下身十八個。這些穴位有些與中醫相同，有些則不一致，皆來自歷代薩滿的醫療實踐和精心求索。滿族吳姓「薩滿七十二氣站」尤重頭部和生育穴位。頭部穴位占全身的一半，薩滿「跳神前後，必撫其首」，使其頭清不倦。上身的十八個穴位，多在肚子和生殖器周圍，可見其對生殖的重視。至於「薩滿七十二氣站」與中醫經絡穴位的關係如何，異同情況，還有待於日後研究。

㈤ 手法

　　手法，又稱按摩術，即通過手指、掌、腕幾方面力量的變化，

對患者的肌體的病痛點進行按撫和活動，以達到舒筋活絡、消腫散瘀的效果，並使患者獲得舒適感。這些技法在中醫中亦屬常見技法。但北方諸族薩滿的手法獨具特色，在薩滿療術中佔有重要地位。

手法種類繁多，包括撫、掐、捶、捏、揪、揉、擠、壓、拍、點、搓、拽、打、刮、擀、扣、摁、撚、擰、轉、抻等。北方民族中的鄂溫克、鄂倫春、達斡爾、蒙古、滿族等族薩滿都擅用手法，各有所長。本世紀初，愛輝縣大五家子滿族富姓薩滿毓德大人便精於此術，其手「如女人手，如鳥啄、如重捶、如捧火、如摁冰」，「輕柔令人入睡，撫後痛苦頓減。」㉕毓德大薩滿擅用按摩法，治男子陽萎、女子不孕，甚有療效。筆者在呼倫貝爾盟鄂溫克自治旗也親眼目睹並親自感受到已故達斡爾族女薩滿蘋果高超的按摩術。她有自己獨道的人體經絡穴位圖，其按摩術與噴術、正骨等療術在當地頗受歡迎。

根據功能的不同，薩滿手法可分成以下幾類：

捶、拍、打：用於治療四肢麻木，手腳不靈活、腰酸腿疼、胸悶等。拍擊法又分持物拍擊、手拍兩種，主要根據病情的輕重而定，持物拍擊主要用棍、板、棒、羽翎等敲擊、拍打病人的患處。手拍則主要用腕、肘的重力施於病人的患處，拍打時要有節奏地進行。

摁、壓、撚：主要用於治療腫塊、關節炎等症。

揪、捏、掐、擰、轉、點：專門對某一穴位、關節炎或痛點進

㉕ 《璦琿十里長江俗記》。

行重複的活動，以求治病或強身。當然，使用何種手法，觸及哪些穴位，皆因病而宜。

擀、撫、捋、抻：針對身體有痛感、癢感和不適感而採取的手法，即從一個方向向另一個方向作連續動作。

擠、刮：手擠頭或背等部位，使皮膚充血；用骨片等刮前、後心，使皮膚充血，毛細血管疏通，炎症消除。

扣：扣法能診視胎動和胎兒情況。震動胸部有止咳的功效。

搓：搓不同的部位治不同的病，如搓腳心能洩肝火，搓手心去胃火，搓太陽穴能清腦明目，解除困倦。如渾身發寒、發熱，可搓前後心、雙膝、太陽穴等部位，具有活血、通經的作用。

上述手法可交替使用。根據患者的性別、年齡，病情的輕重、緩急以及患者的氣色、痛感等，再具體決定採取何種方法。在實際治療中，常常是幾種手法並用，有時還要兼施其他療術。以治療風濕引起的腰腿痛為例，可用熱敷和按摩法兼治。先讓患者俯臥，薩滿雙手壓臀部，手尖壓尾骨，手腕第二紋即壓在腎樞穴位。以雙手拇指壓腎樞，先揉摁，由輕而重，由緩而急，再行點、壓，直至患處有灼熱感。隨之，讓患者仰臥，薩滿手腕第一紋按住膝骨，中指根按的地方即是足三里，摁捏足三里，捶膝蓋、大小腿，並兼用抻、扭等手法。然後，按摩風池穴，以揉、撚為主，再順著脊柱從上至下捋數次。經過幾個小時的按摩，使患者周身經絡通暢，疼痛減輕，有舒服感，極易入睡。最後，再施熱敷法配合治療，療效甚佳。按摩術簡便易行，不用藥即可治病，頗為實用，成為民間常用、應急的療法和健身法。

(土) 運動療法

我國北方民族素以能歌善舞著稱。歌舞是薩滿祭祀的重要組成部分，它們既是薩滿和族人表達思想感情的特殊語言，也是他們娛神娛人的有效方式。每逢祭祀後，薩滿與族人便載歌載舞，娛神娛人，抒發著獲得精神力量後的喜悅心情，這對於治療因恐懼、迷惑、過失感等心理因素引起的精神抑鬱症很有療效。同時，通過活動四肢和關節，使血脈通暢，亦有強身健體之效。

舞蹈有時也被薩滿用來給患者治病。蒙古族安代舞是蒙古族薩滿醫治某種精神病症的有效方法。傳統的安代舞由薩滿來主持，患者頭披紅布，坐於場地中央，由兩位藝人一唱一和地詢問和回答病情，其餘的人隨之歌舞起來，唱詞多與心理治療方面的內容有關。接著薩滿將病人的頭巾揭去，引導病人起舞，融於族眾之中。整個氛圍和舞者的情緒對安撫患者，甚有積極作用。連續數日，便能治癒。前述維吾爾族薩滿在為人治病時，讓患者盡情跳舞，使其大汗淋漓，其治病的道理與蒙古族安代舞相同，這既是一種心理療法，也是一種運動療法。

薩滿療術是北方先民長期實踐的產物，具有很強的實用性，有些至今仍在民間沿用，顯示出它的頑強生命力。

應該指出的是，在長期的歷史發展中，薩滿醫藥與療術並非是一個完全封閉的體系，儘管薩滿教有著嚴格的秘傳制度。自然條件的惡劣，疾病的頻繁發生，使治病求醫成了氏族成員的平常之事，為族人治病是薩滿最普遍的活動，薩滿醫藥與療術頗受推崇和認同。正因如此，薩滿醫藥與療術逐漸傳入民間，成為人們治病保健

的良方。同時，薩滿們又不斷地將民間的醫藥、驗方吸收並應用於薩滿治病中，從而形成了相互交融的互動規律。因而，在近世調查中，人們很難將二者嚴格區別開來。即使是由薩滿傳承下來的驗方許多也已成了民間醫藥的組成部分。這樣說，絲毫沒有低估薩滿醫藥的作用。事實上，薩滿在繼承、豐富、弘揚本民族文化方面發揮著不容忽視的作用。

四、薩滿生育保健與婦幼健康常識

人種的繁衍、人口的增加直接關係著原始人類及其所在的集群——氏族的存亡與發展。而影響人口增長的重要因素之一即是婚媾、生育知識的缺乏，受孕率低，婦女孕產期死亡率高，嬰兒成活率低等等。為了維繫人類自身的生存和發展，原始人類做了種種努力，創造了獨特的原始文化，這些在薩滿教中也有所反映。生殖崇拜和反映這種崇拜觀念的圖飾、神偶的出現，寄託著先民們渴求種族繁衍的希望；眾多生育、護嬰女神的產生，折射出先民們對生命的重視和濃重的生存意識；在薩滿教祭禮和現實生活中保留下來的有關生育、助產、保嬰等方面的醫術、常識，則表明了他們對人類自身的繁衍和生育知識的可貴探索。

在氏族時代，族內不婚是氏族制度的根本規則，被嚴格地遵守著。同氏族的男女發生性關係被視作亂倫，要受到嚴厲的懲罰，直至近代依然如此。「事實上，所有通古斯各集團，無一例外，仍在

實行氏族外婚制，或在最近期間曾經實行。」❷在北方民族中，薩滿是維護氏族外婚的重要精神力量。薩滿教祭禮不僅為氏族外婚制的實行創造了條件，也是薩滿對族中後代進行兩性關係教育和指導的重要場合。

(一) 薩滿是兩性關係的宣導者

　　氏族外婚制的實行，使氏族與氏族之間經常的聯繫、聚會成為十分必要。民族學資料表明，超越氏族規模的祭祀活動是氏族與氏族之間交往的途徑之一。這類祭祀活動主要有兩種情況，一種是薩滿之間的競技活動，如蒙古族薩滿的過九關儀式、鄂倫春族薩滿祭祀集會「薩滿博如堪烏姻南特恩」等，一種是由某種自然崇拜發展而來的大型祭禮，如滿族的星祭、火祭等，蒙古族、牧區鄂溫克族、達斡爾族的祭敖包儀式等。這類祭禮的共性特徵主要有兩點，一是祭禮打破了氏族的界限，成為地區性的民族盛會。這類祭禮的另一個特徵是具有突出的自娛性和廣泛的群眾性。在祭神之中和祭神之後，各種自娛性活動穿插進行。這種特定的宗教文化氛圍使族體意識得以增強，氏族與氏族之間的關係更加融洽，有助於人與人之間增加瞭解，客觀上為青年男女的相識、戀愛創造了條件，「甚至它也是氏族聯姻的一座橋樑」。❷青年男女可自行結伴參加各種豐富多彩的競技活動，並在其中展示了他們的聰明才智。因而，薩

---

❷　〔俄〕史祿國《北方通古斯的社會組織》，吳有剛、趙復興、孟克譯，內蒙古人民出版社 1984 年版，第 334 頁。

❷　同上注。

滿祭禮期間往往成了各氏族間男女談情說愛的最佳時機。

為繁育強壯、聰穎的後代，在滿族薩滿教古老的大祭後，在薩滿的安排下，處於昂奮狀態下的不同氏族的男女可以自由野合，交媾生子，視為神的旨意。相愛的男女可以在林中、草叢中架屋，設野合床，同居數日，在附近掛有花環等記號，外人見此物，便悄然離去，不許衝撞干擾，野合被視為純潔而美好的事情。「在婚床近處，高高掛著用五彩野花編織的花環，那是愛情的象徵。男女交合受孕，誕生的孩子無疑是最聖潔的，最有生命力的，他們以後定能像小鹿一樣奔跑。火祭成了男女真正的愛情狂歡節。」❷❽在祭祀野合後，男女雙方可互留信物，女方多送羽翎、蚌珠、骨雕飾物，男方則送野豬牙、貂尾、骨箭、骨刀等，一般由女薩滿為證人。然後，擇吉日男嫁女方氏族。

在青年男女野合期間，一般由年長的女薩滿對他們進行性生活和婚育方面的指導。對有些男女，薩滿還要檢查性器官，證實其成年後，方有權參與野合活動。與此同時，對這方面有病的青年，薩滿要予以及時的治療。以確保氏族子嗣興旺，子孫聰慧健壯。

氏族人口繁盛，人丁興旺是生殖崇拜的根本目的。為了實現這一神聖的目的，古代薩滿責無旁貸地承擔起傳授男女交合與婚媾方面知識的責任，這些對蠻荒時代的初民無疑是十分重要的。據滿族民俗專家馬亞川先生保存下來的《女真原始神話》：早年，女真族在寒冷地帶生存，使女真人男少女多，群女群居一處，每逢青春一

---

❷❽　富育光、王宏剛《薩滿教女神》，遼寧人民出版社 1995 年版，第 143
　　頁。

到，群女像獸類一樣，產生發情期。群女便離開洞穴，出外尋找男人交配。男人對群女均有恐懼心理，怕被搶去纏巴死，故而躲避群女。而一旦被群女尋到，便被迫與群女輪流交配，女真人因此而瀕臨滅亡。這時，九天女的丈夫獵魚郎也被群女搶去，強迫他與群女婚配。九天女見群女可憐，不忍傷害她們，便與群女同居。可惜獵魚郎難抵群女，眼看就要累死了。九天女才天天夜間跪地祈禱天神阿布凱恩都力拯救女真人。直到她的兩個膝蓋跪得被血所染，才打動了阿布凱恩都力的心，派薩滿神下界來拯救女真人。薩滿原是天神手下一位手持「照妖鏡」的察妖神，阿布凱恩都力給她兩項使命，一是傳教性的交配方法，繁衍女真後代；二是降妖伏怪，保護女真人。薩滿不知如何傳教性的交配方法，便面紅耳赤地問阿布凱恩都力。天神賜給她一面「合歡鏡」，讓她按鏡中的合歡法傳授女真人。薩滿神下界後，東奔西跑，日夜操勞，幫群女尋男定居，傳授符合人類的合歡交配之法，使女真人擺脫了獸類的交配方法。同時，為解決女真之地陰勝於陽，生女多產男少的問題，薩滿神便將天神交給她的「太陽精籽」賜給男的吞服，壯其陽，勝其陰，與女交配後才能多產男少生女，使男的逐漸繁衍多了，才逐漸形成一家一戶和部落，由母系制過渡到父權制。❷⁹神話揭示了原始社會的一個重要問題，也是實現人口增殖的關鍵所在，即兩性交媾的方法與人口的繁衍、部族的興亡都有著密切的關係。它歌頌了薩滿授交媾術於女真人，使其得以擺脫朦昧，部族也由此而保留下來。神話折射出人類從蠻荒走向文明經歷了漫長而艱辛的歷程。同時也表明傳

---

❷⁹　引自馬亞川《薩滿教的形成與發展》，1986 年吉林學術會議刊印稿。

授兩性交媾是薩滿的天職。

　　古代薩滿在向族人傳授生理和兩性結合知識等方面起著重要作用，這一點已為後世的民族學資料所印證。北方諸族多由年長的女薩滿向族中青年和新婚夫婦傳授生理、婚育知識，講述性交方法。對何人與何人可結合，什麼時候可結合等具體問題，亦予以具體的指導。據筆者 1991 年的田野調查記錄，達斡爾族何青山薩滿曾說：「男女婚姻、生育子女及生老病死都由薩滿負責，男女之間的生理知識也多由薩滿傳授。」可見，薩滿在傳授性知識、生理衛生常識、婚育指導等方面曾發揮過重要作用，可稱之為氏族最親近的婦幼保健醫生。其所授之知識和方法，雖很簡單，卻具體而實用，成為薩滿教原始醫學的有機組成部分。

(二) 生殖崇拜祭儀和薩滿生育療法

　　生殖崇拜祭儀，顧名思義，是與生殖有關的祈神活動。生殖崇拜祭儀內容豐富，包括祈神傳授交媾術、求性生活和諧、治療性病以及子嗣祭、育孕祭、求子儀等等，這些內容與人類的生活極為密切，又至關重要，因而，在薩滿教祭祀活動中佔有重要的地位。當然，薩滿教中並無「生殖崇拜祭儀」之稱，這裏只是基於研究的需要，將以下諸種祈神活動統稱之為「生殖崇拜祭儀」。

　　在薩滿教世界中，與人患病被視為超自然力作用的結果一樣，婦女不孕也被解釋成種種神秘的原因所致。因而，在生殖崇拜祭儀與醫療中，也同樣是巫術與療術相互交織，或各有側重，表現出豐富、複雜的面貌和鮮明的個性特徵，也體現了虛幻性與實用性並存的原始文化特色。

　　赫哲族求子儀的宗旨是請薩滿尋找胎兒的靈魂。春秋季節薩滿跳鹿神時，求子婦女偷偷將薩滿神裙飄帶挽個結，待薩滿回家發現時，求子者便在神杆前磕頭許願，薩滿則擊鼓向神禱告，命求子者過三、四日後來薩滿家舉行跳神求子儀，以取回胎兒的靈魂。薩滿先將他處孕婦的胎兒盜來，或捕捉死而不久的小兒靈魂，放於家中。跳神之日，由薩滿為求子夫婦找魂，如夫婦二人有一人雙肩動，即意味魂已附體，男動生男孩，女動則生女孩。

　　烏麥崇拜曾廣泛存在於突厥語族和通古斯語族諸民族中，但其內涵卻不盡相同。在俄境哈卡斯人的精神世界中，「烏麥女神——這是所有居住在地球上的嬰兒的『精神』母親，是兒童靈魂的守護者和孕婦與產婦的庇護者。」倘若婦女患了不妊症並且想要孩子，人們便舉行額麥⓼塔爾儀式——「吸引額麥」。只有法力強大並且擁有許多純潔輔助神的薩滿才能主持這種儀式。

　　跳神儀式通常在新月的夜間舉行。薩滿先要召喚能賦予他特殊力量的自己的輔助神，並要得到火神的允許，方可「踏上」尋求嬰兒靈魂的道路。由薩滿和參加儀式的九名童男、七名處女共同表演，薩滿在前，童男、童女跟在後面，重複著薩滿的動作，以此來吸引靈魂的守護者額麥伊哲的注意。趁額麥伊哲所居的額麥塔斯赫爾山的主人入迷地觀看青年們遊戲時，薩滿便「鑽進」山裏，向額麥伊哲叩首並請求與她會面。經過薩滿的長時間勸說，額麥伊哲會將他領進山中。在這座山無數入口旁的牆上，掛著放有兒童靈魂的搖籃：女孩的靈魂是珊瑚，男孩的靈魂是箭矢。薩滿選出一個靈魂

⓼　額麥：哈卡斯語稱烏麥女神為「額麥伊哲」。

並把它固定在神鼓上，然後再次經過出煙孔迅速「返回」窩棚。跳神之後，薩滿將裝有聖奶的碗放到婦女頭上，薩滿將神鼓在婦女頭上方翻過來，擊打三次，彷彿是將帶來的靈魂抖落在奶中。當婦女將牛奶慢慢喝掉時，即認為嬰兒的靈魂會同牛奶一起進入婦女體內，於是她便懷孕了。⓷

　　上述求子儀式主要是基於靈魂觀念而進行的，薩滿或通過盜取其他孕婦的胎兒，或通過捕捉剛死不久小兒的靈魂，或通過赴靈魂之山取來嬰兒靈魂來實現使婦女懷孕的目的。整個儀式絲毫沒有涉及生殖器和兩性交媾與懷孕的關係。因而，其「求子」不可能收到實際效果。嚴格來說，這種求子儀與生殖崇拜並無太多的關聯，儘管其本應屬於生殖崇拜的範疇。它揭示了在薩滿教觀念影響下人們對生殖問題的某種認識，也表明了人們對生育問題實質的認識經歷了曲折的過程。

　　由薩滿為某對夫婦單獨舉行的求子儀，只是生殖崇拜祭儀的一種形式，且並不多見。此外還有兩種形式，一是在薩滿教大祭後，薩滿可根據實際情況為年輕夫婦祈神求子，為患有不孕症、婦女病、陽萎等症的患者治病。在滿族雪祭中，專祀兩位生育神：佛赫姆、楚楚闊。女生殖神佛赫姆的神偶為一冰雕圓環，象徵女子性器，上有一隻小鳥，象徵童子魂。男性生殖神楚楚闊的神偶為一冰雕圓柱，上纏一蛇，皆為男性陽具的象徵。祭拜生殖神，伴之以求

⓷　參見〔蘇〕В.Я.布塔納耶夫《哈卡斯人的鳥參女神崇拜》，孫運來譯，吉林省民族研究所編《薩滿教文化研究》第 2 輯，天津古籍出版社 1990 年版，第 236-241 頁。

子儀式，由女薩滿給新婚夫婦和不孕者分發孕子靈物——小冰人。
冰人係用鹿鞭、狗腎、五味子等壯陽藥物加水凍成冰，而後雕成。
求子者將此視作雪神尼莫媽媽的恩賜，當即吞下。然後，女薩滿在
雪屋中，用雪為求子者按摩，尤重婦女腹部、男子陰部，以使早
孕。

　　然而，更普遍、更經常的形式則是隨時在祈願者家中舉行的祭
神活動。由於祈願目的不同，各氏族祭奠的神靈和祭祀禮儀也各不
相同。琿春滿族何姓（曷舍裏哈拉）家族，在薩滿為本氏族婦女求
子、求乳、祈求產房安寧、臨產祛災時，要祭請一位生育女神鷹神
格格。此神偶體為鷹首女身、裸體，高五十公分，雙乳下垂如帶，
腹部隆起，女陰清晰可辨，懷抱一女嬰，正在哺乳。此神偶是該族
保留下來的傳世神偶，平時秘藏於神匣中，祭時由薩滿請出，焚
香、祝禱。

　　在黑水女真後裔中，保留著數位男女交合神偶，主司男女性交
和諧。如青年夫婦新婚性生活不協調，便請薩滿祭奠此神。由薩滿
請出，焚香叩拜，祈神者要洗手，用手摸神偶，並放於陰部片刻，
祈神恩佑性交美滿。值得提出的是，在薩滿祭神之中，常伴有按摩
術和藥物治療。屆時，薩滿在暗室內，分別對青年夫婦進行生育按
摩。交合神偶中，象徵男子生殖器的圓棍多為熊、狗和其他動物的
雄性生殖器。舉行性祭時，薩滿常將這些雄性動物的鞭抽出，分賜
病人食用，具有補陰壯陽之功。

　　這類生殖崇拜祭儀與治療婦女病、男性病和滋陰壯陽等實際治
療密切結合，具有很強的實用性，往往能收到良好的效果。這實際
上是精神作用與醫藥治療共同發揮效力的結果。隨著生殖崇拜祭儀

的舉行而帶來生兒育女的實際效果，人們對生殖神的庇護功能和薩滿的祈神儀式（包括治病過程）虔信不疑，從而進一步促進了生殖崇拜觀念的發展和薩滿生育醫療經驗的積累和提高。基於本章的主題是薩滿治病，我們擇要在下面對後者加以記述。

(三) 薩滿健腎按摩法

薩滿生育按摩與普通按摩一樣，各有特點，各有側重。現主要依據滿族著名民俗專家李克忠老人對依蘭、雙城一帶滿族薩滿按摩術的調查和富希陸先生在愛輝一帶搜集的資料，並參證我們在鄂倫春、鄂溫克、達斡爾地區的調查，僅就薩滿治療腎氣與生育疾患等有關技法列述如下：

1.踏步順肝撫腎法

兩腳微分站立，腳尖稍向內，成內八字形，身體微向前俯，雙手作游泳劃水狀，雙腳原地走動，眼平視，精神集中於腹，呼吸自然，身體放鬆，排除雜念。然後，腳手向前後同一方向轉動，勿過急，意念將周身及腹腔中的汙物完全向外拋扔，可走動進行，亦可雙腳原地不動，只上下身及雙手左右擺動，越用力效果越好。每天早、晚各做一次，做畢，雙手相搓，搓頭、臉、耳、鼻，拍腰、腿、臂，逐漸收功。此法可補肝、補血、壯腎、固腳力，對老年男女尤適宜。但心臟衰弱、孕婦絕禁。

2.溫經撫腎法

雙腳微分站立，雙手相搓有燙感，便依次按步驟進行按摩：撫摩雙腹部及兩側、臍中、臍下、陰部周圍；雙手手尖向下，分壓在左右兩腰上，上下推搓，手指用勁撫腰脊骨，速度平穩和諧，切忌

忽緩忽急；雙手緊攏，拍捶腰部、腰脊、臀部、尾骨；身體向前彎曲九十度，雙手拍打腰部；搓熱雙手，用力提、拉、搓、揉會陰部，手尖摳會陰，男子以提、拉、揉、搓、推、點為主，女子以揉、點、壓為主，時間越久，效果愈佳；搓大腿根裏部、肛門四周，注意收縮，放鬆陰部肌肉，排除它念，專心為之。

上述按摩最好早、晚在室內裸體進行，可自我按摩，夫妻間也可相互按摩。往昔，薩滿也常在暗室中為族中男女做撫腎按摩。後又傳授族中男女自我按摩。此按摩法只要堅持經常，治療效果十分明顯，具有興奮精神，健腎益氣，壯陽固精，保持和增強性機能旺盛不衰之效，對老年人常見病，如腎虛腰疼、齒鬚脫落，亦有神功。

㈣ 薩滿生育、育嬰保健法

北方諸民族婦女產前產後死亡率最高，堪稱一大「生死關」，而這方面的醫療保健措施又十分薄弱。薩滿教「俗賤紅而貴白，以為紅乃送終具也。」因而，薩滿最忌見血，婦女生產時絕禁到場。這種觀念一直影響著北方各民族。鄂倫春、鄂溫克等族婦女生子時，另建「撮羅子」居住。滿族、蒙古族、達斡爾族等定居民族，雖然不為產婦另建房舍居住，但也必選出一間產房，嚴禁外人入內。生子時，要將祖匣、神龕用黃布掩蔽住，不使祖神受沖。北方民族對血的禁忌限制了各族薩滿直接參與接生這一性命攸關的工作，而由其他產婆和老年婦女協助孕婦生產。

然而，北方各族薩滿對孕婦及胎兒的保健、婦女產前產後的疾病、產婦和嬰兒的健康並非毫不關注，這種事關氏族興衰存亡的關

鍵所在，必然傾注著薩滿的心血。當然，也經歷了矇昧、痛苦的過程。由於對人體和疾病知識的缺乏，北方民族多將婦女產前、產後諸症視作神怒或犯邪所致，便由薩滿為其跳神驅鬼，甚至用棍棒捶打孕婦，謂之「驅邪」，或命孕婦到風雪中疾跑，稱之「逃災」，使產後身體虛弱的婦女備受折磨。

隨著薩滿教觀念的發展和醫療經驗、生活知識的積累，薩滿在長期的實踐中，總結並形成了特定的生育保健法。一方面創造了眾多的婦女護身神、子嗣庇護神，通過祈神，求助神佑母子安康，生產順利。北方諸族「媽媽神」中，婦女保健神和育嬰神佔有很大比重。如鄂溫克族保佑人丁興旺的祖先神，也是生育時祈求保佑母子安康的守護神。滿族、赫哲族在婦女生產前，由薩滿祭拜諸位鎮宅神偶，保佑產婦生育安全。通過祭神活動，使產婦和助產者、接生婆等人精神和心理上得到安慰，增強了信心，客觀上有助於產程的順利。如遇孕婦難產等情況，也要請薩滿占卜，以瞭解導致難產的原因。那乃人還有專門的催產女神，主司接生安胎。女神攜帶童子魂，身上所生為血魚（僧給尼莫哈），喜食汗血。因而產婦生育後，由血魚將汗血吸淨，使產房不留邪穢。

另一方面，薩滿在長期的實踐中，積累了一些用藥物保胎、治療婦女病和催乳、母嬰保健等經驗，對保證婦女和嬰兒的健康也起了一定的作用。如熬製鹿胎膏，供孕婦食用，具有保胎的作用；捕獵山雉、鮮魚、鳥卵，採摘山果等給孕婦服用，有益於孕婦和胎兒的營養。過去，北方少數民族多以食肉為主，有時還帶著毛吃，因此孕婦多吃蘑菇，使之泄掉，尤以多吃魚，少吃肉為宜。對於治療孕期、產後的婦女病，薩滿主要用草藥治療。如治子宮出血，可用

楊樹葉火焙研面，以白糖燉服；或用漏斗菜、仙鶴草、益母草水煎
服，都很有效。治婦女白帶，以用雞冠花同水或黃酒煎服為最佳。
也可用向日葵杆、蛇麻子、生杏仁煎水，薰洗外陰部，亦甚有效。
史載：婦女產前產後，「然惟益母草有人熬膏。」產後出現的產褥
感染，多因不衛生引起生殖器官發炎所致，可用益母草、焦楂片
（山裏紅果炒焦即可）水煎服，或將艾葉燒成炭，加紅糖沖水喝。如
果產後肚子痛，可炒焦山裏紅，加紅花伊子煎服，如用黃酒為引，
更有良效；當歸、荊芥炭水煎頓服亦可。薩滿對產後母嬰保健也很
重視，如食用鮎魚湯、鯽魚湯可催乳。

　　長期以來，基於生存的目的，為了本氏族人口的繁衍，北方諸
民族及其薩滿均密切關注氏族的生育問題，創造了別具特色的生殖
崇拜文化。在職司不同，形態各異的眾生殖神、婦嬰保護神身上，
寄託著氏族繁榮昌盛的希望。薩滿們又通過各種祈神活動，將這種
希望播撒在每一位氏族成員的心田上。同時，薩滿在世代的積累和
傳承中，也總結了一些行之有效的治療生殖疾病的醫術和藥方，對
氏族人口的繁衍和穩定發揮過積極的作用。這些療術與驗方多已傳
入民間，在邊遠偏僻的地區世代沿用，頗具實用價值。

五、薩滿醫藥與療術的特徵

　　薩滿治病是一個複雜的過程和系統。其中，薩滿醫藥與療術是
薩滿治病的重要內容，充滿著神秘的色彩，其本身又有著明顯的民
眾化傾向，成為民族醫藥學的組成部分。總之，薩滿醫藥與療術具
有複雜性、特殊性和鮮明的特徵。

(一) 巫醫結合

　　薩滿治病是一個複雜的過程，其間醫術與巫術密切結合。其結果也是心理治療與醫療效果共同發揮作用。當然，薩滿治病過程始終體現著薩滿教的思想觀念，醫療活動皆服從於此。薩滿診斷、卜測患病原因，必與神靈罪責、祖先見怪，惡魔作祟相聯繫，並相應地採取獻犧、還願、跳神、與惡魔鬥法、過陰追魂等措施。薩滿的諸種療術多在跳神治病的儀式中施行，成為薩滿教儀式的組成部分；薩滿所用藥物也多被視為神賜之物。即使是薩滿隨時進行的醫療活動，也是以薩滿教觀念為統帥的。勿庸置疑，從表現形式上看，薩滿作為醫者，主要通過為族人跳神治病體現出來。薩滿及其被治療的患者在治病過程中，所持有和顯露出的觀念以及薩滿所採用的形式無不帶有神秘主義色彩。但薩滿醫藥與療術卻發揮著實際的療效。

　　巫醫同源、巫醫結合，是世界許多民族所共有的文化現象，我國先秦典籍《山海經》、《尚書》等即詳細記載了殷商時期漢族先民的巫醫活動。關於巫醫同源問題，中外許多人類學家、民族學家頗多建樹。英國人類學大師弗雷澤、意大利醫學史專家阿托·卡斯提林尼（Arturo Castiglioni）和世界著名科技史專家貝爾納，我國早期人類學家林惠祥以及當代民族學家楊堃先生、宋兆麟先生和民俗學專家張紫晨教授，都在他們的著作中，對巫醫關係作過專門探討，在此不再贅述。

　　同其他民族一樣，我國信仰薩滿教的北方諸民族也經歷了巫醫結合的歷史過程。所不同的是，在一些民族中，巫醫結合只是一個

階段的歷史現象。如我國漢族，早在春秋時期，隨著生產力的發展，社會分工的精細，醫師和巫祝便實現了分野。據《周禮》記載：巫祝與醫師分屬不同職官管轄，醫生又分醫師、食醫、疾醫、瘍醫、獸醫五種，醫師為眾醫之長，分別負責各種疾病的治療工作。而在我國北方民族中，這種巫醫結合的歷史一直延續到近世。因而，北方民族薩滿治病既具有一般巫醫的共同特徵，張紫晨教授對這曾予以精闢的概括：「醫療活動往往以巫為主，而且藥也服從於巫，藥力是通過巫力而顯現的，巫師同時也是醫生。巫師的重要職能之一，便是為人們治病。」「醫與巫，醫療和巫術密切結合，藥物心理與巫術心理取得了自然的結合，求藥和求巫都統一於醫療活動中。因此，巫藥結合，藥巫互用，信藥之中有信巫之成份，信巫之中亦有求藥之要求。」㉜同時，薩滿治病又有許多獨自的特徵，呈現出十分複雜的形態。民族的分化與融合、社會進步及其帶來的觀念的變化，先進技術的吸收和外來文化的衝擊，在薩滿跳神治病之外，民族民間醫生的出現和其他宗教醫學的興起等，都使薩滿教醫藥治病經受了嚴峻的挑戰，薩滿醫藥與療術本身也發生了一系列變化，這是一個複雜的歷史過程。

　　巫醫結合是薩滿治病表現出來的基本特徵，它使薩滿的醫療活動帶有極濃重的神秘色彩，並在不同的歷史時期產生著不同的效應。在生產力低下，人類認識自然的能力還十分有限的古代社會，這種神秘性極大地強化了人們的宗教觀念，使薩滿在氏族中的崇高地位得以加強。反過來，這一切又使族人對薩滿行醫治病的可靠

㉜　張紫晨《中國巫術》，上海三聯書店 1990 年版，第 168 頁。

性、可信性深信不疑。隨著自然科學和醫學知識的不斷積累，北方民族對自然和人類自身認識能力的不斷提高，近世，薩滿治病的神威已遠不如前，在滿族家薩滿中，治病的功能已多有喪失，成了以祭祀為主要職能的薩滿教祭司。建國後，唯物主義、無神論教育深入普及，除在一些僻遠地區或薩滿教歷史傳統深厚的民族中，薩滿仍在行使著為人治病的職能外，多數民族有病則求醫用藥，不再求助於薩滿。

(二) 地域性

薩滿醫藥與療術根植於北方民族賴以生存的地域環境，必然帶有鮮明的地域特徵。表現在取材於北方山林、草原、湖畔的動物骨骼、內臟，植物根莖、花蕊，礦石、泉水等研製而成的土藥；表現在針對北方人類因特殊的氣候、水質、居住條件、生產方式等因素而致患的多發病、常見病、地方病所採取的特殊對症療法、土方和預防措施；也表現在依據北方特殊的自然條件而施行的保健衛生措施及源於漁獵生產的舞蹈及運動療法等等。

(三) 氏族性

薩滿醫藥與療術具有鮮明的氏族性特徵。薩滿教是產生於氏族時期的原始宗教，它是氏族制度的產物。這就決定了薩滿醫藥與療術有著突出的氏族性特徵。薩滿所從事的一切醫療活動，包括跳神治病、預防保健、取藥、製藥等，都是在氏族的範圍內進行的；他們的醫療經驗、方法以及觀念、禁忌皆直接承繼於本氏族長者和上輩老薩滿的口傳心授以及自己的躬親實踐，又秘傳給自己得意的助

手，決不得洩於族外，從而，形成了氏族秘傳制度；薩滿領受之神主司何種疾病，治什麼病請什麼神以及氏族懲治疾病最有顯效的神靈，皆蓋源古久，世代因襲，在氏族內部施行，各自獨立傳承，自成一系。

(四) 實踐性

實踐性是民族醫藥學科學性的標誌之一。考察薩滿醫藥與療術的內涵和發展歷史，不難看出，薩滿醫藥與療術也具有實踐性特徵。薩滿醫藥與療術歷史源遠流長，早在原始薩滿教產生之前，北方原始人類就在生產、生活實踐和與疾病鬥爭中，創造、積累了許多藥物知識和醫療方法，後經歷代薩滿總結、概括、提高與驗證，並用於醫療實踐。其中許多動植物、礦物藥材及配方一直沿用至今，許多具有民族和地方特色的療法，代代相傳。可以肯定地說，這些歷經千百年漫長的歷史歲月得以保留至今的每一種藥材及其用量、用法，每一種療法都源於實踐，又經無數實踐驗證確實奏效，方能代代沿用。無疑，它們是實踐的產物。正因如此，這些獨特的醫術和藥方，蘊藏著許多科學道理。儘管這些道理常常被神秘的宗教巫術色彩所掩蓋，然而，「一經發掘，弄明機理，將促進醫學進步」，「使科學自身不斷向前延伸。」㉝我們僅以蒙古族薩滿噴酒正骨術為例，噴酒正骨法隱含著許多科學道理，這一點也正是它在現代社會得以延續的根本原因。據包金山先生介紹，醫生在接骨

㉝　謝正富、萬昌發〈略論民族醫藥的科學性和特殊性〉，《貴州民族研究》1986 年第 3 期。

時，要先呷一口酒噴於患處，連續三次噴出的強烈、短暫、爆發性很強的聲音，頓時分散了患者的注意力，使其各種雜念在瞬間消失，削除了緊張情緒，肌肉也便放鬆，醫生乘機迅速復位，而患者在那復位瞬間的思維還在那噴酒聲中迴旋，減少了痛覺，待他回過神來，傷肢已重定，於是患者更產生了良好的心境、康復的希望、如意的感覺，很好地配合了醫生的治療，並能自覺地控制自己的體位，這樣病就會迎刃而解了。這就是噴酒整骨法的精神療效。❸❹至於噴酒的聲音在噴酒正骨術中也發揮著不容替代的作用，這是因為聲音在空中傳播時為縱波，稱之為聲波。超聲波是對人體有益的聲音之一，它具有良好的方向性、穿透性、折射性和頻率高等特點。噴酒的口哨聲正是利用聲波的穿透性、折射性達到意到、聲到、氣到的效果，也就是以聲帶氣，氣隨意走，是一種特殊的療法。❸❺我們認為，薩滿醫藥與療術包含著近代醫學的許多方面，諸如藥物學、內科學、外科學、解剖學、衛生保健、疾病預防、婚育指導、產嬰護理以及心理療法、運動療法、娛樂療法等等，其內涵豐富，不乏科學道理，頗具實用價值。當然，薩滿教醫藥與療術系統的科學價值問題，尚需進行多學科的綜合研究，尤其需要中醫學界、醫史學界、民族醫學界的專家、學者們的科學探索。

---

❸❹　包金山《蒙古族噴酒整骨法的由來及其奧秘》，轉引自《首屆中國少數民族科技史國際學術討論會》論文，1997 年。

❸❺　參見包金山《蒙古族噴酒整骨法的由來及其奧秘》。

㈤ 互融性

薩滿醫藥、療術與民間醫藥、療術相互交融，這是在長期的歷史進程中形成的傾向性特徵。為族人治病的神聖職責促使薩滿在繼承前代薩滿諸種治病方法的基礎上，還要不斷地將民間的醫療經驗加以吸收和總結，並應用於薩滿治病的過程中。同時，薩滿醫藥與療術也以其實用性和有效性為人們所信服和接受，並逐漸傳入民間，從而形成了薩滿醫藥、療術與民間醫藥、療術相互交融的運動規律和相互交織的複雜面貌。

應該指出的是，在北方民族中，薩滿醫藥應用與保留的情況是不平衡的。一些定居早、文化較發達，受先進文化影響較大的民族，先後形成了民族醫這樣一個階層，薩滿醫藥的應用就相對少些。特別是在交通便利，經濟、文化發展較快的集鎮更是如此。如滿族先世女真人在金朝建立後，大量移植、吸收漢文化，在醫學方面，設立「尚藥局」、「湯藥局」、「惠民司」等機構，並設有二十五種名稱的太醫官。同時，廣羅醫籍人材，汲取漢族醫學理論和經驗，在此基礎上，形成了女真族醫藥學。滿族共同體形成後，繼承了這一文化傳統，形成了具有民族特色的醫學體系和醫家階層。❸❻清中葉以後，滿族一些姓氏的薩滿已逐漸喪失了治病功能，成為專門負責祭神的祭司。只有一些地處偏僻、清廷政治文化政策影響薄弱地區的民族及姓氏仍保持著薩滿治病的傳統。這一歷史變革固然

---

❸❻　參見于敏〈金代女真族醫藥衛生民俗史初探〉，《東北地方史研究》1989
　　年第 4 期；于永敏〈滿族早期醫學考述〉，《東北地方史研究》1989 年
　　第 2 期。

有著政治、文化等多方面的原因，但與民族醫的出現也不無關係。這種情況在經濟、文化相對發達的地區尤為明顯。蒙古族在長期的歷史發展中，創立了蒙醫蒙藥，成為中華民族醫藥學的重要組成部分。蒙古族薩滿的治病職能也一定程度上受到來自蒙醫和喇嘛的影響。

相反，那些地處偏遠，與外界聯繫較少，相對封閉的民族，薩滿醫藥使用與保留的則多些、完整些。這些少數民族地區長期缺醫少藥，薩滿世代行使著為族人治病的職能，在長期的實踐中，積累了豐富的經驗，研製並傳承下來各種有價值的土方土藥。其中尤以鄂倫春、鄂溫克、達斡爾、赫哲等民族保留的最多，滿族和錫伯族中也保留了一些土方土藥。這種民族間的差異，與各民族民間醫藥的使用情況基本上相一致。

第五章　薩滿教造型藝術
及其特徵

　　薩滿教造型藝術是薩滿教信仰觀念與藝術形式的結合。儘管薩滿教造型藝術作品還很粗糙、稚氣，但卻凝結著那個時代人們的思想觀念、心理意識和審美情趣，仍富有不容低估的人文價值。薩滿教造型藝術堪稱特定時代的透視鏡，為研究原始思維觀念提供了實物佐證。正因如此，西方一些學者很早便從薩滿藝術形態來解釋薩滿教，成為薩滿教文化研究的一條重要的途徑。正如安德列斯·洛梅爾所提出「薩滿教首先是所有藝術的中心」，「藝術家的最早類型是薩滿」。本章旨在通過對薩滿教造型藝術諸形式的探討，揭示其宗教意義和審美特徵。

一、薩滿教造型藝術製品

(一) 多彩的薩滿服飾

　　神服，顧名思義便是薩滿從事神事行為所專備的祭神服裝。它是薩滿神職人員神聖的象徵。薩滿是人與超世力量的仲介，其形態

必然要有別於氏族常人，突出其特殊本領與身份，薩滿服因此而成
為薩滿與神界相通的必備工具。薩滿神服的演進，清晰地展示著薩
滿教發展演變的脈絡。

1.神服的製作與象徵

　　往昔一件神服的產生是全氏族最喜慶的盛事。一般情況，神服
是伴隨新薩滿的正式產生而出現的。新薩滿經過若干時間向老薩滿
學習，並通過全氏族重大神事活動的測試，證明新薩滿已掌握了迎
送神祇的本領，獲得氏族的同意，才可以「披衫」，成為名副其實
的氏族薩滿。成為薩滿的重要標誌與象徵物，便是製作薩滿神服。

　　薩滿神服的取料極為講究。往昔北方諸族薩滿神服以馴鹿皮居
多，也選用犴皮、鹿皮、麋皮、獐皮。沿海生活的部族亦選用鯨
魚、海象、海獅、海豹皮為原料。在特殊的神祭和薩滿特有的許願
下，亦有用瘋狼皮、野豬皮、鵰皮等製作神服的。製作神服的皮
革，要經熟後方能使用。熟好後的皮子柔軟、輕便而有光澤，易於
縫製和染色。神服的染料，多取傳統的草薰、藥薰法，使服色黃潤
美觀。除此，也用花草蕊葉、寒帶植物的皮、莖，泡製熬取多種色
料，並用獸血、天鵝血、龜血等血素為紅色原料。神服的粘合部位
均用自製土膠，尤喜用大魚鰾製膠。所用縫線多為鹿、犴等脊筋。
縫神服的針，係用獸骨、魚骨、鳥脛骨磨製而成。薩滿神服往往凝
聚著薩滿們與氏族成員的智慧和辛苦。

　　薩滿神服具有不可褻瀆的威嚴和地位。它本身既是神祇的象
徵，同時又是某些神祇的形體寓所。從薩滿至氏族成員，均將其視
為無聲的神、通天的神。非薩滿不得隨意觸摸、移動、存藏和使
用。隨著薩滿神事閱歷的增加，神服飾物亦隨之增多，神服也更具

神聖性。薩滿認為，經歷神祭次數越多，除災袪病屢奏奇效的薩滿神服，更具無窮的法力。

2.神服的形制

由於各民族生活習俗不同，神服的形制也極為複雜。但大致可分兩種類型：極北地區和寒帶地區的各民族薩滿神服多為皮質長袍式，裝束更為粗獷原始。全衣披綴各種鈴飾、刀飾、鐵板、細鏈、鐵環等響器，下身多為條裙式。條裙造型精美，係由剪成的長皮條和鬃毛編織而成的花飾長帶做成，有的神服多達百根條飾。雙袖肘下鑲有彩穗和長皮條十數根，不少皮條染成各種顏色，舞蹈時有如翱翔的雙翼，相當壯觀；近溫帶、亞寒帶地域的薩滿，服飾則有變化。有長衫式神服，並在長衫式神服外面，再繫神裙，此外多有披肩。由於生產與生活的變化，有些民族的薩滿神服已改用布料製作。當然，這只是一般而言。因祭祀內容不同，薩滿神服隨祭而換，或在請神時與降神後更換不同的神服，以象徵薩滿人格發生了轉變。為適應神靈附體後薩滿表演各種神技動作的需要，產生一種短式衣裙神服。

薩滿神服的垂飾物後多為鐵製。鐵飾堅硬，可支撐皮服，保持神服威武的外形，鐵飾物相擊鏗鏘有聲，象徵著神祇的英姿步履。北亞、東北亞古式神服多飾鐵鈴、鐵鳥、鐵鏈、鐵綴飾以及各種鐵片剪裁的神偶為飾。狩獵鄂溫克人的薩滿神服以鐵製飾物為主，在神服的雙肩、雙袖、前胸和後背，都披綴著各種形態的鐵製物件，為該部族所信奉的眾神祇的象徵物，包括空心圓形的太陽、實心圓形的啟明星、月牙形的月亮和雷電等自然崇拜物造型；仙鶴、天鵝、野鴨、布穀鳥、魚、齊卡庫鳥、魯吐鳥、狼、熊等動物及圖騰

崇拜造型。此外，脊髓骨、脊柱骨、肋骨、關節骨、大腿骨、血管等人體骨格造型和工具造型剪刀等也披綴於薩滿神服之上，由此塑造出一個有血有肉有骨髓的神體。在上述各種造型中，多為剪影式造型，以寫實的方法表現眾物象，簡煉直觀。只有雷神造型和脊髓、脊椎造型較為特殊。雷神造型的頂端和脊椎骨的頂端造型皆以鹿角組合而成，近似「X」形。我們認為這象徵著該部族薩滿神系為鹿神系，該部族薩滿神帽也為鹿角飾，上有三個鹿角支杈，也說明狩獵鄂溫克薩滿屬鹿神系。雷神的體態造型分主軀幹和分支軀幹兩部分，均為柳葉形體。在主軀幹上部兩側鑿出對稱的四個小孔，把四片小柳葉形造型頂端以環扣扣於小孔中，形成了在主軀幹左右對稱的雙撇式柳葉飾片。雷神有兩個，被視為一公一母，其造型相同。雷神不僅造型獨特，其神形創造過程也很有特色，它是從自然現象中觀察出來的特殊形式。在狩獵鄂溫克人看來，陰天下雨時，天空中的閃電所形成的雷擊紋路形狀，就是雷神發怒顯象的徵候。所以，他們在塑造雷神時，把閃電形成的主紋路和支紋路組合在一起規範化並以他們所熟悉的柳葉為主要造型依據，以鹿角向背對稱形塑造了神靈。這種造神過程充分說明，這是他們從模仿自然現象中，在觀念形態的支配下，創造出來的意象雷神，顯示出原始造神的特徵。

　　鄂倫春薩滿神服，一般用熟犴皮製作，叫「薩滿刻」。前開襟，神衣沒有領子，從脖領經肩到袖口都有沿邊。袖口是活的，圖案是雲紋形。底邊繡二十多樣花邊，類似清朝馬蹄袖。從膝關節往上到前胸，繡一種正方形圖案，也是雲紋形。肩關節和前胸等處均釘有各種金屬飾物。神衣後腰縫二寸寬二尺長的飄帶，鄂語叫「他

卡」，雙層底邊，上窄下寬，腰圍繡一個寬半尺，長一尺的長方形
雲紋圖案。鄂倫春族的薩滿服與狩獵鄂溫克人的薩滿服相比，有了
一定的變化。在裝飾上，自然崇拜物與動物圖騰崇拜物造型有所減
少，而各種花草紋在增多，體現了鄂倫春人概念化的裝飾意識的增
強。神裙是以十二條寬飄帶並排組合，繫在薩滿服的後腰上，薩滿
起舞時自然飛起飄動。十二個飄帶表示一年十二個月。飄帶上面多
繡一些圖騰紋樣和其他一些紋樣。繡製的動物圖騰有狼、蛇、龍、
虎、蠍子等。鄂倫春族薩滿神服上腰部，繡有精美的圖案，被稱之
為「薩滿作法刺繡圖」。上繡兩棵大松樹，松樹下繫有祭祀用的犧
牲動物，還繡有兩上薩滿手持單面鼓做擊鼓作法狀。畫面的左上方
繡有一隻伏於地，尾巴甩得很高的虎形，這隻虎應視為氏族部落的
圖騰物。所以畫面內容似祭拜氏族圖騰儀式。技法為平繡法，色彩
以藍色為底，物像則以分色塊與藍色底做對比，呈現出物像的基本
輪廓，顯得神秘而豔麗。這幅「薩滿作法刺繡圖」很像一幅描繪薩
滿教儀式的民間風俗畫。❶

　　蒙古族薩滿的法服很講究，其中法裙是蒙古族薩滿法服中最獨
具色彩的部分。無論男薩滿、女薩滿，也無論那種流派，法裙都是
他們必備之物。法裙由「襯裙」和「罩裙」兩部分組成。襯裙布
質，分左右兩片，每片略呈上窄下寬，用一根布帶連接，繫於腰
間。罩裙是由一尺寬圍腰，下垂很多飄帶組成。飄帶很長，呈上窄
下寬狀。有些飄帶的中間或末稍還分別綴有一隻小鈴鐺和穗。飄帶

---

❶　參見蘇日台《狩獵民族原始藝術》，內蒙古文化出版社 1992 年版，第
　　67-68 頁。

的片數也不盡相同，有說二十一條，二十三條，二十七條不等。飄帶的顏色斑斕鮮豔，有的每條自成一色，有的每一條本身又由七色、九色等多彩的絲綢或布塊連綴拼成。有的還拼成了精巧的花紋圖案，如銅錢紋、壽字紋等等。據薩滿傳講，這種法服不是隨便做的，需要走百家，求百種花布，然後請心靈手巧、漂亮的姑娘或媳婦虔誠地製作，做工也有講究，如必須用白線「煞」上。❷

　　形制不同的神服主要通過各種佩飾、裝飾圖案體現其特定的宗教象徵意義。如果說薩滿服飾是體現薩滿教思想觀念的符號體系的話，那麼，其符號體系的構成主要是通過各種佩飾、圖案來實現的，這正是薩滿教造型藝術的組成部分。

　　以石、骨等物件裝飾薩滿服是薩滿教的早期特徵，各種物件有著特定的薩滿教文化內涵，後發展為以繪畫、刺繡各種圖案裝飾神服。而以金屬製成的形態各異的飾物點綴薩滿服，當屬於一種中間形態。從現存薩滿神服資料來看，除各民族普遍使用銅鏡裝飾薩滿服外，多數民族薩滿神服已超越了以物件為飾物的階段，多以刺繡、鑲嵌花邊等圖案裝點薩滿服。只有少數幾個民族保持著以金屬製品裝飾薩滿服的傳統，這與這些民族的地域環境、生產方式有關，更是這些民族的文化傳統使然。

　　以物件、圖案表現薩滿教觀念，是薩滿服飾的共性特徵。不同的飾物、圖案象徵著不同的物象，體現著不同的思想觀念，由此也形成了不同的服飾風格。以上兩件薩滿服雖都以金屬製品為飾物，

---

❷　參見白翠英、邢源、福寶琳、王笑《科爾沁博藝術初探》，哲裏木盟文化處 1986 年編印，第 35-37 頁。

但風格各異。狩獵鄂溫克人薩滿服集自然、動物、圖騰崇拜象徵物於一身，具有突出的氏族性特徵。透過薩滿服佩飾即可瞭解到他們信奉的諸神、薩滿派系等內涵。蒙古巴爾虎薩滿服則主要用銅鏡、銅鈴、銅錢、匕首、鐵鏈等常見的金屬飾物來點綴，個性特徵遠不如狩獵鄂溫克人薩滿服突出。總之，薩滿服飾是體現薩滿教思想觀念的符號體系，其符號體系的建立是以各種形態的飾物和圖案為基礎的。

3.薩滿神帽

神帽和神服共同組成一個神聖的整體，相映生輝。在古代，神服與神帽的製作有極嚴格的宗族法規和禁忌，世代因襲傳統，因而向來被視為一個氏族或部落的重要標誌。同時，薩滿神服與神帽又是每個薩滿宗教崇拜的傳承物，彙聚了為其服務的神祇、精靈和被其征服並甘心為其效力的惡靈，正因如此，薩滿視自己的神服與神帽若生命。在薩滿教天穹觀念中，神帽還具有與神服不同的功能：宇宙中各種陡然出現的吉凶資訊，要通過薩滿的特異感應去敏銳捕捉。而各種異兆資訊，據信都是通過神帽上的鳥或其他精靈傳遞給薩滿，使薩滿永立不敗之地。所以說，神帽是薩滿與宇宙超自然力量相通的橋樑。據老薩滿講，即使將神帽放在大神案上不戴，也常能聽見神帽上的鈴嚶嚶有聲，有資訊傳告。

薩滿神帽，雖然各族稱謂不一，均屬祭祀用冠。按形制大體可劃分為五大類：

⑴**鹿角神帽**　鄂倫春、鄂溫克、達斡爾、赫哲等族薩滿神帽多屬此類。一般先用鐵條或鐵片做個圓圈，再在其上架兩條弧形的「田」字格形帽架。帽架頂端有一對相向的鹿角，上有枝杈，三、

五、七、九不等，甚至多達十五叉之多。鹿角在這裏表示薩滿神靈的落腳地。帽子後側垂飾紅、黃、藍三色布條，以表吉祥。

⑵**鹿角鷹鳥神帽**　在我國境內信仰薩滿教的民族中，薩滿神帽上鹿角和神鳥並現的是鄂倫春族和赫哲族。鄂倫春族薩滿神帽有的是單形鹿角神帽。有的神帽除有鐵製的一對鹿角外，還在鹿角中間矗立著一隻明眸遠眺的鷹。

⑶**鷹鳥神帽**　以一隻至數十隻振翅欲飛的翔鳥造型鑲製而成，是典型的純鳥神帽，為滿族及其先世女真人所世代沿用。神帽上的鳥數，則是薩滿神事資歷與本領的象徵與標誌。其帽架與鹿角帽大同小異，只是在帽架上用鐵皮又支起一個半圓形的鐵架，中間再豎一個「⊥」形鐵架，在三個並列的鐵架上裝飾著鐵鳥，以三隻居多數，也有多達七、九、十一、十三、十五隻者。滿族神帽還多飾有銅鏡、銅鈴。滿族及其先世薩滿神帽的製作也十分講究，薩滿神帽有單節式和層疊式之分。

⑷**蒙古族薩滿冠式**　蒙古族薩滿的服裝形式因薩滿貧富有別，而互不相同。西部蒙古族薩滿大體上都戴矮頂的帽子，有的用頭巾裹頭……喀爾喀的男薩滿戴的帽子看起來很威武，特別是女薩滿的帽頂很高。❸近代蒙古族薩滿常見的頭飾是鐵製或銅製的「銅冠」，盔的前面為「五福冠」，即在盔的正面裝有五個並排的銅質蓮花瓣狀物，上刻佛像、神樹、銅錢等。科爾沁色仁欽薩滿、郭爾羅斯青春薩滿所保存下來的銅盔上，還有三根銅柱，每根銅柱上飾

---

❸　參見〔蒙古〕策·達賴《蒙古薩滿教簡史》，中國社會科學院民族研究所 1978 年編印，第 55 頁。

有三、四片銅樹葉，柱頂裝有銅鈴和小鳥，並繫三色或五色彩綢。青春薩滿的銅盔還在三根銅柱之間橫置一銅杆，上面用紅繩繫著兩塊長方形銅飾物。薩滿神帽及佩飾具有豐富的宗教象徵意義。據科爾沁蒙古族薩滿色仁欽解釋，「五福冠」上刻出的神樹即是傳說中白雪山上的三丹樹，銅錢則象徵著薩滿的富有；小鳥是「布日古德」（鷹）；銅柱是神樹；銅鈴則象徵鳥鳴；五彩綢象徵鳥尾。

　　⑸**羽翎神帽**　滿族有些姓氏薩滿早年在舉行星祭儀式時，薩滿要戴雄雉尾翎、雁翎、天鵝翅翎等精製的羽翎神帽，十分美麗，象徵天穹彩虹。

　　在薩滿教觀念中，神帽上的飾物是薩滿神系的象徵，鹿角枝杈象徵鹿神系；鷹鳥帽飾象徵鳥神系；狼爪、狼尾、狼頭骨等佩飾神帽則象徵著狼神系。同時，飾物的數量又是薩滿等級、資歷、神技高低的標誌。

㈡ 豐富的薩滿神偶與神像

　　偶像崇拜是薩滿教共有的現象，儘管各種神偶質地不同，形態各異，但有一點卻是相同的，即神偶是人們崇奉的諸神和氏族祖先之靈魂的依託體，其實質是薩滿教靈魂觀念的產物。

1.神偶的產生

　　神偶的產生和偶體的獲得都與靈魂觀念有關。綜觀薩滿教諸神偶形態，最早的偶像崇拜物當為實物偶體，包括自然物和動植物，如羽毛、骨、木、石、樺皮、魚牙、獸爪、獸角等實物偶和魚、鳥、蛙、蟲、獸等形體偶，或由原皮製成，或由木、骨、草等製作其形，供奉為神。此類神偶多被奉為守護神，或因某物有助於先

人，或因先人遇災得脫時偶遇某物，便認為得此物之庇佑和幫助，遂奉為神，並製作偶像加以供奉。這裏，神的靈魂與靈性已賦予偶像，才使之具有神之化身的品格。

祖先神偶是薩滿教神偶的主要形態，其孕生的基礎正是靈魂觀念。薩滿教靈魂觀念認為，人雖死而靈魂不滅，且對人世產生影響。特別是已故氏族酋長、氏族英雄的亡魂更具靈性和活力，對族人也更有庇佑作用。族人為了緬懷先祖，祈其護佑，便製作簡單拙樸的神偶，作為祖先靈魂的替身和象徵。最初的祖先神偶具有濃鬱的圖騰崇拜意味，故有某些半人半獸、半人半禽、人首獸身或獸首人體等多種神偶。隨著祖先英雄崇拜觀念的加強，人形神偶的製作由粗陋而日趨細緻，其形態亦更趨逼真。然而，無論神偶的形態怎樣，工藝如何，它們都是祖先亡魂的替身和依託體。阿爾泰語稱偶像為「托斯」或「托茲」，在突厥人的方言中，具有「根本、根、起源」的意思，「阿爾泰人為了紀念他們的祖先的靈魂而給這些偶像起名字。實際也是如此。薩滿教教徒關於這些經常說：『這是我父親的托茲，這是我母親的托茲』。有時『托茲』是獻給大的有名的喀木的靈魂的。」❹誠然，不是所有祖先的靈魂均被供奉為神，並製作神偶為其靈魂依託體。多數祖先的亡魂歸於陰界，只有少數酋長或為氏族立過功勳的氏族英雄的亡魂方能升為神。「決定什麼人的靈魂能夠當翁滾的，只有薩滿。因為不能是一切靈魂都作翁滾。這就是說：對人民行過大善的人成為善翁滾，惡人就成為惡翁

---

❹　〔土〕阿·伊南《薩滿教今昔》，中國社會科學院民族研究所《薩滿教研究》編寫組編譯，1979 年印，第 49 頁。

滾。」❺

　　那麼，神偶又是如何產生並具有所謂的超凡神性呢？這同樣與靈魂觀念有關。在薩滿教觀念中，靈魂、夢和神偶有著直接的因果關係，所謂「無魂無夢，無夢無形」。做夢本是人的生理現象，但在薩滿教觀念中卻視為浮魂外遊的結果。而夢中所得的幻體，則被尊依為神偶的形制。據《瑷琿祖訓遺拾》記載：「浮魂依夢，靜魂依形。夢中得數，夢中悉形，夢中感意，故成六序，曰：夢神、會神、面神、識神、悅神、引神，方謂寢得神體，制材藏魂，神魂寓焉，神悟蘊焉。居爾家室，闊清氛圍。」這是薩滿神事體驗和感悟的總結，表明神偶偶體的形成源於夢，並非薩滿隨意而為。當然，這種求神形的夢並非普通人所能為之，必由族中主祭大薩滿在祭神後，擇一清幽靜謐處搭設專門的皮帳，渴飲山泉水，饑食野牲、野禽肉，在連續三天焚香、擊鼓、拜神後，第三天晚上薩滿方可入睡。如夢中出現幻像，即為神偶形體，薩滿醒後，向眾薩滿和穆昆講述所夢神祇的名稱、形狀、以何質料製作、主司何事等等。薩滿便遵其形謹製神偶，不得疏漏簡率。此外，薩滿因災異、病瘟、受敵、內鬥、結盟、出兵、問卜、釋俘等事件而獲奇特之夢，夢中有神影助佑，醒後果有靈驗者，必行大祭，並按夢中影體，製成一個新的神偶，與眾神偶共祭。

2.神偶的形制

　　在北方諸民族薩滿教中，原形靈物崇拜是最古老最原始的崇拜偶體。其中一部分是自然物，如石、鹿角、獸骨、木塊、獸皮等。

---

❺　〔俄〕班紮羅夫《黑教或稱蒙古人的薩滿教》，第 19 頁。

它們作為神物被崇拜，都有著神奇的傳說，與特定民族或部族的歷史命運有著密切的關係。另一部分則是在原形物上稍作加工，形成粗糙、簡單的造型。

原形造型形式有多種，有些形式還經歷了漫長的演化過程。如動物神偶即經歷了由實物崇拜到立體造型崇拜的歷史過程，人們對造型藝術規律、特徵的認識和掌握也隨之而不斷提高。狩獵民族最初崇奉的動物神偶多為動物皮張。鄂溫克族對灰鼠的崇拜，就是以一公一母灰鼠皮作為崇拜偶像的「實體」，水鴨皮、嘎黑鳥皮也被奉為崇拜偶體。這種實物偶體只須把崇拜動物的皮張剝下來，涼曬梳理後保存起來，即成了崇拜物。隨著視覺思維和立體造型意識的增強，在以動物皮張為崇拜實體的基礎上，北方民族又創造了在獸皮裏填充雜物，使其成為立體形神偶這種形式。鄂溫克人的瑪魯神群偶體中主司保護馴鹿的熊神就是由一公一母的小熊皮製作的。製作時從筒式熊皮底部塞進雜物，縫合後即成為熊神偶像。以此為基礎，在狩獵鄂溫克人中還出現了以木雕形體為內胎，外縫一層皮衣的偶體，如兒童保護神「烏麥」神就是以木雕的鳥形為內胎，在外麵包縫一層板皮，以製成神偶。這種神偶雖然不完全屬於原形藝術，但卻是在原形藝術的基礎上發展而來的，它在北方民族造型藝術的發展史上佔有重要地位，它孕育著真正的立體造型藝術的誕生。

如果說將對動物皮張的崇拜視作對動物實體的崇拜，並在此基礎上發展為使偶像立體化的形式，在北方民族中具有普遍性的話，那麼，更多的原形藝術品卻具有獨特性。被奉為神品的原形物多與某些氏族特定的經歷有關。甯安滿族楊姓世代供奉一段圓木，後製成神偶，神偶的眼睛是用兩個鐵釘釘入圓木內磨光而成。神偶的底

部用刀削平，只在前、後部位各留一個木柱，以便支撐神偶能夠立起來，神偶的嘴部則取自圓木原來的形狀。此神偶的由來類似前例，係戰爭時期，本氏族的一位祖先被追兵追到河邊，他急中生智，爬上一根圓木，順流而下，擺脫了險境。該族從此供奉此圓木為氏族守護神。

原形造型是薩滿教最古老的靈物崇拜物，它們所以被本氏族所青睞，奉為神物，很大程度上取決於在某一偶然的機會，某種物質與某氏族或其重要成員發生了暫時、偶然的聯繫，便視為神佑，奉之為神靈。這體現著原始思維的特徵。原形造型的審美性體現在對物的原形所進行的加工改造，其加工過程就是一種造型創造。儘管這種原形造型只是在原形的基礎上稍作加工，但也反映了加工者對造型和美的感悟能力。在原始藝術中，薩滿教原形藝術可以說是別具一格的藝術表現形式。

拼貼神偶指將某些物件或圖案通過粘貼、縫、繡等方式置於另一物件之上，形成一種獨特的構圖和造型。這種造型方式古老而富有生命力，屬薩滿教早期造型藝術形式，在一定意義上為繪畫等形式提供了造型基礎（圖3）。

現存於鄂倫春博物館的鄂倫春族「昭路博如坎」神偶，即是由獸鬃和獸毛粘、縫在一塊板皮之上而形成的。將一條獸鬃橫著縫在板皮的上方，兩條編成辮狀的獸鬃分別豎著縫於左右兩側，大致形成了一個臉形的輪廓。眼睛、眼眉、鼻子、嘴等五官都用灰色的獸毛粘在皮子上，只有鬍鬚仍是用獸鬃代替。頭像下是用兩塊黑布縫成的口袋。整個人面造型古樸、粗放，不刻意追求造型之效果，給人以樸拙、神奇之感。

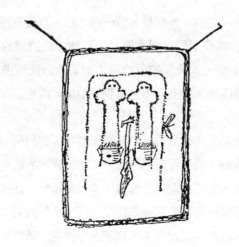

圖3　鄂倫春族毛帖神偶

　　鄂溫克族的牲畜保護神「吉雅奇」，為家家供奉之神（圖4）。其神偶是用偷來的不同姓氏人家的種馬的鬃尾，在一塊氈子或白板皮上繡出兩個人形輪廓，再繡出五官，中間縫一個口袋，以盛供物。鄂溫克人每年剪羊耳記號時所剪下的部分、出賣牲畜所留下的鬃尾數根、孩子滿一周歲後所剪下的頭髮，都要懸掛在「吉雅奇」的兩旁；每年秋季祭祀時所宰殺的羊的肩骨和髖骨，要懸在「吉雅奇」像的下邊；每逢殺羊時，必將其胃口煮熟後割下，裝在「吉雅奇」像上的口袋裏。❻

---

❻　《鄂溫克族社會歷史調查》，內蒙古人民出版社1986年版，第489頁。

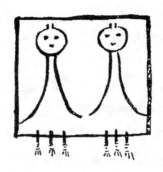

圖4　鄂溫克族牲畜保護神——「吉雅奇」神像

　　編織神偶是鄂倫春、鄂溫克等狩獵民族的傳統。直至五六十年代，大興安嶺地區的鄂倫春人仍用獸毛、鳥羽毛編織神偶，掛在一塊布上，放在神匣中供奉。而草編神偶至今在這些民族中仍有傳承。

　　鄂倫春族的「庫力斤」神偶是用野草編織而成的人形偶。先用草紮成一個圓柱形，代表身體，另紮兩個較細的圓柱形置其兩邊，為胳膊，最後編一條細長的草繩，繞脖子纏一圈，再纏住腰身，外面露出一點，是「庫力斤」的尾巴。「庫力斤」神偶形制源自其神話傳說。相傳，庫力斤是一個長著一條長尾巴的美女，聰明、賢惠，嫁了個實心眼的丈夫，將其長尾巴的秘密洩露出去，庫力斤難以承受流言蜚語的壓力，遂自殺身亡。其丈夫十分愧疚，也投河自盡。庫力斤死後，人們常聽見她在山林中唱著悲歌，人們哀其不幸，便開始祭奠她。

　　在原始藝術中，雕塑藝術的產生及發展與原始人類思維觀念的

發展和觀察力、模仿力、對形式的感受能力的提高有著密切的關係。由於取材方便，製作方法簡單，又便於保存，使木雕神偶在薩滿教神偶中佔有重大的比重。

薩滿雕刻所用木料多為楊、柞、樺、榆以及水冬瓜、暴馬子等雜木。這些樹木木質白晰美觀，輕潤易雕，不出碎渣，造型保持完好，便於久存。其中屬樺木為最佳。樺白如雪，質細若膚，堅而柔，無異味，雕刻神品經久不變，尤為上乘。然燥後易出裂隙，薩滿各有防護妙法，多塗狼油以防裂紋。松杉等木不宜選有癭瘤處用於雕刻神偶，油質多，不便雕刻，且有異味，易污染其他神具。椴木、楸木也很少用於雕刻神偶，椴木過軟，不便雕刻，且近世受漢文化影響，用漢字諧音與「斷」通，視為不吉；楸木過硬，刻削費力，也較少用。

木雕神偶主要有動物造型和人型神偶。動物神偶通常呈動物造型，這種具象造型形象地刻畫出所崇拜動物的輪廓。如赫哲族的馬神神偶是由九個木刻馬的造型相串而成，清晰地刻畫出馬頭、馬身、馬尾、馬腿等部位，尤以馬頭最能體現馬的特徵。虎、狼、狗、野豬、豬、龜、鱉、蝦蟆及刺蝟等也都各有神偶，均著重刻畫該種動物的突出特徵，使之形象逼真，栩栩如生。

人物造型以祖先神偶最為普遍。鄂倫春族稱祖先神為「阿嬌儒博如坎」，曾是每家每戶都供奉的神。「阿嬌儒博如坎」意即「根子」，原指母系氏族的祖先，後來演變為父系氏族的祖先。「阿嬌儒」神偶是用松木雕刻而成，為整身形神偶，由頭、身、腿等部位組成，其中身子呈鋸齒形。在其身旁掛有一個小皮口袋。鄂溫克族供奉的祖先神「舍臥刻」，為一男一女，有手、腳、耳、眼，還有

用鹿和犴皮做成的衣服。

氏族英雄神和保護神也多為人物造型。在滿族諸姓祭祀中，普遍祭奉女戰神奧都媽媽。奧都媽媽神偶形象地表現了這位女戰神的英姿。女神的坐騎是兩匹強壯的俊馬，呈飛騰狀，象徵著馳騁疆場。馬的造型刻畫細緻，頭、耳、眼、嘴、鼻、尾及鬃皆作了細微的刻畫，形象逼真，可謂繪聲繪色。女戰神奧都媽媽騎在馬上，目視前方，挺胸擡頭，氣宇軒昂。就造型特徵而言，奧都媽媽的人物造型僅具粗形，尤其是面部，僅有一個大致的輪廓。此神偶造型的特點在於展示奧都媽媽的雄姿，而不是著重表現女戰神的形象。這不僅體現了薩滿教神偶「但求神似，不求形似」的製作宗旨，也體現了薩滿教造型藝術的獨特風格。

金屬也是製作神偶的重要材料。與木刻、草編、布帛神偶相比，金屬神偶需要較高的工藝水平，更具收藏價值。薩滿教金屬神偶一般形制較小。如近世所見到的蒙古族薩滿崇拜物「翁袞」，即是青銅製品，以三、四釐米的小人形居多，形態各異。在工藝手法上，主要採用陰紋法刻劃細部，使偶像雖小，卻形象、逼真。

滿族一些姓氏多傳有小鉛人神偶，以為護身偶。吉林省永吉縣滿族韓姓祖傳一寸高鉛製護身偶，尖頂，雙臂平伸，族人外出時，將其繫於脖子上，以求平安。黑龍江省依蘭縣滿族盧姓護身偶為兩個女性鉛製人偶，腳處連體，身為方形。這種護身偶多由主人隨身攜帶，以求吉順，寄託著人們求吉避凶的心理。

赫哲族薩滿保護神和輔助神，統稱為「愛米」（圖 5）。其中，保護薩滿並抵抗鬼怪的神偶為金屬製品：布克春為銅製，長約五釐米；薩拉卡為鐵製，長約四釐米，這兩種神專司保護薩滿抵抗

惡魔鬼怪。如力不能敵,則能疾行如電,請其他薩滿來救援。額其和,雙偶,鉛製,長約三釐米,司驅逐獸類的神。薩滿與鬼怪鬥法時,額其和能變虎、熊、鹿等獸。三神偶各用一線穿起,掛在薩滿胸前。

圖5　赫哲族鉛製愛米神偶

在薩滿教造型藝術中,儘管金屬製品出現的較晚,但卻以其特有的優勢而頗具生命力,不僅涉及到薩滿教造型藝術的諸多方面,有些製品的工藝水平也達到了相當高的程度,具有較高的文化價值和藝術價值。

隨著薩滿教造型藝術的豐富和發展,在北方一些民族中,出現了用皮、布製作的神偶,其中多屬軟雕塑,即以皮、布為外殼,中間充物,使之具有立體感和形象感。從發展進程來看,皮、布神偶是在原形動物皮張內充物為神偶的原形偶的基礎上發展而來的。如

果說原形偶是一種原形藝術的話，那麼，以皮、布為材料製作的皮、布神偶則是一種造型創造。

薩滿教皮、布神偶多為祖先神偶、保護神偶，以人形居多，這種神偶在滿族諸姓中多有傳承。黑龍江甯安滿族屬姓祖先神偶是以紅黃藍綠等顏色的綢布作成的人形偶，偶體形同一件長衫，有袖子，下擺開口，以另一種彩色綢布包物成圓形，接於長衫之上，為頭，頂上有一個小黑疙瘩，代表頭飾。

鄂倫春族和達斡爾族也有布製神偶傳承。鄂倫春族保護兒童的神偶是用黑絨布製作的，共三個人形神偶，一大兩小，大者腰纏黑帶，小者腰纏紅帶，五官皆用米色線縫出的小圓點代替。平時將神偶掛在兒童搖籃上，以保佑兒童成長平安、順利。達斡爾族供奉哈音神，其神緣自宗教活動者巴格其、巴爾西、紮列等死後精靈作祟而奉之。神偶原為用麀皮或羊皮做成的人形偶，後改用布帛製作，神偶形如一件夾上衣，前後兩片，左右縫合而成，底邊用剪刀剪成條狀。頭上繪人的五官，神偶均雙臂平伸，作欲飛之狀。

以皮、布為外殼製作軟雕塑式神偶，反映了北方民族立體思維和立體造型意識的增強。這種造型藝術是在以原動物皮張為偶像的基礎上發展而來的，但卻在偶體形制、造型特點等方面獲得了較大的創造空間。從達斡爾族哈音神偶製作材料的變化來看，布帛神偶晚於皮製神偶，但布帛製品具有取材方便、縫製簡單、便於其他造型手段的介入等優勢，並由此而成為此類神偶的主體。

繪畫是造型藝術中最主要的一種藝術形式。它以色彩、線條等藝術語言，在平面裏塑造出視覺形象。在薩滿教造型藝術中，繪畫製品所占的比重不亞於雕塑製品。其中神像製品是薩滿教繪畫藝術

的主體，不僅所占比重最大，而且繪畫水平也較高。神像均為祭祀而繪。早期的繪畫製品是用從花草中熬製的顏料繪於皮子、樺樹皮上面，近世多繪於布帛、紙、絹之上，平時恭置於神匣之中，祭祀時請出，敬至神堂上，享供並受族人祭拜。

神像畫的內容大體也可分為兩類，一是以圖騰和動物崇拜為主，一是以祖先崇拜為主要內容。就構圖而言，以人物圖像居多，有些動物神畫像，也呈人物形象。當然，多數繪製神像都不是單一構圖，常常繪人物、天象、動物、花草等於一幅畫之上，蘊念著豐富的薩滿教觀念，也使整個畫面顯得更加飽滿。

以圖騰神和動物神為表現題材的神像畫一般說來構圖較為簡單。如錫伯族的虎神像，繪在一塊黃布上，墨線勾勒，線條流暢，虎的形象很逼真。但構圖簡單，整個畫面只繪有虎，別無其他點綴。虎神是錫伯族薩滿的保護神。薩滿在舉行跳神治病儀式時，要將虎神像請出。只有虎神（塔斯胡里）附體，才能保佑薩滿戰勝惡神，從而使患者康復。達斡爾族信奉的龍神像，繪於布上，以墨筆細細勾勒，龍體造型呈騰飛狀，龍頭面目清晰，龍鬚可見，栩栩如生。但其整個構圖也十分簡捷，色調單一，除一條騰飛的龍外，只繪有幾朵翔雲為襯托，其色與龍體相同。這類神像所反映的觀念及審美意識都較為古樸。

隨著祖先崇拜觀念的發展，以祖先英雄崇拜為題材的神像畫逐漸增多，並成為神像畫的主體。從反映薩滿教思想觀念的角度來考察，這類作品的思想內涵更為豐富，相當一部分神像畫在彩繪主神之外，還繪有日、月、星辰和各種動植物神、各類供品等；從造型藝術的角度來看，這類作品體現出來的藝術水平和審美意識也有了

很大的提高，有的作品具有較高的藝術造詣。

　　由於生產方式、文化淵源、信仰觀念的差異，北方諸民族的祖先神像畫的主題和風格也有所區別。蒙古族對成吉思汗的祭典使祖先崇拜發展到了一個較高的程度。鄂爾多斯地區蒙古族在舉行祭祀時，要使用成吉思汗的一些古老畫像，並面對畫像呼喚：「我的聖主，你變成了如同白玉一般的絲綢畫像」。在鄂爾多斯的一幅祭祀圖中，除了成吉思汗外，還繪有他的妻妾和兒女。這幅祭祀圖構圖講究對稱，祭圖左右兩部分不僅人物數量相等，人物動態均和諧對稱，表現出繪畫水平已達到了相當的程度。❼

　　滿族祭祀素有彩繪神像的傳統。直至近世，滿族諸姓仍因襲著為其祖先彩繪畫像的古俗。畫像多以直系達瑪法（遠祖）畫像為主，並繪有左月右日，七星在天，神鳥棲於靈魂樹上等，展示著薩滿教的祖先崇拜觀念。這類神像在民間俗稱「家神案子」、「祖爺像」。「祖爺像」平時放在神匣中，舉行家祭時懸掛。「祖爺像」是近世滿族祖先崇拜觀念的產物和形象再現。這類繪畫製品在滿族薩滿教繪畫中所占比重最大，而且至今在民間仍有傳承。儘管滿族各姓的「祖爺像」不盡一致，如有的祖神騎馬，有的坐在條桌上；有的穿清代官服，有的一副武將打扮。但因受滿族家祭程式化特徵的影響，其基本構圖和風格大同小異，個性特徵不鮮明，構圖多如上述，上繪日月和天空，下繪男性祖先。繪畫技巧嫺熟，用色對比強烈，色彩鮮明，人物栩栩如生，猶如一幅幅風俗畫卷。

　　滿族家祭與野祭相比，野祭保留著更豐富的內涵和鮮明的個性

---

❼　〔德〕海希西《蒙古的宗教》，天津古籍出版社 1989 年版，第 434 頁。

特徵。與此相適應，在繪畫方面，用於野祭，反映薩滿教多重崇拜觀念的「大神案子」則蘊含著更豐富的薩滿教思想觀念和文化內涵。因各姓薩滿神系和薩滿傳承的不同，其「大神案子」的內容、風格也各具特色。

1990 年 4 月，我們在吉林省永吉縣楊木鄉滿族烏蘇瓜爾佳哈拉（關姓）家族中發現了一批薩滿教實物，包括薩滿神諭、家譜、神偶、神帽和薩滿教神圖。題材不同、大小有別的神圖近十幅，分別繪在粗麻布和厚薄不等的絹帛之上。從神圖的質地、保存情況和該姓薩滿傳承等綜合情況分析，這批神圖至少繪製於清代中後期，這是建國以來首次發現的清代薩滿教神圖，彌足珍貴。

據現存該家族滿文譜序記載：該姓為佛滿洲（漢譯為陳、舊之意），原來居住在烏蘇里地方，經多次遷徙，最後定居於布特哈烏拉。❽由此可以推斷，烏蘇瓜爾佳哈拉當屬東海女真人，曾保留著野祭的習俗。該姓神圖是對其家族薩滿教神系和薩滿傳承的形象而清晰的記載。在這十幅神圖中，有四幅大神案子，三幅家神案子，兩幅招魂幡、一幅橫幡。其中最有價值者，是一件長 1.7 米、寬 1.3 米，彩繪於清代小白粗麻布之上的大神案子。神案左上方為雷神，右上方為雲神，下分三層。在第一層神光四射的神堂中，繪有三位女神，中間一位是薩滿始祖神，左側是一位老年女性神，右側是一位中年女性神，均是薩滿始祖神的助神。神堂之外，左右各繪一位男性薩滿神，皆側身與「始母神」呈仰視狀。左右兩側分別繪

---

❽　1990 年 6 月，郭淑雲陪同趙展先生赴永吉縣進行民族學考察，該族譜序由趙展先生翻譯。

著四位、三位鷹鵰神，或飛翔，或立於樹枝上。第一層左下角繪著一個登刀梯的圖案，一位男性小薩滿，禿頭赤足，一腳先登，一腳在後，站在刀梯上。右下角繪著兩位男性薩滿神，每人手持一把鋼刀，呈舞耍狀。

　　第二層居中間者是二輩薩滿主神，是一位穿旗袍，坐於供桌之上的老年女性薩滿。其左右肩背處各倚立著一女頭像，為薩滿靈魂之幻像，四周繪有浮雲。女神左右兩側各繪七位薩滿神，每一位神都有獨特的技藝。左側（以中心至兩側為序）的七位神皆為女性：頭戴單鳥神帽，手持「激達槍」的女薩滿神；手微舉，袖中探出幾個孩童腦袋的女神，似為烏麥女神；穿男式長袍，雙手持「激達槍」的女神；穿女式長袍，雙手呈打拱狀的女神；身穿男式褚石色旗袍，手擎火把的女神；雙手呈打拱狀的中年女性神；頭戴單鳥神帽，穿男式長衫，口吹管簫的女神。右側也繪有七位神：兩位呈側身站立，雙手打拱狀的女神；兩位人身獸面，著武士服飾，右手撐一柄鋼刀的男式武神；穿紅袍、繫綠帶，左手持神鼓，右手握鼓鞭，作擊鼓動作的男薩滿，似歌舞神；穿青衫，雙手挽於袖間，側身而坐的媽媽神；人身獸面，穿武式服飾，手持狼牙棒的男性武神。

　　第三層居中間者是三輩男薩滿主神。左側七位皆為男神：飾便帽，著紅衫黃掛，束手而立的男性神；穿武士服飾上套藍掛，束手而立的男性武神；戴便帽，穿紅袍，束手而立的男性神；裝束同上一位神，雙手各持一枚銅鏡的男性神；兩位穿武士服裝，雙手各撐一把鋼刀的男神；著武士服裝，左手握弓，右手擎箭，側身而立的男性神。右側七位亦為男性神：兩位戴便帽，穿長衫短掛，束手側

身而立的男性神；無冠飾，穿武士服裝，雙手各撐一柄鋼刀的男性神；無冠飾，穿武士服裝，右手持一把「激達槍」的男性神；頭戴紅色頭飾，著武士服，雙手各持一束火把的男神；無冠飾，著絨裝，雙手橫握一條鐵鏈的男神；無冠飾，著絨裝，雙手各擎一把火烙鐵的男神。

最下一層中間是高聳入雲的神樹，左側繪有三位野神：口如巨盆的飛虎神；呈奔馳狀的狼神；盤於古樹枝上，口吐紅鬚，擡頭張望的蟒神。右側繪有三位野神：臥虎神、昂首奔馳的豺神、狼神。

根據我們多年來對滿族諸姓薩滿教的調查，大神案所繪影像主要是本家族已故的薩滿，敬祀為神。從諸神祇所持物件來看，多為薩滿祭祀所用神器，或為薩滿進行神術比賽和檢驗時所必備的法器。可見，此神案既是關氏家族薩滿世襲圖譜，又是薩滿神術神技的形象再現。大神案在祭祀時懸掛，燃香、擺供於神案前，遂成祭壇。

此神案具有豐富的宗教和文化意蘊，為深入研究滿族薩滿教提供了形象而生動的資料。它如同一幅薩滿演化圖譜，從中可以看出該族薩滿演化的軌跡，經歷了由女薩滿主壇，男薩滿無論在人數和地位上都居從屬地位的時代，過渡為男薩滿主壇，男薩滿居絕對優勢的時期。這一點恰與原始社會發展史相符合，也與通古斯諸民族「薩滿的始祖為女性」這一神話傳說相吻全。作為一幅神系圖譜，它揭示了薩滿的助神由動物形（第一筆）——人身獸面型（第二筆）——人形（第三筆）的轉變過程，從中既可看到基於狩獵生產基礎之上的薩滿教帶有濃厚的動物圖騰崇拜意蘊，又可以看出人形神和人本主義精神在薩滿教中的增長趨勢。它如同一幅薩滿職能圖譜，

以諸神祇的形態、服飾、所持神器等特徵，展示了諸神的奇特技能和他們執掌的狩獵、征戰、逐魔、生育、音樂、舞蹈等多方面職能。它又像一幅薩滿入巫圖譜，通過小薩滿登刀梯、耍鋼刀等檢驗神術場面的描繪，再現了成為一名正式薩滿的神事經歷和他們所經受的考驗。

在赫哲族薩滿教造型藝術中，與雕刻神偶相比，神像畫出現的較晚，有些還與神偶形態有著淵源關係。但繪畫製品攜帶方便，對以狩獵為生的赫哲族來說尤為實用。因而，繪畫神像在赫哲族中曾具有一定的普遍性。從凌純聲先生的調查和俄國及前蘇聯時期在赫哲族地區搜集到的文物來看，赫哲族神像畫主要分兩大類，一類是獵神祭祀圖，一類是治病神像。

在相當長的歷史時期，狩獵是赫哲人的主要生產方式，因而，赫哲族對獵神尊崇有加。獵神神偶原皆為木刻，後受漢族影響，漸採用繪畫形式。又因打獵時攜帶方便，遂成為獵神的主要形式。平時在家將畫像藏於一長木匣內，掛在屋檐之下，家祭時掛在西牆壁上，出獵則匣負在背上，帶至山中供奉。❾

凌純聲先生於三十年代在松花江下游收集到的兩幅打圍神像畫與上幅神像畫的構圖和風格基本一致，並明確標示為「打圍神畫像」，這無疑有助於我們對上幅神像畫內涵的闡釋。兩幅「打圍神像畫」的結構均為中間是一棵樹，樹兩邊分別繪著數量相等的騎馬或站立著的男子，他們都身穿清代官服。上部繪著龍。其中一幅在

---

❾　凌純聲《松花江下游的赫哲族》（上冊），國立中央研究院歷史語言研究所 1934 年印，第 142 頁。

樹中間繪著一個由幾個同心圓組成的圓型。以上三幅神像畫的構圖和風格大體一致，均接近對稱形，中間是樹，兩邊是數量近於相等的人物。所不同的是後兩幅神像畫上部不是繪著懸掛著的神偶，而是繪著騰空而起的龍。且後兩幅神像畫已將供桌和神偶略去。由此可以認定，黑龍江省流域赫哲族神像畫的屬性和功能都與狩獵生產有關。

上述神像畫的繪畫技法均為黑線勾畫，構圖勻稱，人物栩栩如生。表現出赫哲族的繪畫水平已達到了相當高的程度。特別是在松花江下游赫哲族地區收集的「打圍神畫像」，繪畫技術更有所提高。

治病神圖在赫哲族薩滿教繪畫製品中頗具特色。據 C.B.伊萬諾夫《十九世紀至二十世紀初西伯利亞民族造型藝術資料集》和 П.Л.什姆凱維奇《果爾特人薩滿教研究資料》介紹，在前蘇聯各民族博物館中，收藏著幾十件那乃族治病神圖。各種治病神圖的功能不盡一致，有的圖畫是薩滿用以治病的一套用具的組成部分。治病時，薩滿把它掛在病人家中的牆上，在畫像前還設置種種神杆、人形和動物形的神偶以及供桌，進行跳神。跳神看病之後，畫像留在病人家中直到病癒為止。

圖 6 是從黑龍江下游的薩卡拉奇——阿梁村獲得的，1910 年被送於彼得堡人類學與民族學博物館，是一幅用墨線勾勒的麻布畫。畫的上部繪有天空和兩條相對著的雷神，正中央是雷的主人，一副清朝官員的打扮。兩邊各站著四位頭戴瓜皮帽、身穿長袍馬褂、手持三角旗的士衛。在四人的上方、雷神的下方繪有兩條相向的小蛇。主人（神）的前邊有一張供桌，下面站著的兩個叉腰而立

的人，衣著與上面的士兵相同。其左右分別依次繪有胸前畫著三條
小蛇的「愛米」神和虎形的「紫翁」神。❿據什姆凱維奇記載，果
爾特人稱這種畫像的主神為「偉大的達昂托神像」，其靈魂能幫助
病人。整個畫面呈對稱形，比例適當，構圖清晰，某些細部描繪也
清晰可見。人物和動物形態描繪自然、逼真，表明其作者已具有了
較高的審美水平和繪畫技術。

圖 6　黑龍江下游赫哲族治病神圖

---

❿　參見華泉〈赫哲族薩滿教神像畫中的歷史真實〉，《文物》1975 年第 12
　　期。

3.神偶嗜血觀念

薩滿教觀念認為，血能育魂養魂，魂血相生互衛，所謂「魂依血流，血行魂行，血凝魂止，則浮離體外，曰浮魂。魂依血養，魂憑血育，血旺魂壯，血熱魄強，無敵天荏，鬼魔難當，曰養魂。」⓫神偶作為靈魂的依託體，其保持靈性和神性的奧秘在於常享祭物，尤以嗜血最益於養魂，使偶體內的靈魂常存。基於這種觀念，薩滿祭祀十分重視備牲、養牲、殺牲，無牲不祭成為薩滿教不成文的規則。在薩滿教祭禮中，當神靈附體後，薩滿急著要血喝。薩滿還要親自給神偶獻血，即往神偶身上、嘴上彈血、塗血，致使許多供奉多年的神偶嘴上、身上都有一層很厚的暗褐色血痂，堅硬閃光。

薩滿教神偶嗜血觀念在近世仍有保留，而且血祭神偶的範圍更為擴大。在東蒙地區，當某些貴族死後，除舉行一些薩滿教祭祀活動外，「還在他們的墓中用奴隸和動物進行血祭，同時也用血祭來供奉代表其先祖靈魂的模擬像翁滾，如同供奉那些賦予不同旗符的神靈蘇勒得一樣，蒙漢文史料都強調過這一點。」⓬貴族死也要血祭祖先神偶，顯然是相信神偶有靈，對死者的亡魂能予以庇佑。

基於薩滿教「以血養魂，以血育魂，以血延魂」的觀念，薩滿在製作神偶時，必經殺牲獻血儀式。製作神偶的材料要經過新鮮的動物血浸潤，材料不同，浸泡的時間不等。血潤後的草、皮、木、骨等材料有光澤和韌性，製成的神偶不易變形、燥裂和腐朽。血潤

⓫　富希陸《瓊琿祖訓遺拾》。
⓬　《寶貝數珠》，轉引自海西希《蒙古的宗教》，第363頁。

後的神偶被視為「有魂」、「有神」。神偶製成後最忌見太陽,這是因為魂魄喜棲於陰暗、寒冷、濕潤之地,陽光一照,偶體內的魂魄便將離去,神偶也就失去了神性。神偶被恭放於特製的神匣中,安置在靜地,如放在室外,則多供於北面背陰處。如常年荒旱,獵物難覓,薩滿更要將神匣拿到清靜的山野,使神偶得潤露水,也可到大河中心處,用河心水點潤神偶的眼、唇及全身。這是一種在特殊情況下的補救辦法。其根源來自於薩滿教「以血育魂」的觀念。

㈢ 獨特的薩滿面具

　　面具是一種遍及全球,橫貫古今的文化現象,以其歷史悠久、分佈廣泛、形態豐富、內涵深邃在原始文化中佔有重要位置;又以其頑強的生命力和奇特的魅力融會於現代民俗文化之中。作為思維觀念的物化形態和具有特殊表意性質的象徵符號,面具是特定民族信仰觀念、禁忌觀念、心理意識、審美意識的積澱和反映。同時,面具又以其豐富的造型手段、獨特的表現形式成為原始藝術的有機組成部分。

　　面具曾為北方諸信仰薩滿教的民族所普遍使用和崇奉,只是由於社會發展諸方面因素,各民族面具文化遺存情況、傳承走勢及歷史命運各不相同而已。我國阿爾泰語系諸民族及與之有著深厚歷史文化淵源的西伯利亞諸民族均創造了獨具特色的面具文化。這些面具在其發軔之初,無疑是薩滿教觀念的產物。只是隨著歷史的變遷,一部分面具文化發生了嬗變,成為以娛人為主的民俗面具和歌舞面具。儘管如此,面具仍被視為神品,有著嚴格的禁忌,絲毫不得褻瀆。另一部分面具則仍然在薩滿教儀式中使用,並通過薩滿教

得以傳承下來，成為薩滿教造型藝術的組成部分。

1.薩滿面具類型

(1)狩獵面具

狩獵面具包括狩獵祭神面具和狩獵巫術面具。前者用於狩獵祭神儀式。在西伯利亞一些民族和印第安人諸多部族狩獵祭禮中，傳承著諸種祭神面具形態。費雅喀人在沿海舉行捕鯨祭典時，便用草結製作假面具。北美愛斯基摩人每當夏天捕完魚後，都要戴上木面具舞蹈。**⑬**

位於加拿大西北部沿海島嶼和北部海岸線地區的印第安人，每年冬季舉行祭神儀式，以求來年的康寧吉祥和本季的獵物豐收。在典禮中舞蹈者所佩戴的面具有各種動物神（即祖先）、自然神、男人、女人以及「活口」、「活眼」（以細繩操縱面具嘴巴的上下運動和眼睛的左右運動）面具。面具造型奇特，構思巧妙。**⑭**

狩獵巫術面具反映了先民篤信通過某種意念和行為有助於狩獵豐收的原始思維觀念。其所遵循的原則是「交感巫術」的「相似律」與「接觸律」，「兩者都認為物體通過某種神秘的交感可以遠距離地相互作用，通過一種我們看不見的『乙太』把一物體的推動力轉向另一物體」。**⑮**

---

⑬ 〔日〕鳥居龍藏《極東民族》，轉引自呂光天《北方民族原始社會形態》，寧夏人民出版社 1982 年版，第 306 頁。

⑭ 沈福馨、周林生編《世界面具藝術》，人民美術出版社 1994 年版，第 63 頁。

⑮ 〔英〕詹·喬·弗雷澤《金枝》（上），中國民間文藝出版社 1987 年版，第 21 頁。

在西南愛斯基摩人的薩滿教儀式中，有一種「引誘魚類，尤其是鮭魚和海豹到河內來以便捕捉」的儀式，要用一種叫「阿滿卦克舞」（aman guak）的面具。這種假面具的圖形是要在人眼前表現薩滿教的主要精神。假面具的面部塗以灰、白兩色，兩邊生著兩手，臉上還畫上兩根薩滿教的咒棒，中間還夾著一個海豹圖。在面部左右兩邊的下面，有兩個方孔，在方孔下有幾個帶孔的紅色空圓球，這些是用以表示許多河流的出口，象徵鮭魚將被薩滿教的法力驅逐入河。❻這是一枚典型的狩獵巫術面具，人們確信以其儀式的象徵意義和面具構圖的含義即能招來鮭魚和海豹入內河，以便捕獲，並取得漁獵成功。儀式上使用面具以祈漁獵豐收，這在漁獵民族中具有普遍意義。「面具的形狀與他們從事的專業有關」，❼如龜甲面具、魚形面具等。

雖然狩獵祭神面具和狩獵巫術面具二者皆服務於狩獵生產，但它們所體現的思想內涵和由此顯露的思維意識卻不同。薩滿在狩獵祭神儀式上佩戴的面具，多為特定的神祇面具。人們相信薩滿戴上面具即獲得了神祇所具有的神格、神力，並能保佑人們取得獵物豐收，先民們也藉此獲得生產生活的信心和希望。狩獵巫術面具則傳達了原始狩獵民族希冀通過超自然力的某種作用來獲得獵物、恐懼動物靈魂報復和求吉避禍的複雜心理。

---

❻　轉引自〔德〕E.格羅塞《藝術的起源》，蔡慕暉譯，商務印書館 1987 年版，第 142-143 頁。

❼　〔法〕列維·布留爾《原始思維》，丁由譯，商務印書館 1987 年版，第 321 頁。

(2)跳神面具

跳神面具指薩滿在舉行諸種神事活動時所佩戴的面具。往昔，薩滿進行神事活動時多用面具。薩滿面具曾是薩滿進行神事活動必備神器之一。跳神面具所依託的儀式包括祭祀、治病、追魂、驅邪、求子等。當然，在不同的民族中，其表現形式不盡相同。

祭祀面具

祭祀是薩滿最主要的神事活動，也是薩滿最基本的職能。往昔，每逢狩獵、戰爭、遷徙、瘟疫流行等，薩滿都要為全氏族舉行祭祀活動。根據民族學調查資料，近世我國北方鄂溫克、鄂倫春、達斡爾、蒙古、滿族等民族及漢軍在薩滿祭禮中都使用面具，或由薩滿佩戴，或由選定的族人佩戴，或敬懸於祭壇的尊位。作為特定神祇的象徵物，面具在祭禮中與特定的場景、氛圍和面具佩戴者的舞蹈、動作相配合，表達著特定的思想內涵。

鄂溫克族定期舉行全氏族性的薩滿跳神集會，鄂溫克語稱「奧米那楞」。牧區的「奧米那楞」祭禮一般在八月舉辦。舉行祭典前，每個薩滿都由一個穿法衣、戴面具、敲著鼓、唱著薩滿曲調的人陪同，到各戶安排祭祀物品，每到一家均按太陽運行的方向繞蒙古包三圈，蒙古包的主人則拿一碗牛奶往戴面具人的身上灑，家中的其他人則往他們身上灑酸奶，直到他們進包繞火走三圈，站到西南角為止。然後主婦拿一碗奶往蒙古包頂潑去，並給戴面具者敬煙。

祭典通常在薩滿家舉行，事先要在薩滿家門前立一百二十棵樺樹，象徵著薩滿教起源於森林。屆時，所有薩滿都參加，並穿上法衣，但只有一個主要薩滿戴面具。參祭族眾在薩滿家門前的草地上

圍成十幾個圓圈，手拉手唱歌、跳舞。薩滿另請九個接受過薩滿治病的人為幫唱，與薩滿一起在小樹林中跳神，直到第三天才停止。所有的人坐一圈，南邊留一口。這時薩滿把法衣掛起來，把面具掛在樹上。近世鄂溫克族祭祀面具以銅製為主，多用銅片打製而成，大小以將臉遮住為度，在上面鑿出眼、口，沒有耳朵、眉毛、牙齒，形制很簡單。

不難看出，在鄂溫克族薩滿教祭祀中，面具作為薩滿神的化身發揮著特殊的作用。薩滿憑藉面具再現神威，族人則通過對面具的祭奉來表達對薩滿神的尊崇。

達斡爾族的祭神典禮為「斡米南」儀式。屆時，在專門架起的蒙古包或「謝格林」內豎起兩根並立的樺樹為室內神樹，並橫拴三根木杆，呈梯狀。上掛「霍卓爾·阿彥」和銅製假面具「阿巴嘎爾迪」。在南面距此六丈遠的地方，另豎一樺樹為室外神樹，上掛「吉雅其」、「帶拉勒」和「克亦登」等三個神偶。在室內、外神樹之間拉一根紅棉繩，叫做「拴那」，上串一個五種顏色的鐵環。祭典上所供面具「阿巴嘎爾迪」是用紅銅製成的人形猙獰面具，鬍子用黑熊毛粘貼而成。據說，它是黑熊的精靈，是薩滿所有溫果爾（神靈）的總管。斡米南祭典結束時，薩滿把自己所領諸神集中於面具神，然後舉行吃血儀式。❸

治病與追魂面具

在薩滿教觀念中，人患病多與超自然力的作用有關，因而，薩

---

❸　參見呂大吉、何耀華主編《中國少數民族原始宗教資料集成·達斡爾族卷》，中國社會科學出版社 1999 年版，第 334 頁。

滿治病也必然採取一些充滿神秘色彩的方法。有些民族薩滿治病還要佩戴面具。治病是當代巴爾虎蒙古薩滿的主要職能。在跳神治病儀式上，薩滿身穿神服、頭戴神帽，面戴銅面具，以遮隱其本來面目，防止惡魔報復。銅面具的形制除鑿出眼、口、鼻外，還有耳朵、瞳孔。

　　據《富察哈喇禮序跳神錄》，黑龍江省愛輝縣大五家子滿族一些保留野祭的家族薩滿為人治病時，如確認為是虛症，便視為有鬼魅纏身，將病人之魂困住。薩滿跳神治病時，常將病人的臉用鍋底灰抹黑，認為這種偽裝會使鬼魅認不出，並躲過災難。

　　對於某些被視為魂魄已為惡魔攝走的患者，薩滿則通過追魂的方式，經過與惡魔鬥法，索回已被惡魔攝走之靈魂。薩滿在追趕魂時，有時也要戴面具。戴上假面，可使該精靈不能識別薩滿的真面目。[19]黑龍江省愛輝縣大五家子滿族錢姓、何姓薩滿和吉林省永吉縣紅旗屯滿族奚姓薩滿都具有為患者追魂的神功。追魂時，薩滿要戴上木刻面具或草編面具。面具形制多很簡單，僅具眼、鼻、口等形狀。

　　從上述幾則材料可見，薩滿治病佩戴面具或塗面雖然皆以靈魂觀為思想基礎，但其體現的內涵卻不盡一致。鄂溫克族薩滿戴上面具，即成為超凡的神祇，具有洞徹宇宙的神力，故能看清作祟鬼怪的面目，並通過詛咒、跳神等形式，將作祟之鬼逐除。滿族薩滿治病時給患者塗面，使纏身鬼魅認不出病人的真面目，從而擺脫對患者的糾纏，使之恢復健康。而薩滿為失魂者索魂時佩戴面具，則反

---

[19]　參見尼幹拉茲：《西伯利亞各民族之薩滿教》，第41頁。

映了薩滿懼怕惡靈報復的心理。

驅邪逐鬼面具

　　祈福禳災、驅邪求吉是薩滿世界的普遍心理，並由此而成為薩滿的職能之一。而薩滿教關於邪祟來自某種超自然力作用的思想觀念，使人們篤信薩滿只要戴上形態怪異的面具，即可達到逐鬼驅邪的目的。俄國學者弗·克·阿爾謝尼耶夫在《在烏蘇里的莽林中》一書中，記述了他親眼目睹的烏德赫薩滿跳神儀式：「牆壁上掛著帶木槌的神鼓、腰鈴，畫著各種圖形的神裙和邊上粘著熊毛的木面具。薩滿在跳神時戴上面具，顯得十分可怕，就可以把鬼怪嚇跑。」薩滿戴上形態兇惡的面具，即成為法力無邊的神靈，對鬼怪和邪祟具有威懾和逐除功效。

　　在薩滿教觀念中，邪祟有時也來自死去親人的亡魂滯留人間，薩滿的驅邪儀式便據此而進行。如阿爾泰人在家人死後四十天，要請法術高明的薩滿舉行淨房儀式。當一家連續發生數次死亡事故時，尤其需要舉行淨房儀式。依據他們的觀念，人死後亡魂不能馬上離家出走，而且不願單獨離去，往往將家人、鄰居或牲畜一同帶走。薩滿淨宅儀式即薩滿通過擊鼓、唱神歌等形式，引導亡魂走向地府陰間。在此儀式上，薩滿為了不讓陰間亡魂認出來，往往將自己的臉用鍋灰抹黑。❷

　　在薩滿治病、驅邪、送魂等儀式上，塗面化裝術常被使用，以掩蓋薩滿或病人的真實身份，其所起的隱蔽作用與佩戴面具大體相

---

❷　參見〔俄〕B.B.拉德洛夫《薩滿教及其神像》，賀靈、佟克力譯，第116-122頁。

同。源於薩滿教的塗面習俗對北方民俗產生了深遠的影響，人們相信塗面可以起到驅邪的作用。據滿族長篇歷史說部《東海沈冤錄》記載：東海林中人釀椴槐花粉與紫蘭膠塗面惑邪。《呼瑪縣誌》載：「互抹鬼臉的習俗，滿、達等民族盛行，不分長幼，認為不抹黑，一年不吉利。」直至當代，達斡爾族地區正月間青年互相往臉上塗黑灰之俗仍然沿襲著，相傳可避災求吉。㉑

（3）供奉面具

供奉面具是薩滿面具的一種特殊形態，因其使用方式不是戴在薩滿或族人的臉上，而是供奉於特定的神龕中或祭祀時供於神案之上而稱之為供奉面具。

鄂倫春族早年有樺皮面具和木製面具，各地區使用面具情況不盡相同，托河一帶的鄂倫春族有供奉面具之俗，將面具供於撮羅子內，具有驅邪護宅的功能。現藏於呼盟博物館的鄂倫春族供奉的樺皮面具神，係用樺皮嫩皮剪成，呈黃色，眼、鼻、嘴鏤空。

鄂溫克族不僅創造了別具特色的跳神面具，而且有著多種形式的供奉面具。其形制主要依地區的不同而有別。內蒙古自治區鄂溫克自治旗輝蘇木的鄂溫克人供奉面具神，稱「毛木鐵」神，是以鐵片剪成的人面形。它是家族「毛哄」祖神，每個大家族只有最古老的一家才有資格供奉面具，其他各家不另設毛木鐵神位，如要祭拜毛木鐵神，必到這家來上供。毛木鐵神還是薩滿最根本的神。居於伊敏草原上的鄂溫克族薩滿將面具掛在蒙古包內哈那支架上，面具

㉑ 參見郭淑雲、王宏剛：《活著的薩滿——中國薩滿教》，遼寧人民出版社 2000 年版，第 160 頁。

前常年置供品祭拜，面具嘴裏則放一塊煮熟的肥羊肉，以示對面具神的供奉。鄂溫克族已故薩滿奧雲花即在家中特設神龕，供奉青銅面具。在神龕前燃香、點油燈，並供奉酒、糕點、罐頭等供品。

據《龍江縣誌》載，額魯特種族供奉的木瓢面具是祖先神的代表，「額魯特種族有祭祖者，先以木瓢掛牆上，畫耳目口鼻狀如人面，時以牲酒塗其所畫之口，口邊油脂積愈高，以為祖宗享食者多，必將賜福，否則不祥。」

面具，顧名思義是戴在臉上的器具。供奉面具的出現，應是面具的衍化形態。面具所以成為被供奉的神品，兼具神偶的屬性，蓋緣於面具為神靈的化身，具有超凡的神聖性，備受人們的尊崇。從某種意義上說，面具比神偶更具神聖性，因而也更受崇祀。神偶具有相當的普遍性，普通族人皆可供奉，薩滿也可根據受助者的具體情況隨時賜予護身神偶，因而，薩滿教神偶種類繁多，形態豐富。面具作為氏族祖神或薩滿神的載體，不僅數量有限，而且亦非一般族人皆可奉祀。如鄂溫克族只有家族中最古老的一家才有資格供奉面具神毛木鐵。

供奉面具的出現也與薩滿教程式以及面具用途的簡化有關。隨著薩滿教日漸衰微，有些薩滿教儀式已大為簡化，有的則僅存形式，其內容多有簡略之處，特別是其神秘色彩濃厚的部分內容更是如此。面具即屬此類。供奉面具的出現，也與氏族遷徙、本部薩滿的消亡、戰亂等社會變遷有關。因薩滿的逝世，面具使用無傳人，故成為只供不用的面具神。

2.薩滿面具功能

薩滿面具有著多重功能，並具體反映著薩滿教的思想觀念和思

維心理特徵，主要可概括為以下幾點：

(1)神祇象徵

美國文化人類學大師克利福德·格爾茲曾經指出：「一系列的神聖象徵，組合成某種有序整體，形成了宗教體系。」❷薩滿教正是這樣一個由一系列神聖象徵組成的原始宗教體系。面具作為其象徵體系的組成部分，以其特定的形態再現著薩滿教的神靈世界及其信仰觀念。

作為神靈的象徵物，薩滿面具表現的物件與一般神偶有所不同，相當一部分神偶為集合型，反映了薩滿教神靈具有集體性的特質。面具則多有獨立的神格，只有少數供奉面具神為集合型。當然，在不同的民族和不同的儀式中，面具的內涵均各不相同，其所表現之神的神性主要通過面具的使用顯示出來的。面具作為象徵符號，其所代表的神系包括氏族或家族祖先神，如額魯特人供奉的木瓢面具即為祖先神。據《龍江縣誌》載，「額魯特種族有祭祖者，先以木瓢掛牆上，畫耳目口鼻狀如人面，時以牲酒塗其所畫之口，口邊油脂積愈高，以為祖宗享食者多，必將賜福，否則不祥。」鄂溫克人供奉的用鐵片剪成的人面型面具神「毛木鐵」是家族「毛哄」的祖神，每個大家族只有最古老的一家才有資格供奉面具，其他各家不另設毛木鐵神位，如要祭拜毛木鐵神，必到這家來上供。

漢軍面具所表現的物件與薩滿面具的主體形態不同，面具所代表的不是神，而是各種厲鬼。薩滿教原始觀念中本無「鬼」之概

---

❷ 〔美〕克利福德·格爾茲：《文化的解釋》，納日碧力戈等譯，上海人民出版社 1999 年版，第 145 頁。

念，視宇宙中的邪惡勢力為「魔」，「鬼」是後世衍生的觀念。至
於漢軍燒香的淵源，民間多傳與唐太宗東征高麗有關，時眾將士因
屈死而冤魂不散，唐王遂設壇祭奠兵馬亡魂。後來傳至民間，就產
生了燒香祭奠亡魂的習俗。❷關於漢軍燒香的源淵和文化成分，學
術界尚有爭議，一說認為來自唐王征東，漢文化為其主體；❷一說
則持漢軍燒香與滿族跳神有淵源關係。❷我們認為漢軍旗香是滿、
漢祭祀文化互滲與融合的產物，其主體來自滿族的薩滿教。但祭奠
亡魂和撐班儀式（驅鬼）則與漢文化有深厚的淵源。

(2)通靈媒介

面具的通靈功能是由其工具屬性決定的。克薩波洛西克曾根據
他對薩莫耶德人的考察，為面具的起源提供了一種解釋：薩莫耶德
人中的 Tadibey（薩滿）以面具代替手帕把眼睛遮住，這樣他就可以
通過一種內視象進入到靈魂世界。朱狄先生認為：「這個對面具起
源的解釋可能僅對於薩莫耶德人才有效……」❷事實上，憑藉面具
以通靈，在薩滿教世界中並非個別現象。薩滿在與神、魂、魔、鬼
等超自然力打交道時佩戴面具，既具遮蔽功能，又起著通靈媒介的
作用。而且這種作用又具有雙重意義。對於薩滿來說，戴上面具便

---

❷　參見程迅：〈滿族陳漢軍燒香禮俗與唐王征東〉，吉林省民族研究所編
　　《薩滿教文化研究》第一輯，吉林人民出版社 1988 年版，第 230-232
　　頁。

❷　程迅：〈滿族陳漢軍燒香禮俗與唐王征東〉，《薩滿教文化研究》第一
　　輯，第 231 頁。

❷　劉桂騰：〈薩滿教與滿族跳神音樂的流變〉，《滿學研究》第 1 輯，吉林
　　文史出版 1992 年版，第 246-247。

❷　朱狄：《原始文化研究》，第 499-500 頁。

隔絕了與現實世界的聯繫與交流，便失去了自我，精神和意識被面具所具有的強大的魔力所威懾，從而進入一種特殊的精神狀態，使薩滿自感已與超自然力建立了聯繫，甚至融為一體。對參祭者來說，薩滿戴上面具使他們看到的不再是薩滿本人的面目，而是具有特定神格的神面，從而確信薩滿已進入了神靈世界。正是從這個意義上說，面具為表演者和觀看者雙方營造了共同的精神心理意境。

(3)隱己屏障

面具具有的隱蔽自我的功能具有普遍性，薩滿面具亦如是。凡在狩獵、治病、驅邪、追魂等活動中使用面具，均具此種功能。將自我的本來面目遮隱起來，反映著人們複雜的心理和思維意識。對動物靈魂和鬼魂等超自然力的恐懼，擔心自己的本來面目被認出並遭報復，是上述面具產生和使用的主要心理根源。薩滿和狩獵者希圖藉面具以隱蔽自己的真實面目和身份，以達到保護自己的目的。薩滿們確信，戴上假面，可使該精靈不能識別薩滿的真面目。**❷**此外，薩滿佩戴面具還具有遮隱薩滿性別的作用。據鄂倫春族學者白蘭女士的調查，鄂倫春族男薩滿舉行跳神儀式時也常戴面具，以遮隱薩滿的男性身份。這個用面具以掩蓋男性身份或模糊性別特徵的寓意，曲折地折射出薩滿教演變的歷史軌跡，昭示著女薩滿曾經有過輝煌的時代。

(4)賜福靈物

薩滿面具還具有消災祛邪、賜福納吉的功能，反映著人類求吉躲災的普遍心態和生生不息的生命意識。求吉的心理是共同的，但

---

❷ 參見尼幹拉茲《西伯利亞各民族之薩滿教》，第41頁。

求吉的方式則千差萬別。面具是神靈的化身，戴上面具即獲得神佑，並能得到吉祥和幸福，正是這種觀念賦予面具禳災、祛邪、除病的功效，並使之成為吉利和幸福的靈物，給人們帶來好運。薩滿面具中用於狩獵、祭祀、求子、治病、驅邪等方面的面具都表現出或兼具這方面的功能。蒙古族薩滿為不育者求嗣時，要表演一種名叫「額爾伯里」（意為蝴蝶）的舞蹈。由六個或八個兒童戴著憨態可掬的面具，在頭戴面具的白老人帶領下嬉戲舞蹈。戴上面具的白老人象徵著保護兒童的薩滿神衹。❷❽人們相信通過表演面具舞，能為求子者帶來福祺。

(5)護魂盔甲

薩滿面具還具有護魂的作用，這主要針對喪葬面具而言。在北方民族的喪葬習俗中，覆面和死面（遮蓋死者面部的面具）並存，覆面之風至今在民間仍沿襲不衰。這種風俗必然與薩滿教觀念發生關聯，並有著特定的表現形式和意義。

北方喪葬覆面與死面的出現是薩滿教靈魂觀念的產物。這種對亡人的安葬方式，體現著保護死者亡魂的含意。薩滿教靈魂觀認為，人死後亡魂各有歸宿。然而，不論魂歸何處，都非坦途，既漫長，又佈滿惡靈。給死者覆面或戴面具，目的是使各種惡鬼認不出死者的面目，以保護死者免受惡靈的傷害。同時，也使亡魂有所依附，貼著覆面物或面具儘快到達彼岸世界，得其歸宿，而不至於到處胡走亂遊。至於契丹、蒙古等族在使用死面和覆面的同時，還配

---

❷❽　烏蘭傑：《蒙古儺文化漫議》，轉引自顧樸光《中國面具史》，第 36頁。

以網絡覆屍、白布纏屍,則不僅起著保護屍體,聚攏骨骸的作用,還蘊含著形不散則魂不散的深層意義。

總之,薩滿面具所具有的上述功能是面具最基本的功能。由於特定的自然環境、人文環境和宗教組織結構,北方薩滿教沒有出現在祭儀的基礎上衍生、發展為戲劇形態,這就大大限制了薩滿面具功能的拓展,也使薩滿面具必然不具有儺面所有的諸多社會功能。

3.薩滿面具特徵

薩滿面具作為面具文化的組成部分,既彰顯了面具的共性特徵,又表現出鮮明的個性特徵。當然,個性特徵的顯示是以他文化體系為參照系統的。近年來,隨著儺文化和薩滿文化研究的深入開展,對這兩種流布於中國南北兩大區域原始宗教文化的比較研究,日益引起學術界的重視。這裏僅以儺面具為比較研究對象,試就薩滿面具的基本特徵條陳數端:

⑴薩滿面具屬於北方民族原始宗教巫師面具。面具是薩滿從事神事活動時的法器之一,又是薩滿祖神、氏族祖先神等神祇的化身和載體,被賦予神奇的超自然力。因而,宗教性是薩滿面具的本質,並由此決定著薩滿面具必然具有封閉性、原始性和神聖性等特徵。與儺面具的開放性及表現出的包融了原始巫教、道教、佛教和民間信仰諸神系的龐雜的神靈體系相反,薩滿面具所表現的神祇主要為薩滿神、祖先神、守護神、自然神、薩滿助神等,皆源自薩滿教神系,尚未見外來的神祇面具,反映了薩滿教神系統的相對單純性,並由此構成了薩滿面具原始性的要素之一。至於薩滿面具的神聖性則是不言而喻的。在信仰薩滿教的北方民眾的觀念中,面具即神祇,故稱「面具神」,對其尊崇有加,平時裝於特製的神匣

中，恭放高處。祭祀時請出，受香享供。薩滿佩戴的面具，其他人不得隨便觸摸，如被薩滿邀請為之佩戴面具，也須謹遵戒規。面具的製作由族中專人承擔，用後妥善保管。如係驅邪躲災面具，用後則焚毀或深埋，須恪守禁忌。

　　(2)薩滿面具與巫儺面具處於不同的發展階段，薩滿面具更具原始性。

　　薩滿面具當屬於面具的原始形態。從發生學的角度看，薩滿面具和儺面具均孕育於原始宗教這一母體之中。儘管儺面具與宗教有著千絲萬縷的聯繫，但相當一部分儺戲面具已從母體中脫胎而出，並獲得了獨立的品格。然而，在長期的歷史發展中，薩滿面具始終沒有完成與其母體的裂變，始終依附於薩滿教而存在。

　　薩滿面具既依附、服務於薩滿教，必然具有原始宗教所固有的封閉性、排它性和相對穩定性。直至近代，薩滿面具的形制、造型均變化很小，很少經過藝術加工，基本保持原始面貌和歷史的真實存在。正是從這個意義上說，薩滿面具傳遞著更多的原始文化資訊，對於原始文化研究也更具資料與研究價值。

　　從造型藝術的角度看，薩滿面具尚處於比較原始的發展階段，受外來文化影響較小。面具的選材多為當地俯拾即是的獸皮、樺皮、木、石、獸毛羽革、紙、龜板等，後期才用金屬製作。面具的形制較為簡單，多為人形面具，僅具口、眼、鼻等形，少數用獸毛羽革等裝飾成鬚眉或髯鬚。面具風格簡拙、質樸、粗放、自然，無雕琢的痕跡，體現出原始藝術的風格和特色，國內外薩滿面具資料均顯露出此特徵（圖 7）。這與由專門的藝人製作，運用多種造型手段，具有較高的藝術價值的儺戲面具顯然不在同一藝術層面上。

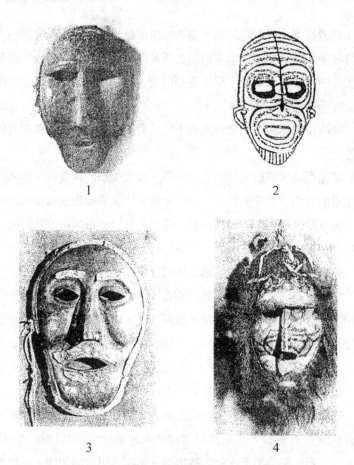

1   2

3   4

圖 7　諸族薩滿面具

1.蒙古族樺皮翁袞面具　　　2.藏於俄羅斯哈巴羅夫斯克地方誌
　　　　　　　　　　　　　　博物館的薩滿面具

3.埃文基薩滿銅面具　　　　4.塗有粉、黑、白三色的烏德赫薩
　　　　　　　　　　　　　　滿木面具

(3)薩滿面具使用的不夠普遍，其使用和功能及其在祭祀中的地位均遜於儺面具。面具是儺文化的典型特徵。對於內涵豐富、形態各異的儺文化而言，面具的意義和功能又是多方面的。面具既是儺壇眾神的象徵物、符號甚至神本身，又是人、神、鬼之間溝通的媒介；既是儺戲實現從演員到角色轉換的重要途徑，又是完成角色扮妝的顯著標誌。面具在儺祭、儺舞和儺戲中不可或缺，並佔有特別重要的位置。

面具在薩滿祭儀中的地位則遠不及儺面具。首先，面具的使用並不具有普遍性。薩滿並非逢祭必戴面具，只是在特定的情況下，為了完成某種神事祈願，薩滿才使用面具。由於社會發展諸因素和文化傳統的差異，薩滿面具的使用和傳承情況在北方各民族中均呈不平衡之態勢。

其次，薩滿面具在祭儀中的地位不及儺面具重要，其功能尚欠發達。一方面，薩滿面具尚停留在巫師法器這一面具原初形態之層面上，不具有儺戲面具的「藝術代言體」的功能和更多的社會功能。另一方面，薩滿面具所具有的功能，在薩滿的神事活動中不是唯一的，有的功能也不是主要的。

薩滿與神靈結合主要有兩種形式，即脫魂（薩滿靈魂去彼岸旅遊）和憑靈（神靈附體），具體表現薩滿在祭祀過程中的出神特徵。然而，二者均不以面具為其主要標誌和主要通神媒介。當薩滿為失魂者追魂時，薩滿要憑藉昏迷術使靈魂離體外遊，當時薩滿手腳冰涼，毫無知覺，有時長達數日。期間薩滿通過神服上的銅鈴、銅鏡溝通人神。神器響，便預告病人的靈魂已被取回。神器、神服常常在薩滿施術時成為薩滿的通靈媒介。鼓和鼓鞭即是乘載薩滿靈魂上

天入地的交通工具。薩滿服也是薩滿通神時憑藉的媒介之一。波蘭學者尼斡拉茲曾指出：「薩滿一披上外衣，彼立即假得衣上所畫各種精靈之權勢與威力，具備一種超自然的性格，藉之可與精靈交涉。某種場合需要與精靈爭鬥時，並可上天入地，舉行宗教儀式時，尚有飛翔之能力。」㉙滿族薩滿教族傳史料《吳氏我射庫祭譜》載：「薩滿降神，肩鳥知信。抖疾失魂，攙持宜緊。狂喜狂怒，查簾觀情。禮供合度，百事平寧。」㉚可見，在薩滿的神事活動中，面具並非主要的通靈媒介，某些神器所起的作用似乎更重要。正如庹修明先生所指出：「薩滿重神飾，儺壇重面具。」㉛

薩滿神附體則主要表現為特殊的迷癡形態，以及在這種特殊的狀態下薩滿所具有的超人技能。如超常的神技表演、瘋狂旋轉的舞蹈表演和喝血、吸煙等特異形態。薩滿助手和族人只要根據薩滿降神後的情態、舞蹈動作、手持何種神器等，即可知道哪位神祇臨壇。不同於儺壇必以面具的形態來區分眾多的神靈和角色。

薩滿面具的遮避功能是顯而易見的。然而，除用面具外，薩滿還常用塗面化裝來改變自己的面目。而用神帽前的流蘇遮掩自己的本來面目，在北方民族中更具普遍意義。流蘇，即薩滿神帽前的罩面垂簾，民間多稱帽簾，俗稱「神眼」，與神帽相配共同組成完整的形體，「帽如兜鍪，緣簷垂五色繒條，長蔽面，繒外懸二小鏡如兩目狀」。㉜流蘇的早期形態並非彩穗狀，多用身邊的實物如樹

㉙　〔波〕尼斡拉茲：《西伯利亞各民族之薩滿教》，第43頁。

㉚　肩鳥：指神服肩上的鳥，用木、布或鐵片製成；簾：指流蘇。

㉛　庹修明：《儺戲·儺文化》，中國華僑出版公司1990年版，第92頁。

㉜　何秋濤：《朔方備乘》卷45。

皮、骨片加工製成。據滿族吳姓大薩滿伯通老人介紹：該姓神帽前帽簾最早用魚骨片磨成棱形，用絲筋連成的，九排，長到心口窩。民國後才改用細矮齊眉彩穗。❸據目前所知，薩滿面飾有以下幾種：即皮結流蘇、骨串流蘇、翎羽流蘇、鬢辮流蘇、珠簾流蘇、珠網流蘇、花結流蘇、額眉流蘇、彩布流蘇和絨繩流蘇等。

　　流蘇主要起著遮面的作用。其並非裝飾之物，而是護己衛神的掩面用具。滿族著名文化人吳紀賢曾對滿族薩滿面簾形態與功能作了精闢的概括：「擊鼓掩面，男女遵法。祖顏傷神，盛邪難伐。長簾護己，彩簾唬嚇，聲簾動魂，板簾難挾。美具年工，沽拾金匣。」❹流蘇的形制、顏色、聲音均具象徵意義，有著遮面護己、驚嚇鬼魂的功能。這一點與面具的隱蔽功能有異曲同工之處。流蘇既具有面具的某些功能，又具有製作簡單，使用方便等特點，而這些又不為面具所備，甚至是面具的不足，故流蘇遠比面具更實用，這正是其被普遍使用，並留存至今，而面具則漸被捨棄的因素之一。

4.薩滿面具衰亡諸因素

　　近世，薩滿面具日漸衰微，在許多民族中已瀕於絕跡。與之相反，在我國南方十幾個民族中，巫師仍在巫儺活動中使用面具，儺面具仍以「活」的形態在儺戲、儺舞和民俗活動中保存著、傳承著，顯示出頑強的生命力，並以其豐富深邃的底蘊、深厚的文化積澱以及廣泛涉及多學科的特點，而極具「活化石」價值。這是薩滿

---

❸　富希陸：《瑷琿祖訓拾遺》。

❹　吳紀賢《吳氏我射庫祭譜》祭類條。

面具與儺面具的重要區別，也是二者不同的歷史命運。

薩滿面具則呈衰落態勢，且具有普遍性，並非為中國北方民族所僅見。以研究西伯利亞各民族薩滿教稱著於世的波蘭學者尼斡拉滋在其大作中述及僧正尼魯·渾·雅羅斯羅夫在布里亞特人中發現的假面後指出：「此種假面在薩滿之用品中已絕跡。」**㉟**我國北方民族薩滿面具多已不復使用，或已失傳，或如神偶加以供奉，只有個別民族和漢軍面具尚在儀式中使用。中國北方民族薩滿面具的衰微有著多重原因：

(1)與薩滿教漸趨衰落的總趨勢相一致。薩滿教賴以存在的基礎是傳統的漁獵、遊牧經濟和建立在這種經濟基礎上的氏族社會。隨著經濟形態的改變，社會結構的變化，現代文明的衝擊以及由此帶來的傳統觀念的變易，薩滿教存在的基礎受到動搖。近世以來，北方民族薩滿教已發生了諸多演變，並呈衰落之勢，薩滿教儀式日趨簡化，一些神秘色彩濃鬱的部分內容或被棄之，或徒具形式。作為神靈載體的薩滿面具，也必然隨著薩滿教的衰微和薩滿儀式神聖性的弱化而失去其展現的舞臺。

(2)薩滿教及其面具的漸趨衰落也與歷史上統治階級的政策、外來文化的衝擊不無關係。薩滿教是北方民族固有的宗教信仰，為北方民族所世代崇奉。然而，這種信仰一旦與統治階級的政策和利益相背，則會被統治階級所摒棄和改造。正如霍爾巴赫所說：「專制君主覺得宗教是美妙的，那是當宗教向他保證他是地上的神，他的屬下都是為了崇拜他和為了他的幻想而服務才降生於世的時候。一

㉟ 〔波〕尼斡拉茲：《西伯利亞諸民族薩滿教》，第41頁。

且宗教叫他成為正直公正的人的時候，他就會否定這個宗教。」❸
這從滿族、蒙古族薩滿教演變史可見一斑。滿族薩滿教的重要特徵
是各姓氏自成神系，互不統屬，這種局面在清朝建立後便與其一統
天下的政治地位及治國應有的統一信仰相悖，因而從努爾哈赤始，
滿族最高統治者便對各姓野祭予以查禁、廢黜，皇太極曾下令「永
不許與人家跳神拿邪，妄言禍福，蠱惑人心，若不遵者殺之。」❸
至乾隆朝制定並頒佈《欽定滿洲祭神祭天典禮》，對滿族薩滿教形
態予以規範，致使以祖先崇拜為主的滿族家祭得以發展，而各氏族
個性鮮明的野祭形態則多被取締。主要用於野神祭中的薩滿面具自
然也在查禁之例。

　　蒙古族薩滿教的衰落，主要緣於受到喇嘛教的強烈衝擊以及蒙
古族王公貴族出於政治統治的需要而採取的皈依喇嘛教，打擊薩滿
教的政策。1640 年頒佈的《衛拉特法典》甚至明文規定薩滿為非
法，予以廢除殺戮。即使在喇嘛教影響相對薄弱的東蒙地區，蒙古
族薩滿教也多次遭到皈依喇嘛教的蒙古王公貴族的打擊，屢次發生
火燒薩滿事件。薩滿的神偶、法器、面具等多被燒毀。

　　滿、蒙兩族是北方兩個較大的民族，曾先後建立統一政權，對
周邊少數民族很有影響力。其統治者和民族上層對本民族薩滿教採
取的抑制、鎮壓政策，必然波及或影響到北方其他少數民族。可以
說，薩滿面具的興衰是與該族薩滿教的歷史命運相一致的。

---

❸　〔法〕霍爾巴赫：《自然的體系》下卷，商務印書館 1977 年版，第 237
　　頁。
❸　《清世宗實錄稿本》卷 14。

⑶薩滿面具的衰亡也與其所具有的神聖性、神秘性與諸多的禁忌有關。面具是薩滿神、氏族神的象徵，只有個別大薩滿才有資格佩戴和使用面具，一旦他們去世，其他薩滿又不具備佩戴或使用面具的資格和神力，便只好在儀式中將其簡化，久之即失傳。有些面具雖在氏族中世代傳承，但因氏族分化、本部薩滿的消亡等原因，薩滿面具的使用後繼乏人，便成為供奉面具。面具的神聖性決定著薩滿面具有許多禁忌，人們對面具頗多恐懼感，恐其降災，因而對某些治病、追魂、逐魔、躲災方面的面具用後多焚毀或深埋。面具如已殘破，亦作如此處理。此外，某些氏族神衹面具，也隨著氏族的分化、消亡而隨之消亡。

⑷薩滿面具自身發育不良，形態尚不完備，面具的使用也不普遍。北方諸族薩滿多以歌與舞，特別是激烈旋轉的舞蹈來表現神靈的形象，面具作為神靈載體在薩滿教儀式中的作用並非非其莫屬，不可替代。相反，薩滿神器、神服、流蘇等器物在溝通人神中發揮的作用更為重要。而面具製作、佩戴的種種不便，與薩滿降神後情緒激昂、激烈旋轉的舞蹈不相協調，這既限制了面具自身的發展，又為某些與其功能相近，卻更方便實用的神器如流蘇、神器、神偶等對它的取代和發展創造了條件。

薩滿教儀式雖蘊含著戲劇的因子，有的民族的祭祀儀式甚至形成了戲劇雛形，但最終沒有衍生出戲劇形態。從戲劇發生學的角度看，戲劇起源於原始宗教儀式，這一點已為中外戲劇史所證實。希臘戲劇直接來源於酒神祭儀中的歌舞，儺戲藝術也孕育於儺祭儀式中。正如朱狄先生所指出：「祭祀儀式對戲劇的起源所提供的最重要的東西並不是構成戲劇形式的東西⋯⋯而是它教給人創造『角

色』，一個和自己不同的人，並進入到角色的內心世界中去，用角色的言詞代替自己的言詞，用角色的行動代替自己的行動，而這一切都是在祭禮儀式中所要解決的心理要素。」❸在實現戲劇發生的過程中，面具的作用十分重要，它解決了「角色矛盾」和「角色轉換」的問題。當然，戲劇的產生，也為面具的存在、豐富與發展提供了廣闊的空間。由於薩滿教儀式結構、主祭者表現神靈形態的方式等因素，薩滿教儀式最終沒能衍生出戲劇形態。薩滿祭祀和巫儺祭儀在戲劇發生方面的分野，恰是造成南北兩大原始文化系統面具興衰迥然不同的歷史命運的重要因素。薩滿面具功能沒有得到擴展，而是逐漸萎縮。可見，薩滿面具的衰落是諸多因素綜合作用的結果。

二、薩滿教造型藝術審美價值及其成因

　　薩滿教造型藝術作為薩滿教的副產品，服務於薩滿教祭祀儀式，因而，其實用作用和工具的屬性是最本質的。同時，作為薩滿教觀念的載體，薩滿教造型藝術反映著特定時期人們的信仰觀念、思維方式、認知自然和社會的水準等，因而，其文化價值也是顯而易見的。然而，這些適用於薩滿教祭祀需要的用品所以被視為藝術品，無疑是由於這些製品所具有的藝術性或審美價值決定的。儘管這種審美性是建立在非審美之基礎上的，審美性從屬於實用性和宗教性，實用性和宗教性推動著審美性的產生和發展，而且，薩滿教

---

❸　朱狄：《原始文化研究》，三聯書店 1988 年版，第 517 頁。

造型藝術，還仍然處於一種較為簡單的藝術層面上，但是，其所具有的藝術特質和審美價值卻是不容忽視的。薩滿教造型藝術所以具有獨特的藝術魅力和審美價值，其原動力也正在於原始宗教本身。可以說，每一件造型藝術品都滲透著人們虔誠的宗教情感和對美的追求。

(一) 神聖激發審美意識

薩滿教是遠古時代氏族的精神核心，宗教的神聖感促使薩滿及先民們努力追求藝術的完美性。可以說，每件祭祀用品都凝聚著全族人的智慧與心血。大家紛紛獻出上乘皮張、各種佩飾，少數參與製作薩滿服的人更是滿懷神聖的宗教感情和對薩滿的虔誠愛戴之情精心求索，使原始工藝日益完善。「莊重的祭禮儀式，決定了人們盡可能地把作品製造得完美。」❸⑨

(二) 競技促進藝術完善

各氏族薩滿之間敬神賽神活動是薩滿教藝術品日益完美的動力之一。

薩滿教是氏族宗教，但各氏族並非完全獨立地從事祭祀活動。往昔，氏族間凡有大祭，均竭誠歡迎外姓外族人參加。屆時，祭祀家族要將傳世神具陳列於神壇兩側，供族內外人膜拜觀瞻，從而促進了氏族與氏族之間的相互競比意識，客觀上有助於薩滿教造型藝

---

❸⑨　格雷厄姆·克拉克和斯圖爾特·皮戈特：《史前社會》1965 年版，第 40頁。

術的完善和個性化。

此外，某些大祭帶有各氏族薩滿之間相互競技的內容。如滿族先世女真諸部舉行的火祭、星祭、海祭、鷹祭（獵祭）均為部落大祭。祭祀期間，各氏族薩滿常有一些競技活動。畢拉爾路鄂倫春人每三年舉行一次薩滿與薩滿之間的比賽活動，「薩滿與薩滿之間，比唱、比跳、比神通、比技藝，以比競爭、比高明，奪取最高聲譽。」⓾鄂溫克族「奧米那楞」祭典、達斡爾族「斡米南」祭典以及蒙古族薩滿的過關儀式也都有這方面的內容，這實際是氏族薩滿之間技藝、智慧的競賽。這類競技活動不僅促進了薩滿神事技能的提高，使薩滿教更富生命力，而且亦有助於薩滿教造型藝術的發展。在鄂倫春人舉行的祭神敬神賽神集會上，「大多數婦女還帶各種花色的綢條、布條和裝飾品（如銅圈、彩色珠子、透明珠子、瑪瑙石、繡花彩帶、鍍金銀的鈕扣等），活動結束後歸薩滿所有，用來裝飾薩滿服。」⓫競爭促進發展，這是亙古不變的法則。

㈢　薩滿獨具匠心

在薩滿教造型藝術的發展、完善中，北方諸族薩滿發揮著重要作用。可以毫不誇張地說，薩滿教中任何一件傳世文物，從其孕生至傳世至今，無不與該族薩滿們的才智、勤勉、虔誠之心有關。每當我們徵集並欣賞到一件頗有藝術價值的薩滿教傳世文物時，便不

⓾　孟淑珍：《薩滿布坎烏姆那特恩——鄂倫春族畢拉爾路人紀念性的祭神和娛樂性的敬神賽神活動調查》，中國民間文藝研究會黑龍江分會編《黑龍江民間文學》第 8 集，第 239 頁。

⓫　同上注。

能不對創造這些精神文化的巨匠——薩滿油然而生一種敬仰之情。

薩滿教神具的孕生、定型是神聖的，非薩滿莫屬。關於最遠古時代的薩滿神具是如何產生的，雖無法尋覓到確切的依據，但根據民族學調查資料和一些傳世手抄資料，亦可略知一般。其中薩滿的作用至關重要。據滿族長篇說部《兩世罕王傳》記載：努爾哈赤祖父覺昌安身邊有兩位大薩滿，一位叫多布恩，一位叫多布沁，常年隨覺昌安征戰，遇事均由多布恩、多布沁詳記之，「以木皮代紙，或以鹿革代紙，刀刻而後塗炭，一幅幅卷折匣內，不明者難識其圖，二師滔滔侃談，熟若股肱，罕喜獎之。」滿族民間長篇說部《忠烈罕王遺事》主要記述了金代女真人反遼的故事。據傳金太祖阿骨打本身就是薩滿，其師霍輳年近八旬，是一位著名薩滿，傳神諭、神技於完顏阿骨打並其弟吳乞買。霍輳有神技，神降後以火棍為筆，漆黑夜晚在空中速畫出虎、豹、鷹、鯉等圖形，栩栩如生，四座驚起，跪地凝視。又常以火畫卜事，完顏家族神形古刻木雕均為霍輳夢中神來火畫所現之形，由眾弟子追憶而刻繪之。霍輳不疾而終，阿骨打命完顏希尹繼之。從這些傳說可以看到，許多著名薩滿均精通技藝，對薩滿教造型藝術的傳承和完善起著重要作用。

近世，北方民族一些著名薩滿也精通各種技藝，如鄂倫春族薩滿孟金福不僅精通狩獵、動物、醫藥等多方面知識，而且對雕刻神偶、繪畫神像等也相當嫻熟。滿族薩滿關柏榮初通滿文和書法，年節時總是親自為族人和同村人寫對聯、刻掛千，修製神器等亦出自他之手。甯安滿族楊姓祭祀時懸奉的祖先像也是由本族的一位薩滿繪製的。

在薩滿教造型藝術品中，神偶、神器、神服是最基本的。神服

的演變經歷了漫長的歲月，最初多與本部常服大同小異，只是多了一些象徵神威、神力的飾物。在後來的發展中逐漸增加了刺繡、花紋、各種飾物及染色。神服的定型是隨著氏族祭祀儀式的日趨穩定而進行的，具體時期不等，一般以本氏族初興時第一領神服樣式為主，由老薩滿及族中老人追憶並確定下來。其他薩滿教造型藝術品孕生、定型也須經由薩滿之手。

　　在薩滿教造型藝術品中，製作神服的工藝較為複雜，從選料到製作頗費時日，並須精心設計與製作。可以說，每件薩滿服的誕生都極為不易。滿族族傳史料《璦琿十里長江俗記》記載了江東滿洲陶姓清初選製神服的艱難過程和精湛技藝。陶姓滿洲，鑲蘭旗，原屬達斡爾部，渡江南遷三架山附近，清初擡旗入滿洲鑲蘭旗。其祖數世居於黑龍江北黃河（結雅河）之濱，闔族五大支有五大薩滿，百餘年來該族主祭薩滿神服均選用黃河水中之上等黑水獺皮為料，兼用白貂皮、黃狐皮、花鹿皮、蛇皮、青鵰皮等鑲邊和做飄帶與飾物，銀蛤三百製成披肩，銅鏡前五後三，其中五拳銅鏡兩面（五拳：銅鏡直徑的長度為拳並列五次），三拳銅鏡兩面，兩拳銅鏡四面。該姓薩滿去世便帶走自己的神服，新的主祭薩滿必須重做。為了遵祖製作神服，薩滿要花費三年至五年時間準備。首先，薩滿要與族人一起捕獵製作神服所需要的活牲，忌用帶崽母牲。每捕到一隻野獸，要在木籠中馴養一段時間，等動物抓齊後，薩滿再殺牲血祭。剝皮時要注意不能刺破皮張。牲肉則要全部焚燒，不許食用、轉送或揚棄郊野。熟皮必須由穿此神服的薩滿親自進行，皮張要放陰乾處，嚴防蟲咬、黴爛。神服的裁剪、設計、縫製也由薩滿自己完成，神服上鑲嵌著各種花飾圖案、紋線圖案、符號圖案等，主要依

遵前代薩滿神服式樣及風格，在此基礎上，亦可增添某些圖飾，從而顯示出薩滿個人的才智。

鄂溫克族已故大薩滿妞拉的神服也是經過三年的時間才完成的（1922-1924），每年在布穀鳥鳴叫後開始製作，白樺樹葉脫落時停工。妞拉請了九位婦女幫她縫製神服，又請了五位匠人幫她打製銅鐵器件。神服是由柔軟的鹿皮裁製的，由神衣、胸罩、神裙等部件組成，上掛眾多的皮飄帶和毛穗。在神衣的雙肩、雙臂、前胸、雙袖和腰裙飄帶上，披掛著各種鐵製象徵物件，有日、月、星、雷等自然崇拜物造型，天鵝、布穀鳥、好嘎斯鳥、野鴨、熊、狼、野豬、魚等動物圖騰崇拜物造型和脊椎骨、脊髓、關節骨、臂骨、肋骨、大腿骨、小腿骨等人體構件，共同組成了一個集諸崇拜物於一身的薩滿神體，形象生動地展示了薩滿教的思想觀念。

神偶的形態最豐富，其產生的原因也是多方面的，有「因難而生，因災而生，因喜而生，因夢而生。所謂因難者，凡遇亂，祈福而製偶人；所謂因災者，凡遇病瘟、天災、獸害等，祈福而製偶人；所謂因喜者，凡逢喜慶則製祈福偶人；所謂因夢者，凡薩滿或族中長者、罕達屢得其夢，不解而惑，則製偶神敬祈之。」神偶的成因有多種，但許多神偶的具體神形，卻是薩滿經特定的儀式、在特殊的環境中夢獲的。隨之，在主祭薩滿的率領下，朝暮獻牲、焚香、磕頭，並最終完成神偶定型。然後，選用細嫩潔白的白樺裏皮或熟製後的獐、麅、鹿等柔軟潔白的板皮為紙，由薩滿將夢中所見的神型體態特徵講述出來，二神執炭繪形於皮革之上，主壇薩滿可以改動，直至眾薩滿認可方成定型。這期間無不滲透著薩滿們的智慧和心血，也經歷了艱苦的磨礪。

　　製作神偶也有嚴格的規約，不得有悖。薩滿在承做前代傳承下來的神偶時，要力求保持原形原貌，製做新偶時要恪守夢中求得的形態，忠實無訛地予以形象化。所選原料也要謹遵夢授神意，不許用它料代替，不許以次充好，不許用贓地材料。原料採自何地，亦按神意履行，或山上，或水濱，或林中，不可偷懶自欺。原料採到後，薩滿要精心製作。雕刻神偶力求突出崇拜物的特徵，不求形似，重求神似；不求過細雕琢，講求古樸簡單、刀法簡煉。往往幾刀便能削出人形來，神形或蹲或立或臥，均栩栩如生，尤著力刻畫眼、口、鼻。剪皮革或樺皮神偶，亦要求工法簡煉，幾剪便成人形或動物形。在此基礎上，再在某些部位塗上顏色，輕輕勾勒幾筆，便完成了一件神偶。

　　神具的選材和製作，古代多由薩滿本人承擔，每製作一件神具常常要歷盡艱辛，傾注許多心血。神鼓在薩滿教祭祀中佔有重要地位，因而頗受北方諸族薩滿與族人的重視。製作神鼓的材料可就地選取，但根據薩滿教「神器越求製不易，越能驟顯奇驗」的觀念，薩滿們常常要跋涉幾十里、數百里，選擇挺拔清幽之群山中的樺、榆、柞、水曲柳、水東瓜等木質柔軟的古樹，截其中段，一點一點地鑿、削、磨製成輕細的鼓圈。亦有常年巡獵於原始森林中，如尋見雄鷹常棲、巨蛇常眠、熊羆攀援的老榆樹、水東瓜樹，便截其根部鑿削成鼓圈，陰乾後蒙以獸皮為鼓，其形因樹形而異，有橢圓形、鋸齒形、稜角形、花瓣形、卵形不等，求其自然，視為靈鼓。

　　此外，薩滿還要承擔神具的存放、複製等工作。神具平時只能存放在氏族特定的神龕裏，取送均由薩滿經手，不得族人挪動。神帽、神服、神靴、鈴、鼓等常有破損，有些神偶也可能因遷移、災

害而遺失，均要由薩滿複製、補充。製作時要先進行祈禱，然後一切悉遵祖制製作，其虔敬之心不減初制。

可見，薩滿對薩滿教造型藝術的產生、發展做出了重要貢獻，這一方面出自他們對薩滿教的虔誠信仰和對氏族高度負責的精神。薩滿教造型藝術品的選材、製作主要由薩滿承擔。每一件造型藝術品都是神聖的祭祀用品，其選材、製作都有嚴格的規定與禁忌，充分顯示出它的神聖性和莊嚴性。正因為如此，歷代薩滿恪守祖制和族規，不辭辛苦，兢兢業業，在造型藝術品的孕生、選材、製作、存放等方面傾注了大量的心血和才智。另一方面，也得力於他們對工藝和技法的習練與掌握，從而諳熟各種技法，如雕、鍛、磨、琢、燒、塑、編、繡、繪、描、貼、刺、剪等工法，並掌握剝皮、熟皮、製色、塗色等技術。許多老薩滿不僅具有豐富的神事閱歷和較高的神術神技，而且手工技藝高超，倍受族人的崇愛。正是因為他們對氏族具有較高的責任感和全面而嫻熟的手工技藝，才使薩滿教造型藝術品具有相當的藝術審美價值，從而實現了實用性與藝術性的結合。德國學者安德烈斯·洛梅爾視薩滿教為原始藝術的綜合體，稱薩滿為最早的藝術家。這樣評價與歷史事實是相符合的。當然，作為一種氏族集體性的藝術形式，氏族成員的參與和貢獻以及氏族與氏族之間的競技活動，也極有助於薩滿教造型藝術的完善。總之，正是在宗教意識和情感的激發下，北方原始先民的智慧和審美意識得以開啟，從而孕育了北方原始文化，其中造型藝術尤有著長足的發展。

三、薩滿教造型藝術特徵

　　就本質而言，薩滿教造型藝術是薩滿教信仰觀念的物化形態和表現形式，是薩滿教的副產品。薩滿教藝術品即是宗教祭祀聖物、祭祀用品及其表意符號。其形式豐富多彩。然而，這些造型藝術品都屬於並服務於薩滿教觀念，薩滿教造型藝術製品的創作目的和功能都表明了這一點。可以說，每一件造型藝術品的製作都是為了薩滿教祭祀的需要，都是薩滿教觀念的產物，絕不是「為藝術而藝術」的審美作品和消遣之作。宗教性是薩滿教造型藝術的本質屬性。

　　正因如此，薩滿教造型藝術有著與一般造型藝術不同的特徵。

(一) 神聖性

　　薩滿教造型藝術的宗教性決定著其必然具有神聖性。一件造型藝術品首先是祭品，其孕育、製作、存放等都有嚴格的禮規和禁忌。由專人製作，做前要淨身，做時則須洗手、焚香，神偶的形制和選材，更要謹遵族制或薩滿夢獲的某種神異徵兆，視為神意。神偶、神像要裝入特製的神匣、神盒中，供於室內的尊位，只有薩滿和長者方可在供神方位的炕或鋪上坐臥，婦女和小孩絕對禁止到神偶跟前，更不能講髒話。狩獵、遊牧民族在遷徙時，要有專門的馬負責駄運神偶。此馬不得宰殺，也不許婦女牽引或乘騎。此外，對神偶的供奉、祭拜等都各有規約，不得違背。西伯利亞埃文基人給薩滿授「神具」要經特定的儀式，這種儀式由全氏族成員共同參

加，並且具有全氏族宗教典禮的性質。❹

　　神服是薩滿神性的重要標誌。北方諸族自古以來就形成了許多不成文的禁忌。神服所用材料和佩飾不可外買，神服不得從外族外姓中串借串用；不能將神服帶到外族家中存宿，更不能隨意讓外族人觀看、觸摸或在神服面前戲耍；神服必放專櫃中折擺平整，定期除塵保潔；放取神服必先洗手漱口，不可口吐穢言。主祭薩滿死，神服可陪葬，或經薩滿同意，神服雖經陪葬儀式，但神服不焚，放神盒內。有的神服在百年間竟陪葬數位名薩滿，尤顯其尊。神服、神器上的每一件飾物亦必遵依祖制，不得隨意增減，因為它們往往是神的化身和宗教觀念的象徵。

　　一些為治病、送葬、袪邪而臨時製作的神偶、幡等用後也不得隨便丟棄，一般經祭拜後火化或送入清澈的江河中。有的神偶因治病有靈驗而被病家保留下來，成為護身偶加以供奉。

　　總之，神聖性是薩滿教造型藝術所固有的特徵，這種神聖性更多地體現在薩滿教祭祀用品上，而它們上面的圖案、花紋、飾物則無不與薩滿教觀念有關，其神聖性也正在於此。正如黑格爾所說：「對於這種宗教來說，藝術的創造和發明本身就是一種宗教的活動和宗教的滿足。」❹法國著名哲學家丹納也說過：「希臘的塑像藝

----

❹　參見〔蘇〕阿·弗·阿尼西莫夫《埃文克人薩滿的神具及其宗教信念內涵》，于錦繡譯，《薩滿文化解讀》，吉林人民出版社 2002 年版第 346頁。

❹　〔德〕黑格爾《美學》第 3 卷上，商務印書館 1984 年版，第 180 頁。

術不但造出了人，最美的人，並且造出神明。」❹可見，在人類早期，原始藝術與宗教信仰密切相關，藝術品具有宗教性是普遍存在的。

(二) 象徵性

象徵性是薩滿教造型藝術的重要特徵。其實，象徵作為一種意指現象及所體現的思維方式具有相當的普遍性。美國文化人類學大師克利福德·格爾茲曾經指出：「一系列的神聖象徵，組合成某種有序整體，形成了宗教體系。」❺薩滿教正是這樣一個由一系列神聖象徵組成的原始宗教體系。薩滿教儀式、音樂、舞蹈、禁忌、符咒等都有著特定的象徵意義，表達著人或神的情感和意向，構成不同系統的符號。薩滿教造型藝術則主要以諸多的具象展示著薩滿教的世界觀。

造型藝術所具有的象徵意義是多方面的，有的造型藝術品又有著多重涵義。從總體上看，薩滿教造型藝術所具有的象徵意義可分為以下幾類：

1.薩滿神事資格的標誌

薩滿是薩滿教世界的核心，承擔著人神中介的使命。薩滿的神事閱歷不同，所領神系神路有別，他們的神力、法術也不一致，因而，神格地位也有高低之分。在我國北方諸民族薩滿教中，薩滿神

---

❹　〔法〕丹納《藝術哲學》，傅雷譯，人民文學出版社 1963 年版，第 320 頁。

❺　〔美〕克利福德·格爾茲《文化的解釋》，納日碧力戈等譯，上海人民出版社 1999 年版，第 145 頁。

事資格的高低多以神帽或某種神器上飾物的多寡為標誌。薩滿等級
的確立須經過特定的程式，具有相當的神聖性和權威性。等級不同
的薩滿必須佩戴與其等級相符的標誌物，不得悖謬，這一點被視為
神聖的法則。

　　各民族標記薩滿等級的飾物有著來自文化傳統和宗教觀念上的
差異。滿族先世女真諸部和黑龍江以北部分少數民族的薩滿多以神
鳥統領神系，薩滿的頭飾以鷹鵰為多，而鷹鵰數量的多少則又代表
著薩滿神權、神力的高低。最高位的薩滿神帽上的神鳥達二十七隻
之多。

　　鄂溫克、鄂倫春、赫哲、達斡爾等民族薩滿神帽上都有多寡不
等的鹿角叉，標誌著這些民族薩滿所統領的神系。達斡爾族初學薩
滿者無權戴神帽，只能用紅布包頭，只有在舉行第一次斡米南儀式
後，才能戴上三叉鹿角神帽。再經過三次斡米南儀式後，才能戴有
六個角叉的神帽。神帽角上繫掛著的五顏六色的哈達、綢綾，象徵
著彩虹。其多寡標誌著薩滿的神事閱歷。人們每次請薩滿跳神，為
酬謝他，便在其神帽的銅角上繫一條綢綾。因而，綢綾的數量標
記著每位薩滿一生舉行跳神活動的次數，記錄著薩滿的資格和水
平。

　　錫伯族以薩滿是否取得托里（護心鏡）為標準，來判斷一位薩
滿法術的高低，它是成為「依勒吐薩滿」（公開的薩滿）的標誌。當
新薩滿上刀梯成功後，師傅當著眾人面，將事先準備好的托里取出
來，在山羊血裏浸一下，授給徒弟。從此，該徒弟可以獨立地進行
薩滿活動，人們則尊其為「依勒吐薩滿」。沒有取得護心鏡的薩滿
則被認為是不高強的薩滿，而被稱為「布吐薩滿」（隱蔽的薩滿）。

蒙古族薩滿取得獨立行博的資格前，必須過九道關，以檢驗薩滿的法術。每位薩滿須通過數次過關儀式，方能過完九道關。而每過一關，則在薩滿的腰鈴上增加相應的銅鏡。這種腰鈴是由一根皮條串上七、九、十一、十三等數量不同的銅鏡構成，薩滿在跳神時繫於腰部。而銅鏡數量的多寡，則代表著每位薩滿法術的高低和過關的數量。

標誌具有明確的指示性，其基礎是在某一特定的群體中具有約定俗成的認識。這一點不僅符合普通的標誌，薩滿教中的標誌亦如此。人們只要一看代表薩滿資格的標誌物，每位薩滿的資歷便一目了然。

2.薩滿教神界的形象再現

萬物有靈和諸種形態的崇拜觀念是薩滿教產生並得以存在的基礎。作為觀念形態，薩滿教的神界是無形的。然而，隨著薩滿教觀念的發展，為了適應祭祀的需要和滿足薩滿教信仰者渴望謁拜神靈的情感需求，以物態具象再現薩滿教神靈世界成為十分必要，而這一點主要是憑藉造型藝術來實現的。正是從這個意義上，有學者指出：「宗教象徵，首先是神聖的象徵。正因如此，對於信徒來說，它把人的信仰具體化了，或說它體現了人的信仰」。**⑯**

神偶是薩滿教神靈世界的形體化身，它使觀念形態成為形象可視的具象。從符號學的角度看，神偶具有著明確的象徵意義。作為一種表象，一個神偶就是一個神靈的替身和代表，體現著某種崇拜

---

⑯ 史宗主編《20 世紀西方宗教人類學文選》上卷，上海三聯書店，1995 年版，第 196 頁。

觀念。神偶的形態不同，各有特點，也往往象徵著所代表神靈所具有的某些特徵。

薩滿神服及其各種佩飾、裝飾都有神秘的象徵意義。神服整體象徵著完整的神體。神服上的裝飾物很多，其中相當一部分是薩滿教崇拜的諸種神靈，只不過有的民族主要用金屬、木、骨、布等質料製成的造型飾物為神的象徵，有的民族卻以刺繡於神服上的各種裝飾圖案來展現薩滿教的神靈世界。如狩獵鄂溫克人的薩滿服上綴滿了用鐵片製成的崇拜物，有日、月、星、雷等自然神；天鵝、野豬、狼、魚等動物神，整件神服儼然是一個薩滿教神界的縮影，集諸崇拜觀念於一體，集中體現了薩滿教的象徵性特徵。西伯利亞諸民族認為，薩滿服象徵宇宙，與製作服飾相呼應的是從宏觀宇宙的創造：切掉馴鹿的後臀等於世界的切割和破壞；把服裝的各個部分縫製起來等於宇宙整體的創造。❹我國北方鄂倫春、達斡爾、赫哲、錫伯等民族喜歡用圖案裝飾薩滿服，因而，其薩滿服圖案裝飾多於飾物裝飾，薩滿的主要守護神也多以刺繡或縫製的圖案出現在神服上。從造型藝術的角度看，這種平面紋飾造型與狩獵鄂溫克人薩滿服上的實物造型，在反映薩滿教觀念的方式上有所不同，但其所具有的象徵意義則是一致的。

3. 薩滿與神界溝通的工具

在薩滿教造型藝術中，法具所具有的象徵意義不同於神偶與神服。儘管從廣義上看，神器也是薩滿神力的象徵，但是，它們更主

---

❹ 〔匈〕霍帕爾〈西伯利亞薩滿教的宇宙象徵〉，孟慧英譯，《民族文學研究》2002 年第 2 期。

要的象徵意義則是薩滿與神界溝通的工具。

神鼓是薩滿的主要神器，在薩滿教祭祀中發揮著重要作用。神鼓的象徵意義有多種，其本義象徵著廣闊無垠的宇宙。在近世薩滿教觀念中，神鼓和鼓槌主要象徵著薩滿與超自然力量溝通時的交通工具。薩滿的靈魂遊動於地面或入地時，神鼓是薩滿乘騎的馬和鹿，鼓槌則是鞭子；在江河上，神鼓是舟，鼓槌是槳；翔天時，鼓是薩滿藉以升天的鳥。在北方民族中，都有薩滿乘坐神鼓翔天入地的神話傳說。

銅鏡是薩滿的重要神器，象徵著太陽和月亮，傳說中的銅鏡能發光、會飛的神力即源於此。正因為銅鏡能發出一種奇特的光，才使其具有戰勝惡魔、消災除邪的功能，並成為保護自己，防禦惡魔侵害的利器。神矛、神杖、神刀等都是避邪靈物，是薩滿與惡魔鬥法時的諸種武器。

此外，薩滿教造型藝術還有一些世俗色彩濃鬱的象徵意義，如關於月份、節氣、人丁增減等方面的內容，表明薩滿教與民族的生產生活有著密切的關係。

薩滿與超自然界溝通所憑依的工具不僅以法器為象徵，薩滿服上的一些裝飾圖案和佩飾也具有這種意義。前蘇聯著名民族學家C.B.伊萬諾夫長期致力於西伯利亞民族造型藝術研究，在其歷時二十多年完成的代表作《十九世紀至二十世紀初西伯利亞民族造型藝術資料集》一書中，提供了豐富的薩滿教造藝術象徵資料。如藏於國立民族學博物館中的一幅薩滿胸巾水彩畫，在胸巾上眾多的飾物中，有一些拴著的鳥羽，象徵著幫助薩滿飛翔之物；在黑龍江流域一些民族薩滿服上常見的爬行綱動物圖形，表示薩滿的助神，有時

表示薩滿的騎乘動物。❸

象徵性體現在薩滿教的諸多方面，在造型藝術中尤為突出。象徵性既是一種表達方式，又是一種思維方式，反映了北方先民認識世界和思維發展的歷程。

(三) 歷史傳承的穩定性

宗教作為一種社會意識形態，與其他意識形態一樣，都是社會存在的反映，並具有相對的獨立性和穩定性。這種穩定性、滯後性在原始宗教中體現得尤為突出。不僅信仰觀念、儀式、神話等世代因襲傳統，而且神偶、神器、神服等造型藝術亦如此。這些祭神用品都是經過特定程式產生的，一旦形成，便承繼不衰，少有變異，並由此而形成傳統和特色。以神偶為例，神偶是神靈的代表和象徵，奉偶體為祖的觀念隨著祖先崇拜的發展而日益成為普遍觀念。神偶的形制有多種，所用材料、規格均不相同。然而，這些神偶形態一經確定，其用料、規格、形象均一遵古制，世代不變，形成一個氏族固定的神偶形制。後世薩滿如若複製，只能依其原態如法製作，不得悖謬，嚴禁創新，僅在工藝上日趨精致罷了。正因如此，近世所見到的神偶已是定型化的神偶，雖製作年代不一，形態卻與古代大體一致，我們只能依據其質料的陳舊程度和工藝水平來判斷神偶製作的大致時代。在黑龍江省依蘭縣境內出土的清代赫哲人的愛米神神偶，與近年筆者在赫哲地區考察時見到的愛米神神偶幾乎

---

❸　參見〔蘇〕C.B.伊萬諾夫《黑龍江流域民族的造型藝術》，孫運來編譯，天津古籍出版社 1990 年版，第 298、278 頁。

完全一致。至今流傳於甯安一帶的祖先神偶有木偶和高麗紙、梭利條代祖等形式，這與《甯安縣誌》中（滿族）「每年兩次舉行家祭，祭時於上房西炕排列木人或各色綾條，用以代表祖先」的記載恰相吻合。1993 年夏季，筆者在俄羅斯聖彼得堡民族博物館所見到的埃文基人的薩滿服，與我國敖魯古雅鄂溫克人的薩滿服在整體結構、神服佩飾和風格上都大同小異。由此可以推斷，這兩件薩滿服分別所屬的兩個跨國部族歷史上可能同為一個部族，它們共同承襲了先世薩滿教文化傳統。儘管發生了國度歸屬變化這樣重大的歷史變遷，但並未使薩滿教文化傳統乃至造型藝術產生重大的變革。薩滿教造型藝術傳承的穩定性是由薩滿教觀念的因襲性和氏族內傳制度決定的，如烏麥崇拜在阿爾泰語系滿——通古斯語族、突厥語族和蒙古語族諸民族中具有普遍性。伊萬諾夫據鄂爾渾河上的題詞判斷，古突厥人早在西元八世紀就已經知道烏麥女神，在西伯利亞的突厥語族中，該神毫無變化地一直活到二十世紀。❹考古學、文獻學和民族志調查資料也表明，薩滿教中許多古老的崇拜觀念古已有之，至今承襲不衰。

　　當然，薩滿教並非一個完全封閉的體系。在社會經歷了重大的變革或受到外來文化的衝擊與濡染的情況下，薩滿教內容與形式也會發生某種變異。只不過這種變化是緩慢的，而且一經變化即固定下來。作為薩滿教觀念物化形態的造型藝術也必然具有這種特徵並體現這種規律。

---

❹　〔蘇〕C.B.伊萬諾夫《黑龍江流域民族的造型藝術》，孫運來編譯，天津古籍出版社 1990 年版，第 150 頁。

(四) 集群性

　　薩滿教造型藝術與其他原始藝術一樣具有集群性特徵，就是說它是一種集體行為而不是藝術家的個體行為。宗教的藝術活動「不僅適合於不同素質的個人，而且適合於獨特的小群體，也適合於整個共同體或社會」。❺在這樣的社會中，藝術是被所有人分享的一種特殊語言。薩滿教造型藝術的集群性與氏族性具有同一性，這裏主要針對其不同的側重點而分論之。薩滿教造型藝術的集群性表現在諸多方面。薩滿教祭祀是闔族的大事，氏族中如有新薩滿產生，其神器、神服等祭祀用品均由全族製備，所用材料由族人自願捐獻，近世多集資購買。製作薩滿教祭祀用品也是全族的事宜，雖然只有薩滿和少數幾位心靈手巧的婦女負責具體承做，但卻被全體氏族成員視為共同的事情。所製神具儘管只有薩滿才有權使用，但它們並非是薩滿個人的財產，而是屬於特定的群體，屬於薩滿所屬的氏族。正因為如此，每一位氏族成員均將保護本族的祭祀用品視為神聖不可推卸的責任。據多年來我們在北方諸民族中的調查，建國以後，薩滿教受到多次政治運動的衝擊，北方各族保留至今的薩滿教藝術品已為數不多，然而這些倖存物多數是由族人歷盡艱辛保留下來的。因為在歷屆政治運動中，薩滿往往首當其衝地受到衝擊，而那些普通族人，尤其是政治背景好、擔任基層幹部的族人更有條件把這些當時被視為「迷信之尤」的東西收藏起來，保留下來。吉林省永吉縣楊木鄉滿族烏蘇瓜爾佳氏（關姓）傳世的清季大宗薩滿

---

❺　史宗主編《20世紀西方宗教人類學文選·序》。

教祭祀用品，即是由該族復員轉業軍人關德印老人歷經風險保存下來的。吉林省前郭縣三家子鄉蒙古族薩滿馬青春在開始行博前，曾夢獲一批族傳神器的秘藏地點，按圖索驥，果然找到了一批由一位大隊幹部秘藏多年，鮮為人知的神器。此類由族人冒險收藏神器的事情屢見不鮮，我們在調查中常常為此而深受感動。不難看出薩滿教祭祀用品在族人心目中的地位，其集群性特徵也是顯而易見的。

　　薩滿教造型藝術的集群性還表現在其功能和效應方面。在隆重而莊嚴的祭禮上，祭壇、神龕、神偶、各種飾物及供品共同營造了一種神秘、神聖的宗教氛圍。連同薩滿穿的神服，持著的神器及音樂、舞蹈共同渲染一種人神同樂、人神溝通的特殊氛圍。在這種特殊的氣氛中，人們盡情地表達著熾熱的情感，釋放著不良的情緒，從而心理得到滿足，精神獲得共振，使人們獲得了信心，增強了氏族的凝聚力和向心力。而這些效應都是群體的，是一種特殊的場效應。

㈤ 氏族性

　　薩滿教是氏族宗教。氏族組織和氏族制度是其賴以產生和發展的基礎之一，「在希臘部落和拉丁部落中，宗教儀式佔有突出的地位。當時所出現的那種非常高級的多神教似乎是從氏族中產生出來的，因為在氏族中長久地保持著一些宗教儀式，其中某些宗教儀式被他們認為最具神聖性，於是便普及為全民族所信奉的宗教。在一些城市裏，某些神的大祭司之職是由固定的氏族世襲的。氏族成了

宗教發展的天然核心和宗教儀式的發祥地。」❺不僅如此,「人們賴以生存的、與之認同的、對人們的行動和思想有支配權力的,以及在公共儀式上必須遵從的不是別的,正是氏族——或者說正是整個社會。」❺氏族性是薩滿教的基本屬性,不僅氏族祖先神、圖騰神、守護神都各有所尊,互不混雜,而且祭禮、祭程也各有定制,世代因襲,直至近世依然如此。

　　薩滿教的氏族性決定了造型藝術製品及其風格也帶有鮮明的氏族性特徵,各氏族之間互不相雜,保持著氏族的獨立性。在長期的歷史發展中,氏族的宗教觀念儘管發生了許多變異,如在同一民族內,氏族之間因相互影響和滲透也有著某種程度的趨同性,但就其精神實質而言,各氏族仍然保持著相當的穩定性和內向性,薩滿教觀念如此,造型藝術亦然。因而,氏族性始終是薩滿教造型藝術的顯著特徵。各氏族所奉之神不同,其神偶、神像的形制、特點自然各不相同。即使各民族所共有的薩滿神服及其佩飾,各氏族均各具特色,具有相對的專一性。如滿族保留野神祭的姓氏,薩滿服飾各承祖制,特徵鮮明,甚至同一姓氏同一薩滿在不同的神祇降臨後,所穿神服均不相同,充分反映了該氏族古老的信仰觀念。即使經過規範化而具有趨同性的滿族家祭,各姓氏薩滿服在顏色、裝飾方面也保持著各自的獨特性。不同部族的鄂溫克人薩滿服飾也各因傳統,形制、特色各異。其他民族亦然。只不過在一些民族中,這種

---

❺　〔美〕摩爾根《古代社會》上冊,楊東蓴、馬雍、馬巨譯,商務印書館1997年版,第78-79頁。

❺　〔美〕C.恩伯、M.恩伯《文化的變異——現代文化人類學通論》,杜杉杉譯,遼寧人民出版社1988年版,第472頁。

氏族性至近世常與地域性特徵相結合，並以地域性特徵表現出來。如鄂倫春族薩滿服便有呼瑪河、阿里河、托河等流域的區別；海拉爾、莫力達瓦達斡爾族自治旗、齊齊哈爾郊區的達斡爾族的薩滿服飾也呈現出不同的特徵。

(六) 地域性

薩滿教有著鮮明的地域性特徵。地域環境不同，生產重心有別，直接影響著人們的信仰觀念和祭拜儀式。費爾巴哈曾經指出：「人的生命和存在所依靠的東西，對於人來說就是神。」這就使薩滿教帶有強烈的地域特色。

薩滿教及其造型藝術的地域性特徵主要表現在兩個方面。一是同一民族中地域環境不同的氏族，其薩滿教的特點不同，造型藝術亦然。遠古時代，氏族是人們最基本的生產生活單位，全體氏族成員集族而居，久之便形成了帶有鮮明地域色彩的物質文化與精神文化。從這個角度看，地域性與氏族性不無關係。

滿族族傳史料《吳氏我射庫祭譜》，對黑龍江一帶諸部薩滿教造型藝術的地域特徵作了生動的記載：「神器百類，豈可劃一，黑水常祭，不同韃韃。黃水雙鼓，小大輪奏。鹿野移生，腰不繫鈴。娜娜刻神，罕見皮人。近載絹畫，眾部難同。」史料具體地描述了諸部族薩滿教造型藝術的特色。滿族吳氏祖居黑龍江下游，該族的祭禮、神器與黑龍江沿岸的韃靼諸部不同；居於黑龍江以北支流黃河（俄稱結雅河）沿岸的土著居民的薩滿使用大小不一的雙鼓，大鼓為圓形，用鹿皮製作，小鼓為橢圓形，用鯉魚皮製作，鼓上還要垂附十數個小鈴，別具特色；居於密林麓野，經常遷移遊動的部落，

祭祀時薩滿只是頭、肩、腰、腕、腿以及神服上垂掛各種銀、鐵響器，不像滿族、赫哲一些部落祭祀時必繫腰鈴；三江流域的赫哲等部落，祭神必以木刻偶，不同於北方一些部族神偶多用皮革、骨片、樺皮刻製。清以後，黑龍江一帶諸族又興用絲絹繪祖先影像，但畫法、色調、圖案、人物形態，各部不盡一致，只要仔細分辨，便知其族屬。從族屬上看，《吳氏我射庫祭譜》涉及的部族並非屬於同一民族，因而，它們在薩滿教造型藝術上存在著差別是自然的。然而，在同一民族內，這種因地域不同而形成的薩滿教造型藝術的差別也是相當明顯的，而且古今依然。

根據滿族薩滿史詩《烏布西奔媽媽》、滿族民間說部《東海沈冤錄》記載，生活於不同地域的滿族先世女真諸部，其薩滿教造型藝術各具特色。如居於東海海濱一帶，以漁獵為生的女真諸部的薩滿很少穿上下衣裙，而是裸露身體，上披用鳥羽、獸毛、魚皮、海藻、葦葉等編成的大披肩，尤重視在頸、腕、肘、胸等處佩戴蛤蛛鈴佩、鳥羽等，頭飾多用魚骨、魚睛蛛磨製而成，在陽光與簧火的輝映下熠熠奪目，宛若玉鑲銀裹一般。生活在牡丹江流域、松花江流域、太子河流域的女真諸部，受漢文化影響較深，布帛絹綢早為各部所用，服飾中又增加了一些金銀佩飾。薩滿神偶雖有木、石製品，但鐵製、鉛製、銅製的神偶也隨處可見。就總體而言，這些地區的薩滿教造型藝術品遠比邊疆部落精美華貴。

薩滿教造型藝術的地域性特徵在近代薩滿教中仍有反映。如狩獵鄂溫克人和牧區鄂溫克人的薩滿神器、神服、神帽均各有特點。狩獵鄂溫克人的薩滿服是用鹿皮製作的，它所反映的薩滿教觀念多用金屬實物裝飾表示，其中以鐵製裝飾物為多，既有日、月、星、

雷、飛鳥、熊、狼、野豬、魚等崇拜物的造型，也有象徵神體各部位骨骼的造型。實物造型是鄂溫克族神服裝飾的主體，它們與神服本身一起形象地再現了薩滿教的信仰觀念。牧區鄂溫克人的薩滿服也有銅鏡、銅鈴等金屬飾物，肩上也有以木雕鳥形體為內胎，外縫有彩布的造型藝術裝飾，但神服的主要裝飾是刺繡的各種圖案，在神服的袖口、後背、後腰和裙子的下擺處，都排列有序地刺繡著各種花紋和圖案，包括日、月、山、水和動物崇拜圖飾等。儘管這兩種神服都是薩滿教觀念的反映，但它們所表現出來的藝術風格卻迥然不同。這種不同風格的形成固然有多種原因，但地域因素是不容忽視的，由此而形成的地域性特徵也是十分鮮明的。

隨著祖先崇拜的興起，祖先神偶、神像日益繁多，各民族祖先偶像不僅形象千姿百態，而且製作的質料和方法也各不相同，並逐漸形成了傳統和特徵。有些特徵即帶有地域的性質。如隨著社會的發展和各種因素所致，近世滿族祖先偶像趨於簡化，各姓氏多以各色彩布、彩綢代為祖位，在跳神時予以叩拜。據《清朝野史大觀》記載，「滿蒙則供奉神板，亦有繡像者懸黃雲緞簾幔列香盤四或五如木主座。」《黑龍江志稿》載，「正室西屋炕上設幾安架，恭懸先像，藉以挖單。依爾根覺羅各氏各族，用挖單綴黃布三幅為之，廣三尺，袤四尺，祀畢，斂而納之祖宗匣。」其具體形式則呈現出地區間的差異。吉林永吉、九台一帶滿族各姓多以一方形黃色綢子為神主，平時放於神匣內，供置神龕上，祭祀時請下，懸於神案前，享供與受拜。黑龍江省甯安、海林一帶的滿族諸姓則以「高麗紙」和「索利條」代祖位。所謂「高麗紙」即是用一種民間糊窗戶的乳白色的紙折疊成長條形；「索利條」是用各色彩綢撕成的條子

合繫於一根帶鉤的木棍上，即為祖先的象徵，但各姓供奉的數量不盡一致，一般為五、七、九條不等。其存放和供祭的方法與吉林地區的滿族大同小異。

薩滿教造型藝術的地域性特徵還表現在居於同一地域環境中的不同民族之間具有某種趨同性。相同的地域環境和由此而決定的相同或相近的生產方式，以及文化的相互交流與影響是這種趨同性形式的主要原因。此種現象在幾個民族雜居的地區表現得較為突出，如內蒙古自治區呼倫貝爾盟鄂溫克自治旗是鄂溫克、達斡爾、蒙古族雜居地區，各族薩滿教文化互有影響。如鄂溫克族薩滿奧雲花爾所領的神即有巴爾虎蒙古神。在薩滿教造型藝術方面，達斡爾族與鄂溫克族薩滿服有許多相似之處，如上世紀六十年代達斡爾族薩滿平貴的薩滿服與九十年代鄂溫克族薩滿塗明陽的薩滿服飾、帽飾，不僅在總體風格上相同，而且在諸如袖子裝飾、神裙下擺的刺繡紋飾與銅鈴的排列等具體結構上也基本一致，表現出強烈的地域文化特色。

誠然，薩滿教文化的地域性特徵體現在諸多方面，如信仰觀念、祭祀的內容與形式、祭品的種類、祭場的選擇等無不打上了地域文化的印跡。地域環境是人類賴以生存的基礎，生產力越低下，人們對地域的依賴性愈強，而這種依賴感正是原始薩滿教產生與存在的重要根源之一。人們對地域環境的情感在薩滿教中得以宣洩，從而進一步強化了薩滿教文化的地域色彩。在薩滿教觀念中，神靈都各有所居和各自的管轄範圍。對氏族地域環境的重視，反映在薩滿教中，就是對地域神祇的敬祀。因此，北方諸族長期以來形成了一個共同的習俗，凡因遷居、狩獵、捕魚或從事其他勞動而要離開

舊居址時，必要打掃整潔，掩埋汙穢雜物並殺牲謝神，而後離開舊址。行前舉行謝神儀式時，要在主要林莽、石崖、路口刻畫路神、山神像，以誠謝神的保佑，並為日後遷來的其他部落提供祭神之所。凡經過的主要山嶺水濱，也要刻畫神像祝祭。到了新的居址，必先由薩滿殺牲獻血，誠祭諸神。各氏族部落傳統的祭禮也深受地域環境的影響。狩獵民族對山神、獵神的崇拜尤為突出，漁業民族更重視祭拜江神、海神，草原遊牧民族則以天神為主要崇拜對象。各氏族的祭禮也因地域環境和崇拜對象的不同而各有側重。據滿族族傳史料《璦琿祖訓遺拾》記載：「凡我滿洲，山海河田均有盛祭。襄時，皆先代查瑪同莫昆率眾合義，因此而設，若水祭、柳祭、鷹祭、獵祭、火祭、燈祭、房祭、葬祭，各支各部祭類繁多，難書其全，日久年湮，傳替百代，遂成定制。」又稱「因地設祭，因地迎神，求材地母，群靈降焉。」可見，地域性是薩滿教的重要特徵之一，它也必然體現在薩滿教造型藝術之中。

作為薩滿教觀念的產物，薩滿教造型藝術雖具藝術形式所共有的審美性特徵，但更有諸多基於宗教屬性而表現出來的特徵，並構成其本質性特徵。宗教性是薩滿教造型藝術的基本屬性，神聖性和傳承的穩定性都是由宗教性決定的；氏族性和地域性是薩滿教的基本特徵，在造型藝術上則有著多方面的體現；象徵性為一切宗教和藝術品所固有，但其內涵則與宗教性有著密切的關係。

第六章　薩滿教的符號功能
──表意與記事

　　在人類社會發展的歷史長河中，具有符號表象和性質的原始文化是相當豐富的。我國北方民族薩滿教也鮮明地體現著原始文化的符號功能，其中尤以表意和記事最為突出。薩滿是民族的史官，以其特有的形式記錄著北方歷史。隨著歷史的演進，在薩滿教中保留下來多種形式的文化遺產，記錄、傳達著多種文化資訊，為北方民族文化史的研究做出了應有的貢獻。本章擬從薩滿教表意符號和薩滿教對歷史的記錄兩個方面，探討薩滿教符號功能的表現形態，洞悉北方先民早期思維活動的軌跡。

一、薩滿教表意符號

　　有著豐富、神秘意義和內涵的符號，可以說是薩滿教頗具代表性的特徵。當我們真正進入薩滿教世界中，便會對其多彩的符號產生濃厚的興趣。薩滿教符號內涵豐富，形式多樣，是探索北方史前符號文化的重要途徑。無論是北方出土文物上的種種神奇符號，還是北方諸民族中所保存下來的日用器皿上所繪製的符號，多可從薩

滿教符號文化中找到解釋和印證。當代西方某些學者即直接用薩滿信仰去解釋舊石器時代的藝術。

符號是薩滿的特殊語言和文字，各種符號的構成和應用，皆源自薩滿們的潛心思索、創造與發明。符號對於薩滿有著特別重要的意義和特殊需要。

首先，薩滿在祭祀、占卜、治病、送葬和巫術活動中，常常要記錄一些事情。為記錄神事活動、神系，表達思想與觀念，他們便創造了各種形態的記事符號。

其次，作為氏族宗教的核心，為了祈祝氏族生命的繁衍與安寧，撫慰和抵禦觀念中存在於宇宙間的眾多神靈的威脅與侵害，薩滿們總要千方百計，開啟智慧之門，設計出各種各樣、千奇百怪的符號圖式。這些符號只有薩滿掌握，也只有薩滿才能破譯，從來秘不外洩。

第三、薩滿是氏族生活中的文化人，為適應氏族生產、戰爭、氏族間的聯絡與交流及其他記事、表意的需要，為記載本氏族的歷史、譜系、天文、曆法等等，也多通過薩滿創造出諸種應用於本氏族，對外氏族看來卻神秘不解的符號，經年日久通用下來，便為全氏族所熟悉和接受，並成為氏族的共同精神財富。

根據現有資料，我們將薩滿符號歸納為以下七種形式，其中有些符號形式與民間應用的符號相同或相近，有些符號恰與考古資料相印證。

(一) 實物符號

實物符號是指由薩滿們秘密珍藏的某件實物，代表著薩滿一生

中的某項神事活動或本氏族歷代薩滿的故事、族源傳說等與薩滿信仰、薩滿活動有關的事情。所選實物不等，全憑薩滿心願，如一塊石頭、一張獸皮、一塊獸骨、一個木塊、一根鳥羽……都可能成為薩滿某項神事活動的象徵。依據這些實物，薩滿便可講述一椿椿神事活動、薩滿故事。如偽滿時期，黑龍江愛輝縣滿族臧姓大薩滿在居室中的牆壁上挖有許多小洞，裏面擺放著各種顏色、大小不等的石塊，每塊石頭都關連著一件與薩滿有關的事情。臧大薩滿平時秘不示人，只有對最得意的弟子才一面擺弄石子，一面滔滔不絕地講述本族薩滿的神事閱歷、故事等，如數家珍。有些氏族還將某件具有特殊意義的實物奉為祖像，予以膜拜。這種情況多因年湮日久或氏族遷徙它鄉，原來的祖先崇拜物已不易尋覓，便將祖先原居地具有特殊意義或特徵的實物保留下來，並傳流數十代，虔誠祭奉。如滿族徐姓原居黑龍江北岸支流精奇里江，俗稱黃河（俄羅斯稱為結雅河）流域，後遷至松花江流域。該姓在家祭中始終奠祭三塊取自黃河的孵石，敬為祖先，祭奉不衰，直到今日。這種實物已成為祖先的象徵符號，被賦予特殊的涵義和神聖性。

　　近年來，在薩滿教文化挖掘、搶救中，我們發現，在薩滿教中保留下來的某些具有象徵意義的實物及其所體現的觀念，與某些考古發現極為相近，可相互驗證。如在考古發掘中，常發現一些吃剩的獸骨堆放在一起。有些考古學者認為，這不過是原始人吃完獸肉，隨便將獸骨扔下，並沒有什麼意義。筆者認為，這種吃剩的獸骨堆，是賦予了某種宗教意義的。靈魂觀念是原始人的普遍觀念，人們確信，人和動物死後，其魂不滅，仍藏在骨髓之中。對動物的骨骸必須小心翼翼地保存，或陳放在住宅附近，這樣便可安撫動物

之魂，使之不傷害人類，以佑其平安，並可使動物為人類提供取之
不盡的衣食之源。這種習俗和觀念，在北方諸民族薩滿教祭祀中都
有充分的反映。每次祭祀結束前，參祭者總要把吃剩的獻牲獸骨認
真地收拾到一起，並虔誠地送到野外清幽之地，或投入江中，或送
入高崗，使之風葬，絕禁亂仍亂棄。這種獸骨已具有動物靈魂的象
徵意義，行人遇見也從不踐踏。

在東北等地出土的骨器中，一般多見獸角、獸頜骨、牙齒、頸
骨等，這些同北方薩滿教觀念恰相符合。在薩滿教觀念中，凡獵獲
與獻牲的動物，其骨均有神性，其中角代表權利，牙齒、上下頜骨
是藏魂之所，動物牙骨還可用作護身神物，頸骨則可用作卜器，用
於占卜、測事。這些骨類可以看作是較原始的實物象徵符號，每一
種實物都寓意著一定的宗教觀念和思維意識。這種用某些被獵動物
的局部骨質代表一種觀念、一種思想的表意方法，是與人類早期直
覺、形象的思維特徵相一致的。

(二) 標記

薩滿教中用作標記的符號，實際上也是一種實物符號，只不
過，它們作為某種標誌，在祭祀活動中，具有明確的指示作用。滿
族一些姓氏舉行家祭前，要在舉行祭祀之家的大門上懸掛用紅布纏
的草把，向闔族預報祭祀的喜訊。屆時，帶孝和穿戴狗皮衣帽者不
得入院。他族人或過往者見此標誌，即知將在此家舉行祭祀，也來
賀喜，被待為上賓。

達斡爾族薩滿定期舉行一種全氏族性的薩滿教法會，即斡米南
祭典。屆時，要在祭祀地點支一棚子，並分別在棚內和院子東南方

豎立小樺樹，中間拉一根紅棉繩，達語為「拴那」，上面串著一個帶有彩色綾綢的鐵環或銅圈。據筆者在齊齊哈爾郊區的調查，在斡米南祭典上，薩滿擊鼓面向院東南豎立的樺樹（外柱）請神。據信，神從天界降臨，先落在外柱的枝頭上，然後，經過外柱、神繩，來到家柱。達斡爾族斡米南祭典是薩滿神會，諸神均被敬請臨壇，有時多達百位以上。當神降臨時，主祭薩滿便把帶著彩綢的鐵環甩往家柱，向族人報告神靈臨壇的信息。被請來作為陪祭和指導的師薩滿即根據被甩過來的鐵環及彩綢狀態和主祭薩滿的歌舞、神態變化，判斷哪位神降臨，並據此與之答對，獻上相應的供品。因此，這種帶著彩綢的鐵環便成了神靈降臨的重要標示物。

　　薩滿教中的標記符號，不僅限於祭祀活動中。其實，薩滿的許多神器、服飾均具有特殊的象徵意義，有些則有著明確的標誌含義。薩滿有著不同的神系，主要以其神帽上的裝飾來表示。滿族先世女真諸部和黑龍江以北部分少數民族薩滿多以神鳥統領神系，薩滿的頭飾多以鷹鵰為代表，而鷹鵰數量的多少則又代表著薩滿神權、神力的高低，最高位的薩滿神帽的神鳥達二十七隻之多。

　　鄂溫克、鄂倫春、赫哲、達斡爾等民族薩滿神帽上都有多寡不等的鹿角叉，標誌著這些民族薩滿所統領的神系是鹿神系。鹿角的叉數則標誌著薩滿的法術、資格和派系。達斡爾族初學薩滿者無權戴神帽，只能用紅布包頭。只有在舉行第一次斡米南儀式後，才能戴上三叉鹿角神帽。再經過三次斡米南儀式後，才能戴上有六個角叉的神帽。神帽角上繫掛著的五顏六色的哈達、綢綾，象徵著彩虹。其多寡標誌著薩滿的神事閱歷。人們每次請薩滿跳神，為酬謝

他，便在其神帽的銅角上繫一條綢綾。❶因而，綢綾的數量標記著每位薩滿一生舉行跳神活動的次數，記錄著薩滿的資格和水平。

錫伯族以薩滿能否取得托里（護心鏡）作為能否成為「依勒吐薩滿」（公開的薩滿）的標誌，並以此來判斷一位薩滿法術的高低。當新薩滿上刀梯成功後，師傅當著眾人面，將事先準備好的托里取出來，在山羊血裏浸一下，授給徒弟。從此，該徒弟可以獨立地進行薩滿活動，人們則尊其為「依勒吐薩滿」。沒有取得護心鏡的薩滿則認為是不高強的薩滿，被稱為「布吐薩滿」（隱蔽的薩滿）。

蒙古薩滿取得獨立行博的資格前，必須過九道關，以檢驗薩滿的法術。每位薩滿須通過數次過關儀式，方能過完九道關。而每過一關，則在薩滿的腰鈴上增加相應的銅鏡。這種腰鈴係由一根皮條串上七、九、十一、十三等數量不同的銅鏡構成，薩滿在跳神時繫在腰部。而銅鏡數量的不同，則代表著每位薩滿法術的高低和過關的數量。

在漫長的歷史發展中，某些薩滿教崇拜物的象徵功能已發生衍化，在保持原來宗教象徵意義的同時，又增加了世俗性的含義，成為具有神聖性和世俗性雙重意義的象徵物。蒙古族的路標敖包和分界敖包，就是在敖包原來形態基礎上發展而來的，它「是為了滿足人們生活的需要而設立的一種物質標誌」。❷路標敖包是適應遊牧生產的需要而產生的。在廣闊的草原上，牧民每到一個草場，便選

---

❶　《達斡爾族社會歷史調查》，內蒙古人民出版社 1985 年版，第 265 頁。
❷　馬昌儀〈敖包與瑪尼堆之象徵比較研究〉，《黑龍江民族叢刊》1993 年
　　第 3 期。

擇一處具有一定地貌特點的地方堆起敖包，作為標誌，以便記清方位，巡迴遊牧。久之，這種敖包便成了路標。分界敖包，則是特定歷史時期的產物，它是清代蒙古八旗旗界的標誌，以保護蒙民生計地不受侵害。這類敖包顯然屬於物質文化的範疇，但它們「卻從另一個側面向人們證明了、揭示了或描繪了，早期的蒙古人過著的遊牧生活的樣相，以及他們在敖包中所寄託的宗教信仰心理」。❸牧民路過路標敖包時，都要跪拜，灑酒祭祀。騎馬者，要下馬叩首，並剪掉一絡鬃或馬尾扔在敖包上，以示祭祀。❹

(三) 契刻

　　木刻是世界上許多原始部族曾普遍使用過的符號語言。薩滿教作為人類遠古社會的「活化石」，也保留了這種原始表意方法，即通過在選定物件上做出符號，來表達某種宗教觀念，或記錄某項神事活動。

　　鄂倫春族薩滿祭祀時記錄神靈數目的「檔士」和達斡爾族薩滿斡米南儀式上的刻記神位之木「刻爾徹冒都」均為契刻符號。薩滿每請下一位神，二神根據其神態、動作及「栓那」（象徵神路的紅繩）的變化，即可判斷降臨神壇的神靈屬何類，便在固定的棱面上刻一個橫道。與此同時，族人要根據神的特徵、嗜好，擺好供品。食素之神不能供肉，祭規甚嚴。斡米南祭典請下來的神通常達百位之多。

---

❸　同上注。

❹　波‧少布《黑龍江蒙古研究》，黑龍江省民族研究所1990年版，第199頁。

　　契刻法也是薩滿用來記事的最簡便的方法。滿族族傳史料《璦琿十里長江俗記》記載了清季愛輝富察氏德魁薩滿的記事木簽和德魁薩滿墓功績椿（圖 8、圖 9）。德魁薩滿生前留下的記事木簽，為刻劃和火灼符號，多係薩滿神語，不解其意。功績椿上刻記著德魁薩滿一生的主要神事活動；曾作過兩年氏族分支薩滿，參加過北方諸民族薩滿「奧米那」比武大賽，榮登榜首，晉升為氏族大薩滿達八年之久，主持三次隆重的野祭，曾進京給皇太后（可能是隆裕皇太后）治過病。並非所有的薩滿都能獲此殊榮，有些薩滿死後雖有一個述記牌，大小不等，一般隨薩滿火焚，很難保存下來。德大薩滿的功績椿，是族人在全氏族送葬九天中立於棺前，九天後入殮時，亦同其神鼓、神服、五條狗一起火焚了。

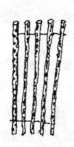 

圖 8　滿族富察氏德魁薩滿的記事簽　　　圖 9　德魁薩滿的功績椿

　　在鄂溫克族、赫哲族聚居地區，流行一種折腰搖籃，搖籃上掛有不同數目的犴骨片，骨片上刻有幾何圖案，作為供奉神靈的數目。據調查，這些骨片是神靈之物，具有避邪作用。薩滿解釋說，

隨著搖籃的晃動，骨片也要晃動，並發出一種聲響。這種聲響既有催眠作用，又能驅走鬼怪。❺

(四) 結繩

　　與木刻相比，薩滿教中的結繩記事符號蘊含著更豐富的意義。我國北方民族和東北亞一些民族，均有以索繩或綢條、皮條代替祖神壇位，予以世代誠祭者。錫伯族信奉的「喜利媽媽」，原是一位專門保佑降生的神靈，後來演變為象徵保佑家宅平安和人丁興旺的神靈。它是用長約十米的絲繩，上面繫著許多小弓箭、背式骨、箭袋、小吊床、銅錢、五顏六色的布條、小鞋靴、小農具等。平時裝入紙袋裏，掛在室內西北牆角，每逢大年三十取出，從西北牆角斜拉到東南牆角，家長帶家小為其燒香磕頭，到二月初二裝回紙袋裏，掛回原處。❻組成「喜利媽媽」的各種小物件都有著明確的象徵涵義，如弓箭代表男孩，布條代表女孩，搖籃、小靴鞋等代表子孫滿堂，箭袋則表示希望男孩成為騎射英雄，狩獵能手，農具表示對五穀豐收的祈求，銅錢表示對富裕生活的嚮往。何時繫掛亦有定制。若家族內增加一輩人，就往「喜利媽媽」上添一背式骨（羊的踝骨）；每生一子，添一小弓箭，生一女，則添一布條或小吊床。因此，「喜利媽媽」猶如一部準確而形象的無字譜書，記錄了家庭的輩數、人口等情況。

---

❺　宋兆麟《巫與巫術》，四川民族出版社 1989 年版，第 310 頁。
❻　佟克力編《錫伯族歷史與文化》，新疆人民出版社 1989 年版，第 192 頁。

　　滿族人家普遍供奉的護嬰女神「佛托媽媽」，其象徵意義與錫伯族的「喜利媽媽」相類似。屆時，薩滿要為族中孩子們換鎖，先從西牆神龕處扯出一條彩色的布條，即鎖線，上面繫著紅、藍色布條，分別代表男孩和女孩。也有的姓氏在鎖線上掛嘎拉哈和小弓箭。嘎拉哈代表女孩，小弓箭代表男孩。該家族的繁衍、發展情況在「佛托媽媽」上面都可以反映出來。這些布條被視為「佛托媽媽」賜予的吉祥物，由薩滿親自繫掛在孩子的脖頸或手指上。

　　在薩滿教祭禮中，也有以繩代祖者，繩符號便成了祖先神的形象代表。原居琿春一帶的滿族呼什哈里哈拉供奉船神神偶，神偶為木製，呈船型，上立兩個人形偶，在其身上纏繞著細密的繩子，象徵著祖先源遠綿長，族系延續不絕。

　　關於繩主崇拜的內容，在考古發掘中也有發現。1978 年 8 月至 9 月間，在吉林省永吉縣星星哨石棺墓的發掘中，出土了一件距今三千多年的蒙於死者面部的毛布巾。「另外，毛布巾上面還附著一根麻繩」。❼「這在西團山文化墓葬中是前所未見的重要文物，為我們研究原始氏族社會之風俗與紡織技術，提供了重要的實物資料」。❽關於西團山文化的族屬問題，目前考古學界有人認為是肅慎族，有人認為是穢貊族，尚無定論。然而，不管其為何族屬，均屬於東北古代民族，也即屬於薩滿教流布地區。其墓葬的安置，與薩滿教觀念密切相關。

---

❼　吉林市博物館、永吉縣文化館《吉林永吉星星哨石棺墓第三次發掘》，《考古學集刊》第 3 集。

❽　《永吉縣文物志》，1985 年版，第 63 頁。

　　透過上述諸多現象，我們認為，薩滿教中的繩主符號以及它所反映的繩主崇拜觀念，最終是原始社會後期祖先崇拜的體現。滿語稱換索繩為「西倫夫它」。「西倫」便是藤（紫藤，落葉本木植物，纏繞莖），「夫它」即繩子，「西倫夫它」意即像藤羅一樣的繩子，比喻族系的綿延。滿族一些姓氏至今仍將祭祀繩索稱為「始母」、「始祖」，鄂溫克、達斡爾族則稱之為「根」、「根子」，它喻意著氏族的綿續像藤羅一樣起根發蔓地生長著。

　　以繩代祖的信仰觀念的外延和演化，便是視繩及布條等為吉祥物，可避邪安宅，庇佑族人。蒙古族、鄂溫克族的敖包祭，首先就要用五顏六色的彩條、彩帶裝點敖包。維吾爾族素有崇樹習俗，至今仍祭奉神樹，在神樹上，用各色彩條或用彩條搓成的彩繩纏繞於樹枝上，宛若一條彩繩圍掛在神樹上，象徵著吉祥。彩繩和彩條還被視作鎮宅避邪之物。在維吾爾人觀念中，住宅中靠天窗的房樑上是鬼棲身之地，房主或請巴克西（薩滿），或自己取來沙棗樹枝，上繫各色布條，懸於房樑上，據信可安宅祛鬼。俄羅斯境內果爾特人蓋房時，要在橫樑上拴一小絡鷹毛、一束紅布條和一小口袋小米。鷹毛保護房子牢固，而三束繫物則保佑房子的居民安然無恙。

(五) 偶體符號

　　偶體符號係指由薩滿教中某些起著符號作用的神偶和由神偶演化來的表意符號。

　　神偶是薩滿教靈物崇拜觀念的突出體現。作為崇拜物的形體化身，神偶使薩滿教的崇拜觀念成為形象、逼真的具象。就神偶的實質成因來看，它是薩滿教靈魂觀念的產物，每一件薩滿教神偶都是

有靈驗的靈體。神偶是孕生於薩滿教靈魂樹上的靈魂精神體的對象
化，也就是薩滿教靈魂世界幻像形體的具體表現。廣義而論，神偶
本身即是符號，作為一種表象，它是某種神靈的代表，體現著某種
崇拜觀念，其本身蘊含著各種信仰、觀念、神話、禁忌等深層文
化。

　　我們這裏所講的偶體符號，並非指一般的神偶，而係指由某種
神偶的原義衍生，又超越原本所具有的神聖性，有明確意指作用和
象徵作用的神偶及其演化符號。其形態有兩種，一是神偶偶體就是
符號。在滿族族傳史料《滿洲神系發微》中，記載了清季愛輝滿族
旗人薩滿供祭的神偶及其所象徵的意義。

神偶形體	神偶名稱	符　號
	蛇神神偶	蛇
	虎神神偶	虎
	野豬神神偶	野豬
	鹿神神偶	鹿、獐
	鷹神神偶	鷹鵰

湖溏神偶　　　　　池沼

 洞神神偶　　　山洞、地室、暗阱

 雙蛇曬乾後盤成圓形，爲蛇神原形神偶　　易迷山路的警示符號

 蝟皮安宅神偶　　突發坍塌和災禍的警示符號

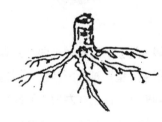 用樹根製成的祖先神偶　　根子、故地、發祥地

　　滿族長篇歷史說部《薩大人傳》中所記載的世居黑龍江流域土著人的偶體符號也就是神偶本身：

神偶形體	神偶名稱	符　號
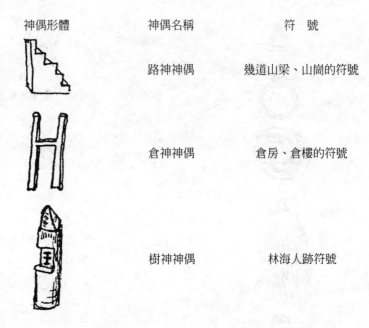	路神神偶	幾道山梁、山崗的符號
	倉神神偶	倉房、倉樓的符號
	樹神神偶	林海人跡符號

　　這種形態的偶體符號直接取自神偶，符號的意義與神偶的原義密切關聯，確切地說，是神偶原義的衍生。這類神偶因其具有超越自身意義的意指功能，使其不僅具有神聖性，而且成為與人們的生產生活密切相關的物質文化。從上述符號內容來看，多為警示符號，也有一些指示性符號，這主要是適應林中人生存的需要。在一定的地域範圍內，人們直接用神偶代替符號，直接參與群體交流，這表明這些神偶已具有相當的社會性，其本身所具有的神聖性又進一步強化了這種社會性。

　　另一種形態偶體符號源於薩滿神偶，但其形又不同於神偶，但其意則與原偶體相同或相近。以滿族為例，如下圖：

神偶形態	神偶名稱	符號形態	符號名稱
	瘸神神偶		瘸神符號
	佛多（招魂幡）		亡魂、喪葬符號
	登高神偶		攀登符號
	薩滿教攀高神，不怕雪山		（山旁一人，一腳登山，一腳踏地）
	跳躍神偶 林莽雪山無路，可跳越前行		跳躍符號 （一人下跨大地）
	山塔哈媽媽神偶 （四頭蛇、治痘疹）		生痘疹的信號

　　這類符號是神偶的演化形式，符號與神偶形擬，而其意義尤其切近。其中一部分符號是薩滿教符號，表達信仰觀念，另一部分符號則成為人們物質生活的標誌。這一點恰恰體現了薩滿教的精神實

質，即鮮明的功利性。薩滿教的根本目的是為了滿足人們現實生活
的需要。這也是包括薩滿教在內的氏族宗教與人為宗教的重要區別
之一。❾

㈥ 圖畫文字

　　圖畫文字曾為世界上許多原始民族所使用。從文字發生學角度
考察，圖畫文字無疑是文字產生的重要途徑，大部分圖形成為後來
文字的前身。圖畫文字即是通過摹繪事物的形象，並以所繪出的實
物形象為符號，來記錄事情，表達思想和觀念。

　　薩滿教作為原始社會的活化石，保留了諸多原始文化現象，其
中，圖畫文字的內容也很豐富，有些民族在薩滿教祭祀中，至今仍
沿襲著這一原始文化形式。薩滿教圖畫文字，主要係指薩滿教神圖
和影像，也包括薩滿神服和神具的圖案。其製作方法並不局限於繪
畫，也有用獸毛繡製、筋線縫製、剪貼而成的圖案，或刻在木、骨
和金屬上的圖案。我們所以將它們歸於圖畫文字類，因為這些圖
案，無論選取何種質料，內容或簡單，或複雜，繪畫水平或高或
低，或粗糙，或精細，都完全不是為了美觀的裝飾性繪畫，而是薩
滿神系、宗教觀念以及薩滿神事活動的記錄和反映，從中可以洞悉
諸多神秘的文化信息。當然，薩滿教的氏族性、神聖性、秘傳制
度，不僅使族外人對神圖無從瞭解，即使本族人也不得隨便詢問，
只有老薩滿才有資格對神圖進行解釋。近些年來，隨著北方薩滿教

---

❾　參見呂大吉主編《宗教學通論》，中國社會科學出版社 1989 年版，第
　　383-385 頁。

文化遺產發掘、搶救、整理與研究工作的不斷深入，這些長期以來鮮為人知的神秘符號得以破譯。據調查，薩滿教繪畫作品最早是刻繪在樹皮、石、骨、皮革等之上，內容也較簡單。近世隨著繪畫技術的發展，神圖多用絹、帛、紙繪製，不僅內容不斷豐富，繪畫水平也日益提高。

　　在我國信仰薩滿教的北方民族中，滿、鄂倫春、鄂溫克、達斡爾、蒙古、錫伯、赫哲等族，比較普通地運用繪畫方式表達信仰觀念，圖畫文字較為發達。當然，這只是相對而言，由於我們對北方民族文化系統調查與研究工作起步很晚，許多資料現在已難以搜集到。值得一提的是，一個世紀以來，前蘇聯一些民族學家對西伯利亞民族的薩滿教及其造型藝術，包括繪畫文字，進行了深入系統的調查，公佈了大量的資料。其中一些民族歷史上都是中國的少數民族，有些民族現在仍屬中俄跨界民族。他們的文化與我國東北境內許多民族的文化同源同種，有著淵遠的聯繫。這些民族豐富的薩滿教造型藝術和圖畫文字資料，為我們的研究提供了佐證，而且充分說明我國東北古代民族及其後裔，在薩滿教傳承中，有著較為發達的圖畫文字。

　　就我國北方民族現有的薩滿教資料來看，神器上的圖案已不多見，薩滿服飾符號，我們將在下節專論。這裏我們主要探討薩滿教繪圖的表意功能。根據這些繪圖所反映的主要內容，大體可分兩種類型：

1.神圖

　　薩滿及其源出的族體所信奉的神靈是神圖的主體。每幅神圖由多寡不等的畫像和圖形組成，組合起來便能說明一位神或諸位神的

來歷、職能，蘊含著薩滿神話和氏族神話，反映著薩滿教的信仰與禁忌等等，從中可洞悉諸多宗教與文化資訊。

鄂倫春族敬奉草神「初哈布林堪」，主司畜群增殖與興旺、牧草肥美。其神像中間的老者為草神，有兩雙手，一雙手高舉馬鈴，正在呼喚馬群，另一雙手捧著野果為供品，專供馬匹食用。供桌上擺放著盛滿祭酒、供品的器皿，這是主人敬獻給草神的。兩位侍從分立草神兩側，西側有一棵神樹，上拴一匹馬，一排青草蔥翠茁壯，寓意著皆在草神的庇佑下。一道彩虹懸於空中，光佛大地，保護著主人。

吉林省九台縣滿族石克特立哈拉（石姓）在舉行「放大神」祭禮時，要先懸掛大神案子。大神案子係用白布繪製，上繪六座神樓，最高者為「白山主」神樓，下邊五座神樓，端坐著石姓第一至第五輩太爺，即死後成神的薩滿。神案的背景是長白山，神鳥棲於神樹上，此為石姓神靈棲居聖地，也是石姓祖居故地。神案上的虎、熊、野豬、豺、蟒、鷹等動物形象，都是石姓世代敬奉的動物神。大神案還將石姓薩滿神話生動地表現出來。神案左下方一位白皮裹身，手持鐵棒，在冰窟窿旁作鑽躍狀的人，是石姓大薩滿石殿峰。石殿峰領有水獺神，擅鑽冰眼。他領神之後，因族人對他不信服，遂於 1910 年前後，闔族燒官香，由石殿峰進行鑽冰眼。族人事先在松花江邊打了九個冰眼，石殿峰請水獺神附體後，連鑽七個冰眼，族人對他的神力已確信不疑，從此他在吉林一帶聲名大振。筆者在吉林永吉、九台、舒蘭等縣臨江（松花江）村屯調查時，石姓薩滿鑽冰眼的傳說至今仍在滿族一些姓氏中傳誦。

神案右下方繪有一口棺材，熊熊烈火在棺材下面和四周燃燒，

這裏記錄的是頭輩太爺（已成神的薩滿）的神話傳說。此神話在石姓
薩滿神諭中有著詳細的記載，民間也有流傳。石姓頭輩太爺曾與已
結為姻親的滿族敖姓薩滿比試神術。敖姓薩滿手持金馬叉，坐在神
鼓上過河。石姓薩滿變作青魚，遊至江中，險些將神鼓弄翻。敖姓
薩滿用馬叉猛刺，石姓薩滿身受重傷，臨死時囑其妻，將他的棺槨
放在松花江沙灘上，四十九天後，便可還魂復活。其妻未守諾言，
走露了消息：

> 敖姓老少商議，
> 連夜架木炭於棺槨之上。
> 點燃木炭，
> 熊熊大火，
> 照亮了天空。
> 第二天天亮，
> 石姓族長看見火花，
> 火勢驚人。
> 此時有鷹神、鵰神，
> 各位神靈前來撲滅。
> 因敖姓族人澆入酒油，
> 大沙灘上啊！
> 火燒三天三夜。
> 鷹神、鵰神啊！
> 雙翅及尾部受了重傷。
> 各位神靈都返回長白山修煉。

由於沙灘比武，

引起棺槨被酒油火所燒，

眾神靈、祖先勞苦，

我石姓大薩滿被殺害。

經過火燒棺槨，

已練成金身、銀身。

在大火之中，

一道金光上了長白山。❿

　　石姓「放大神」祭禮中，要放火煉金神，俗稱「跑火池」，請的就是頭輩太爺。據信跑火池的技藝也是由頭輩太爺傳授下來的。

　　神圖所反映的薩滿教文化內涵十分豐富，以上僅舉兩例，其他神圖也都從不同的角度展示著薩滿教觀念。

2.祭祀圖

　　祭祀圖就是通過繪畫的形式，對薩滿教祭禮過程的具體記錄。這類影像圖看上去與神圖相似，但一些與神祇無關的圖像雜於其中，頗令人費解。如果我們從北方民族素喜以圖畫記事、表意的習俗來解釋，便不難破譯。這些神圖實際是記錄祭禮過程的祭祀圖。

　　錫伯族新薩滿開始學法術前，要請一位繪畫師繪製一張神像圖，平時存放於木匣內，舉行薩滿教祭祀或逢年過節時才懸掛在供桌前，焚香膜拜。從察布查爾錫伯族保存至今的三幅神像圖來看，

---

❿　宋和平《滿族薩滿神歌譯注》，社會科學文獻出版社 1993 年版，第 130-131 頁。

它們是對錫伯族薩滿上刀梯儀式的記錄和描繪。上刀梯儀式是錫伯族薩滿教的重要祭禮，獨具特點，能否登上刀梯，標誌著一位新薩滿能否成為一名「依勒吐」（公開的薩滿），也是薩滿教取信於眾人，顯示其法術、武功的機會。

神圖最下方繪有一張供桌，上置各種供器，供桌的左側繪有一頭黃牛、一個石磨盤、熊熊燃燒著的爐火和上面一口沸騰的油鍋。供桌右側是三位手持神鼓的薩滿，其中一位女薩滿頭戴神帽，身穿神服，腰紮腰鈴，當是上刀梯者的師傅，另兩位是二神，他們正在擊鼓，為上刀梯者助威。供桌的左、右上方，各有一佩帶弓箭的騎馬者，應是上刀梯時的現場保護神，以防邪魔竄入進行破壞。神圖正中，繪著一架高聳入雲的刀梯，頂端站著一個全身披掛著的女薩滿。這位女薩滿成功地登上了刀梯，從此他便成為依勒吐薩滿，成為神界與人界的使者。女薩滿的上方是錫伯族薩滿的始祖及其侍女「依蘭恩都日格格」（三女神），左、右兩側則繪有各種動物神形象。此神圖生動地描繪了上刀梯的情景，並通過女薩滿矗立刀梯上的圖像，形象地表現了薩滿溝通人神的特殊地位，只有薩滿才能與神界交流，這是普通人所無法企及的。這一點正是錫伯族薩滿教神圖所體現的思想內涵。

除上述兩種形式外，在北方民族的薩滿教傳承中，圖畫文字也應用於其他方面。只是由於對這方面的調查還很不夠，披露的資料也很少，難以進行綜合研究。根據我們掌握的滿族傳世史料和調查資料，繪畫文字在滿族一些姓氏中曾被廣泛使用。

在滿族族傳史料《璦琿祖訓拾遺》中，記載了兩組圖畫文字，以此表示家族薩滿的傳承情況。一組圖畫係黑龍江省愛輝縣大五家

子滿族陳姓家族一位老薩滿刻於皮製薩滿服的大襟裏面，其圖如下：

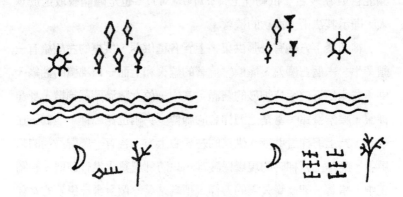

圖 9　愛輝滿族陳姓薩滿安葬示意圖

此圖記述了滿族陳姓家族歷代薩滿墓地分佈情況。在滿族薩滿教觀念中，三角符號代表女性，象徵女性生殖器。這組圖畫文字所表達的意思是：陳姓家族中有五位女薩滿死後埋葬在河南面，另有兩位女薩滿、兩位男薩滿的墳也在附近。河的北面，在一片樹林中，一位女大薩滿安葬於東面，曾經有人三次給這位女薩滿上墳，西面有六個薩滿墳。這組圖畫文字清楚地說明了陳氏家族已故薩滿安葬的地理位置、地形特徵以及墓地分佈等情況，從中也使我們瞭解到該族男女薩滿人數及其傳承情況。

另一組圖畫文字，則直接記錄了部落薩滿傳承情況（圖 10）：

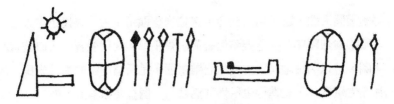

圖 10　薩滿傳承示意圖

　　圖意為：山陽面有一部落，共有五位薩滿。其中一位老薩滿為主祭薩滿，由她培養出三位女薩滿、一位男薩滿，老薩滿死後，部落中的薩滿也有所變化，只剩兩位女薩滿主壇。

　　黑龍江省綏化市小河口滿族張姓薩滿在為病人跳神治病時懸掛的藥用掛圖，是由諸多圖像組成，具有特定的含義。圖中最上層繪有日、月、星，寓意著薩滿請神卜測病源時，必選擇早晨出太陽，夜晚出星星、月亮的日子。三位女神是其家族三位薩滿神，司掌族中諸神事活動。圖中眾動物、草木圖像計為二虎、一熊、一狸、一狠、七蛇、六蛙、三鳥、九杈（樹杈）、二蝟、二鼠、九蜥、九草，是諸種動植物藥材的代表符號。符號自身的結構與其所標誌的事物相一致。圖畫作為一種符號，作為一種傳達觀念的方法，早為北方先民所應用。大量岩畫的發現，從不同的側面展示了北方遠古人類的社會生活和思想觀念，其中一些圖像明顯與薩滿教有關，在簡單表象的圖畫背後，暗含著北方遠古人類豐富的思想觀念，而這些正與北方民族近世薩滿教調查資料相吻合。

　　新疆呼圖壁康家石門子岩畫，是以生殖崇拜為主題的大型舞蹈岩畫，其中一組圖畫突出表現了男性生殖器、男女性交，並以男女

雙頭同體人像，暗示男女交合。這幅岩畫顯示了古代先民祈求人口增殖的強烈願望。「通觀整個畫面，幾乎都與後代生育、人口繁殖有關，可以明確地肯定，這處岩雕畫面，是新疆地區的古代先民，存在生殖崇拜，並進行生殖崇拜活動的一個重要標本」。⑪

在阿穆爾河（俄國對黑龍江的稱謂）森林岩畫中，有一組圖畫，儘管每個圖像只有一個大致的輪廓，仍可看出是對古代祭祀的描繪。⑫大興安嶺阿娘尼岩畫，被鄂溫克人視為神的作品，岩畫周圍的樹林上垂掛著許多各色各樣已經陳舊朽爛的布條，令人感到一種神秘的氣氛。⑬圍獵是阿娘尼岩畫的主題，一群獵人正在圍攻一駝鹿，旁邊繪有一面薩滿鼓。薩滿鼓代表薩滿及其所舉行的儀式和法術。原始人確信，只要對動物的圖像施以巫術，便能獵獲此動物。人類學家弗雷澤將這種巫術稱之為「順勢巫術」或「模擬巫術」，「巫師根據第一原則即『相似律』引伸出，他能夠僅僅通過模仿就實現任何他想做的事」。⑭

(七) 魂魄符號與攝魂符咒

魂化觀念是薩滿教的核心觀念。薩滿教觀念認為，萬物均有靈

---

⑪　王炳華〈呼圖壁縣康家石門子生殖崇拜岩雕畫〉，《新疆文物》1988 年第 2 期。

⑫　〔蘇〕А.И.馬津《黑龍江沿岸地區的森林岩畫》，新西伯利亞科學出版社 1986 年版，第 206 頁。

⑬　趙振才〈大興安嶺原始森林的岩畫古跡〉，《北方文物》1987 年第 4 期。

⑭　〔英〕弗雷澤《金枝》，中國民間文藝出版社 1987 年版，第 19 頁。

魂，而且靈魂不死。任何物質的殞滅，只是其外在形式的消逝，而其最活躍的內在精神之氣是不死的，它會依附於其他物質之上而繼續存活，這即是所謂的「魂魄」。在薩滿教觀念中，人有三魂，即「命魂」、「轉生魂」和「浮魂」，其中浮魂最活躍，它不完全依主體而生存，可以暫時遊離徘徊於主體之外，與其他生物發生聯絡。

　　靈魂觀是薩滿教的核心觀念。對諸種形態的魂魄，北方一些民族也有以特定的符號代表者。其中，以小雀象徵童子魂，在通古斯語族中具有普遍意義。通古斯語族諸民族多以小雀的形象代表小孩的靈魂，赫哲人稱求子儀式為「捉雀」，稱收魂袋為「雀的魂」。鄂溫克族保護兒童的神「烏麥」，其形象也是用白松或落葉松製成的小雀。因而，小雀的形象便成為童子魂的符號。

　　各種浮魂多被繪成「O」狀，即氣泡、水珠形狀，這正是以北方通古斯語族薩滿教觀念為基礎的。即認為魂魄是小水珠形狀，水珠內充滿魂氣，它平時浮游在宇宙內，有時生出小翅飛翔，有時借蜘蛛的小遊絲隨風浮游，或依著由大薩滿賜給的浮帶飛遊，或浮在野草的嫩葉、樹的枝幹上，被女人或某類雌性吸入腹內，便會變成生命，吸入何種母體內，便生出何種幼子。

　　基於薩滿教的靈魂觀念，在薩滿教世界中，凡幼兒驚悸，精神委靡，或成人久病不愈等，均被視作失魂所致，便請薩滿進行招魂或行攝魂術；若人變成呆癡、麻木不仁，甚至手足不用，便溺失禁，通常認為是人的意念魂（浮魂的一種）遺失的結果，薩滿要畫一些攝魂符咒，方能攝魂成功。

　　安魂、慰魂方面的巫術還表現在狩獵生產生活中，獵人在宰

殺、食用了所獵獲的禽、獸、魚、蟲等獵物，從不敢將吃剩的骨頭隨便丟棄，懼怕被宰殺的禽獸對氏族成員報復。於是，便請薩滿們進行祈禱或施行某些宗教儀式，有時也要繪製一些奇特難解的符號，以困索住動物魂魄，使之不能作祟。或者繪出一個該動物體的外形，經過祈祝活動，便認為這個動物依然活著，魂魄仍附其中。這樣似乎便除祛了食殺動物的驚悸之情。這種慰魂意識，在北方諸民族中至今仍有所反映。眾所周知的熊祭便是體現這種慰魂觀念的祭祀禮儀。

薩滿在舉行攝魂、慰魂等宗教法術時，常要畫一些攝魂符咒。這種攝魂符咒即是薩滿的神事符號。並非每位薩滿都有攝魂符咒，但能運用攝魂符咒的薩滿，其符咒各不相同，並且均秘不示人。黑龍江省綏化興隆鎮滿族關姓老薩滿，承繼下來幾個攝魂符咒，據傳甚靈。凡被請，均在下半夜舉行祭祀。在星星出齊前，老薩滿便在院內外，村屯四周的河邊、山谷、路口，病人的居室及樹椿、地上、岩石上，用鮮牲血畫出「」形圖案。經懇切詢問，關薩滿簡單地講解說，這種符咒便是神像，它無所不到，係專門為薩滿尋找、迎送魂魄的差遣。

「」符號，像一位頭戴神帽的薩滿，「O」符號極似薩滿頭上繫著的眾多神靈，兩手則持有「洪鳥」（神鈴），整個符號象徵著一位薩滿正在威武地走動著。據老薩滿講，這個符號所代表的神，是一位可通行於天地間任何角落的尋魂使者，是薩滿施行攝魂術時的得力助手。蘇聯考古學家奧克拉德尼克夫在西伯利亞岩畫中，也曾見到類似的岩畫：　此岩畫圖像雖稍複雜，但筆法與關姓薩滿的攝魂符號極為相似，多以「O」形為主線條。我們認

為，這幅岩畫很可能與薩滿攝魂有關，至少與薩滿祭祀有關，蘊含著特定宗教內涵。

除此，關薩滿還能畫「   」（鎮魂）、「   」（拘魂）等符咒。鎮魂符號形似兩支箭，下邊是火，火上箭下為「O」符號，即「靈魂」符號，表示箭與火的威力可以鎮魂。拘魂符號下邊的曲線，代表地穴，即滿族先世往昔居住的「地室家屋」；用獸毛圍成的圈，為拘魂圈，具有拘魂神力；裏面包著「   」，應是被拘住的魂魄。綏化關姓薩滿所畫的魂魄符號，也是以「O」表示魂魄，由此可以推斷，在薩滿教世界中，「O」是表示魂魄的符號，並已具有一定的普遍意義。

攝魂、拘魂、鎮魂符號是薩滿世代進行攝魂神事活動的專門圖式，帶有濃厚的神秘色彩。各民族、各氏族薩滿攝魂符咒的圖式和畫法各不相同，筆者曾在達斡爾、鄂倫春等民族地區見過一些薩滿攝魂符咒，有些與上述符咒相類似，有些則各具特色，如黑龍江省愛輝縣鄂倫春薩滿為病人舉行攝魂儀式時，只是用食指蘸麕血，在病人的額頭上點血，便具有「鎮魂」作用，認為如此一番作法，病人即可鎮攝驚魂，夜來安寧睡眠。在這裏，血點即成了薩滿攝魂的符號。

與其他神事符號相較，薩滿攝魂符號更具有神秘性。這類符號平時絕禁示人，薩滿也從不向外人談及，只有在進行攝魂、拘魂活動時，薩滿才秘密使用、操作著。而且，每位薩滿所使用的攝魂法術各不相同，只有少數薩滿運用符咒進行攝魂、鎮魂。隨著老薩滿的謝世，這些符號也多半隨之而去，少數雖有親傳弟子繼承下來，但也鮮為世人所知。因而，這類符號並不具有社會屬性和普遍意

義。

二、薩滿教對歷史的記錄

　　符號是記日記數記事的簡捷方法。在薩滿教中即保留著記日記數的大量實例。如用骨、草、革、樹皮等用具記載祭期、記錄神位數目以及記錄薩滿的神事活動等，也包括前章所述薩滿對氏族遷徙路線、山川、江河和地名的記錄等。細考之，薩滿教諸種形態的符號文化，多係薩滿教早期文化形態的遺存。隨著社會的發展，作為史官的薩滿，對社會生產生活的記錄，其內容和形式也更加豐富多彩。

　　薩滿教與歷史，特別是東北史的關係極為密切。隨著近些年薩滿教文化的搶救與整理，這一點已越來越引起學術界的重視和認識。透過薩滿教神話、傳說、音樂、舞蹈等外在表現形式，可以尋覓到大量的民族起源、民族遷徙、民族征戰、風土人情，民俗民風、道德觀念，文化交流等歷史內涵，對於豐富和深化東北史研究不無裨益。

(一) 薩滿即史官

　　薩滿具有記述歷史、傳播歷史的責任感，也最具備解釋族源、歷史的權威性。某些薩滿往往即是氏族、部落的首領或著名文武大臣。金代開國元勳完顏希尹，一名兀室，初從太祖伐遼，是當時著名武將。史載：「兀室奸猾而有才，自製女真法律、文字，成其一國，國人號為『珊蠻』，『珊蠻』者，女真語巫嫗也。以其通變如

神，粘罕以下皆莫之能及」。❶《蒙古薩滿教簡史》一書記載了成
吉思汗曾在帳內請薩滿做自己史官的史實。薩滿記載、傳講歷史，
主要通過口傳心授，世代不衰。為幫助記憶，也輔之以類似結繩記
事的方式，用石頭、草木或俘獲敵人的毛髮、衣物作記號，代表大
小事件，講述本氏族的起源、部落戰爭、家族興衰史、族規及氏族
經歷的艱難歷程等等。薩滿往往在祭祀之後，莊重肅穆地為族眾講
述，以激勵後人不忘先人創業之艱辛，喚發族眾奮發向上的意識。
北方民族共有的講古習俗，也為薩滿傳講歷史提供了特有的氛圍。
冬夏閒暇之際，族中男女老幼團團圍坐在一起，聽薩滿或族中長輩
講述族源傳說、家族歷史等。正是憑藉這種文化傳統，使北方民族
的歷史保留在民間的口碑之中，為古史研究提供一些難得的佐證。
甯安滿族故事家、薩滿傳人傅英仁先生畢生致力於民間文學的搜
集、整理工作，對本族的歷史也頗為留意。由他傳承下來的《薩布
素將軍傳》，記述了抗俄名將薩布素將軍的成長過程及其領導的抗
俄鬥爭。滿族長篇歷史說部《兩世罕王傳》，由清太祖努爾哈赤的
皇子劫後餘生，流落民間，其家族世代傳講下來的。其中對宮廷鬥
爭的記載血淚斑斑，對明朝與女真人的關係備載詳盡，恩怨筆筆有
宗，既有明代對女真人的安撫措施的描述，甚至每次賜布、鍋、
鹽、茶數量，都有明確記載。也有明代對女真人殘害和虐待的種種
細節的記述。在原東海女真人中秘傳的《東海沈冤錄》，是一部部
族興衰史，展現了明初東海女真被烏拉部征服統一的歷史畫卷，記
錄了東海女真人的風土人情。這些慷慨悲壯的歷史傳奇得以留傳至

---

❶　《大金國志》附錄一《女真傳》。

今，很大程度上取決於各族薩滿的承繼、傳播之功。有些秘傳故事，往往由德高望重的老薩滿向親傳弟子講述，講前須洗手漱口，焚香敬祖，十分恭敬虔誠，這種莊重的氣氛陶冶、培育了一代又一代薩滿具有真摯的民族情感和忠實地記錄歷史、講述歷史的高度責任心和使命感。這些產生於民間，來自於人民，在人民中間世代流傳的歷史口碑，雖非信史，難免有失實、偏狹、附會之處，但卻是北方人民對歷史的記錄。歷史是人民創造的，人民是歷史的主人。這些由人民創造的歷史口碑，有血有肉，感情真摯，催人淚下，非文人之筆所能比。其史學價值足以佐證歷史、補充歷史。只不過它們不是出自文人之手，沒有用文字記載，難登史學的大雅之堂而已。但它們卻在人民的心中矗立了不朽的豐碑。薩滿是民族之師，民族之魂，承繼著民族精神文化的全部遺產，在記述歷史、傳播歷史方面也發揮了不可替代的作用。正是從這個意義上，我們說，薩滿是民族的史官。

㈡ 薩滿文化對歷史文獻的解釋與説明

有關東北古民族的歷史，文獻記載簡約、零星，有些僅有隻言片語，難以理解其全部內涵。如果佐之以薩滿教及其薩滿教觀念下的民俗資料，則可使古史記載得以注釋和說明，豐富東北史的內容。《禮記》卷 12《王制》載：「北方曰狄，衣羽毛、穴居」。**⓰**《魏書》卷 100《高句麗列傳》載：「其王好治宮室。故官名有謁

⓰ 孫進己、郭守信主編：《東北古史資料叢編》第 1 卷，遼瀋書社 1989 年版，第 15 頁。

奢、太奢、大兄、小兒之號。頭著折風，其形如弁，旁插鳥羽，貴賤有差」。北方民俗對鳥羽何以如此鍾愛呢？在薩滿教觀念中，羽毛是風神的象徵。北方滿族、鄂倫春、鄂溫克、赫哲、蒙古等族都敬祀風神。在滿族創世神話《天宮大戰》中，便有風神「奧頓媽媽」的威武形象。在布里亞特蒙古族的薩滿教信仰中，將風神稱作「剽達」，只有飛禽深知這種風的起因，而且天鵝、大雁等鳥類，當秋季南歸前，便利用「剽達」這種季風，故稱做「鳥的剽達」，意為因鳥類而起的風。因此，北方民族多用鳥羽代表風神。琿春、東寧一帶滿族那木都魯氏用一根豎直的鳥羽代表風神；鄂倫春、赫哲族則用兩根分別向兩邊傾斜的鳥羽製作風神神偶。故此，北方民族崇尚羽毛，將其視作幸福、美好的象徵，並多以羽毛代表風華正茂的女子。當青年男女初戀時，小夥子往往在姑娘頭上插根鳥羽，寄託他希冀女方說話爽快、做事雷厲風行的美好願望。史載：古挹婁國俗，「將嫁娶，男以毛羽插女頭，女和則持歸，然後致禮娉之」。❶❼北方民間踢毽子的習俗，其原始含義亦蓋源於此。用鳥羽製作羽衣遮體禦寒，在北方狩獵民族的原始時代是極為普遍的。這種羽衣工藝精巧，十分別致。據《東海沈冤錄》記載，東海窩稽部的野人女真人用白雀翎羽粘接製成羽衣，羽毛上小，遞換長羽；下擺垂白鷹翎；用瑪瑙珠鑲邊。羽衫顏色可一色，但忌黑色。

又如《後漢書·東夷列傳》載：高句麗「好祠鬼神、社稷、零星」。零星，即靈星，在我國星官名稱中稱「天田星」，主稼穡，

---

❶❼　《晉書》卷 97《四夷傳》。

古以辰日祀於東南，取祈年報功之義。⓲零星，也有解釋為大火，即二十八宿之一的心宿。在北方薩滿教星圖中，零星是夏季星宿，滿語稱「尼瑪哈鳥西哈」，小滿節子正一刻九分之中星，俗稱「暖星」，定農耕、卜豐稔。北方民族崇祀靈星，與他們定居後，農業生產發展有關。祭祀夏季星辰與各冬令諸星祭截然不同，目的在於「雨潦祈晴，冬旱祈雪」，以保證農事吉順，莊稼豐收。

(三) 薩滿文化足以資補東北史之不足

關於鄂溫克族的歷史，最早見於我國史籍的，學術界一般認為是《魏書·室韋傳》。鄂溫克族族源、發祥地及民族遷徙等問題，不見文獻記載。目前，學術界對這些問題的研究，主要依據考古學和民族學相結合的方法，而民族學資料很多來自於氏族薩滿的敘述和民間傳說。「那妹塔」氏族的薩滿傳講，鄂溫克人的故鄉是在愛輝泉水的那邊，阿穆爾河（即黑龍江）的旁邊，阿爾巴金（雅克薩）城的周圍，石勒喀河的旁邊，西沃哈特的周圍。⓳《我們的祖先從勒拿河來》的傳說，⓴講到鄂溫克人的故鄉是勒拿河，那時，勒拿河寬得連啄木鳥都飛不過去。離河不遠處，有個「拉瑪湖」（即今貝加爾湖），湖邊處處是水草，山上長滿了茂密的樹木，鄂溫克的祖先就在那裏狩獵謀生。這些傳說，與前蘇聯西伯利亞考古學、人類學資料恰相吻合。在貝加爾湖沿岸的考古發掘中，出土了一個人

⓲　《辭源》第 3347 頁。《大清通志》卷 12《吉禮》。
⓳　《鄂溫克族調查材料之三》第 2 頁。
⓴　《鄂溫克族簡史》內蒙古人民出版社 1983 年版，第 5-6 頁。

類的骨胳，其衣服上佩帶著數十個貝殼製的圓環，與鄂溫克人胸前
戴的串珠和薩滿神服上的貝殼圓環佩飾位置完全一致。在黑龍江上
游，與具備鄂溫克族一切本質特徵的頭蓋骨同時出土的，還有貝加
爾湖地區特有的文化和裝飾。這些資料綜合證實了，鄂溫克族及其
文化來源於貝加爾地方。可見，這些主要靠薩滿傳承下來的傳說，
對於研究東北民族史，尤其是那些人口稀少，流動性強，又沒有文
字的少數民族的歷史尤為重要。這些傳說具有極為濃重的歷史投
影，一定程度上反映了該氏族的歷史與社會生活。

　　滿族和蒙古族薩滿，都程度不同地受到外來文化的影響，特別
是受到佛教的衝擊。為保證宗教的純潔性，維護固有的獨尊地位，
薩滿與喇嘛展開了殊死的鬥爭。這場宗教之爭給滿族薩滿教和蒙古
族薩滿教帶來的是截然不同的結局。滿族薩滿教雖一定程度上受到
了佛教的滲透，具體體現為來世、冥界等佛學觀念揉入薩滿教觀念
中；觀音菩薩躋於清宮祭祀的神堂，在滿族某些姓氏中，也敬祀觀
世音。但滿族薩滿教本質上仍保持著氏族宗教的特色，恪守著氏族
的祭禮、祭規、祀神和文化傳統。蒙古族薩滿則有著與之不同的歷
史命運。自十六世紀起，隨著喇嘛教傳入蒙古草原，在蒙古族上層
的大力扶植下，喇嘛教的勢力日漸強大，蒙古族薩滿則在民族上層
的殘酷鎮壓和喇嘛教的竭力排斥下，勢力日漸衰微，並最終被喇嘛
教所取代，在歷史上幾乎銷聲匿跡。只有東蒙的薩滿得以殘留下
來，但遠非原始形態，而是在與喇嘛教融合的基礎上，以一種新的
形式得以發展和留存。這場驚心動魄的宗教鬥爭，典籍文獻很少記
載，但在滿族薩滿傳說和蒙古族科爾沁薩滿的傳說中，卻以大量的
篇幅，生動形象地表述了這場鬥爭的始末，為歷史研究提供了一份

不可多得的寶貴資料。在滿族《女丹薩滿的故事》和《薩滿與喇嘛鬥法的故事》❹中，薩滿的法力總是大於喇嘛，並屢屢獲勝，最後降服了喇嘛。薩滿在傳說中是正義的化身。而在科爾沁薩滿傳說《郝格伯泰的傳說》❷中，描寫蒙古族薩滿與喇嘛鬥法，則屢戰屢敗，喇嘛法力無邊，薩滿最後被迫歸順了喇嘛。不難看出，傳說是以歷史為依託、為基礎，是在廣闊的歷史背景下產生的。從中我們不僅可以感受到時代和歷史的資訊，而且足以為歷史研究提供參證。

　　薩滿教文化還為東北地方史、民族史提供了姓氏、人口、遷徙、風俗、土地等翔實資料，這部分資料主要保存在北方諸族的家譜之中。薩滿教是氏族宗教，祖先崇拜是其重要崇拜觀念。隨著薩滿教的發展演變，祖先崇拜甚至成為滿族、達斡爾族薩滿祭禮的主要形式。家譜和祖先影像成為祖先崇拜的重要祭物。家譜、譜單的大量問世，雖與宗族觀念密切相關，但從本質上看，它們應是祖先崇拜觀念的產物。因此家譜也可以說是薩滿文化的組成部分。

　　家譜具有極高的史料價值，足以訂正和補充史書的不足。僅以滿族家譜為例，近年來，各地在滿族聚居區搜集的數量可觀的家譜，為解決滿族史、地方史、家族史的疑難問題，提供了幫助和線索。現保存於永吉縣烏拉街費英東後裔手中的《瓜爾佳氏家譜》，對研究和全面評價費英東提供了寶貴的資料。永吉縣《伊爾根覺家

---

❹　金啟孮：《滿族的歷史與生活》，黑龍江人民出版社 1981 年版，第 89-94 頁。

❷　白翠英、邢源、福寶琳、王笑：《科爾沁博藝術初探》，第 88-100 頁。

譜》詳細記載了吉林著名文士富森的情況，富森官至烏拉采珠鑲蘭旗恩貢生，長於詩文，尤以「烏拉八景」聞名，在吉林一帶頗有影響。其家譜的發現，補充了方志的不足。永吉縣《石氏家譜》訂正了《打牲烏拉志典全書》中關於打牲烏拉總管衙門設於清順治十四年的記載，將其提前為順治元年，為打牲烏拉總管衙門研究，補充了新史料。❷在永吉烏拉街發現的布占太家譜，記載了烏拉國從那其布祿創立，至洪匡失國的歷史，為研究扈倫四部中烏拉部的情況，提供了一些新史料和進一步探索的線索。

(四) 薩滿教文化可正東北史之誤

　　滿族清宮祭祀諸神，在清乾隆年間頒佈《滿洲祭神祭天典禮》時，許多神名便無法考釋，「皆但有聲音，莫能訓解」。有些神名的釋義又屬訛誤，後世史家多因襲此說，致使幾百年來只能照抄照錄神名，未能實解其意。甚至以訛傳訛，牽強附會。根據近年的滿族薩滿文化調查，將滿族諸姓的薩滿神諭進行釋義和研究，不難看出，滿族薩滿教有自己獨特的發展規律，各氏族所奉之神，多因襲古俗，許多是女真時代古老的自然神。而將滿族諸姓的薩滿神諭與清宮祀神兩相對照，可使許多神名得以破譯。如堂祭主神「紐歡台吉」，《滿洲祭神祭天典禮》中無考。校之滿族諸姓神諭中「紐歡阿布卡」、「牛歡台吉」，釋為蒼天之神。同理，以神諭為佐證，我們釋「納丹威瑚哩」為船神；「恩都哩僧固」為刺蝟神；「武篤

---

❷　　石光偉：〈石姓家譜對於清代打牲烏拉總管衙門研究史料的新補充〉，《圖書館學研究》1985 年第 2 期。

本貝色」為遠祖神:「穆哩穆哩罕」為畜牧神等等。

在清宮堂子祭研究方面,清史研究專家孟森先生在《清代堂子所祀鄧將軍考》一文中,論證清宮尚錫神亭所祀為痘神鄧佐。根據我們在滿族聚居區的薩滿調查,我們認為,這種推論不夠確當。首先,滿族薩滿教歷史傳承悠久,各氏族崇祀諸神多是金以來世代奉祀的古老大神,各族祭祀具有嚴格的禮儀和傳統,一般絕禁祭外族之神。其次,滿族及其先世在自然條件極端惡劣,醫療手段非常匱乏的情況下,為維護氏族興旺,十分注重瘟疫、天花、麻疹等症的預防和治療,甚至被列入薩滿祭祀之中,統由媽媽神主管。媽媽神在北方民族中居於顯赫地位,倍受北方諸民族崇敬。在清宮祭祀中,專祀「佛立佛多鄂謨錫媽媽」,主安胎保嬰、袪病除疾、子孫安康、氏族興旺。因此,又有何必要和可能另奉一位漢族男性神呢?可見,此說多屬臆測,後人亦多有附會。

在金史研究中,關於金始祖函普娶六十婦一事,學術界歧說紛紜,頗多舛誤。據《金史》卷 1《世紀》載:「金之始祖諱函普,初從高麗來,年已六十餘矣……始祖至完顏部,居久之,其部人嘗殺他族之人,由是兩族交惡,哄鬥不能解。完顏部人謂始祖曰:「若能為部人解此怨,使兩族不相殺,部有賢女,年六十而未嫁,當以相配,仍為同部。」始祖曰諾,乃自往諭之……自此始,既備償如約,部眾信服之,謝以青牛一,並許歸六十之婦。始祖乃以青牛為聘禮而納之,並得其貲產,後生二男,長曰烏魯,次曰斡魯,一女曰注思板,遂為完顏部人」。六十之女成婚後,生二男一女,這的確與常理不符。故此,學術界或認為其出自傳說,不可信;或認為年齡不准;或抱著「姑枉言之,姑枉聽之」態度。如果我們用

薩滿教和民俗的觀念加以審視，此問題便可迎刃而解。

我們認為，此處所說「六十」，非指年齡，指的是在北方民俗中頗有影響的野豬牙飾顆數。滿族及其先世自古崇尚佩飾，尤以骨飾歷史悠久，倍受尊崇，野豬牙佩飾更被視為飾中之珍品。《新唐書》卷 219《黑水靺鞨傳》載：黑水靺鞨「俗編髮，綴野豕牙，插雉尾為冠飾，自別於諸部」。金始祖函普初歸完顏部時，女真人仍保留黑水靺鞨舊俗，「隨水草以居，遷徙不常」❷❹獵牙佩飾亦頗為風行。尤因野豬性凶力猛，「大如牛，形如彘，耳稍小，上下牙如鋼鉤，驅突時猛如虎凶」，❷❺豬牙難得，其牙飾更顯得威武華貴。尤其女嬰從出生之日起，族中長輩便在搖籃上為其綴掛豬牙四至五顆，數額多於男童。每年歲首增一顆，佩掛在胸前，逢年節、生日，增賜數顆。至佩掛六十左右顆時，一般正是十三、四歲，正值婚嫁之期。可見，函普之婦，並非六十高齡的老婦，而是一位帶著六十顆豬牙飾物的女子。其生二男一女便合情入理了。那麼，女真人為何如此計歲呢？史載：北方蓋不知計年，「女真舊絕小，正朔所不及，其民皆不知紀年。問之則曰：我見青草幾度矣。蓋以草一青為一歲也」。❷❻故此形成佩飾計歲的民俗觀念。

上述兩節從不同的層面反映了薩滿教的符號功能。前者體現了它的早期形態與特徵，從中可見，符號文化在初民社會中佔有的重要地位，它是人們交流思想、溝通資訊、表達感情的有效途徑，也

---

❷❹　《金史·世紀》。

❷❺　《吉林通志》卷34《食貨志》。

❷❻　洪皓《松漠紀聞》，《長白叢書》本，吉林文史出版社 1986 年版，第 29 頁。

是記日記數記事的簡捷方法。薩滿教世界的符號與狩獵民族民間應用的符號在形式上有諸多一致之處。就其內容而言，薩滿教世界的符號是一種特殊的語言，傳達著信仰族體的思想觀念、宗教情感，代表著特定的宗教文化內涵。同時，符號也是薩滿教世界的文化代表——薩滿從事神事活動的特殊語言，在溝通人神、通連宇宙三界方面具有特定的意義。後者則從一個側面，反映了薩滿教的記事功能——對歷史的記錄。至於它與北方史研究的關係問題，尚未引起學術界的重視和認識。這裏所做的，僅僅是一個嘗試，旨在拋磚引玉，以期引起學術界的關注和討論。

第七章　薩滿神歌與舞蹈

在薩滿輝煌的精神文化成果中，世代傳承下來的各族薩滿神歌，是不可低估的一大宗原始文化遺產。各族薩滿神歌以其悠久而漫長的歷史積澱所凝聚的文化內涵及形態極為豐富多彩。它不僅包括祭歌，而且包含各具特色的創世歌、抒情歌、戰歌、喜歌等。故而，受到國內外多學科學者的青睞。

按民族學觀點，人類原始崇拜觀念和宗教情感的濫觴，是由人類的生產環境、生產水平以及對自然界的依賴程度所決定的。古代的音樂和舞蹈，也正是這種觀念和情感的宣洩。《毛詩序》云：「情動於中而形於言，言之不足故嗟歎之，嗟歎之不足，故詠歌之，詠歌之不足，不知手之舞之，足之蹈之也。」古人對人類感情的波瀾所動而生歌舞之理，闡述得可謂十分深刻明瞭。後漢蔡邕撰《獨斷》，言「王者必作四夷之樂，以定天下之歡心，祭神名而合歌之，以管樂為之聲」，間接地說明了古代歌與祭之間的關係。古代最初的讚歌，多發自對神祇和超自然力量的奉承與謳歌，娛神媚神，以祈安寧。

原始薩滿教的主要內容，便是氏族族眾通過薩滿進行虔誠的贊神、娛神、媚神的舞祭活動。原始時期氏族的薩滿祭歌想必十分粗獷，不過，薩滿婆娑樂神的形態與曲調，更具北方荒古地域的野性

特徵。傾氏族之聲，薩滿與族眾手持皮鼓，臉罩獸面，披獸禽皮羽，如癡如狂，茹血踏歌，「行道晝夜無老幼皆歌，通日聲不絕」。❶
清代阿桂等在《滿洲源流考》一書中，將歷朝有關北方諸族祭祀與歌舞的重要史料加以匯總，很有價值。北方諸民族向有以歌舞事神的傳統，而且這一傳統一直沿襲至今，成為北方民族薩滿教的重要特徵。

一、薩滿神歌內容與特徵

(一) 薩滿是北方古歌的創作者和繼承者

東北亞古代薩滿神歌的原始聲貌，今已無法尋覓。但是，我們可以從北方各族薩滿保留下來的神歌中，瞭解古歌的吟唱痕跡。薩滿古歌最突出的特徵是高亢、活潑、粗獷，激揚著壯闊悠遠的旋律。薩滿吟詠時多採用眾多襯音形式，音調高亢，並多雜有拖音、複音、長音，沒有實際的詞意含義，而是以聲動情，以音感人。這恰是北方古歌最初的吟詠形式。《禮記·樂記》云：「感於物而動，故形於聲」。「樂者，音之所由生也。」薩滿神歌所表達的，正是原始人類生產生活中的挫折、艱險、愉悅與慰藉等情感，它成為人們之間社會交往、聯絡、抒發情感的肺腑之聲。音樂是情感的表達形式，是心靈的袒露，遠比語言表達得深刻，更富於感染力和心靈的相通力。

---

❶ 《欽定日下舊聞考》卷 146。

　　在原始社會，人們的思維觀念不甚發達，詞意的使用與創造也不豐富。人的內心情感迸發力，主要通過音量、音色、音節的強弱等理性調配，巧妙地運用自身生理各部位的發聲區，擴大音域音區，塑造足以能夠表達個人情感、願望、理念等思維活動的聲音，並使自己發出的聲音被調配得盡可能完美，既要有音調的美、柔、甜、潤等聽覺效果，又要使聽者樂於接受，獲得快慰、沈醉其中的享受，或者說產生共鳴。薩滿是天才的歌唱家。不論是主祭大薩滿，還是輔助薩滿完成祝祭活動的眾助神人，都注意熱心汲取前人的歌詠天賦，並不斷發展具有感染力的發聲法，錘煉自己的聲色、音域，重視發聲藝術，自如地運用喉擴、胸擴，並兼習鼻擴等發聲方式，巧妙地達到餘音繞樑的效果。薩滿為練音洪字清，喜在曠野詠唱，不喜歡也不允許調用假音。

　　北方諸民族發聲法，均喜用真聲，縱情唱述情懷，數月吟唱不見衰憊。薩滿音域尤為潤擴，洪亮如鐘。筆者接觸過各民族十數位著名男女大薩滿，都是運用揚聲唱法，胸擴力很強，聲波帶有振顫力，站在兩米之外尚且震耳，並不感到噪厭刺耳。滿族瓜爾佳氏大薩滿關雲剛老人，八十多歲的高齡亮起嗓子仍相當嘹亮。據他講，小時候他並不怎麼愛唱。二十多歲當了氏族薩滿，在老薩滿的指導下，開始練嗓子，專到河邊、山尖上、山窩裏練，早晚不停，一下子把嗓子練出來了。歌唱要有天賦，也在於苦練。嗓門也在於練，在於擴，在於調理。薩滿神「來」後，是在昏迷不醒的情況下吟唱，自己不知道，是隨著一種熟悉意識自語自唱的。若沒有真功夫、硬本事，族人咋服氣嗓子好，字正腔圓，活像有神下來說的話。唱得好聽勁兒，比平時清醒明白時還中聽呢。在老人家裏，我

們曾好奇地請他表演「噓」字音，他不間斷地唱下去，聲調越拔越高，忽又急轉直下，強弱變幻，進而身子擺動，有如一群蜜蜂、蜻蜓在屋裏飛翔，直到數四十個數，近半分多鐘他才止住，卻面不改色，氣不長籲。他說：「噓字音是薩滿調中常用的聲調，又是象徵音、類比音，表示薩滿神附後魂魄在宇宙中翺翔的過程，也象徵尋遊探索的心理意念，像小花叢中群蜂飛著鳴叫找花蜜一樣。噢、啊、屋、哦、耶、哈、呀等單音詞節，都是薩滿祭祀中的常用單音字，或是神歌頭或尾部的提示重音，起著召引聽眾、創造氣氛、確定調門、激人聯想等多方面的神奇效果。」

原始薩滿神歌，音韻要比上述內容簡略。神歌最早並無詞義，祭眾羅拜吟詠以盡興。從幾個民族的薩滿祭禮，特別鄂溫克、鄂倫春族薩滿奠酒的吟詠動作中，仍能尋覓得到古昔祭眾吟唱祈神、獻神的痕跡。噢、耶等單音詞便是其中常用的奠詞和詠歌。滿族楊姓薩滿楊世昌在祭神樹時率族眾跪拜供桌前，跪後站起，手捧酒盅，雙手平端，然後隨著口中呼唱「額—— —— 」的單句詠唱，圍神樹環繞奠酒，然後再跪，族眾舉杯同吟「額—— —— 」，灑酒於地，跪拜再起。神樹祭在「額—— —— 」中結束。楊姓祖居烏蘇里江中游一帶，屬東海窩稽部林中人後裔。楊世昌詠唱很有功夫，將簡單的聲調用充滿深情的抑揚頓挫的聲調唱出，既洪亮、肅穆，又纏綿動聽，表示了林中人後世子孫對養育本氏族的原始祖居地的崇仰思慕深情。莫東寅先生曾提到「額囉囉」這一不少姓氏薩滿祭念的詞句。❷像祭獻中所用的「阿哈咧」、「嘿咧」、「烏離離」

---

❷　莫東寅《滿族史論叢》，三聯書店 1979 年版，第 194 頁。

等其他拖音一樣，「額囉囉」是薩滿祭歌中獻俎的敬意吟詞。它不是虛詞，而是無字的聲調。薩滿祭詠時要有節律地詠唱或詠念，拉著長音，其調悠揚、深沈，情真意切。在三字詠唱中，蘊含著無數祈祝語言和心中繫念，都要通過薩滿高超的聲調表演天才表達出來。聲調不可呆板僵硬，也不可輕浮不恭。所以，薩滿在祭祀中必須顯現出「英雄本色」，有超乎常人的唱技唱法，抓住族眾的心理，讓在場的族眾們認可：薩滿表達了我們的心意，神都聽得高興了。

單音詠唱所以在薩滿調中古老而長久，還因為它能夠表達薩滿祭祀源於北方漁獵諸部，並有眾多繪形的聲音類比表演，備受族人喜愛。薩滿古祭中，許多即興神歌，增刪自如，但祭中的聲響類比，卻不可刪減。聲音類比是薩滿傳統古祭的一大特點，充滿粗獷、豪放的野性韻味。薩滿古歌中的擬聲態，如風聲、鳥飛翔聲、濤激聲，虎嘯、豹吼、鷹鵰嘶叫、熊與野豬毆鬥等，必能引起祭祀現場族眾的共鳴，群情共奮，達到高潮時薩滿與族眾此起彼應，同聲模仿。在呼倫貝爾地區鄂溫克族的奧米那楞祭禮中，小薩滿「是夜將伴先生薩滿（薩滿師傅）作鶴鳴鳥嘈聲，從者和而效之」。❸薩滿擬聲，不是簡單的仿學，而是求真、求聲音相像方可。仿擬動作、聲音，要靠薩滿自身的天賦，憑藉藝術誇張進行聲音的模仿和再創造，表現公虎、母虎、虎崽、虎喚崽等不同的聲音以及金錢豹的兇殘、孤僻，雄鷹展翅拍空的響聲等等。吉林郊區九做村薩滿劉國明、永吉大口欽村薩滿傅秀廷均有模仿特技。他們學虎不單有滾

❸ 《呼倫貝爾志略》宗教條。

翻動作，而且將雌雄幼虎的不同聲音，像歌聲一樣巧妙地銜接在一起，俗語「虎哴哴」（滿語「達斯哈吉孫」），聲調優美，富有變化。北方諸民族薩滿擬物詠唱特色，反映了薩滿歌詠原始崇拜觀念的內涵，至今仍有著較強的生命力。

原始古歌，實際上源於原始勞動，是原始人類意志與願望的反映。他們擅用聲音、歌詠表示某種意念，傳達某種資訊，抒發胸臆。如仿虎嘯，是猛虎的符號與代表；仿雁鳴，是春天的符號與代表。正如柯斯文所說：「最原始的歌唱中的歌詞常常僅是同一呼聲或一言詞的重覆。原始時期的聲樂也就只有這樣由節奏和吟誦的組合起來的最簡單的形式。」❹薩滿教中保留了相當豐富的類比聲調，雖無詞意，但聲音本身便代表某種語言，使聽者可以準確無誤地判斷出來每個聲音符號的具體內涵。

薩滿音樂與北方諸族民間流傳的樂曲，在傳承中相互借鑒，相得益彰。北方民族粗獷、豁達、質樸、很少冗言絮語的性格，在歌唱風格上則表現為喜放歌長吟，一吐為快，帶有符號和資訊式的凝煉特徵。《金志·初興本土》載：女真人「其樂惟鼓笛，其歌惟鷓鴣，曲第高下，長短如鷓鴣聲而已。」其實，「鷓鴣」調只是滿族先世的一種古調，民間還有「亞哥」、「空吉」、「嘟咧」、「嘎啞」等許多聲調，悠揚悅耳，綿長動聽，詞意少，綴音多，並多長滑音，重複音。與薩滿歌曲調相當接近，有些即源自薩滿調。從而形成二者相互影響的互動關係。

薩滿祭歌和薩滿音樂，作為宗教音樂的組成部分，有其專一

---

❹ 〔蘇〕柯斯文《原始文化史綱》，三聯書店1957年版，第91頁。

性、神秘性和狹窄性的一面，但它們又不完全同於宗教音樂，具有著濃厚的地域性、民眾性和自然性。它將民歌中清新活潑的風格吸收過來，使其更具民間音律的因素。當然，祭歌作為各民族祭祀形態的重要表現形式，它的功能與民歌不同。它在儀式中起到的凝聚氏族力量，增強氏族向心力的作用，不容低估。它的神奇作用有時甚至妙不可言。中亞土庫曼的喀木（薩滿）唱著咒語——民歌醫治精神病人。「那時候的咒語——民歌能使發瘋的駱駝安靜，使羊群站住，並且能治療麻疹。」❺薩滿神歌與民歌一樣，也是即興詠唱，口傳心授。當一個新薩滿開始從事神事活動前，雖有老薩滿向其傳授神歌等內容，但多只授韻調、歌調要旨，主要神歌內容仍靠薩滿自己憑天賦領略、創新與發揮。更何況北方一些民族至今沒有自己的文字，因而，從前輩薩滿繼承下來的內容只能是一個梗概，儀式現場的發揮則佔有很大的比重。正如阿·伊南所述突厥語諸民族「薩滿要念的禱文，要唱的讚美詩、要念的咒語，全憑靈感所驅。這些喀木並不一定要背誦和重覆他們的先輩的那一套。他們也不怕篡改從先輩那裏學來的禱文和讚美詩所犯下的罪孽。他們的守護靈魂如何驅使，他們就如何行動和祈禱。」❻當然，這種情況更多地體現出薩滿教的早期特徵。近世以來，滿族、錫伯等族出現了用文字記錄薩滿神詞的神本子，雖亦非薩滿必須嚴格遵循的演唱文本，但畢竟帶有一定的程式化特徵。

---

❺　〔土〕阿·伊南《薩滿教今昔》，中國社會科學院民族所 1979 年編印本，第 99 頁。

❻　〔土〕阿·伊南《薩滿教今昔》，中國社會科學院民族所 1979 年編印本，第 138 頁。

(二) 薩滿神歌的內涵及特點

薩滿神歌，或叫薩滿祭歌、薩滿調。薩滿神歌係薩滿全部詠唱調的總稱。若詳細分來，可分為薩滿在祝祭中迎送祈祝的神詞、薩滿世代傳誦下來的敘事長歌、薩滿平時為氏族成員求福的咒語等等。薩滿神歌，因各民族語言不同，稱謂不一。如達斡爾族稱薩滿神歌為「薩滿伊惹」；滿族稱薩滿神歌為「沙瑪烏春」、「恩都力吉孫」。薩滿神歌多由傳襲古久的曲調和贊詞兩部分組合而成，也有有調而無神語的詠歎祝禱調。絕大多數薩滿歌都有自成體系的歌調和神詞。薩滿神詞是薩滿們創造的詩，具有一定的知識性、哲理性、世俗性。因薩滿的生活閱歷不同，從事薩滿神事活動的經歷有別，因而，各族薩滿的歌調與即興填充的歌詞各具特色。薩滿是歌唱能手，又是口頭文學藝術家。我們搜集到眾多頗有文學造詣的神詞，就是薩滿們口頭創作的作品。當然，我們承認薩滿神歌創作的即興的一面，並不否認其傳承性的一面。薩滿神歌與神詞均有傳承性，每位深有造詣的薩滿既要承繼先輩薩滿神歌的精華，又充分體現出個人才能的發揮。所以，神歌是歷代薩滿智慧和文學藝術才華的結晶。正如徐昌翰、黃任遠兩先生所說：「每一個薩滿都有自己的神靈，他所請的神及請神的方式與其他薩滿亦有所不同，所以每人的薩滿調雖然總的旋律上有一致之處，但具體唱法上常常各不相同。」❼在一些民族中，薩滿歌不單局限於祭祀方面的內容，還常在祭歌中加入富有戲劇性的故事，使祭歌生動而不乏味，優美而不

---

❼　徐昌翰、黃任遠《赫哲族文學》，北方文藝出版社 1991 年版。

單調。全歌的曲調常有變化，活潑自然。在此基礎上，再發展成膾炙人口的長篇敘事詩。薩滿或自己表演、唱述，或傳至民間，為本民族歌手所吸收和發揮，又成為重要的民族民間文化財富。往昔，流傳在黑水女真人中的滿族創世神話《天宮大戰》，最早就是由一位著名女薩滿博額德音姆，在黑龍江沿岸詠唱被傳誦下來的。

　　近年在新疆察布查爾錫伯族自治縣發現的珍貴的《薩滿神歌》，「是迄今國內發現的最翔實、最完整的一部薩滿祭詞」。滿文本抄於光緒十年（1884 年）十一月。這個手抄件的發現，對錫伯族研究和我國薩滿教文化研究都是一個可喜的貢獻。薩滿神歌多有故事，有韻有味，不是僅僅記錄祭祀神詞。神歌使用藝術描繪的手法，有比興，有誇張，有豐富的想像，能深入聽眾的心理，極富潛移默化的藝術感染力和引人入勝的魅力。該手抄本第七章《十八「卡倫」神歌》，通篇如一首美妙生動的敘事長詩，使我們對古代薩滿神歌有了具體的瞭解，也使我們深刻地認識到薩滿神歌之所以數千年來具有永久的藝術魅力的奧秘。

　　徐昌翰、黃任遠兩位先生在《赫哲族文學》一書中指出：「『伊瑪堪』中出現的許多神奇形象及情節構成都同薩滿文化觀念緊密相聯，『伊瑪堪』基本調──『赫里勒調』深受『薩滿調』的影響。『伊瑪堪』演唱時整個場面也具有濃重的跳薩滿的味道。」該書在對赫哲族伊瑪堪《滿鬥莫日根》進行研究的基礎上，認為《滿鬥莫日根》中保存有薩滿請神歌、問病歌、驅魔歌、謝神歌、送魂歌等歌詞，足以證明薩滿文化在赫哲族說唱文學中的地位和影

響。❽淩純聲先生早年搜集的赫哲民歌中，也有與薩滿活動密切相
關者。如《跳鹿神》：「薩滿阿哥跳鹿神，前面走著博胡哥，後面
跟著海福哥，代福哥執煙管，法禿哥提荷包，茶米哥捧茶壺，四福
哥背褲子。」《求天賜福》：「唉！唉！唉！天呀地呀！你可憐
我！你賜我幸福！你給我應得的〔幸福〕！」❾前一首很明顯是跳
神活動中的族人心態，這是崇拜天穹觀念的北方民族過去常能見到
的祝祭情形。拜天祝禱時，多由薩滿率領，擊鼓圍著篝火踏歌呼
號，一展歌喉。據傳風和鳥會迅速將聲音傳入穹宇，宇宙天神們很
快就能聽到。狂呼踏歌時，還要向天空揚酒。

　　往昔，北方諸民族部落，喜歡北上捕獵。為了捕獲珍貴的毛皮
動物給中原王朝作貢物和以物易物，多春去冬歸，往返行程數千
里。打鷹、鵰，捕套雪貂、雪狐、雪豹，捕鯨等大魚，剝取魚睛和
魚鰾等，足跡踏遍黑龍江入海口、鄂霍茨克海沿岸，並常東進韃靼
海峽去庫頁島。滿族古祭中《亞哥調》、《鷹孩祭歌》、《北海鳥
春》、《拉克覺棍》（相傳跨越韃靼海峽去庫頁島最窄易渡的水路）等
調，即記錄和反映了北方各族當時的一些生活掠影。

　　薩滿神歌的問世與流傳，有一條獨特的神秘途徑。薩滿歌不是
輕易哼唱和創作的。它是薩滿祭神過程中，隨薩滿感情的變化和心
理、精神、情緒的極度凝聚與昇華而產生和創造出來的。隨著時間
的發展，有的聲調形成了一定的格式和聲律，這便是薩滿歌的一些

---

❽　徐昌翰、黃任遠《赫哲族文學》，北方文藝出版社 1991 年版，第 151、
　　346 頁。

❾　淩純聲《松花江下游的赫哲族》上冊，國立中央研究院歷史語言研究所鉛
　　印本，第 190、162 頁。

主調，其餘許多變幻調，即興而發，事過而忘。各個姓氏在世代祝
祭中均形成了獨具風格的祭歌祭調，互不雷同。正如前述，每首薩
滿歌的形成與繼承，主觀方面與薩滿自身的天賦、閱歷和勤奮分不
開；客觀方面與該氏族生存歷史、生產、生活內容密切相關。氏族
歷史悠遠，生產內容豐富，氏族人丁興旺，氏族的宗教活動便隨之
頻繁舉行。薩滿神職事務的頻增，使薩滿人數增多，這些對於薩滿
文化的發展與繼承，特別是對表現神祭行為心理觀念的神歌的創
作，提供了客觀的條件。薩滿為贏得族眾的崇仰，潛心鑽研，以創
作出受族眾喜歡的優美神曲，敬神娛人。而且，在北方諸族中，部
族與部族之間，部族內部各分支之間，也常有各種形式的薩滿聯合
祝祭活動。各氏族薩滿之間的各項競技比賽固然重要，但互唱神歌
卻最能顯示氏族的實力。老薩滿們洪亮、優美、迷人的神歌，撼人
心脾，使人如癡如醉，令各族族眾肅然起敬。所有歌調均以薩滿詠
唱為中心，在助神人的幫助下，進行薩滿神附後的獨唱、對唱、答
對等形式，隨機應變進行組合。特別是在薩滿驅魔、袪病等驚險的
通宵達旦的大神祭中，薩滿昏迷前報祭和神附後的曲調迥然不同。
前者靜唱曲調平淡和緩，後者唱腔曲調驟然反常，曲高和寡。隨著
薩滿精神心理的變化，薩滿完全使用悠遠昂揚的粗獷聲調，類比情
態，塑造心靈，營造神秘的神聖和藝術感召氛圍。北方諸族薩滿和
族人們異口同聲地說，這是薩滿神靈附體後唱的，意即神音，實際
上是薩滿自身雄厚的文化底蘊的積累。從某種意義上說，薩滿歌最
能表現薩滿自身獨有的精神世界和藝術魅力。

　　土耳其學者阿布杜卡迪爾·伊南就對突厥語系各民族薩滿教禱
文、讚美詩等講過：「儘管薩滿教的儀式從表面上看也有一些規

定，但是薩滿要念什麼，及如何引導儀式的進行，自己也是心中無
數的。薩滿要念的禱文，要唱的讚美詩、要念的咒語，全憑靈感所
驅。這些喀木並不一定要背誦和重覆他們的先輩的那一套。他們也
不怕篡改從先輩那裏學來的禱文和讚美詩所犯下的罪孽。他們的守
護靈魂如何驅使，他們就如何行動和祈禱。要肯定喀木們在儀式過
程中，尤其在昏迷的時候念叨些什麼，那是不可能的。儀式過後，
他們也無法重覆自己說過的東西。因為在整個儀式過程中，他們是
在守護靈魂的控制下。守護靈魂如何驅使，他們就如何行動。正因
為如此，民族學家和民俗學家所編纂的薩滿教的禱文和讚美詩是有
很多缺陷的。要理解它們是很困難的。據我所知，第一個編纂阿爾
泰薩滿教禱文和讚美詩的民族學家是僧侶韋爾比特斯基。精通阿爾
泰和阿拉達突厥方言，同信奉薩滿教的突厥人一起生活了四十年的
這個辛勤的僧侶，也沒有把薩滿教禱文翻譯過來。」❿

　　阿·伊南先生是按照薩滿教的一般規律分析和論證的。事實
上，在薩滿教漫長的歷史時期，各氏族都在逐步形成自己具有個性
的薩滿神歌定型歌調，代表本氏族的文化。各族間涇渭分明，音律
清晰可辨。往昔，在愛輝一帶，一個屯有滿族、達斡爾、鄂倫春幾
個民族、幾個姓氏，祭祀時只要一唱神歌就分辨很真切。依據薩滿
教約定俗成的規約，凡本族薩滿神歌曲調一經確定，便被奉為神聖
不可侵犯的神語神音，只有薩滿在祝祭活動中方可詠唱，平時不得
隨便詠唱，體現著薩滿教的神秘性和內向性。老薩滿向新薩滿傳授

❿　〔土〕阿·伊南《薩滿教今昔》，中國社會科學院民族所 1979 年編印
　　本，第 138-139 頁。

時,多為口耳相傳,沒有樂譜。薩滿歌調的變更,多因社會和氏族發生變化,才有所增刪。這可能是阿・伊南所述神歌不易記清楚的原因之一。氏族薩滿接領新神,會產生新歌;薩滿去世,又可能消失某些神歌。薩滿按傳統習俗祭神時,要沿續和恪守前代薩滿師傳的神歌曲調,但在祝祭中允許因時因情增刪個別詞調。所以,薩滿神歌旋律,是在各代薩滿努力下日臻完善的,並形成許多在本族薩滿祭祀中有影響的曲調,為闔族熟悉和喜愛。近世,薩滿影響雖已式微,薩滿歌在各族中瀕臨散佚。但薩滿所創造的一些曲調,還在本民族中流傳著。

(三) 薩滿神歌試析

薩滿神歌大體包括歷代薩滿傳承的神歌和後世那樣薩滿即興填詞或在激情中瞬息而發詞調艱兩種。薩滿神歌不像一般宗教經文那樣艱澀難懂,而是富有地域、民族個性和濃厚的生活氣息,並蘊含著樂觀、向上、活潑、樸實的民歌風味。

波蘭學者尼斡拉茲在《西伯利亞各民族之薩滿教》一書〈薩滿之作品及詩歌〉一節中,介紹了西伯利亞地區薩滿神歌的內容和傳承特徵,認為「寒凍之西伯利亞地方,夜暗而長,薩滿往往在夜間聚集大眾,唱歌謠以慰彼等。集會時間長約一小時,大眾皆傾聽以大鼓伴奏之薩滿歌──獨特而單調──有時大眾亦和之而唱」。薩滿神歌充滿比興與藝術誇張手法,很能表現北亞、東北亞薩滿神歌的內在風骨。如

乘黑馬的耶爾利克,

> 你持有黑海狸皮床，
>
> 你的腰過於粗壯，
>
> 多長的腰帶也不夠長。

　　耶爾利克（或譯為「埃爾利克」）形象，在阿爾泰人中是一種兇暴的魂靈的代詞，是薩滿常與之交手搏鬥的神祇。關於他的故事同滿族古老的創世神話「耶魯里」的故事一樣多，一樣厲害。他是一個有著大力士身體的老人，眼睛和眉毛都像煤一樣漆黑。向兩邊分開的鬚一直拖到膝蓋那麼長，而鬍子像野豬的臼齒一樣向上翹著，直到耳根。下巴像木槌，角像樹根一樣，頭髮漆黑並捲曲。神歌是這樣描寫的：

> 他騎上純阿拉伯種的馬，
>
> 坐墊是黑色海狸皮做的，
>
> 腰上不繫腰帶，
>
> 脖子摟都摟不住，
>
> 眼皮有一拃長，
>
> 黑鬍鬚
>
> 白紅的臉，
>
> 頭髮發亮的埃爾利克巴伊，
>
> 他的力量來自人的胸膛，
>
> 酒杯是用乾枯的腦殼做的，
>
> 肩胛骨是用扁平的鐵做的
>
> 黑黑的臉龐

……

他騎的馬是純種阿拉伯馬，

繮繩是黑綢子做的，

鞭子是黑色的蛇，

笑著到我面前來吧！ **⑪**

　　耶爾利克有很多魔鬼子女，也都很兇惡。滿族及其先世女真人薩滿教與民間傳說的「巴柱」，是耶魯里眾子女。有的生多頭多眼，十分驚勇。這與阿爾泰神話中的耶爾利克眾魔十分相似。

　　薩滿教崇拜火。各民族都有十分動聽、優美的拜火神歌。而且這些神歌都很古老，與創世神話和崇拜天穹（突厥語族將天敬稱為騰格里）密切聯繫在一起。古代拜自然界的天體同拜火是同一概念，後來才漸漸舉行分祭典禮。《薩滿教今昔》一書中，記錄很多薩滿儀式中的頌火禱文：

　　　「我的 30 個牙齒的火母親，我的 40 個牙齒的山毛櫸（突厥民族崇拜的聖樹）母親，你白天為我們操勞，黑夜裏你保護我們免受惡靈魂的侵犯。來人時你在前面領路，去的人你在後面跟隨。像鐮刀一樣的新月變圓了，舊的一年過去了，新的一年來到了。我用佈施來濕潤你那已經乾燥的嘴……你在金色葉子的神聖的山毛櫸樹（或者樺樹）的樹蔭下休息……你是

⑪　阿·伊南《薩滿教今昔》，中國社會科學院民族所 1979 年編印，第 46-47 頁。

民族的保護者，你保護著我們的羊群……黑臉頰的白公羊供
獻給你，從羊尾巴的右邊切下油來烤九個肉串獻給你……」

「當高聳入雲的山第一次創造出來的時候，當帶翅膀的鳥第
一次展翅的時候，當堅硬的岩石第一次出現的時候，當黑色
的鋼鐵第一次冶煉的時候，有六個枝的草的頭開始燃燒，六
個姐妹開始周遊世界……我們的火母親，使饑餓的人吃飽，
挨凍的人得到溫暖……我用像神聖的月亮一樣的乳牛的乳汁
餵養你……」

「三角的石頭爐子，我的燃燒著的鮮紅的火。不要從我們的
石頭爐子裏跳出來，永遠地燃燒吧，讓我們點燃的火燃燒
吧。讓我們煮酸奶湯的爐子裏的灰燼更多，讓我們傳宗接
代，一代接一代地繼續繁衍下去。哎，阿布坎山的一部分，
哎，月亮和太陽的一部分——火，給我們幸福吧，讓我們豐
收吧。」❷

　　臺灣邊政研究所的哈勘楚倫教授在《消失中的薩滿教文學》一
文中，依據他青年時代在內蒙古劄魯特旗所見到的薩滿的活動與祈
禱文體，做了深入的研究，提供了諸多珍貴材料。他指出：「蒙古
族薩滿的祈禱文，多以口傳承的，且僅限於徒弟，因而流傳的範圍
甚為狹窄，易於失傳，此係邇後散失的主要原因。」作者在對蒙古
族薩滿祈禱文與蒙古詩歌形式與用韻情況進行研究的基礎上，得出

---

❷　阿·伊南《薩滿教今昔》，中國社會科學院民族所 1979 年編印，第 80-
　　82 頁。

「這種詩文，實在是難得一見，相當難覓，是蒙古文學史中頗具風格的作品」。❸該文介紹了作者記憶中的蒙古族薩滿的祈禱文：

　　馭駕兮狂狼，
　　吞餐兮火蟒，
　　鋼鞭霹靂揚，
　　神力感無疆。

上述四行詩歌的押韻形式為頭和腳韻，屬於蒙古詩詞所固有的傳統手法，渾樸自然。

　　多年來，國內民族學者對信仰薩滿教的北方諸民族，進行了廣泛深入的薩滿神歌踏察和徵集工作，成果斐然。近年，蒙古族、錫伯族、滿族等珍藏有年的薩滿手抄資料，已陸續問世。在鄂倫春、鄂溫克、達斡爾等族薩滿中，通過攝影、錄音等手段，多位著名薩滿珍藏的神歌，也得到較完整的記錄。並在此基礎上從事整理、翻譯與研究工作。

　　內蒙哲裏木盟白翠英等先生，搜集了科爾沁三十幾位蒙古族薩滿的唱詞，並進行了系統的整理，保持了原唱詞的面貌。薩滿的唱詞，猶如一首首動聽的抒情詩，悠揚悅耳。如「奶奶神」歌：

---

❸　哈勘楚倫〈消失中的薩滿教文學〉，臺灣《邊政研究所年報》第 19 期。
　　科爾沁薩滿的材料，均引自白翠英等《科爾沁博藝術初探》，內蒙古哲裏木盟文化處 1986 年編。

在太陽升起的地方，
有八十節的寶塔，
節節都有聖水壺啊，
壺壺都盛滿了聖水。

慈祥的奶奶神啊，
請賜福我們的嬰兒，
用聖水為嬰兒灌頂吧，
讓他們長得更加聰慧。

純貞的少女繡畫了你的神像，
供在潔白的氈壁中央，
恩德的母親奶奶神啊，
請福佑我們的兒童健康。

天上沒有柱子支撐，
地面沒有高山頂托；
在沒有炊煙的高空，
有八十間亭臺樓閣。

每年春季你走遍人間，
走村串戶為孩子驅除病魔；
每年秋季你來到世上，
挨家逐戶為孩子賜福祛禍。

又如科爾著名的甘珠爾桼布薩滿，保留許多請「昂道」（精靈）、請「珠貴」（蜜蜂）、請少布（鳥）等諸神的神詞，不僅舞姿輕盈多姿，擬態惟妙惟肖，而且神詞生動優美：

《向昂道祈禱》

眾人的首領啊，
吉日格伊耶啊哈嗚，
是勇敢的黑巴特爾精靈，
吉日格伊耶，啊哈嗚。

群神的頭領啊，
吉日格伊耶啊哈嗚，
是英雄的「瓦其日樸日布」（金剛杵）
吉日格伊耶，啊哈嗚。

讓纏人的疾惡魔鬼，
吉日格伊嗚，啊哈嗚，
與我們徹底解除吧，
吉日格伊耶，啊哈嗚。

按著左腰端坐，
吉日格伊耶，啊哈嗚。
令病魔趕快解脫，
吉日格伊耶，啊哈嗚。

再按右腰穩坐，

吉日格伊耶，哪哈鵲。

令病魔立即開，

吉日格伊耶，啊哈鵲。

《請珠貴（蜜蜂）精靈》

籲喂，籲喂，啊哈鵲，

來吧，來吧，快來吧。

美麗神明的蜜蜂神，

飄飄悠悠地飛臨吧。

為你備好了美酒佳肴，

恭請你快快下來賜教。

請快飛入我的身體，

乖乖地附著不要執拗。

籲喂，籲喂，啊哈鵲，

來吧，來吧，快來吧。

《請少布（鳥）精靈》

洪格爾少布卓蓋，

美麗機靈的鳥神，呵鵲呀。

心愛的坐騎交給你了，

請快快騎上飛臨，呵嘮呀。

夢境中遇見了你呀，

夢你附入我的身心，呵嘮呀。

迷惘中見你飛來飛去呀，

最後融入我的靈魂，呵嘮呀。**⓮**

　　蒙古薩滿的歌詞與音樂，像北方其他民族薩滿歌一樣，正日益
消散。在科爾沁地方搶救、整理、公佈出來珍貴的薩滿文化遺產，
這是對我國民族文化寶庫的可喜貢獻。該書作者指出，近代科爾沁
薩滿的音樂和蒙古族薩滿信仰一樣，經歷了一個漫長的發展過程。
薩滿音樂在調式、節折節奏、曲式結構等一系列方面，逐步形成了
自己的特點。凝重、古樸，雖不像一般蒙古民歌旋律那樣優美，更
多地表現「神」的意味，不同凡響。

　　鄂倫春、鄂溫克、達斡爾薩滿神歌，古樸抒情，剛勁高亢，充
滿樂觀粗獷的生活氣息。歌詞中多用襯詞，並在詠唱時自由地即興
填詞，使神歌更加生動、活潑，富有神秘色彩。1990 年至 1992 年
期間，我們曾在大興安嶺十八站、白銀那以及呼倫貝爾盟巴彥托海
鎮，錄製了鄂倫春族薩滿孟金福、女薩滿關扣尼、鄂溫克族女薩滿
奧雲花兒、達斡爾族薩滿平果的祭祀活動，保留了一部分神詞。往

⓮　白翠英等《科爾沁博藝術初探》，內蒙古哲裏木盟文化處 1986 年編，第
　　126、135、137-139 頁。

昔，每當大興安嶺春花蓓蕾、水鴨飛來的時候，鄂倫春族就要舉行一次隆重的春祭大典。身著神服的薩滿敲響神鼓，唱春季祈禱神歌：

> 哲格蓬如坎日
> 是金黃色的神，
> 是天上的俄轟（母親）。
> 春暖花天時，我們再次供奉你，
> 請你耐心等待呀，俄轟，
> 我們給你帶來新鮮美味的食物，
> 請求你保佑我們全家幸福，
> 免除我們的災難與不幸。
> ……

又如「春風神歌」，歌詞美麗動聽：

> 我用鹿茸四平頭做成的梯子，
> 登上天空進入我的神位。
> 我叫射恩——人間的祖神，
> 到天空又變成春風神。
> 請用香味彌漫的「阿叉」薰我的神位。
> 使我變成了高尚的神。
> ……
> 我站在空中看人間，

用雙手向人間灑滿金子，

用雙手向人間灑滿銀子，

用雙手把成群的犴趕到主人旁邊，

用雙手把成群的紫貂送到主人手中，

讓我的主人得到春天般的溫暖、幸福。

在鄂倫春族薩滿神歌中，還有謳歌女神、各姓守護神、「胡里斤」神等神詞。下面為「魏姓女神」神詞。薩滿詠唱，族眾齊誦襯音，烘托氣氛：

特窩咧，特窩咧	特窩咧
雄鷹把你叼起來，	特窩咧
你坐著白雲飛上天。	特窩咧
我有事相求，	特窩咧
請你好好下凡到人間。	特窩咧
我們用金子換來了動物，	特窩咧
奉獻給你麅子和犴。	特窩咧……❶

鄂溫克族著名女薩滿紐拉和奧雲花兒詠唱的神歌，宛如一首首敘事詩。如紐拉為族眾詠唱《祈求好運》神歌：

---

❶　富育光、王宏剛〈鄂倫春薩滿教調查〉，《世界宗教研究》1991 年第 4 期。

　　　　遠方的客人來了，
　　　　祝他們一切順利。
　　　　請求我唱薩滿禱詞，
　　　　祈請神不要發怒怪罪。
　　　　他們從遙遠地方而來，
　　　　我不能回絕他們的請求。

　　　　聚集我虔誠的族眾們，
　　　　祈求天上富有的諸神，
　　　　　　賜給我們富裕的生活；
　　　　祈求掌管野獸的神靈，
　　　　　　賜給獵人們好的運氣，
　　　　祈求管嬰兒的「奧葳」神，
　　　　　　賜給他們眾多的子女。
　　　　我們在向
　　　　太陽母親、月亮父親祈禱。

　　再如奧雲花兒詠唱的《祭祖神》：

　　　　黑龍江上有祖籍，
　　　　雅魯河畔有神座，
　　　　海拉爾呼倫貝爾為住地，

八個杜拉爾❶為娘家。
十八歲成年時，
告別雅魯哈文家族。

兩支神鳥對飛，
兩條神蛇相連；
培育我的尊師，
訓戒我的祖神。

承襲娘家祖神，
暗中摸索蹤跡，
朝夕奔波追隨，
九條「索恩鈉爾」。❶

老薩滿逝去已久，
承繼者已經出世；
十八歲的杜拉爾姑娘，
具有潔淨的血液。

誕生新一代薩滿，
愛滿莫昆吉祥、福裕。

---

❶　杜拉爾、鄂溫克族幾大氏族之一。八個杜拉爾，指該氏族的分支。
❶　索恩鈉爾，鄂溫克語，係指連接兩顆神秘的九根模術。

子孫繁衍。⓲

……

達斡爾族著名大薩滿楊文生，在「斡米南」薩滿大祭中的神歌，唱出了他被選為薩滿的心情：

……

由於我骨頭潔白，

你就喜愛我；

由於我血液純潔，

你就附在我身上；

從我出生之時起，

你就佔據了我；

從我嬰兒之時起，

你就引導著我；

從我睡搖籃之時起，

你就帶領著我；

要我繼承「雅德根」的職責，

走上「安德」的道路。

由於不能掙脫，

為了族眾的安寧，

⓲　呂大吉、何耀華主編：《中國各民族原始宗教資料集成·鄂溫克族卷》，中國社會科學出版社 1999 年版，第 161、146-147 頁。

我承受你的選擇，
當了莫昆的「薩滿」。
孫兒愚昧無知之處，
請不要動怒責怪……

在青曖和煦的月份，
選擇吉慶的良辰，
乘著黎明的曙光，
迎著初升的太陽，
找開包好的「北瓦」，
在房門門坎的內側，
豎起七個掌的托若，
舉行我的慶典儀式。
微微晃動的樹枝上，
　有布穀鳥的巢穴；
搖搖搖動的樹枝上，
　有烏鴉的巢穴；
剛剛長出的樹枝上，
　有鴿子的巢穴；
兩枝粗大的樹枝上，
　有孔雀的巢穴。

在春暖花開的季節，
江河已解凍，

鯉魚在遊。

樹上有枝杈，

枝杈上有鳥巢，

巢裏有幼雛……⑲

滿族薩滿神歌，因各姓氏生活地域分散廣闊，且民族流徙變遷很大，所以形成錯綜複雜的表現特徵。從近些年調查和各地各姓薩滿神歌採錄情況看，滿族神歌基本分為兩大類：家祭神歌與大神祭歌。家祭神歌曲調平穩單純，各姓皆有自己的神詞主調，變化較小。神詞內容亦顯簡單，諸姓多有雷同。大神祭詞與曲調，則獨具特色。如吉林省九台滿族尼瑪查氏（楊姓）神詞：

當陽光被遮住的時候，

當月亮剛出的時候，

當黎民歇息酣睡的時候，

當野獸回窩、鳥還巢的時候，

當萬星出來、千星泛起、七星回轉、

　　三星放光時候，

眾星閃光，設立神壇，

楊姓子孫宴請眾位神位。

……

---

⑲　呂大吉、何耀華主編：《中國各民族原始宗教資料集成·達斡爾族卷》，中國社會科學出版社 1999 年版，第 339-340、337-338 頁。

宴請從天而降的三大金佛神，

宴請從天而降、手拿雙銅鏡的大瞞尼神，

宴請舒穆魯氏的海東青神，

宴請手使流星錘的安楚河神，

宴請牧馬神，

宴請古代兵營神，

宴請古代先知先覺神，

宴請古代師傅神，

宴請山洞眾舅母神，

宴請展翅而飛的首神，

宴請飛行於架上而降臨的安楚河鷹神，

宴請赴陰取魂、回到陽間能將靈魂放入體內、使人復活的金
鵰神，

宴請有斑花紋的天鵝佛爺神，

宴請安尼舒克得利佛爺神，

宴請原居住在榆樹上的烏爾尖瞞尼，

宴請曾祖先神九十歲的瞞尼，

宴請七十歲的瞞尼，

宴請綏芬河道的布可它瞞尼，

宴請曾祖先神何勒瞞尼，

宴請點燃燈光，由房門而入的多霍洛瞞尼，

宴請家族誦唱的八十歲師傅，

宴請家族祭祀的九十歲師傅，

宴請罕堅瑪法師傅，

宴請善吟唱的恩德克瑪法師傅，

宴請善玩耍快登阿祖先神師傅[20]

……

　　這首神歌，在滿族大神祭薩滿神諭中，很有代表性。它出於祖居烏蘇里江中游、原東海窩稽部地方的滿族尼瑪察氏望族。全歌迎請近四十位神，包括薩滿神、英雄神以及各種動物神，顯示了氏族歷史源遠流長和神祭的宏大氣派。滿族及其先民女真人，很古以來一直流傳著敬火拜火的禮儀。在滿族薩滿古祭中，有隆重的火祭（拖阿衣窩陳）。在滿族著名史詩《烏布西奔媽媽》中，也保留下來東海窩稽林中人火祭神歌，壯觀氣派，富有昂揚的北方民歌號子韻味：

　　……錫霍忒阿林那丹格格山尖，咳咿耶，

　　燃起七堆徹夜不滅的篝火，伊耶，伊耶，嗨伊耶，

　　這是得利給媽媽的火呀，嗨耶，

　　這是拖窪依女神的火呀，嗨耶，

　　這是突姆離石頭的火呀，嗨耶，

　　這是臥勒多星神的火呀，嗨耶，

　　這是巴那吉胸膛的火呀，嗨耶，

　　這是額頓吉天風的火呀，嗨耶，

　　這是順格赫永生的火呀，嗨耶，

---

[20]　神詞由中國社會科學院民族文學研究所宋和平研究員翻譯。

　　嗨耶，嗨耶，冰雪裏生兒育女，

　　嗨耶，嗨耶，地穴裏活過白頭，

　　嗨耶，嗨耶，霧浪裏看穿闊海，

　　燒吧，燒吧，嗨伊耶，

　　魔鬼逃竄，無影無蹤，

　　燒吧，燒吧，嗨伊耶，

　　火呵，母親的火，恩惠的火，

　　慈祥的火，哺乳的火，

　　伊耶，伊耶，嗨伊耶，

　　火是閃著來，

　　火是笑著來，

　　火是蹦著來，

　　火是樹上來，

　　火是雨裏來……

　　滿族大神祭的神歌，遠比家神神歌內容豐富。曲調根據所祭情節，波瀾起伏，高亢剛勁，尤其能夠表現每個薩滿的唱功才華。在長期祭祝活動中，各姓薩滿都形成了自己獨特聲韻的核心聲調。族眾只要一聽，便馬上判斷出來是哪家的神歌調。薩滿歌中包括主唱、對唱、答唱、伴唱，其中助神人（栽力）的歌喉與音樂水平至關重要。栽力的歌詞答對、贊神、勸神、娛神的內容與唱段，往往要多於薩滿。所以，薩滿歌唱中二神的神歌構成薩滿神歌的重要組成部分和重要特徵。滿族大神神歌多為長歌，敘事神歌居多，講述本氏族來龍去脈、掌故、有關族源神話、歷代薩滿名諱和神技功業

等。

總之，從上列各族薩滿神歌中，可以看出，薩滿神歌雖然因其宗教崇拜目的而孕生於荒古時代，但又隨社會的進步而走到近世。它吸納了各民族民歌、社會禮俗、觀念等多方面精髓，蘊含著我們的先民為生存所發出的吶喊與呼號。有些薩滿神歌最早就是一些民歌被薩滿吸收和借用到薩滿神歌中來的，從而增加了薩滿神歌的民族性和民眾性，更為本族信仰族眾所喜愛。

二、薩滿祭祀舞蹈

舞蹈是人類最早產生的一種藝術形式。從發生學的角度看，舞蹈的起源是多元的。然而，它與原始宗教始終有著千絲萬縷的聯繫。宗教觀念催發著舞蹈的產生與發展，是舞蹈表達的重要思想內容；舞蹈強烈地渲染著宗教思想，為無形的觀念賦形，成為生動的形象藝術。

(一) 薩滿舞蹈類型

美國民族學家亨利·摩爾根曾經指出：「舞蹈是美洲土著的一種敬神的儀式，也是各種宗教的慶典中的一項節目。世界上任何地方的野蠻人，也沒有像美洲土著這樣專心致志地發展舞蹈。他們的每一個部落都有十至三十套舞蹈，每一套舞蹈都有其專門的名稱、歌曲、樂器、步法、造型和服裝。」㉑其實，以舞蹈的形式敬神、

㉑　〔美〕摩爾根《古代社會》上冊，商務印書館 1997 年版，第 113 頁。

娛神，並非只是美洲印第安人有此習俗，從民族心理學的角度分析，此乃人類的共有特性。我國北方各民族自古素有歌舞祭神的傳統。古代夫餘、三韓、百濟等族皆有以歌舞祭天之俗。這些部族與北方古代其他民族一樣有著相似的薩滿教信仰，即皆敬天祭天，屆時祭舞盛況空前。史載：扶餘「以臘月祭天，大會連日，飲食歌舞，名曰：『迎鼓』。是時斷刑獄，解囚徒。有軍事亦祭天，殺牛，以蹄占其吉凶。行人無晝夜，好歌吟，音聲不絕。」[22]三韓「常以五月下種訖，祭鬼神，群聚歌舞，飲酒晝夜無休。其舞，數十人俱起相隨，踏地低昂，手足相應，節奏有似鐸舞」。[23]滿族「薩滿……扭擺腰身，跳舞擊鼓。」[24]《黑龍江述略》云：「以鼓和之，應聲跳舞。」

　　薩滿舞蹈是北方民族獨具特點的原始歌舞藝術的薈萃。在漫長的歷史進程中，薩滿祭舞廣泛吸納、融合、提煉和發展了本民族的特有舞蹈形式，賦予了神的靈魂和意韻，獨闢蹊徑，形成了北方諸民族自成系統的舞蹈藝術。薩滿舞蹈形態豐富，歷史文化積蘊深厚，使其成為世界矚目的藝術寶庫。這些民族向以能歌善舞著稱，可以說薩滿舞蹈與民族民間舞蹈互相補充，相映成輝，從而使各民族舞蹈藝術充滿無限的生命力與特有的藝術感染力。正是從這個意義上說，研究薩滿舞蹈，應在民間舞蹈中探討其源流，薩滿舞蹈與民族舞蹈，可謂相輔相成，相得益彰。

---

[22]　《後漢書·東夷列傳》。

[23]　《三國志·魏書·東夷傳》。

[24]　《竹葉亭雜記》。

　　薩滿舞蹈，實際上是薩滿跳神行為的外在動作顯示，是薩滿在祝祭活動中，為了達到某種神事目的而顯現出來的各種舞拜姿態與動作。祝祭舞蹈源於原始先民對自然宇宙和超自然力的虔誠膜拜。誠則祭，祭則拜，拜則手舞足蹈，以發崇敬之情。薩滿祭禮的過程，很大程度是通過諸種舞蹈完成的。薩滿用舞蹈實現全氏族與神交往和祈祝目的。其中內容包括祭祀祖先神、驅邪祛病、卜測吉凶以及為氏族成員的祈願等等。

　　在滿族薩滿史詩《烏布西奔媽媽》中，記述了東海女真先民薩滿原始舞蹈的形態。舞蹈的名稱繁多，如烏布西奔大薩滿所在的烏克遜部落，有古舞（珠勒格瑪克辛）、祭舞（窩徹瑪克辛）、宗族舞（烏布遜瑪克辛）、獵舞（布特海瑪克辛）等幾大類。其中古舞包括野血舞、鬥舞、琵琶骨舞、連擊舞、啞舞等生動有趣的類比舞蹈；宗族舞是有關部落之間的傳遞資訊、彼此聯絡的舞蹈；祭舞的類比動作最活潑、熱烈。長詩記述了如此眾多的原始祭舞，表現了神與人的各種心態。如俊舞、醜舞、魔舞以及身舞。身舞又分為全身舞與身體部位誇張舞，如頭、面、乳、肩、手、足、衫、裙等都有不同的形態舞。

　　鄂倫春族薩滿舞蹈，分祭祀、祝禱（許願）、治病幾類，不同的神都有獨特的跳法，活潑、熱烈。其中尤以春祭最為隆重，一般在每年五月舉行。薩滿穿上神服，坐在野豬皮墊上敲鼓，邊敲邊閉眼唱請神調，族眾伴唱。隨著薩滿神歌聲調的越發高昂，薩滿便突然跳起來，圍著火堆從左往右跳著優美的神舞，眾小薩滿們也跟隨著跳。薩滿繼續唱降神歌，並喝獸血。小薩滿也跟著搶血喝。邊喝血邊在地上打滾，嘴裏不停地呼叫著。薩滿這時唱起人神分別的動

人神歌：

> 現在我不知道什麼時候再下凡，
> 你們遇難要請求我，
> 我隨時下凡。
> 我給你們留下鹿和犴，
> 明年春祭咱們好好來相會
> ⋯⋯

薩滿邊擊鼓邊圍火堆舞蹈，舞步越來越快。薩滿舞蹈表現了神的特性。比如狐仙下凡，跳神的老薩滿跳大步舞，一步邁出很遠，一蹦老高，表現出神的性格。

　　薩滿舞蹈形態是薩滿和族眾精神心理外在顯示，是薩滿表達情感的特殊語言，具有突出的象徵性。薩滿祭祀中各種舞蹈動作，歷來被薩滿們和氏族核心成員所高度重視，看成檢驗薩滿降神與否、祭祀成敗及薩滿能力的標準。因此，薩滿們在祭祀中都著意追求舞蹈動作，並因此而成為特定歷史條件下氏族最具權威性的藝術家。對此，國外不少學者曾予以肯定。薩滿行為富有強烈的表演性，薩滿自身的天賦起著至關重要的作用。因此，每位薩滿的舞蹈語言、表現力均各不相同。薩滿舞蹈動作是「神靈附體」後神的舞姿，實際是薩滿在特殊情況下大腦極度興奮的生理反映，更是薩滿自身舞蹈天才的下意識發揮與展示。在薩滿「烏雲禮儀」中，老薩滿向小薩滿傳授祭祀程式等內容，其核心即包括祭祀中各種神靈的舞蹈動作、腰段、眼神、腳步和伴唱鼓點，以此培養薩滿和眾助神人的神

道觀念和宗教情感，旨在增加對氏族神祇的無限敬仰和崇拜心理。正如古希臘人為了達到崇拜神靈的目的，常在神明面前挑選表演舞蹈的人才，並設「有一門研究姿態與動作的學問，叫做『奧蓋斯底克』，專門教人美妙的姿態，作敬神的舞蹈」。㉕薩滿是歌唱與舞蹈能力兼備的氏族祝祭人，正是通過他們的能歌善舞，形成了各民族獨立的祭神歌舞體系和與之相和諧的曲調。由於生產生活條件的差異，各民族薩滿舞蹈的內容和特點均各不相同。一般說來，漁獵、遊牧民族的歌舞趨於古樸、狂熱、模仿性舞蹈顯得更為逼真，而早已進入農耕經濟時代並定居下來的一些民族，文化素養相對高些，民族間的文化交往也較為頻繁，薩滿歌舞除保持抒情、舒展的舞姿特點外，更顯示出穩重、雍容和重視豔妝與民間美聲的發揮與運用，以及舞蹈動作的含蓄性。

　　吳紀賢先生在《吳氏我射庫祭譜》中，就有「舞贊」條：「古有踏追，男女相隨。莽勢旋轉，棲姿若飛。沙曼舞旋，奇可枝間。戲水浮雁，臥菱百綻。驚扮鷹鵾，鶴唳聲聲。蛙蟲鬧秋，雲鵝戲風。千技百類，悉數家珍。」「先哲有訓，祭皆用舞。啞舞在先，投足稽首。燔咽萬牲，野曠驚嘶。神效百擬，豈非戲哉。萬動銘心，維甯求安。舞聲相鍾，古祭日盛。」上述舞贊介紹了滿族莽勢與薩滿祭舞產生的思想動因，特別強調薩滿祝祭舞蹈對自然界動植物的生存類比舞姿，表現了薩滿對生活的熱愛，並指出了薩滿舞蹈的演化史與贏得群眾喜歡的心理原因。

㉕　〔法〕丹納《藝術哲學》，傅雷譯，人民文學出版社 1963 年版，第 45 頁。

　　精彩而富有戲劇性的類比舞蹈，是薩滿舞蹈中最突出的特徵。
幾千年來，北方民族最神聖、最隆重、最熱鬧的集群活動，莫過於
各氏族部落的薩滿教祭禮。清代桐城派著名詩人方登嶧，在黑龍江
齊齊哈爾流放期間曾作《迎神詞》，形象地描繪了滿族人以歌舞事
神習俗：「朝迎神，夜迎神，長歌短舞來元靈。主人百拜主婦跽，
熒熒滿堂燈燭青。蕭蕭擊鼓搖鸞鈴，懸腰前彩舞莫停。」當時的北
方可以說是「戶戶掩門看跳神」。往昔，在閉塞蠻荒的邊塞，薩滿
跳神在當時是最熱鬧的娛樂活動。常常持續幾宿幾天，既是宗族聚
會，更是文化娛樂活動。尤其是早先的薩滿祭祀內容豐富，很有看
頭，集特技、魔術、戲法、音樂、舞蹈於一體。

　　薩滿模仿舞蹈主要分兩方面，即對自身情感、心態的類比舞蹈
和對客觀事物的類比舞蹈。當然，在每位薩滿的具體舞蹈中，二者
並非區分得十分嚴格，常常是有合有分，相輔相成。只不過是各有
側重罷了。在早年各族祭禮中，第一類舞蹈表現得最為集中、生
動、突出。主要刻畫薩滿魂遊術以及神附體瞬間的體態變化。薩滿
通過表情、舞步、手勢、肩抖、膝轉、頭擺和前進、後退、徘徊等
動勢刻畫他們複雜的神附心理，並用舞蹈語言表示神附前、後薩滿
兩種不同人格的形態與心理。除此，神靈要求的供品以及對供品是
否喜歡等，也由薩滿的啞舞傳告族眾。俄國突厥學者 B.B. 拉德洛
夫講述了薩滿赴陰間的類比舞蹈：

　　　在陰間的跳神形式，在各種不同的條件下各個薩滿同樣也有
　　各自不同的跳法……薩滿在一邊模仿著洪水的狂濤猛浪聲，
　　亡靈祈禱幫助，它們在哭泣，在呻吟。

薩滿為拯救亡靈所表現出來的心理活動，都是通過舞蹈的形式有層次地表現給參祭的族眾。第二類薩滿舞蹈，在近世薩滿教祭祀中最豐富，各族薩滿都有自己拿手的絕活。在每次祭祀中，依據所迎請的神祇和祝禱目的，薩滿要充分施展和發揮自己的特長，表現模仿才能。薩滿模仿的內容廣泛、生動。而以漁獵、遊牧生產為主的民族，保持與傳承的技法、舞技尤技高一籌。薩滿類比舞蹈，分為人神、猛獸神、禽鳥神、魚神、蟲神、蛙蜥神、蜂蝶神、植物花卉神、宇宙物質與宇宙幻化神（如山川、石、洞、星、雲、雪、雷等神話中的宇宙幻化神）等等。為達到惟妙惟肖的模仿效果，薩滿要通過學習和訓練，掌握基本的技能。據《富察哈喇禮序跳神錄》記載，薩滿跳神要精學六「知」，即聲（知各種聲響，能叫出來）；形（知各類模樣，能扮出來）；動（知各種動作，能學出來）；行（知各種步法，能走出來）；靜（知坐態、臥態、睡態、死態、僵態）；情（知各物喜怒憂歡悲思懼，能做出來）。薩滿們依據自己的經歷、承受師傳和平日的經驗積累，用舞動形式類比古代叱吒雪原、威及人類生存的鷹、鵰、虎、豹、熊、豬、狼及蟒蛇等猛禽、猛獸、毒蟲的聲形動態及其擬人的心理；刻畫它們覓食、曬陽、昵崽、吼嘯、酣臥、驚視、狂馳、緩行、騰跳、思慕、憐愛、嬉耍等動勢與心態；竭誠頌贊它們的神威形態。薩滿對人格神祇的舞態塑形，也十分注意傳神：如神靈的聲態、動態、心態、走態、笑態、怒態、鬧態、翔態、望態，以及各種造型物獨特的個性、嗜好、體能等，都在薩滿緊張短促的迷癡、詠唱中，巧妙糅合，自然舒展，「露出有度，不厭不俗，不擠祭

路，誠敬知禮，驕疏大忌」。**㉖**

　　薩滿舞蹈表現了弱小精靈的生命狀態，寄託著薩滿對它們的深情。在薩滿教觀念中，麻雀、鴉、鵲、天鵝、鹿、布穀、蚯蚓等，都是薩滿與超自然界聯絡的資訊使者，蜂、蜥、蛙、龜等也是薩滿與天空、陸地、海洋溝通的使者。薩滿舞姿突出表現其個性特徵，如蛙躍、龜爬、蜂蜇、鵲叫、雀噪、蚯地行等，以展示薩滿教神祇的面貌。

　　在北方諸民族薩滿舞蹈中，歷史悠久，波及地域廣闊的舞蹈造型是雙翼互蓋環宇的鷹舞。鷹是各民族共同崇拜的神祇。因而，鷹舞的形式亦相當豐富，有單鷹舞、多鷹舞、半人半鷹舞（鷹首人身）。鷹神形象多為凶武的女神。滿族薩滿教神話傳講，鷹神神母與創世神關係密切。其神偶為鷹首，半裸女體，正在為世上第一位女薩滿哺乳。在滿族薩滿教古代祭禮《鷹祭》中，保留著造型獨特的鷹舞。鷹舞由三人主演，他們穿著用白樺皮製成，可容三人穿的頭、身、尾分體的鷹服，旁有穿著的白樺皮小鷹服的五至七人伴舞。舞時，大鷹服由三人合穿，可通氣觀望，組合合理，頗似獅舞，四周由穿小鷹服者伴舞，氣勢壯觀。我國北方諸族的鷹舞舞姿剛健優美，造型生動。有的地方還雜有鷹聲，模仿效果更佳。

　　國外學者在不少著述中，也都很注意薩滿跳神中的類比舞勢。僅舉前蘇聯著名民族學家 N.A. 洛帕廷對果爾特薩滿的介紹：「祈禱之後，薩滿開始跳舞，用自己的舞步模仿在中界（地球）、下界（陰界）和上界（天空）的旅行。因為他要在這些地方尋找偷走病人

㉖　吳紀賢《吳氏我射庫祭譜》。

靈魂的那個惡魔。這種旅行極其艱難而危險：薩滿每一步都會遭到惡魔的陰謀暗算，後者千方百計想在薩滿沒有到過並且難以通過的陰間密林中將薩滿置於死地。但是，薩滿的庇護者謝沃神和另一些善神會幫助薩滿。經過許多磨難和努力之後，薩滿終於找到偷走病人靈魂的惡魔。」由此可見，薩滿是用舞蹈語言講述一個驚險的故事，簡直像一個獨角戲。薩滿通過給人聲形奇特、神秘驚心的舞蹈動勢，充分施展一個演員必備的表演本領，單角、多角、單幕、多幕變幻多端的表演，完成一項項神祭內容。俄國學者 E.B. 列武年科娃，將薩滿祭祀活動「看作一個獨角舞臺，在這個舞臺上，在一個人物上和一個情節中集合了神話和禮儀、秘密祭典、狩獵舞，也就是說集合了在不同歷史時期分離為獨立藝術形式的一切表演。」並指出：「演員的內視力可與薩滿的形象表演相比較。無論演員按照一定的天性規律把握自己的創作過程、激起靈感，還是薩滿掌握自己藝術的內在技術情況，情況都是一樣，其實質就是有意識的支配下意識的東西，或者如斯坦尼斯拉夫斯基所說的，『自然地激起有機天性下意識的創作』。」❷⓿這些論述，已直接將薩滿與富有表演天才的藝術家們相提並論。

　　隨之薩滿類比舞蹈形態的發展，薩滿舞蹈中又有刀舞、槌舞、棍（矛）舞、鞭舞、蟲舞、鈴舞、銅鏡舞、絲條舞、羽翎舞、皮舞等。這些舞勢，多為薩滿為完成某項神事任務，上天入地所使用的媚神、誘魔和自衛的神器。最古老的薩滿神器有手杖、錘或斧，手

---

❷⓿　〔蘇〕E.B.列武年科娃《薩滿其人》，鄭天星譯，《北方民族》1989 年第 1 期。

杖、拐棍、錘都是薩滿前往陰間尋找靈魂用的輕便工具。

薩滿舞蹈對北方諸族的民間舞蹈也產生了深遠的影響。無論是內容，還是形式，民間舞蹈都從薩滿舞蹈中吸取營養，從而極大地豐富了我國北方民族的藝術寶庫。如蒙古族的鷹舞頗為獨特，其中以單人舞較多。這種舞蹈形式源於「查幹額勒」，即薩滿教的一個支系。「查幹額勒」意為白鷹，它在祭祀時所跳的舞蹈，後演化為「鷹舞」。❷❽

據《璦琿十里長江俗記》載：清代及民國初年，愛輝古城和大五家子滿族一些大家族中，尚流行喜耍「鼓服」的莽勢巴克辛（莽勢舞）。鼓服，滿語為「冬阿冬」，類似擊鼓聲音，實為滿語「通肯額吐庫」一詞的諧音。相傳，這種舞蹈最早是由江東一位白薩滿傳過來的。在皮衣裳裏面，「鑲縫不少形狀不同的骨圈小鼓，很乖巧，可搖甩周身，屈身側肘，盤腳踢跳，忽躍忽縱，彈身鼓響，迷癡甚甚。可一人舞，可眾人舞，可男女同舞，一身生百音，好舞者聚興焉」。

(二) 薩滿舞蹈特徵

薩滿舞蹈展現了北方諸民族薩滿教祭祀的面貌，體現了薩滿教的多神崇拜觀念。薩滿舞蹈所保留和反映的原始舞蹈特徵，尤為豐富、鮮明。

1.以動作傳達神諭的示意性特徵。直接以神歌形式表達神諭是

---

❷❽　波·少布《黑龍江蒙古研究》，黑龍江省民族研究所 1990 年版，第 207頁。

近世薩滿教的特徵之一。而原始薩滿舞蹈則多以動作傳達。當神附體後，薩滿的舞蹈動作配合以服飾、神器，共同組成表意符號，具有明確的象徵意義，向族眾傳達神意。如滿族柳祭主神佛多媽媽是一位主司人類繁衍的母親神，她降臨時，身披用柳葉粘成的皮斗蓬，擊鼓跳舞，舒緩地表演一個或數個舞蹈，即向族人降賜神諭。如佛多媽媽將柳葉斗蓬翻過來，雙手在胸前上下移動，表明此地將有乾旱；如將斗蓬提起，就地旋轉，象徵天降甘露。

以舞蹈動作傳達神諭，體現了人類早期的思維特徵。現代心理學研究表明，動作的發達與成熟，遠比語言早的多。在語言產生前，原始人主要依靠動作來表達思想感情，交流資訊。這是與原始人直覺行動思維相一致的。由此可見，舞蹈是人類最早產生的一種藝術形式；以形體動作為媒介的舞蹈藝術應當產生於語言藝術和造型藝術之先。正如滿族族傳史料《吳氏我射庫祭譜》所云：「舞非閑言，祭皆用舞，先哲有訓，古祭無言，啞舞在先，投足稽首。」

2.粗獷而少人為雕琢的野性特徵。粗獷、古樸、野性、自然，是薩滿舞蹈的外在表現特徵。所謂野性，係指原始薩滿教舞蹈重實用，功利，而少人為雕琢成份。舞姿舞容都是初民在蠻荒時代，生存欲念和生存活動的展現，直接表露人的本性與欲望，毫無後世諸種禮法的束縛。

在舞蹈內容上，體現原始人類魂寓於血、以血養魂觀念的各種嗜血、噴血、灑血、浴血的崇血舞，在薩滿教舞蹈中突出而普遍。在薩滿教觀念中，尚血、崇血觀念蓋源古久，它萌生於原始先民對生命的崇拜。原始人類在與禽獸和自然的抗爭中體會到，血即生命，血流盡則斃命。血也是靈魂的寓寄之所，血能養衛神魂，所謂

「魂依血流，血行魂行，血凝魂止，則浮離體外，曰浮魂。魂依血養，魂憑血育，血旺魂壯，血熱魄強，無敵天荏，鬼魔難當，曰養魂」。㉙基於這種觀念，鮮牲血是薩滿祭祀中不可缺少的神聖祭品，殺牲獻血也成為薩滿祭禮的重要內容，並伴有喝血、灑血、噴血等多種形式的血祭舞，反映了原始先民對血的崇拜觀念。

在達斡爾族祭禮斡米南儀式上，第三天夜間要舉行吃血儀式。當日白天，殺一頭三四歲的牛或殺三隻雪白的羊，將牛、羊血盛在木碗裏，上面摻一些牛奶、奶酒，並加上九小段香和九小塊心肝肺做好準備，以供降臨的諸神嘗飲。在請神吃血前，將所有燈熄滅，兩位薩滿在黑夜裏擊鼓起舞，眾人合唱助興。當眾神降臨吃血時，兩個薩滿發出「噶咕，噶咕」布穀鳥的呼叫聲，並各自口含木碗中的血，噴向四方，再繞「托若」樹繼續唱頌舞跳，至高潮時，再點燃燈火，並為各神偶、神像嘴塗抹牛羊血，然後把三棵樺樹移植野外，整個儀式宣告結束。

往昔，每當大興安嶺冰雪融化，天鵝、大雁、野鴨飛來時節，鄂倫春人都要舉行一次春祭大典，以祈求新的一年闔族平安吉順，狩獵豐收。在春祭大典上，薩滿要用禽獸鮮血點抹神偶嘴部，象徵神靈喝血。儀式開始，薩滿擊鼓請神，跳神，起初很慢，隨著鼓點的加快，薩滿的身子越抖越厲害，歌聲越發激揚，舞蹈越發火爆。薩滿按請神、迎神、跳神、敬神、送神等程式將諸位自然神和祖先神請至神堂，通過誦唱神歌和舞蹈的形式，頌揚神靈的威力，表達族人對未來美好生活的企盼。薩滿所跳神舞，一般從火堆左邊跳到

㉙　富希陸《璦琿祖風遺拾》。

火堆右邊,再迂迴反覆,表現所請神靈的神姿動態與個性。跳神完畢,人們要將禽獸鮮血裝入碗中,獻到薩滿神鼓上,薩滿嘴裏發出咕咕的喝血聲,然後由新學藝的小薩滿喝血,並讓族人喝血。❸⓪

　　薩滿祭禮中的血祭舞蹈將原始薩滿教的思想觀念予以形象的再現,表現了先民的生活面貌,體現出野性的特徵。

　　3.以群體性、競技性、遊藝性的表現形式的自娛性特徵。薩滿祭禮是人們敬神、酬神、娛神的形式,但其根本目的則是為了人的願望和利益。因而,祭禮是祭神與娛神、娛人的統一。薩滿祭禮常常是闔族的集體事宜,是族體意識的顯示。因而,薩滿舞蹈不僅有單人舞,薩滿與助神人的雙人舞,更是最常見的形式,以此來表達人的祈願,實現人神交會。吉林省九台市滿族石克特立氏家族是近世為數不多的保留薩滿教野神祭的家族。就整個祭祀儀式而言,野神祭（又稱放大神）,是薩滿歌和舞蘊含較為豐富的一部分。薩滿放神時的舞蹈多以薩滿與助神人共舞的形式完成。如金花火神（司火女神）降臨時,薩滿要和一位助神人手執燃香起舞於神堂與壇場間,意味把神奇的火種撒向人間。其舞蹈動作很有特色。在「快五點」的鼓聲中,雙手在身前、額前反復不斷地交叉起舞,胯部隨之微微左右擺動,使腰鈴發出有節奏的唰唰聲。然後一手於耳邊,一手於身旁,碎步旋轉於雲霧、煙香飄渺之中,尤其是薩滿手中的燃香,隨腕部的轉動而清香四溢。整個舞蹈動作輕柔、舒展,具有濃厚的女性特色。

---

❸⓪　參見關小雲、王宏剛《鄂倫春族薩滿教調查》,遼寧人民出版社 1998 年版,第 64-68 頁。

　　源於原始人類在群體生活的基礎上形成的群體意識的群體舞，是薩滿教原始舞蹈的重要表現形式，包括薩滿群舞、神魔群舞、薩滿與族眾群舞、族眾群舞、人獸人禽合舞，烘托出人神同祭共娛的熾熱氣氛。滿族錫克特里氏放大神時，巴圖魯瞞尼降臨後的舞蹈即是薩滿與眾助神人的群體舞。薩滿手執三股鋼叉英姿煥發地在「快五點」的鼓聲中旋轉起舞。眾助神人手擎著繪有狼、蟲、虎、豹、鷹、蟒、蛇、鵰的八面黃色大旗，同薩滿一起，在七星斗前跳起了亢奮、激越的大群舞。此刻，薩滿帶領眾助神人用急速的碎步繞七星斗和旗架跑∞字步、跑碎步的同時，薩滿雙手在身前不停地轉動著鋼叉，使鋼叉如車輪般地立轉於胸前。在跑碎步的過程中，薩滿有時突然地做出「頓步」，同時將鋼叉向前猛然刺出，口中喊：「呵！」從而形成了瞬間的舞姿造型，向人們生動地展現了這位祖先英雄神銳不可當的風采。❸

　　在薩滿舞蹈中常有歡樂的族眾舞蹈，更增添祭典的喜慶熱烈情緒。鄂倫春、鄂溫克、達斡爾族薩滿祭祀結束時，多有族眾載歌載舞的自娛活動，人們手拉手，圍成圈兒，跳起篝火舞或集體舞。鄂溫克人於每年四月舉行的「奧米那楞」盛會，參祭者多達一二百人。祭祀結束後，人們便自發組成二三十人的小隊，圍成圈手拉手地唱歌跳舞。薩滿祭祀族眾參舞的熱烈場面，往昔在東北亞各民族中均可見到。人們「力求達到『沒我入神』之境」❸，認為是「與

---

❸　參見曹麗娟《滿族薩滿舞蹈的古崇拜意識論》，列印稿。

❸　〔波〕尼韓拉茲《西伯利亞各民族之薩滿教》，中國社會科學院民族研究所編印，第30頁。

精靈取得聯絡」 ❸，使自己進入歡樂無憂的世界的絕好機會。因此，我們說薩滿祭禮實際是各民族「文化娛樂節」。

　　旨在傳播生產生活經驗、培育後代優良品格的競技舞蹈，多由諸多英雄神率族眾進行，成為古代祭舞中最熱烈火爆、富有強烈感染力的舞蹈形式。在每個古老大祭圓滿結束之前，氏族上下自發舉行極富有風趣的餘興活動。競技舞蹈充滿著智慧和勇武精神。它一方面鍛煉、培養了氏族後代勇敢頑強的英雄主義氣慨和征服自然的高超技能·；另一方面，又展示了人類掌握、傳播生產生活經驗，表現了他們喜悅、自信的心情。在滿族薩滿教火祭中，穿火陣是一種饒有風趣的競火、娛火活動。由薩滿和族長精心布設九個火陣，有的像長蛇飛舞，有的如駿馬奔騰，有的似臥虎咆哮⋯⋯族中青年男女競相來穿火陣。穿火陣舞動作變化很大，或蹣跚慢舞，或急劇跳躍，表現出族人機智、謹慎地穿過火陣。形式繁多的即興舞蹈，表達了祭奠神靈之後人們歡欣喜悅之情，增強了氏族的凝聚力和與生活抗爭的信心和勇氣。

　　大祭後的舞蹈都是集體性舞，歡快熱烈，隨意自如，或環手群舞，或雙雙對舞，踏地歡歌，擊掌、吶喊為節。眾薩滿也以普通氏族成員的身份，加入了歡樂的海洋。族眾通過舞蹈來宣洩自己的情感，表達他們祭奠神靈後的歡欣喜悅之情，增強了氏族的凝聚力和與生活抗爭的信心與勇氣。

---

❸　〔波〕尼幹拉茲《西伯利亞各民族之薩滿教》，中國社會科學院民族研究所編印，第 30 頁。

　　自娛是人的本性。在生存條件十分嚴酷的原始時代，人類的自娛性活動，對於調解身心健康，解除精神負擔，融洽群體關係，獲得生活信心，尤為不可缺少。然而，在萬物有靈觀念的支配下，原始人類的自娛活動總是與原始宗教祭祀密切相關，並依託於祭禮之中，從而形成了古代祭禮與競技、遊藝等自娛活動相結合的結構。

　　4.仿效自然萬物聲、態、動貌、習性的類比性特徵。模仿是人類的重要心理。「摹仿的衝動實在是人類一種普遍的特性，只是在所有的發展階段上並不能保持同樣的勢力罷了。在最低級文化階段上，全社會的人員幾乎都不能抵抗這種摹仿衝動的勢力。但是社會上各分子間的差異與文化的進步增加得愈大，這種勢力就變得愈小，到文化程度最高的人則極力保持他自己的個性了。」❸❹作為原始文化的載體，薩滿教保留著豐富的類比舞蹈。在儀式上，當降神後，薩滿主要通過舞蹈來模仿各種生物、自然物的動作和神態，展示先民的崇拜觀念。薩滿舞蹈的類比性，源於原始先民在漁獵生產中對動植物和其他自然物細緻的觀察和體驗，其類比物件和類比動作取決於人類對該生物的依賴性和認識程度。對猛禽猛獸的類比，著重於表現它們非凡的生存能力和勇武雄健的本性，這是原始人類仰慕不已而又無法企及的。對幼小動物的類比，著重於表現它們機靈、敏捷、互助愛群的天性。薩滿教靈禽靈獸崇拜觀念十分悠久。青蛙、蜥蜴、刺蝟、麻雀、蜜蜂、烏龜等都被奉為神靈。這些幼小動物與人類的生活密切相關。它們多棲息於部落周圍，對瘟疫、疾

❸❹　〔德〕格羅塞《藝術的起源》，商務印書館1987年版，第167頁。

病、陰晴、旱澇、災異具有過敏的反應力和相當強的預感，原始人常依據它們的異常變化，判斷自然災異，並決定自己的行止。薩滿舞蹈不僅將這些幼小動物的形態表現得生動形象，也表達了人們對它們的感激心理。對無生命物的類比，主要表現人類對自然界的認識和對生產技能的掌握。類比舞蹈力求動作準確，形象逼真，聲貌酷似，音形結合，並注重服飾、面具和舞具等，達到惟妙惟肖的程度，充分反映了原始人對自然界的虔誠崇拜意識。

5.縱情無我，神氣貫通的癡迷性特徵。薩滿教昏迷術是薩滿教祭祀的主要特徵之一。因昏迷術所致，薩滿舞蹈呈現著舒展飄逸，如醉如癡，縱情無我的癡迷舞態，忽急忽緩，忽重忽輕，忽沈忽浮，變幻多端。在薩滿教儀式上，當神靈附體，薩滿進入昏迷狀態後，作為舞蹈的主體，薩滿主要是再現神的英姿，傳達神的旨意，表達神的感情。神附舞在薩滿舞蹈中佔有很大的比重，且舞蹈的藝術造詣更高，多以詩、樂、舞三位一體的形式為神賦形，使神人同形同性。如科爾沁薩滿神舞的核心動作是踏地旋轉。當薩滿向諸神祈禱完畢，經圓形調度定點旋轉數十圈，嘎然變換舞步，擊鼓激昂，以至迷狂。歇斯底里般地旋舞跳躍，使薩滿痙攣性地顫抖，吐白沫、翻白眼，奔向門外，撲倒在地（防止摔傷，要有兩人攔接）。甦醒時，他們的人格幻化為神格，表現出附體神的動態特徵。儀式既定的神事結束，薩滿再次擊鼓速轉（意為神脫體），隨之跳媚神舞、唱《送神歌》，懇求來神，「別纏在身，別揪住心，請回住所，請回神位，讓徒弟甦醒，讓心兒平靜。把花衣（神服）脫下來，把鳥帽（神冠）摘下來，讓後背的汗水消乾，讓晚輩神智如前……」。

旋轉就這樣托舉了整個跳神儀式，支撐著幻象的框架。㉟

　　前蘇聯學者華·揚契維茨基在其所著的《拔都汗》中，對蒙古族薩滿神附舞蹈有詳細的描述：「在這四十個日日夜夜裏，蒙古皇族（指成吉思汗之孫拔都時代的皇族）的諸汗們或者飲酒作樂，或者進行深夜的祈禱。薩滿教的巫師們狂跳著，施展法術，選擇推定大軍總指揮者的吉祥時刻。在進攻與否的關鍵時刻，拔都汗及其將領舉旗不定，請女巫占卜決定。女巫坐起來，把臉塗成紅色和藍色，花白的頭髮梳成許多小辮子，像一條條灰色的蛇爬在她頭上。女巫直起身，戴上尖咀鳥頭狀的帽子，後沿墜著長長的狐狸尾巴，身披黑熊皮，腦前掛著銅鏡，皮帶上繫結著用毛氈製成的偶像，然後手拿羯鼓、鼓槌、號角，把綿羊的肩胛骨、山羊前腿裝進口袋。女巫的黑眼珠開始斜向一側，漸漸隱沒在眼角裏。他的身軀不停地搖晃，嘴裏『啊喲』、『啊喲』地呼喊起來。她從皮袋裏摸出一把綠色的柏葉，撒入火堆，頓時青煙滾滾，濃鬱的草香氣味飄散在帳中。女巫站起身，將羯鼓掩在面前，口中不停地祈禱，時而模仿野狼、黑熊和貓頭鷹的叫聲，時而手舞足蹈。突然，她用單腿跳躍著，跳出門外。帳裏的人和帳外的士兵一起跟她跑去。她奔跑到自己帳幕那棵老樺樹下，以異常敏捷的動作爬上去，站在樹丫上，敲擊羯鼓，吟誦咒語，從背袋中掏出綿羊肩胛骨和山羊前腿，向北面俄羅斯方向用力擲去。然後，又用同樣敏捷的速度滑下樹來，穿過雪地，奔

㉟　參見白翠英〈旋轉與科爾沁博的迷狂〉，白庚勝、郎櫻主編《薩滿文化解讀》，吉林人民出版社 2003 年版，第 498 頁。

向拔都汗所在的帳幕。」❸由此可見薩滿神附舞蹈在整個儀式中的
作用和薩滿在特異的意識狀態下的舞姿舞容。

　　薩滿舞蹈的癡迷性特徵來自於薩滿的氣運神功，氣到體動，神
氣貫通。正如《吳氏我射庫祭譜》所云：「薩滿舞動，源出其氣，
首來於肩，漸生雙肋，熱及雙股，通貫兩足，再沖於首，迷醉非
癡，智亦守中。」同時，族眾熾熱昂奮的誠祭氣氛和某種致幻藥物
的效果，使薩滿舞蹈的癡迷性尤為濃烈。

(三) 薩滿舞蹈的功能

　　1.營造一個人神和諧的氛圍，增強集群的凝聚力。歌舞事神是
薩滿教的重要特徵。無論從事何種神事活動，薩滿都離不開歌舞。
正如恩格斯所說：「舞蹈尤其是一切宗教祭典的主要組成部分。」
在薩滿教祭祀中，每一個鼓點、舞步、音符都是薩滿溝通人神、表
達思想感情的特殊語言。薩滿在從事神事活動時，正是運用了音樂
與舞蹈這些特定的語言，完成了降神、娛神、酬神、謝神等程式，
實現了集群內部在共同神靈、共同祖先庇佑下的內聚與團結。正如
馬林諾夫斯基在《文化論》一書中指出：「在部落的盛大集會中，
共同舞蹈和歌唱時審美經驗的溝通……都可以把一個團體在強烈情
感之下團結起來。」❸可以說，在莊嚴的祭禮上，薩滿音樂、舞蹈
與祭壇、神龕、神偶、各種飾物及供品共同營造了一種神秘、神聖

---

❸　轉引自于平《中國古典舞與雅士文化》，吉林教育出版社 1992 年版，第
　　200-201 頁。

❸　〔英〕馬林諾夫斯基：《文化論》，費孝通等譯，中國民間文藝出版社
　　1987 年版，第 88 頁。

的宗教氛圍，共同渲染一種人神同樂、人神溝通的特殊氛圍。在這種特殊的氣氛中，人們的情感得到表達，不良的情緒得以釋放，心理得到滿足，精神獲得共振，從而使人們獲得了信心，增強了氏族的凝聚力和向心力。

2.具有集體和個體的醫療功能。歌舞是薩滿祭祀的重要組成部分，它們既是薩滿和族人表達思想感情的特殊語言，也是他們娛神娛人的有效方式。每逢祭祀後，薩滿與族人便載歌載舞，娛神娛人，抒發著獲得精神力量後的喜悅心情，這對於治療因恐懼、迷惑、過失感等心理因素引起的精神抑鬱症很有療效。同時，通過活動四肢和關節，使血脈通暢，亦有強身健體之效。

舞蹈有時也被薩滿用來給患者治病。蒙古族安代舞是蒙古族薩滿醫治某種精神病症的有效方法。傳統的安代舞由薩滿來主持，患者頭披紅布，坐於場地中央，由兩位藝人一唱一和地詢問和回答病情，其餘的人隨之歌舞起來，安代唱詞多與心理治療方面的內容有關。接著薩滿將病人的頭巾揭去，引導病人起舞，融於族眾之中。整個氛圍和舞者的情緒對安撫患者，甚有積極作用。連續數日，便能治癒。前述維吾爾族薩滿在為人治病時，讓患者盡情跳舞，使其大汗淋漓，其治病的道理與蒙古族安代舞相同，這既是一種心理療法，也是一種運動療法。

3.薩滿舞蹈是薩滿進入特殊的意識狀態的誘因。近一個世紀以來，隨著薩滿研究的深入和相關學科的發展，薩滿在昏迷狀態下的生理、心理機制漸被揭示。可以說，薩滿在儀式中的特殊意識狀態是多種因素共同作用的結果。其中，聲音的節奏和舞蹈的旋轉對誘導其致幻迷狂是最有廣泛性，並最具效果的因素。在薩滿教儀式

中，音樂和舞蹈佔有十分重要的地位，具有多重功能：既是薩滿與
神靈溝通所憑依的特殊語言，又是薩滿表現諸神形態的必不可少的
手段；不僅為薩滿實現人格轉換創造了特定的宗教氛圍，而且其本
身對引發薩滿生理、心理和意識變化也有著直接的作用。

　　如果說薩滿樂器是通過音頻刺激感官和神經，從而引發薩滿神
秘體驗的話，那麼，舞蹈在薩滿教儀式上則往往成為薩滿進入昏迷
狀態的前奏。薩滿昏迷多半發生在儀式中的狂舞之後。換言之，正
是在激揚狂舞之中，薩滿的靈魂飛升和神靈附體才得以實現。達斡
爾族薩滿在為全氏族舉行的旨在求福消災的「斡米南」儀式上，當
神靈降臨神壇後，請來的師薩滿在前引導，主祭薩滿緊隨其後，旋
轉起舞，熱烈激越，直至薩滿昏迷倒地，進入一種神附狀態。正是
在對科爾沁蒙古薩滿神舞流程進行多年考察並對其精髓具有透徹感
悟的基礎上，白翠英先生得出了卓有見識的結論：「我們完全有理
由說，瘋狂激蕩地旋轉是將科爾沁博（薩滿）導向昏迷境地的真正
咒力和魔法」。[38]可謂一語中的。

　　事實上，正如音樂和舞蹈在儀式上密不可分一樣，它們對薩滿
感官和神經系統的刺激也具有綜合效力。對此，曾在東非、海地、
南美、泰國、巴布亞新幾內亞和加拿大西部進行過民族精神病學考
察，並長期致力於印第安人薩滿精靈舞療效研究的不列顛哥倫比亞
大學精神病學系教授沃爾夫岡·G·吉萊克，將實驗法和醫療儀器
用於印第安人薩滿舞與精神病學關係研究之中，從而得出許多獨到

---

[38]　白翠英〈旋轉與科爾沁博的迷狂〉，白庚勝、郎櫻主編《薩滿文化解
　　　讀》，吉林人民出版社 2003 年版，第 499 頁。

的見解。他在《薩滿舞蹈在北美印第安人中的復興》一文中指出：
「鼓聲加速到極高的頻率（每秒鐘擊 3.3 下到 3.7 下），幫助跳舞者尋
找幻覺；人們在腦電圖上看到，在這種頻率下，對人腦的刺激能引
起意識狀態的改變。人們在太陽舞和薩利什人的鬼舞道門中都可以
看到這種情況。在太陽舞中，跳舞者利用他們的笛子，婦女們幫他
們用柳木棍打拍子，男人們發出戰鬥的叫聲，所有的人都鼓勵那人
尋找幻覺的人。」❸❾我們從吉萊克的論述中不難看出，特定的宗教
氛圍、群體共振的意念場和音樂、舞蹈等形式，共同構成了誘發薩
滿神附體驗的綜合因素。

---

❸❾　Wolfgang G. JILEK: La Renaissance Des Danses Chamaniques Dans Les
　　Populations Indiennes De L'Amerique Du Nord, Diogene No 158, 1992.

第八章　薩滿教神話

　　人類古代神話，是原始時代的精神產物，具有永恆的藝術魅力。原始神話是人類童貞期心裏活動的集中表現，是先民在生產力和智力水平都相對低下的情況與境域下，「用一種不自覺的藝術方式折光地陳述歷史、反映現實，寄託理想，進行認識和掌握世界的思維活動的特殊產物。」❶神話是古代先民的觀念形態，反映了原始人的心理素質與理想願望。人類的後世子孫們，都期盼著從神話思維觀念中，追索和認識遠古先民們的生活和文化軌跡，進而理解人類思維的演講過程。基於這種願望和責任，世界各國都非常重視對古代神話的徵集與研究。希臘的古代神話曾對歐洲文學產生過重大影響。我國的華夏神話大多保存在《山海經》、《淮南子》等著作中，極大地豐富了中國文化，始終影響著我國歷史、文學史、民俗學史以及民族學史等人文科學的發展。

　　中國北方諸民族薩滿教中所弘揚、傳承下來的神話，是古代北方先民征服自然、創造生活、憧憬未來的最神奇、最富有生活理念的文化遺產和財富，為我國保存下來原始先民不屈不撓地與自然力

---

❶　李子賢、鄧啟耀〈神話思維試論〉，廣西南寧《全國神話學學術年會論集》，1984 年。

抗爭而創造的廣闊生動的社會歷史畫卷。我國自「五四」新文化運動之後興起的神話學研究，多散見於漢文典籍中的零星、片斷、殘缺的佚文資料，主要圍繞《山海經》等典籍，探索我國神話之源流。除此，鄭振鐸、茅盾等先生相繼將希臘神話、北歐神話、古埃及和印度神話譯介到國內。多年來的神話學研究基本上形成了一種傳統的概念和內涵，似乎在我國國內已不存在其他神話的載體。

中國北方薩滿教神話研究，始於上個世紀八十年代初。隨著北方諸民族文學史的撰寫和薩滿文化研究的深入開展，我國滿族、蒙古族、達斡爾族、鄂倫春族、鄂溫克族、錫伯族等民族原始神話資料得以徵集、挖掘、翻譯、整理。中國北方薩滿教神話至今仍流傳在民間，許多神話中的神仍被本民族誠祭著。因而，薩滿教神話是一種活態神話，具有鮮活性、感染力和濃鬱的地域氣息。神話的存在與傳播，與其所處的地域條件、民族自身的文化素質、生活習俗、信仰以及文明進化程度等因素，有著極密切的關係。神話在特定的條件和環境裏，仍可具有生命力，甚至可能在一定文化氛圍中有著不同的傳播形式。所以，神話學也和其他精神現象一樣，是一種複雜的思維形式與現象。

一、薩滿教神話成因

(一) 薩滿教神話的胚基

在神話學研究中，宗教與神話的因緣關係問題備受關注，又爭論不休，是一個非常複雜而又棘手的問題。因為「原始時代從它的

序幕開始，到階級社會的產生，佔有人類歷史的最長的時間。但由於那時沒有文字，不像後來的歷史諸階段都有遺留下來的文獻材料可資參考。所以，原始時代的史料有它自己的特殊性。這個時代的史料，主要是非文字的」。❷研究原始先民時期的神話最初產生問題，也同樣遇到困難，沒有直接資料可資借鑒。但可以肯定，原始宗教與原始神話是人類社會發展過程中的產物。原始宗教產生的前提是人類原始意識的形成。神話產生的前提是人類有了可以進行思維與互相交流的思想工具——語言，才可能產生與傳講神話。原始人開始以某種實物符號表示一定的概念，表達其喜、怒、哀、樂等不同情感，如遇到猛獸有驚懼的表示，喪失同伴也會發生憂傷的哀號，對自然物有了親疏之情，從而使神話的產生成為可能。神話的產生與原始宗教有著密切的關係。據楊堃先生考證，在石器時代晚期人類便產生了宗教萌芽。關於薩滿教的起源時間，普遍認為是在母系氏族社會後期。從我們研究的薩滿教神諭可知，早期薩滿教崇拜的眾神以女神為主，而眾多女性生殖圖像、女性雕塑製品、半女性半獸體塑像的出土，也可證明，薩滿教產生於母系氏族社會的中期至晚期，但直至父系氏族社會，母系社會的影響依然相當突出。在漫長的歷史時期，薩滿教始終與人類相伴隨，直到封建社會末期，才逐漸走向衰亡，個別地區的薩滿教直到新中國建立後才逐漸衰落下來。

　　薩滿教中有眾多女性大神。天空中達其布離星神，就是一位女神。她身上有男女兩個生育器官，可變男變女，可與薩滿交，是人

---

❷　林耀華《原始社會史》，中華書局 1984 年版，第 15 頁。

類智化大神，後來變成天上女星神。這位薩滿教崇拜的原始女神，反映了原始群婚時期的意識。也許有人認為，這位神祇可能是母系與父系交替時代產生的神祇，其實不然，塔其布離女神所生的人都是女性。所以在薩滿祭祀時，求孕婦女不能只拜這位大神，怕總生女孩子。她的多生能力，恰反映了原始群時期的婚媾觀念。

薩滿教中包含著眾多的神話，既有創世神話，又有對自然現象的解釋神話以及其他動物、植物、礦物神話。其中有些神話有著濃鬱的圖騰意味。這些神話由薩滿講唱傳播，而薩滿往往就是這些神話人物的使者與替身，如癡如醉，瘋狂熱烈，反映了薩滿教神話與宗教儀式的密切關係，極具神聖性。可以說，薩滿教與薩滿教神話是同時萌生於母系氏族社會，是當時原始人類心中兩朵心靈並蒂花。原始宗教意識靠原始神話觀念予以潤澤、培育，而原始神話觀念的宣講與傳播，更加深了對原始宗教的膜拜。由原始唯靈觀念的依賴，到一般的宗教意識，逐漸發展成為明晰的自然崇拜和靈魂信仰，並逐漸創設了氏族宗教祠堂神位。所以，神話與原始宗教是孿生兄妹，互為胚基，互相依存，互相補充，相榮相長。神話是薩滿教宗教心理和觀念的形象表達，是原始宗教的思想核心，而薩滿祭禮又是神話觀念的集中表現形式。神話促進宗教發展和延續，強化其熾熱的宗教情感。相反，薩滿教存在又不斷豐富、弘揚神話內容，使其感染性和藝術魅力不斷得以昇華，成為人類藝術的永存性珍品。正如 J.J. 巴霍芬在《托納葵神話》中所說：「原始宗教概念是一切宗教思想的基礎。不管古代社會也好，現代的社會也好，總之一切社會的宗教都體現出人類行為的同一內在結構。而原始宗教不但反映出神話思想，而且本身也是神話。反過來，神話的主要概

念也就是宗教思想。」

(二) 薩滿是薩滿教神話的集萃和傳播者

　　薩滿，數千餘年來作為宇宙眾神的人間代表和與超自然界溝通的中介，始終是北方諸民族精神世界的領袖，是荒蠻世界開化族群思想的蒙師和先導。所以，人們自然而然地認為，薩滿──只有薩滿，才是對宇宙、對各種自然變化、對人生和人的起源、繁衍、氏族的延續以及未來的命運等等，最具權威性的、令人信服的解釋者。薩滿就是這樣產生，又不斷被神化，並世代傳承的。薩滿所講的有關神的故事，均非隨意講解，而是極真誠和莊重地向本族人傳講，使族人深信神的存在是實實在在的，是不容懷疑的。人類當時的思維發展水平，決定著人們必然會極虔誠認真地傾聽，並極盡敬奉之事。原始神話是先民的聖經和史書，是他們禮儀的法典，是充滿智慧的百科全書，同時，還是他們的智慧寶庫。

　　薩滿教神話被創造出來以後，在歷代承襲過程中，薩滿依憑自己的智慧、才華和豐富的神職經驗，不斷地豐富、潤色、傳講著薩滿教神祇神話，以此教化族人，娛悅諸神，從而強化其神聖性。故此，薩滿「多於神祀時唱有關天地開闢、萬物形成及人類起源的神話古歌，以娛人樂神，崇德極遠。」❸

　　薩滿教中保留的神話內容，集中記錄在薩滿神辭神贊中。北方諸族古老的薩滿神諭，不論是最初的口傳神諭，還是後來出現的用文字記錄的神諭，都有開篇前的「創世神話」，作為神諭的楔子，

---

❸　富希陸《璦琿十里長江俗記》。

或稱「神頭」。滿語和女真語都叫「富陳烏朱」，意為「祝祭之首」。祭神必先頌神歌，以示慎終追遠、報祖崇源的虔誠心意。薩滿教神諭中有關天地起源、發端、造天造地的神話，俗稱「發根」、「根子」。唱神唱人都要唱「根子」，頗類南方諸民族的「創世紀」。其傳承形式主要由老薩滿向新薩滿口傳心授。在氏族部落時代，還以類似結繩記事的方式，將某一神語依附在某一具有象徵意義的神偶、神器等實物上。為使薩滿日後便於複習、提示，逐漸產生了內容簡略的薩滿神諭手抄本，其形式不一。據滿族薩滿史詩《烏布西奔媽媽》記載，烏布西奔大薩滿有小女薩滿九九八十一人，分到九九八十一個部落。烏布西奔教唱神詞，眾薩滿背記，因怕時間長遺忘，「達爾古媽媽記在樹葉子上，達爾里媽媽記在樹皮裏面，達爾布媽媽記在草稭上，畫蟲畫鳥畫飛魚，都有各自秘語。」滿族神諭式樣很多，從我們搜集到的神諭看，有用新舊滿文書寫的，也有用蒙文或漢字標滿音的。有意義的是，在我們近些年的調查中，有的滿族老薩滿能在其世傳的樺皮神匣上刻印的花紋中，破譯出薩滿創世神話：「大地和水與人是柳葉（女陰）生出來的。」薩滿憑著自己純熟的唱技和演技，看圖生情，便可回憶起由前輩薩滿口傳下來的神語順序，按著刻紋「一溝一凸，一行一行的花紋線，便可講出一族的部落起源發脈。」❹這種「起源發脈」說，便是一個氏族的族源神話。

神諭神贊中的神話內容，主要包括以下類型：地球和宇宙形成神話、人類起源神話、本族本支發祥神話、自然現象的變幻解釋神

---

❹　同前注。

話、人以外的各種靈魂、神氣變化神話、動植物神話、人和其他生命孕生神話、本氏族薩滿與祖先成神的英雄神話，除此還有冥界神話、魔鬼凶煞神話、人體部位或某種器件成為精靈的神話，神名甚多，不勝枚舉。

薩滿教的教義寓含於神諭裏，其核心則集中體現在神諭記載的眾多神話中。薩滿教神話構成了薩滿教神學的主要內容。歷代薩滿世代依據這些神話神學，樸素地回答周圍世界發生的許多「為什麼」和「怎麼樣」的問題。祝祭中因神而制，依據神的性格、性質、稟賦、善惡、喜好等，對某些神祗予以供祭獻牲，對某些神則予以防範抵禦，對某些神甚至要制其神威。薩滿依照神話故事判斷善惡，對待諸神採取截然不同方法，或恭敬祭奠，或克惡致勝。在薩滿教觀念占統治地位的遠古社會，這是事關民族或部落生死存亡、昌興衰落的大事。所以薩滿和族人都極其虔誠，極其認真，從而使北方古神話在薩滿教中得以保留和傳承。

有些人認為，只有薩滿教初期才有造神現象，人類邁入文明門檻後，造神運動便不復存在了。其實，只要宗教存在，神話便存在。宗教與神話相依而生，相依而存。直到近世，仍未改變。1982年筆者在九台縣蟒卡滿族鄉東哈村調查時，該地滿族石姓族人談及本族薩滿神話，可謂如數家珍，膾炙人口。滿族諸姓族人，至今談本族薩滿神話，仍是肅然起敬，誠信不疑。

薩滿教神話得以保存、發揚光大的另一個重要因素，是薩滿教特有的氏族與氏族、部落與部落之間經常舉行賽歌儀式。這種賽歌儀式一般多在春秋舉行，也有在教授新薩滿屆滿領神時舉行。薩滿弘揚神學神話神術活動，十分隆重，頗為闔族崇仰。據《忠烈罕王

遺事》載，完顏兀尤時代便有薩滿間的競神比賽，即競講薩滿教神學、神話。薩滿博古通今，口若懸河，能將本族眾部落的來龍去脈講得有條有理，有根有據，得到族中耆老的稱讚；若論神道，則能一口氣講出數百位神名，對自己最拿手最精彩的神話，講述得更是條理清晰，繪聲繪形，生動感人。某些薩滿能從早到晚講述不停，故事越長越吸引人，因而被視為神道高手。黑龍江甯安市滿族著名文化人傅英仁先生保留下來一百多個滿族神話，主要得益於他的恩師關壽海大薩滿的無私傳承。關壽海，號振川，曾任清朝甯古塔副都統衙門筆貼士，滿漢齊通。民國後在屯裏教私塾。傅英仁先生從十三歲開始跟他學習，直到十七歲，整整跟他學習四年，受益匪淺。關老夫子傳承給他一百二十位神的傳說，其中七十位有故事，其他五十位只有神名和簡單的情節。關老夫子的神學造詣很高，曾到過吉林烏拉傳經講學，堪稱薩滿大師，是滿族薩滿教神話的重要傳承人。

　　富希陸先生《富察哈喇禮序跳神錄》和吳紀賢先生《吳氏我射庫祭譜》中也提到多位上世紀二三十年代愛輝地區滿族著名大薩滿：毓秀薩滿、德魁大薩滿、全大薩滿、英薩滿等，他們先後到卜魁（齊齊哈爾）、烏拉、盛京（瀋陽）等地講過薩滿神學。在璦輝城、大五家子、吳家堡、四季屯等地進行過薩滿競神賽歌講學活動。據傳，當時住在愛輝坤河村的達斡爾的德薩滿、鄂倫春的莫薩滿和索倫部的齊薩滿以及由同江乘船而上的赫哲薩滿，都來獻技參賽。這種比賽莊嚴而有趣，深受民眾歡迎。薩滿教這類傳佈神術的活動，客觀上培養了一批批神話的講述者和傳承者，使薩滿教神話的影響經久不衰。

(三) 北方諸族講古賽歌習俗對薩滿教神話傳播的影響

　　北方諸民族都是能歌善舞的民族，至今許多民族仍保留這種文化傳統。滿族民間還形成了自己的「烏春赫赫」、「烏春哈哈」（男女歌手）。北方的競歌賽舞頗具特色。在「神樹祭」、「火祭」、「柳祭」、「海祭」及婚、喪、結拜、合盟、凱旋、慶獵、選獵達（狩獵頭領）等儀式上，都有內容不同的歌和舞。且多為扮裝扮相的歌舞，即裝扮成神話故事中男女英雄、宇宙神祇臨降，或扮成半人半獸、獸身禽羽人面、魚身人面等神祇，各神有各神的歌舞，宛如進入一個奇特的神國。

　　數千年來，北方諸民族在薩滿教集體主義和英雄主義的熏陶哺育之下，形成了豪放、直爽、熱烈、慓悍的民族個性。薩滿教所祀諸神，都是自然力的化身和代表，懲惡揚善，去邪扶正，施惠於群。在薩滿教神語中就有「像蟻群寧死保洞穴，像黃蜂愛巢屍不全」的戒語，培養了北方人「三人頂一虎」的勇猛精神。而北方高寒風雪的自然環境，鍛造了北方民族自強不息、頂天立地的英雄稟賦。薩滿教神話、神歌是育人奮發的教科書。薩滿教傳承百世的講述族源、古訓，以激勵後人奮發向上的意識，對各民族影響深遠。滿、鄂倫春、鄂溫克、赫哲、錫伯、達斡爾、蒙古等族，都有講唱的古俗，以講唱抒發胸臆，以講唱戒世，以講唱立世育人。

　　北方諸民族講唱風習盛行，並非單純因為北方冬長夏短，冬夜漫長無事而以講唱消磨時光。其實，北方諸族均以冬季為展現其悍勇和智慧的黃金季節，雪原冬獵正是旺季。過冬節必殺牲灑血祭

神，以迎冬稔。多數祭禮與民族體育競賽，如爬山、滑冰、獵雪豹、賽網冰魚、滑雪、摔跤、尋蹤捕獸、騎麋鹿、鬥犴、鬥熊等等，都在冬季舉行，其中鬥犴、鬥洞熊尤驚險誘人。而講唱活動多在夏季舉行。在古代人們看來，夏日狩獵相當麻煩，草木競生，正是百獸得以隱避的季節，且百牲育崽，蛇蟒毒人的危險區無法測定，而夏季蚊虻襲人也不利出獵等等。所以多在夏季舉行講唱比賽。

講古，就是由族長、薩滿或德高望重的老人講述族源傳說、民族神話以及民俗故事「烏勒本」說部等。北方諸民族都興講故事之風，年中生產之暇時多有舉行，成為喜聞樂見的北方民族餘興。族中男女老少或在室內、窩棚和撮羅子內，或在野外，團團偎依篝火旁，聽族中長輩和老人依輩序講故事。講述者有老有少，有男有女，可長可短，故事內容可講述傳統故事，也可以即興發揮，形式多樣，氣氛活躍、熱烈、奔放，充滿情趣。北方民族由於長期受講古習俗的熏染，培育出不少本民族的優秀歌手、故事家。

達斡爾族民間故事講述家薩吉拉乎老人，過去沒上過學，八歲時跟別人學過一年滿文，後自學滿、漢、蒙三種文字，能講遠古神話、風物傳說以及各種有一定哲理、給人以教益的民間故事。老人怎麼能知這麼多故事呢？他講最重要原因是「小時候村裏講故事的人很多，也有人講口譯滿文歷史故事。每當講故事時，他總是擠在人群中悉心聽講，並把故事原原本本地記在心裏。」如今他已經七十二歲了，仍能邏輯清晰、繪聲繪色地講述那些故事。[5]又如曾受

---

[5] 鄂樂〈留下民族的一塊瑰寶〉，《達斡爾人》1980 年 3 月 30 日，第 4 版。

到毛主席接見的著名達斡爾族民間歌手何德志老人，能唱粗獷、奔放的達斡爾「紮恩達勒」。他在孩童時就喜歡學歌，聽別人唱幾遍就能學會。達斡爾人的生活情調給了他音樂的天賦。

　　赫哲人熱愛「說胡力」（民間故事），熱愛「特倫固」（民間歌手），更熱愛本民族的故事家和伊瑪堪（民間說唱）歌手。當年三江口莫勒洪闊漁村的莫特額老人和哈魚的郭托力老人，都是上個世紀三十年代至四十年代著名的赫哲族故事講述者和伊瑪堪歌手。著名赫哲族歌手和故事家吳連貴老人大部分都是向莫特額老人學來的。

　　鄂倫春族如今仍以能歌善舞著稱，講古習俗在全族有著悠久的歷史。鄂倫春族著名的民間史詩「摩蘇昆」的講唱者均具有講唱天賦。如鄂倫春族民間故事家李水花就講「摩蘇昆的來源」也是「天一擦黑，獵人們便湊一塊兒，說呀唱呀，一直到深夜，幾乎天天如此。要不，鄂倫春族怎麼能稱為能歌善舞的民族呢？」❻鄂溫克人的講唱習俗，與鄂倫春族相似，許多歌手和故事家都是在講唱習俗中薰陶和哺育而成的。滿族及蒙族也是如此，蒙古族的「好來寶」與「馬頭琴」更為各族欽敬。滿族先世東海窩稽人賽歌活動，場面宏大。據《東海沈冤錄》載，東海窩稽部向有春秋兩季出海前後的賽歌活動，規模隆重。各部要遴選族中男女名歌手和舞蹈專長者，組成歌舞班，叫「烏春朱子」，專門表演薩滿教神話和民間神話的故事情節，歌舞相伴，競相比賽。賽時，各部落族人騎著鹿、馬、牛或趕著大輪車，攜全家趕赴盛會，邊烤肉邊飲酒，邊欣賞各部落

❻　孟淑珍〈「摩蘇昆」的由來〉，《黑龍江民間文學》第 17 集，第 115 頁。

的歌舞。甚至長途跋涉到海濱築筏，燃起十數堆篝火賽歌舞，以致召來海島百里之外的「野夷呀呀手舞助興」。所演唱的神話有：東海女神奧姆媽媽帶著眾魚神，送光明與幸福給族人。東海神美麗柔媚，「舞姿多習於百鳥翩姿、神魚戲水、獐鹿酣態，迷離可愛」，有時幾部落在海上以筏為舟，合演阿布卡赫赫與耶魯里爭戰的創世神話。可以設想其氣勢與場景十分壯觀，令人驚歎不已。可以肯定地說，北方神話的豐富性與傳承的連續性，有著充分的歷史文化淵源和廣泛的群眾基礎。

值得特別提及的是，強大的漢文化及漢族神話在民間的滲入與傳播，是北方民族神話得以豐富和發展的因素之一。渤海、遼金以來，漢文化以前所未有的勢頭影響著北方諸民族的思想觀念、風俗習慣和文化形態，對民間文學及神話學的影響亦明顯可見。漢族傳統文化滲入北土，漢文的古籍典章成為女真等北方貴族的必讀經典。華夏的神話和傳說也隨之傳入北方，在女真族及其他兄弟民族中產生廣泛深刻的影響。如在北方民族中流傳廣泛的關於關羽的民間神話故事《關瑪法的傳說》、《草莽出世》、《關瑪法顯靈救諸申》等，可謂家喻戶曉、膾炙人口。在北方民族心目中，關羽形象已不再是地道的漢族關西大漢，而是富有北方民族性格「關瑪法」。「瑪法」即滿語，爺爺的意思。可以說，在北方民族的講述過程中，關羽已由一位世代受漢族敬奉的英雄神演變成為一位護庇北方少數民族的英雄神祇，甚至在某些薩滿教祭祀中，也要虔誠奠祭關瑪法，為其設專門的神堂和廟宇。在清代宮廷堂子祭祀中，將其奉為薩滿教祭祀的朝祭大神。

又如冥界神話，最初在北方諸民族中不甚普遍。因為薩滿教觀

念中沒有來世說和閻羅、地獄的概念。然而,在漢文化和佛、道觀念的影響下,在北方神話傳說中也出現了冥界神話,或在神話中注入了這方面的內容。其中最有代表性的文本是《尼山薩滿》。清代以來《尼桑薩滿》、《一新薩滿》、《音姜薩滿》、《甯三薩滿》的名稱,在北方諸族中廣泛流傳。該神話傳說講述了尼山薩滿為救巴勒杜巴顏員外的兒子起死回生,其靈魂赴陰間,用神力將死者靈魂帶回陽世,使死者得以生還。神話歌頌了尼山薩滿的高超神技,洋溢著濃厚的薩滿救世觀念,但也極大地渲染了輪回、來世等觀念。

綜上所述,北方民族神話具有多元性的文化特徵。許多神話及觀念有待於進一步分析、比較、鑒別,才能科學地認識其源流和流變規律與特徵。神話故事的講述與流傳也存在諸多錯綜複雜的因素。區域與區域之間,民族與民族之間,神話內容互有交叉,並在民族文化相互交融的背景下實現諸多變異。

二、薩滿教神話內容

薩滿教神話包羅萬象,尤以創世神話最為突出,在薩滿教神話中佔有重要地位。當然,在世界各國的神話中,創世神話均佔有相當重要的比重,有些神話學家因此將創世神話視為「構成神話的主體」。❼北方創世神話包括宇宙起源、人類起源、氏族或民族起源

---

❼　〔蘇〕C.A.托卡列夫、E.M.梅列金斯基《神話與神話學》,魏慶徵譯,《民間文學理論譯叢》,中國民間文藝出版社 1986 年版,第 3 頁。

等方面的神話。此外，祖先英雄神話和薩滿神話在北方神話中也佔有很大的比重。

(一) 宇宙起源神話

在薩滿教神諭中，多有關於天地起源、發端、造天造地的神話，俗稱「發根」、「根子」。唱神唱人都要唱「根子」，與南方民族的「創世紀」頗為相類。從我們多年實地調查資料來看，北方神話中最具代表性的開天闢地神話當屬滿族的《天宮大戰》和上世紀三十年代形成的《吳氏我射庫祭譜》、《富察哈喇禮序跳神錄》、《璦琿祖風遺拾》、《璦琿十里長江俗記》等頗有研究價值的筆記之中保存下來的神話。

1.女神創世

「女神創世說」可以說是一個具有普遍意義的神話母題，在北方神話中尤佔有突出的地位。吳紀賢先生於 1934 年在《吳氏我射庫祭譜》中記錄的薩滿「祭神開篇」，實即一則典型的女神創世神話：

神翅遮蓋蒼穹的安班嘎哈啊，
叫鳴之聲裏傳告著雷鳴閃電。
最起根發蔓的藤子呵，
是金蛇的棲身翠枝；
最遙遠的根子歌啊，
九萬九千個生日的嘎哈，
學自於葛魯頓媽媽。

再早再早以前，

最古最古之初，

世界上不見冰雪，

不見江河，不見山莽，

到處是白霧迷茫，水珠浮蕩，

霧罩白氣蓋滿蒼穹，

千年不見生息，

萬年無有生跡。

瑪依耶──瑪依耶──

不知過了多少時光，

不知是在何年何月，

一股耀如白晝的葛魯頓媽媽降生了。

九頭八臂，

九頭上九雙眼睛照穿了白霧，

九頭上九個口吹散了白霧，

八臂上的手拿著火把，

是石頭的火，

是白石頭的火，

是黑石頭的火，

是紅石頭的火，

是藍石頭的火，

是綠石頭的火，

是亮石頭的火，

是硬石頭的火，

是柔石頭的火，

八樣石頭的火燒熱了霧水，

瑪依耶──瑪依耶──

輕輕飄上天，

沈沈落入地，

輕者成雲，沈者成山。

九頭八臂的葛魯頓媽媽，

眼睛一照山成土，

口一吹土上生了林草，

才有了大地和蒼天。

葛魯頓媽媽，

是神嘎哈之女，

由東海而來。

瑪依耶──瑪依耶──

　　創世神話歌頌了母神葛魯頓媽媽。葛魯頓，當為「烏魯頓」的異譯，意為陽光、晨光，此即太陽母神。她從東海而來，生有九頭八臂的形象，也可證實其太陽女神的身份。在白霧迷茫，籠罩蒼穹的太初時代，葛魯頓媽媽用眼睛照穿了白霧，用口吹散了白霧，用八臂上的手擎著火把，將霧水燒熱，然後才形成天地。葛魯頓媽媽也因此成了創造宇宙的始母神，成為初民戰勝自然、征服宇宙之理想和情感的寄託。葛魯頓媽媽神話在滿族一些姓氏的薩滿教中都有

傳講，當為滿族先世女真諸部共同敬奉的賜與人類光明與生命的女性創世大神。

　　赫哲族也傳講著女神開天闢地的神話：相傳，很古很古的年代，天地混沌不開。最早頂開天穹的大神就是巨翅闊力，是最高大最威猛的女神。她化形為星辰，為美女。她身邊有肌膚汗毛化成的數萬個愛米神，打敗了魔鬼，才有了天、地、人和地獄。❽在赫哲族薩滿教觀念中，神鷹闊力是薩滿神靈乘騎的工具和薩滿的領路神。薩滿常常要憑藉闊力的輔助，方能懲邪治世。闊力的基本神形是銅嘴、金眼、鐵羽的頂天立地的巨鷹。在黑龍江北岸那乃人的神話中，闊力為鐵羽巨鳥，居住在陰間，薩滿靠它馱運亡靈或與魔鬼拼鬥。闊力實即女薩滿和薩滿神靈的化身。

　　在赫哲族說唱文學「伊瑪堪」中，闊力總是由女子變化而成。她們神通廣大，幫助英雄莫日根戰勝敵手。每當英雄遇難時，闊力總是及時趕來，救英雄於危難之中。如《香叟莫日根》中的主人公香叟在西征途中，被敵手白路用神力掛在神樹杈上，赫金女薩滿變成威武的闊力，飛上高空，張開銅嘴，把菜碗般的眼睛一瞪，禱告說：「我的諸位神靈，請你們都來助我一臂之力！」禱告完，她猛一使勁，擠出兩滴眼淚，變成跟她一樣的兩隻闊力，跟著她飛上高空。三隻闊力把嘴靠在一起，向神樹劈去，一聲巨響，震得地動山搖，神樹被劈倒在地，香叟莫日根得救了。

　　在赫哲族薩滿教觀念和赫哲族民間文學中，闊力都是神力無窮的女神群體形象，深受人們的愛戴。她們成為開天闢地的創世大

---

❽　富育光於 1984 年、1994 年採錄於赫哲族文化人士韓福德、尤永貴老人。

神，可以說是順理成章的事情。

在薩滿教神祇世界中，活躍著眾多古老的女神，儼然是一個女兒國。在人類早期社會生活的諸領域都留下了女神的足跡，而創世女神更以其開天闢地和創造萬物的特殊作用備受崇敬，反映了母系氏族社會女性的重要作用、崇高地位以及由此而產生的女性崇拜觀念。

2.三星創世

甯安滿族著名民俗家傅英仁老先生，近年將其在十三至十七歲從關壽海大薩滿、郭鶴齡大薩滿、梅崇阿大薩滿早期講述的薩滿神話口述整理出來。其中「三星創世」神話資料十分珍貴，在創世神話中獨具一格：

> 最早的宇宙只有水充斥其間，混混沌沌，一片汪洋。這種水稱「巴納姆水」，也叫「真水」，能產生和消滅萬物。
>
> 巴納姆水由兩種份量的水組成的。有份量，比較重的是巴納姆水，沒有分量比較輕的是真水。所以，這一重一輕的兩種水在一起開始不停地互相撞擊，產生了許許多多大小不等的水花；這些水花再互相撞擊，又產生了許許多多大小不等的水泡；這些大大小小的水泡再互相撞擊，又產生了大大小小的水球。再後來，這些大小不等的水球又互相撞擊就產生了火花。
>
> 這種火花又不知撞擊了多少年，從小火花、中火花、大火花直至產生了大火球。大火球之間又經歷許多年的互相撞擊，就產生了光，於是宇宙間出現了兩顆巨星，一個是大水星，

一個是大火星。大水星和大火星又不停地撞擊，產生的火花
更大，照得宇宙一片通亮。後來，這些大火花又不斷地相
撞、相聚，不知聚、撞了多少年，就產生了大光星。從此，
混沌的宇宙產生了三種靈氣：水、火、光。後來，又經歷了
許多年，水、火、光就形成三個巨星，就是大水星、大火
星、大光星。雖說大光星產生的最晚，但是大光星和大水
星、大火星不一樣，它除了自己本身能發出光來外，更重要
的是它帶有靈氣和靈性。所以說，大光星一產生，就對大水
星、大火星起著領導作用。這樣，由混沌的初分，產生了
「創世之神」老三星。又過了很多很多年，老三星成神了，
成了宇宙間的三位古神，也可以說成了三位原古神。有了這
三位原古神，才產生了天空中的萬星，才產生了天、地、
人，才產生了阿布凱赫赫和阿布凱恩都哩和其他一些神。這
樣才構成了天上有生物、有神、有了裂生的神。所以說，老
三星是萬物萬象之主，沒有老三星就沒有一切。❾

　　老三星創世當屬早期創世神話。創世的老三星大水星、大火
星、大光星是由水花相撞生成的火花撞擊而形成，強調水、火、光
三種物質在宇宙創生中的作用，從而給宇宙生成以樸素唯物的解
說。這種解說較神靈創世說更為古樸，反映了原始先民對宇宙直觀
觀察的具象思維特徵。

---

❾　傅英仁講述、張愛雲整理《滿族薩滿神話》，黑龍江人民出版社 2005 年
　　出版。

3.動物創世

　　動物創世也是薩滿教創世神話的重要母題。當然，這些動物都是薩滿教神壇上靈禽神獸，它們參與創世，應該說是薩滿教動物崇拜觀念的反映。在楚克奇人的神話中，大烏鴉用神喙啄開了天門，締造了高山、河流，並用海豹骨、木片、草類和火做材料創造了人類和動物，並為人類的生存，從凶神那裏奪來了太陽。愛斯基摩人的神話則傳講，大烏鴉為人類締造大地，奪取了光明，並接近獸神謝德納亞為人類提供食物。❿

　　洪水神話在世界各民族中普遍存在。根據陶陽、鍾秀先生的研究，洪水神話主要講的是人類的再傳或再造，所以他們把它作為人類起源的續篇來論述。⓫北方民族的洪水神話，與世界洪水神話有共性的一面，即有關洪水後生命複生的神話相當豐富。但北方民族的洪水神話與漢族和南方一些少數民族洪水神話中兄妹婚傳宗接代而繼續繁衍人類的情節有所不同，其中洪水過後動物創世說流傳廣泛。

　　清光緒十六年撰寫的滿族庫倫七姓薩滿神諭中保留一則「佛喝申哥」神話，即小海豹神創世神話：從前啊從前，地上是水，天上是水，到處像一片大海，水浪像拖裏（神鏡）飛閃，就在這災難裏啊，什麼生命也難活。男男女女掙扎滅絕，漂流啊無處棲身。遠處來一位保佑人的海豹神靈，把男女馱到身上，這是天上薩滿助佑

---

❿　林樹山〈蘇聯遠東民族精神文化的某些成分〉，《黑龍江民族叢刊》1986
　　年第 4 期。

⓫　陶陽、鍾秀《中國創世神話》，上海人民出版社 1989 年版，第 229-245
　　頁。

的，到島上洞裏生育後嗣」。

黑龍江沿岸的滿族聚居區，曾廣泛流傳著《白雲格格》即神鵲救世的神話：

> 傳說，天地初開的時候，天連水，水連天，天是黃的，地是白的。漸漸，漸漸，世上才有了人呀、鳥呀、魚呀、獸呀、蟲呀。後來發生了洪水，像從天上灌下來，一連三千三百三十六個日夜，遍地汪洋，白浪滔天。人呀，鳥獸呀，混在一塊漂流，誰也顧不得傷害誰，都在黑浪裏嚎叫，掙扎……慈祥的一群花脖喜鵲，向青天哀叫，請天神阿布卡的小女兒白雲格格拯救生靈。白雲格格背著嚴威的父親天神阿布卡恩都里，往大地上扔些小木枝，於是大水裏出現千根、萬根巨樹。人呀，用漂在水上的綠樹，鑿成威呼（小舟）逃命；鳥啊，從此總是叼細枝，在高樹上絮窩；蟲啊，獸啊，爬到木頭上，漂呀，漂到遠外藏身。剩下的枝杈，在淺灘紮根，慢慢，慢慢變成了興安嶺松林窩集……

在薩滿教創世神話中，動物成為神話的主人公。這些動物神祇或者直接參與創世，成為開天闢地的創世大神，或者與創世女神相配合，為她們提供資訊和幫助，共同完成創世偉業。這種神話母題的出現與北方諸民族長期以漁獵經濟為主要生產方式以及由此形成的突出的薩滿教動物崇拜觀念密不可分。這一點也是其與華夏神話和南方民族神話相區別的特徵之一。

4.神魔大戰

在通古斯古語中，稱「天宮大戰」故事為「烏車姑烏勒本」。「烏車姑」為「神位」，「神板」、「神龕」之意。「烏車姑烏勒本」即「神龕上的故事」，也就是薩滿教神話。其涵義和後世把神話作為一種口碑文學的樣式有著本質上的差異。它完全是作為神的諭訓弘布族眾，故帶有十分莊嚴敬膜的宗教意義。往昔，北方各民族對於這樣神聖崇高的「神們的事情」，並非任何人都可傳講。唯由一族中最高神職執掌者，即德高望重的大薩滿才有口授神話和解釋神話的資格。在老薩滿指導下，往往族權執掌者——罕或穆昆達也有講述的資格。

《天宮大戰》神話故事，在原黑水女真人中流傳。相傳最早在清康熙年間八旗兵戍邊，屯兵於薩哈連水（黑龍江）江右，幾經雅克薩等戰役，時有當地土著女薩滿博額德音姆，是騎一頭九叉白馴鹿的走屯薩滿，能急流渡江，常見其為江左江右族民醫症，甚有神效。又能吹一束白鹿毛看卜，九塊鰉魚大骨做「恰拉器」（響板），行走攜帶，能歌善舞，說唱故事三日三宵不絕。烏車姑烏勒本相傳出自她口。《天宮大戰》共有九段，滿語稱「九腓淩」。

在北方諸崇奉薩滿教的民族中均有以宇宙鏖戰為內容的「天宮大戰」創世神話。宇宙世界是怎麼創造出來的？造天造神運動是如何產生的？「天宮大戰」都作了詳盡而生動的解答。這是北方先民又一重要的創世說，在北方神話與民間口碑文學中，有著廣泛的影響。「天宮大戰」講述了創世之初，善與惡、光明與黑暗、生命與死亡、存在與毀滅兩種勢力的激烈抗衡。薩滿教觀念認為，人類創世之初，必有一番兩種勢力針鋒相對的殊死搏鬥，最終以善、真、

美、光明獲勝，萬物才真正獲得了生存的權利與可能。這種思想旋律是健康的，向上的，是人類在艱苦曲折的生存競爭中產生並積蓄了的開拓精神，任何懦怯、畏葸、苟讓都是毫無生命意義的。正是這種勇武高尚的生存意識和觀念，成為北方諸民族不懼自然力的精神營養，深為各族人民代代傳誦，喜聞樂道。

　　在薩滿教創世神話數千年來的發展過程中，對立的惡勢力便是「耶魯里」，其源很可能來自突厥語。因為，除了通古斯語族的諸民族稱惡魔為耶魯里外，突厥語諸民族甚至北歐有些民族也稱惡魔為耶魯里。耶魯里，是自然界強大而無法抗拒的諸種自然力的象徵。在荒蠻的史前時代，人類剛剛從動物群中分野出來，抗禦與應付千變萬化的自然界的威脅，是相對軟弱無力的。另一方面，對於自然界所發生的各種自然現象，包括地殼變遷、火山暴發、洪水泛濫等原因陡然出現的造山裂谷運動，深感恐慌，產生災險莫測的心理，對這種異己的、神秘的、超越一切的自然現象賦予人格化，從狹窄的主觀想像作出解釋，於是便產生了相互抗爭的兩種人格化神，並且按照現實生活中人的實際關係，創造了阿布卡赫赫與耶魯里兩種力量的代表。《天宮大戰》參、肆腓淩對宇宙兩大神系的萌生有著詳盡的解說：

　　　　阿布卡赫赫所造的敫欽女神，是為了守侍巴那姆赫赫，使她
　　　　不能安眠昏睡。阿布卡赫赫又覺得只讓敫欽女神守護，還不
　　　　放心，敫欽女神九頭八臂，神力蓋世，一旦逃跑，就會變成
　　　　無敵於世的宇內大神，便又派管門的都凱女神，常記住要時
　　　　時管好天門，讓敫欽女神只能在神域之內活動，不能隨意出

走。敖欽女神有九個頭，敏慧無匹，便把憨厚的都凱女神騙來，同她嬉耍，共同築建地穴住室。敖欽女神把頭上觸角借都凱女神去鑽地穴行，都凱甚覺好玩，敖欽女神才沖出天門，成為神威齊天的耶魯里。阿布卡赫赫大怒，把都凱女神趕出天系。巴那姆赫赫出於憐憫，將都凱收留，平時讓她變成蚯蚓，總是穿行地穴。都凱決意要尋見耶魯里，以雪瀆職之恨，從此她無顏見天上太陽，太陽一照便會死去（白蒙古講本）。

世上最早的惡魔怎麼生的？最凶的魔鬼是誰？敖欽女神九個頭顱，想的事超過百禽百獸，眼睛時時有睜著的，耳朵時時有聽著的，鼻子時時聞著的，嘴時時有吃東西的。所以，她把百禽百獸的智慧和能耐都學通了。她的手時時推搖巴那姆赫赫，練得力撼山嶽，猛勁無窮。她總看守巴那姆赫赫，也甚覺沒趣兒，有時就發怒吼鬧。因她身子來自阿布卡赫赫和臥勒多赫赫，吐出的雲氣和烈火更傷害巴那姆赫赫的寧靜。巴那姆赫赫本來就煩惡敖欽女神，一氣之下用身上的兩大塊山砬子打過去，一塊山尖變成了敖欽女神頭上的一隻角，直插天穹；另一塊大山尖壓在敖欽女神肚下，變成了「索索」。敖欽女神被兩塊山尖一打，馬上變了神形，成為一角九頭八臂的兩性怪神。她自己有「索索」，能自生自育，又有阿布卡赫赫、臥勒多赫赫、巴那姆赫赫身上的骨肉魂魄，又有九頭學到百能百技，有利角可刺破天穹大地，刺傷了巴那姆赫赫，鑽進巴那姆赫赫肚子裏。她自生自育，生出無數跟她一樣的怪神。這就是九頭惡魔無往不勝的耶魯里大神。

它性淫暴烈，它能化氣升天，它能化光入日，它能憑角入
地，對三女神毫不畏懼，反而欺凌女神們。巴那姆赫赫再不
能寧靜酣眠了，耶魯里大神鬧得她地動山搖，肌殘膚破，地
水橫溢，鬧得風雷四震，日月無光，飛星（流星）滿天，萬
物慘亡。

伍、陸腓凌則著重敘述了以天神阿布卡赫赫為代表的宇宙善神
和以耶魯里為代表的宇宙惡神之間爭奪天穹統治權的激烈鬥爭。這
既是力量的角逐，更是智慧和人性的較量：

世上最早的鏖戰是什麼？世上最慘的拼爭是什麼？九頭敖欽
女神變成了一角、九頭、自生自育的惡魔耶魯里，凌辱三女
神，自恃穹宇無敵。她知道臥勒多赫赫有個布星樺皮口袋，
能騙得到手就可以獨攬星陣，可吃住藏身，同阿布卡赫赫抗
衡無阻。於是，她把九個頭變成九個亮星，像太陽一樣，天
上像有了十個太陽。阿布卡赫赫和臥勒多赫赫大吃一驚。臥
勒多赫赫忙用樺皮兜去裝九個亮星，亮星裝進去了，剛要背
走，哪知連臥勒多赫赫也給帶入地下。原來兜在耶魯里九個
腦袋上，耶魯里力大無比，臥勒多赫赫成了俘虜。臥勒多赫
赫乃周行天地的光明神，與巴那姆赫赫為同根姐妹。耶魯里
把她囚入地下，她的光芒照得耶魯里九個頭上的眼睛失明，
天暈地旋，耶魯里慌忙將抓在手上的樺皮布星神兜拋出來，
正巧是從東往西拋出的，布星女神臥勒多赫赫便從東往西追
趕，得到了布星袋。從此，星星總是從東方升起，向西方移

動，萬萬年如此，這就是耶魯里拋出來的星移路線。

兇暴的耶魯里，攪得天昏地暗，日、月、星辰，黑暗無光亮。耶魯里打敗了臥勒多赫赫，便想征服阿布卡赫赫，便去找阿布卡赫赫打賭。狡猾的耶魯里憑著九個頭上的神眼和九個頭的智謀，向阿布卡赫赫提出看誰最有能耐尋找到光明，看誰最先分辨出天是什麼顏色，地是什麼顏色。耶魯里憑著惡魔的眼力，在暗夜的冰塊上找到了白冰，而且理直氣壯地說：我敢打賭天與地都是白色的。說著，它讓自生自育的無數耶魯里，到遙遠的白海把冰山搬來，阿布卡赫赫苦無良策，處處是冷森森的、涼瓦瓦的、白茫茫的。危機時刻，巴那姆赫赫派去了身邊的九色花翅大嘴巨鴨，它翅寬蔽海，鳴如兒啼，把阿布卡赫赫從被囚困的冰山中背上藍天，躲過了災難。可是，冰海遮住了天穹，蔽蓋了大地，大嘴巨鴨，口噴烈火，把冰天給啄個洞，又啄個洞，一連氣兒啄了千千萬萬個洞，從此才又出現了日月星光，才有了光明溫暖。耶魯里搬來的冰雪老也化不完。大嘴巨鴨的嘴，在早也是又尖又寬又厚又長的，像鑽鎬。就因為援救阿布卡赫赫，鑿冰不息。大地有了光明，可鴨嘴卻從此以後讓冰淩巨塊擠壓成又扁又圓的了，雙爪也給擠壓成三片葉形了。

世上誰是長生不死的神？誰是不可抗爭的神聖大神？九頭惡魔耶魯里率領自生自育的成千惡魔，吞噬萬物，稱霸蒼穹，濁霧彌天，禽獸喪七。可是，耶魯里九頭八臂都能裂生惡魔，眼睛生惡魔，耳朵生惡魔，汗毛孔裏都鑽出小小的耶魯里模樣的惡魔，像螻蟻、像蜂群齊向阿布卡赫赫圍擊。阿布

卡赫赫殺死一群又一群，耶魯里連生不滅。惡魔反倒比以前更凶更多。在分不清天分不清地的時候，有個多喀霍神，這位女神以石為屋，永世住在巴那姆赫赫膚體的石頭裏。她能幫助眾神獲得生命和力量，並有自生自育能力。她聽說九頭惡魔耶魯里在天穹裏大顯神威，阿布卡赫赫、巴那姆赫赫對她也無可奈何。巴那姆赫赫膚體被觸角豁傷，傷痕累累；阿布卡赫赫膚體也被觸角攪得飛星落地，白雲不生，七彩神光被九頭遮蓋，只能見到紅色和黑色。多喀霍神見到世上的惡魔逞兇，便和阿布卡赫赫身邊的西斯林女神商量，讓西斯林女神施展風威，用飛砂走石驅趕魔跡。西斯林女神是阿布卡赫赫的愛女，生下來就神威無比，而且是穹宇中的力神，是臥勒多赫赫的兩隻大腳。阿布卡赫赫就是從臥勒多赫赫身上要的腳上的肉，和她的慈肉，合成了敖欽女神的，所以敖欽女神能巡行大地，不知疲累。敖欽女神一下子變成了九頭惡魔耶魯里後，耶魯里因身上有臥勒多赫赫腳的肉，因此也具有搖撼世界的風力，力大無窮，疾行如閃。但耶魯里終究比不上西斯林女神威武有力，因她統管天穹的風氣，能小則小，能大則大，所以能背得動裝滿星雲的樺皮口袋。西斯林女神見到阿布卡赫赫被困，便同意多喀霍女神的要求，搬運巴那姆赫赫膚體上的巨石，追打魔群耶魯里。耶魯里在得意志滿時，突然遭到飛來的滿天巨石擊打，無處躲身，便倉皇逃回到地下，暫躲起來，天穹才又現出光明。耶魯里不甘心，又去找阿布卡赫赫說，你若是敢跟我比試飛速，若是超過我，追過我，我就服輸，再不搗亂蒼穹，情願做你順從的

侍衛。阿布卡赫赫心想你怎麼飛跳，也跳不出我的膚體之外，我又有兩個妹妹女神輔佐，必能制服你，便同意跟耶魯里比試高低。聰明伶俐的九頭惡魔耶魯里，有九個頭的智慧，九雙眼睛的目光，又有三個女神的神力，聽了非常自信高興，暗想阿布卡赫赫上當了。兩人約好，開始比試飛力。耶魯里化光而逝，阿布卡赫赫憑著七彩神火照射，早就看清楚，便追了下去。耶魯里生性能夠自生自育，化生無數個耶魯里。阿布卡赫赫認不出哪一個是耶魯里正身，遙望前頭有個又高又粗的九頭耶魯里超過其他九頭耶魯里模樣，心想這回可算盯住了，絕不能再讓耶魯里藏身。追呵追，九頭耶魯里一下鑽進白霧裏，阿布卡赫赫剛要抓住耶魯里的一個頭，便覺周身寒冷沈重，一座座大雪山壓到阿布卡赫赫身上，耶魯里把阿布卡赫赫騙進了冰天雪海裏就逃走了，雪海裏雪山比天還高，壓得阿布卡赫赫凍餓難忍。雪山底下的石堆裏邊住著多喀霍女神，溫暖著阿布卡赫赫的身體。阿布卡赫赫餓得沒有辦法，又無法脫身，在雪山底下只好啃著巨石充饑。阿布卡赫赫把山岩裏的巨石都吞進了腹內，她覺得周身發熱，因為多喀霍女神是光明和火的化身，熱力燒得阿布卡赫赫坐立不安，渾身充滿了巨力，烤化了雪山，一下子又重新撞開層層雪海雪山，衝上穹宇。可是熱火燒得阿布卡赫赫肢身融解，眼睛變成了日、月，頭髮變成了森林，汗水變成了溪河……所以，後世講，地上的森林樹海、河流，不少是從天上掉下來的。由於阿布卡赫赫與耶魯里拼鬥，擾得周天不寧，不單是山林、溪流，也把不少生物從天上擠下來。蛇就

是光神化身，是從天上掉下來的，蟲類也是從天上掉下來
的。所以它們在有火和光的春夏才能出洞生活，無火無光的
暗夜和嚴冬便入眠了。

《天宮大戰》作為薩滿教神話的集大成者，鐫刻著生息於我國
北方地域的遠古人類開拓與戰勝自然、創造與建設生活的思想軌
跡，反映了人類童年時代的理想與願望，表現了他們的宇宙觀和生
存觀，是北方民族文化的淵源，極大地豐富了我國光輝燦爛的古神
話寶庫，對世界文化亦是頗有意義的貢獻。

《天宮大戰》並非為某一地域某一氏族所專有。從其內容之豐
富、神名的眾多、情節之離奇可知，它是北方諸氏族部落古創世神
話的集錦。在長期的歷史進程中，不斷得到豐富，逐漸形成了洋洋
大觀的神話集錦。《天宮大戰》在其形成過程中必然經過了北方諸
部落中一些德高望重的薩滿們的搜集、歸納與整理、豐富，又通過
薩滿們誦講傳承下來。如由黑龍江省甯安市滿族著名民俗家傅英仁
老先生傳承下來《神魔大戰》，就是由甯安地區著名大薩滿關壽海
講述的。《神魔大戰》包括阿布卡赫赫與耶魯里的鬥爭以及阿布卡
赫赫最終平定耶魯里作亂，天宮與人間得到太平兩大單元，共分
「三星創世」、「裂生諸神」、「天母造天地人與萬物」、「大魔
頭耶魯里」、「神魔交戰」、「天神阿布凱恩都里重整天宮」等六
方面故事，情節宏闊疊宕。雖因湮年日久在流傳過程中已揉入後世
的生活故事，但開篇仍不失為《天宮大戰》創世神話的原型影子，
資料珍貴。可以說，《神魔大戰》是在黑龍江省甯安地區滿族諸姓
中流傳並保存下來的《天宮大戰》古神話的另一地域傳本，是滿族

薩滿教神話研究又一大可喜的豐收與貢獻。

《天宮大戰》產生與傳播，同薩滿教祭祀有著密切的關係。其中許多神祇早已進入薩滿教神系之列，成為滿族諸姓薩滿祭祀的神祇，並因此而成為認識原始薩滿教的一把鑰匙和薩滿教思想觀念的精髓。

《天宮大戰》在我國北方諸民族中影響廣泛，以其故事為核心衍生出許多同一母題的子故事，甚至有些由非宗教渠道傳承下來。在北方民族中流傳甚廣的神話母題有人獸爭戰、禽獸爭戰、猛獁與披犀爭戰等屬於《天宮大戰》創世神話的派生神話。某些猛獁、古蟒、神鴨開鑿大地，為人類棲息而爭戰的神話故事，實際上是《天宮大戰》的衍生。如布里亞特人即保留著天宮大戰型的鬥魔故事和充滿神奇幻想色彩的「多頭惡魔」（螃古斯）型故事（即民間俗稱的《降伏螃古斯的故事》或《平妖傳》）。「在這個奇麗的幻想世界裏，我們可以看到善良智慧的布里亞特人民，當年所期望過的坐毯上天、潛水入海、登上星球、起死回生，隨意來往於太陽、月亮之間，自由與各種動物交流心聲，以及隱匿身形、變幻莫測等等美好奇異的幻想，是怎樣通過在現實世界與大自然和社會的多種形式的鬥爭去實現、反映的。」⑫

《天宮大戰》中的神祇既有人格化的自然神，又有半人半獸半禽神祇，其中多數為女神。如果將神話中大小神祇的神職一一排列，多達三百餘位女神，可謂威嚴的女神聖殿和龐大的女神神譜。這些女神俗稱媽媽神，慈祥育世、佑庇八方。據此可以判析，《天

---

⑫　《布里亞特蒙古民間故事集》，中國民間文藝出版社出版，第 4 頁。

宮大戰》產生的時代是相當遙遠的，多數神當產生在母系氏族社會
的繁榮期。神話中以女神為核心的觀念是母系氏族社會女性地位與
社會作用的客觀反映，表現了女子在當時社會各個領域中的崇高地
位、作用、影響和聲響。她們是當時社會的支配者與主宰者。《天
宮大戰》正是這種觀念在神界的反映。

　　《天宮大戰》是一曲原始先民與自然力搏鬥、開拓人類生存與
生活的壯歌，反映了母系時代人類生與死的抗爭。耶魯里在一定意
義上便是強大的異己的自然力的化身和代表。神話內容的歷史跨度
相當大，反映若干世紀內人類社會的變化。從最簡單的人類生存活
動，到火的使用，從母系到父系社會，從簡單思維到複雜思維的產
生等等，幾乎在《天宮大戰》中都有所反映。

　　饒有興趣的是《天宮大戰》將宇宙的生成面貌、自然界的運動
規律以及風俗習慣的形成，都解釋為是宇宙善惡兩種勢力之間激烈
鬥爭的結果。為了爭奪宇宙的控制權，耶魯里極盡破壞之能事，大
鬧天穹，擾得宇宙天昏地暗，萬生毀滅。它憑藉用天母阿布卡赫赫
和地母巴那母赫赫兩位創世女神的肉做成的具有九頭八臂的身軀，
神力蓋世，智慧超群，常逼得阿布卡赫赫陷入絕境。但是，阿布卡
赫赫作為宇宙善良和正義的象徵，在與惡魔的鬥爭中，始終得到宇
宙眾神的鼎力相助。為了宇宙的安寧，人類的生存，正義的勝利，
他們不畏艱辛，捨生忘死，赴湯蹈火，萬死不辭。正是憑藉宇宙眾
神集體的力量，終於將耶魯里降服，宇宙從此獲得安寧。神話所歌
頌的集體主義和自我犧牲精神，也正是薩滿教精神的主旨。

(二) 自然現象起源神話

對於自然現象的起源問題，薩滿教神話中也有所解說。在滿族薩滿史詩《烏布西奔媽媽》中，對開天造地、東海的形成以及東海地域諸生物生成、諸部爭雄局面的形成等神話母題，都有形象且符合邏輯的解說。如史詩傳講，在東海形成之前，東海地域是一片冰雪世界。一天，在一陣滾滾雷鳴聲中，一隻金色的巨鷹從天而降，在冰川上空盤旋數周後，將由鷹爪緊抱著的一顆白色鳥蛋拋下，耀眼的光芒將冰川融化出一汪清水。一隻火燕從清水中躍起，並在其中穿梭不息。火燕被清泉蕩滌，羽毛淨盡，化成一位魚身裸體的美女。其魚身隨冰水滾動，灼熱的身軀將冰河越化越大。她施法化作萬道刺眼的霞光，覆蓋在冰天之上，照化了冰山、冰樹、冰河、冰岩、冰野。從此，在寒苦的東方，出現了一條狹長的寒海。

鄂溫克族神話對自然天象的解說，與薩滿教觀念息息相關。關於颱風形成，神話傳講，在地球邊上有一個老太太，手裏拿著一個大簸箕，她用大簸箕一扇風，地球上就起風了。打雷則是因為天上有個老頭敲鼓所致。他一敲鼓就打雷。❸在鄂溫克人的觀念中，雷和閃電統稱為「阿格迪」，阿格迪神是薩滿的保護神，薩滿相信，此神可以幫助他們對付凶神。

自然崇拜是薩滿教的重要內容，緣於它們與人類的密切關係。原始人類對它們既懼怕又依賴的心理，是產生崇拜自然現象的心理根源，並試圖對它們予以解說。

---

❸　《鄂溫克族社會歷史調查》，內蒙古人民出版社 1986 年版，第 112 頁。

(三) 族源神話

　　薩滿教作為氏族宗教，崇奉和祭奠的神靈多為氏族神，宏揚和歌頌的也正是氏族的精神。其中保留著許多氏族和民族的起源神話。

　　氏族是民族共同體形成前由同一血緣關係成員組成的基本社會組織。這是人類社會發展中的一個重要階段。最初是母系氏族社會，後由父系氏族社會取而代之。隨著社會的發展，又出現部落、部落聯盟和民族。在這一漫長的發展過程中，各民族形成了多元的族源神話和傳說。其中由薩滿教傳承下來的族源神話多為氏族起源神話。族源神話是氏族制的產物，族源神話的流傳與發展，又反過來推動了氏族制的鞏固與發展，如果說創世神話反映了人類萌生初期的思想軌跡，那麼族源神話則是人類進入氏族社會歷史階段的重要見證。

　　在滿族諸姓薩滿祭禮中，夜祭神俗稱背燈祭，主要祭奠遠世祖先媽媽神和有功於氏族的遠古英雄神。他們神態古樸，背燈迎請，享用祭品，誠表敬崇。如滿族蘇穆哈拉（徐姓），背燈祭中供奉一位石神，偶形為一塊全身生毛的黑色怪石，猙獰可怖。因怕兒孫恐懼，皆世代夜裏背燈祭祀。該姓薩滿神諭中講述了該姓的族源神話：本氏族「祖居於薩哈連支流安班刷煙畢拉（即今俄境內之精奇里江，俗稱大黃河）石洞溝地方。遠古棲古洞幽居，女人受日陽而孕，所生之人周身皆毛，繁衍為洞穴毛人，隨年月日久而人齒日盛，便為黃河古洞人，後成部落。清太祖北伐薩哈連，部落長率族人歸服，隨征戰薩哈連，並移居朝陽、蘇登、古溝等地方，姓蘇穆哈

拉，漢音為徐姓，隸正紅旗虎可舒牛錄統轄」。❹徐氏為黑水女真
後裔，祖先最早居住在結雅河中下游的石洞溝，滿語「委赫霍
道。」直至近世，徐姓家族薩滿祭祀多興野祭，南遷後仍祭此石
洞，並在其祖先神匣內恭放三珠白卵石，傳為遠世薩滿南遷時由石
洞帶來，奉為石主，又稱石祖，世代傳替，已逾三百餘年。至今在
該姓薩滿與遺老中，保留許多有關石祖的神話，而薩滿神諭中有神
石贊詞，頌石主為「媽媽的祖石，母親的祖石，光明的祖石，生命
的祖石，萬代開基的母石神祖」，帶有石圖騰崇拜的遺跡。

　　黑龍江省甯安市富察哈拉家祭時，神板上供有柳枝，是祭前擷
選空氣清幽、水流清澈的河岸翠柳，其上要有九枝綠葉，祭後將柳
枝請入神匣，次年家祭時再采新柳，並將舊枝送河中流走。該姓所
以如此虔誠祭柳，在其家傳薩滿神諭中記載：在古老又古老的年
月，我們富察哈拉祖宗們居住的虎爾罕畢拉突然變成了虎爾罕海，
白亮亮的大水，淹沒了萬物生靈。阿布卡恩都里用身上搓落的泥做
成的人只剩下了一個。他在大水中隨波飄流，眼看就要被淹死了，
忽然水面飄來一根柳枝，他一把抓住柳枝，才免於淹死。後來，柳
枝載著他飄進了一個半淹在水裏的石洞，並化作一個美麗的女人，
和他媾合，生下了後代。這裏的柳，是女始祖，也帶有柳圖騰崇拜
的意味。

　　黑龍江愛輝地區滿族錢姓的族源神話與部落戰爭有著直接的關
係。據撰寫於偽滿 1936 年的《雪祭神諭》傳講：

---

❹　《滿洲金克特哈拉薩滿神諭》。

相傳，

祖先起根的遙遠年代，

我們的先人們，

狩獵於黑龍江北寧涉里山。

山西住著仇家大部落，

人稱『巴柱』魔怪。

先人受其傷害，

被欺趕逃遁……獵肉沒有了，

皮裘沒有了，

火種沒有了，

先人屍橫遍野

瀕遭天絕。

突然，天降大雪，

紛紛揚揚，

雪花片片，

連綿不絕，

湖塘、溝、遍野都是雪。

巴柱部落追蹤趕來，

不見人跡。

可憐的先人啊，

全藏在雪被裏。

大雪彌漫如毛裘，

又像天鵝舒展的翅膀，

先人們藏在溫暖的羽毛腹肚下，

恩佑脫險。

吉祥啊吉祥，

後嗣由此接續、留存。

祖先感激天賜神雪，

代代誠祭雪神，

留下祭雪古俗。

神雪恩澤親人，

永結機緣。

　　這則神話講述了該部落神奇般地受到雪神的保護，逢凶化吉，後嗣得以延續，雪祭由此而來的歷史緣由，充滿著人類擺脫了災難和危險後，對護佑自己的自然力無限感激的心情，這種感情成為該部落雪祭的重要心理根源。❶

　　族源神話與歷史學有著密切的關係。在某種意義上講，族源神話本身便是研究歷史的重要佐證。當然，在承認族源神話與史學研究的密切關係的同時，我們還應注意族源神話所具有的的局限性，還不能完全將其作為「信史」。

㈣ 祖先英雄神話

　　神話是初民對生產的歌頌，經驗的總匯，哲理的概括，情感的

---

❶　參見郭淑雲〈滿族薩滿教雪祭探析——兼論原始薩滿教的社會功能〉，《內蒙古社會科學》1992 年第 5 期。

昇華，藝術的再現。任何一則神話，都要染上了其特定的歷史色彩。當北方民族進入到祖先崇拜的時期，叱吒風雲的眾祖先英雄的業跡，便成為萌生祖先崇拜觀念和神話的土壤。在信仰薩滿教的諸民族中，有著突出的祖先崇拜觀念，與之相適應，薩滿教祖先英雄神話內容顯得既斑斕多彩又獨具特色。

　　在薩滿教看來，對祖先的祭祀始終是北方崇信薩滿教的諸民族具有的最普遍最基本的特徵之一。這種祭典集中表現在對自己遠世祖先和英雄人物的崇教與緬懷，及對其死後生命的追尋和信仰。祖先英雄神話同原始創世紀神話一樣，也是人類對自然界所表現的神秘感的無能為力和誠惶誠恐意識的反映，只不過它不是敬天畏神的神話，而是對血緣關係相當密切的遠世祖先眾神之靈魂的恐懼與崇敬，討好求崇於它們，祈作自己的守護神，從而創造出獨具特色的贊神神話。

　　祖先英雄神話既有全民族共同祭奉的祖先大神，為全族各姓氏所共祭。如滿族的拜滿章京、超哈占音、長白山神等神靈即為滿族所共同祭奉。其神話傳說也得到廣泛的傳播。有些神祇神話在數千年的宗教傳承中漸漸被遺忘，而神祇名諱卻始終成為薩滿教祭祀的重要內容，一直沿襲下來。

　　奧都媽媽是滿族人共祭的一位女戰神，主司本部族出兵征戰順利。吉林省九台市錫克特立氏（石姓）薩滿神諭對奧都媽媽的神威和職能予以高度讚頌：

　　　　奧都媽媽，
　　　　身居兵營，

> 雙驥胯下騎，
>
> 日行千里，
>
> 夜行八百，
>
> 來去如飛，
>
> 緊急而行。
>
> 戰騎英俊強壯，
>
> 馳騁沃野，
>
> 各處太平吉祥，
>
> 神前祈禱平安。❶

　　奧都媽媽當是母系氏族社會後期，在部落戰爭中出現的一位英武女酋長，被後世奉為本族守護神，庇佑著本族出征旅次的安全。

　　他拉伊罕媽媽是黑龍江省甯安市郭赫勒氏家族共奉的斷事神。她原是烏蘇里江東部各部落的一位部落長，辦事公道，聰明能幹，安撫了烏蘇里江東海窩集部的分散部落，泯仇為友，被後世敬奉為神。

　　祖先英雄神並非皆為赫赫有名的本氏族的頭領或英雄，有些則是一般的族人死後被奉為掌管一方的神靈。達斡爾族中著名的祖神霍卓爾·巴爾肯，便是由一個普通的女孩成神的。傳說在很早以前，敖拉莫昆有一女，小時許給北爾塔拉莫昆為妻。女孩從小常鬧病，十六歲時薩滿說她要成薩滿，祈禱後病好了。但其父不同意她

---

❶　宋和平譯注《滿族薩滿神歌譯注》，社會科學文獻出版社 1993 年版，第 267 頁。

當薩滿，她便趁父親去甘珠爾廟拉腳不在家之機，請一薩滿為師，請神附體學薩滿。不久父親回來，一氣之下將神線割斷，女兒隨之死去。三日後老父也死去，接著，棃爾塔拉的人大量死亡，人們無奈，便供該女孩為霍卓爾巴爾肯神，成為「九個支族的母性祖神，都博淺族的祭娘，是十個家族的管轄者，是二十個家族的根本。」**⓱**

在漫長的歷史發展中，薩滿教祖先祭祀最為頻繁而隆重，祖先神話最為豐富。但薩滿教崇拜的原始性質卻有逐漸淡化的趨勢。遠古傳說及祭禮，除在個別姓氏中有所保留外，一般的薩滿已無所知，或只知其名，不解其意。然而，本氏族的祖先神祇卻日益增加和不斷豐富，有些姓氏在祝祭時僅祖先神像，竟有百位之多。各民族祖先英雄神話的豐富，又促進了薩滿的祭祀儀式，從而使薩滿教得以延續不衰地沿襲至今。

(五) 薩滿神話

所謂薩滿神話的內涵遠比薩滿教神話之內涵要小得多，主要指薩滿治世神話。薩滿治世神話在北方諸民族中普遍流傳，內容豐富，數量眾多。薩滿治世神話，按其分類亦可算作祖先英雄神話的範疇，但其內容和特點，有相對的獨立性。薩滿治世神話，是傳述薩滿自身的神話，內容包括薩滿得神成為名薩滿神話、薩滿以神術除魔治邪的神話、薩滿死後靈魂轉世為族人謀福的神話、薩滿之間鬥智鬥勇鬥法的神話、薩滿與自然界其他禽獸植物靈魂互生互換互

⓱　《達斡爾族社會歷史調查》，內蒙古人民出版社 1985 年版，第 249-250頁。

補的神話。其主旨是對薩滿高尚品德與無敵神威的讚美與歌頌，充
滿對昇平世界與幸福生活的憧憬與企盼。

　　薩滿治世神話，因其主要涉及各氏族薩滿，因而，各氏族都有
自己歷代薩滿的神話與傳說。據琿春瓜爾佳氏神諭傳講，本姓瓜爾
佳哈拉，敬祀赫赫瞞尼。她是阿布卡赫赫身上搓下來的泥所變，赫
赫瞞尼摘下一片青天作鼓，拿起一座高山作鼓鞭，當青天和山岩撞
擊的時候，從那震天動地的咚咚鼓聲中，生出了男女和宇宙生
靈⋯⋯瞞尼，意為「英雄」，是滿族一些姓氏供奉的群體神。赫赫
瞞尼本為天神阿布卡赫赫身上搓下來的泥所變，具有無比的威力。
她既是一位創世女神，又是一位以青天作鼓，用高山作鼓鞭的神威
女性薩滿神，在創世之初發揮著重要作用。此則神話鮮明地體現了
早期薩滿神話的特徵。

　　《烏布西奔媽媽》是滿族薩滿史詩，它以波瀾壯闊的氣勢記述
了滿族先世東海野人女真烏布遜部落的一位女薩滿——烏布西奔富
有傳奇色彩的一生，熱情謳歌了她一生為氏族嘔心瀝血，最後統一
東海諸部，開拓東海海域的豐功偉績，展現了她非凡的膽識和神威
無敵的風采。《烏布西奔媽媽》以其豐富的內涵、雄渾磅礴的氣
勢、感人而富有傳奇色彩的情節和凝鍊優美的語言，散發著璀璨的
光芒。史詩不僅曾經影響著其流傳地區滿族及其先民的精神世界，
震撼和陶冶著他們的心靈，而且至今仍具有永恆的藝術魅力。

　　《烏布西奔媽媽》分以下幾部分：

　　1.《頭歌》：烏布西奔的讚頌：

　　　在群鵲爭枝的東海岸，

在麋鹿哺息的佛思恩霍通，

在海浪撲抱著的金沙灘邊，

在岩洞密如蜂窩的群巒之間，

在星月普照的雲海翠波之巔，

烏布西奔的業跡，

烏布西奔的神諭，

烏布西奔的足跡，

烏布西奔的天聰，

猶如萬頃波濤無沿無際浩淼無垠。

我擊著魚皮神鼓，

伴隨著獸骨靈佩的聲響，

吹著深海裏採來的銀螺。

是阿布卡赫赫（天母）給我清脆的歌喉，

是德力給奧姆（東海女神）給我廣闊的胸懷，

是巴那吉額母給我無窮的精力，

是昊天的颶風給我通天的聲音，

薩滿的魂靈授予我神職，

唱頌荒古的東海和血海般的爭殺，

跪詠神母育地撫族的聖功。

2.《創世歌》主要講述了天母阿布卡赫赫派神鷹、神燕創世造海的神話，並以神話的形式對東海諸部連年爭戰不休的起因予以解釋。

3.《啞女歌》主要敘述了烏布西奔非凡而奇特的降生經歷：在

位於烏布遜畢拉（河）之源的烏布遜部落，一隻豹眼金鵰啄來一個皮蛋，人們難測其吉凶禍福，部落首領古德罕王命人用拋河、群狗爭食、火燒、土埋等辦法，欲將其除之。突然，土山在一聲巨響後，一群絨絨的雛貉出現在土中，其中有一個女嬰被百貉長絨擁裹，熟睡在貉窩中。古德罕王將其抱回哺育。但因女嬰是一位啞女，又被古德罕王棄之於皮帳中。但她不僅能自食自飲，而且，天資聰慧過人，具有預知自然災異的能力。她的奇態睿能為黃獐子部所賞識，並偷偷將其收留，奉為阿濟格女薩滿，從此黃獐部迅速強盛起來。

4.《古德瑪發的歌》敘述了部落戰爭時代，烏布遜由強變弱，古德被迫跑到海島中逃難，其母含辛茹苦率領一群女子重振部族，最後把罕王的大權傳給古德的坎坷歷程。再現了部落時代的戰爭風雲。

5.《烏布遜畢拉的歌》講述烏布西奔出世多年後，烏布遜地區爭殺疊起，瘟疫蔓延，古德老罕王束手無策，這時啞女乘神鼓重返烏布遜，被推為烏布西奔大薩瑪：

> 從此，東海響徹新的征號，
> 烏布遜畢拉的歌、烏布西奔薩瑪大名百世傳流。
> 東海茫茫，
> 日月輝輝
> 烏布西奔薩瑪功高蓋世，
> 便齊稱烏布西奔媽媽。

6.《女海魔們戰舞歌》記述了烏布西奔率烏布遜部眾渡海遠征女窟三島的歷程。這是一個具有奇特風俗的女兒國，族人均由罕王浴湖而生，生女為僕，降男棄野。女兒國常秘襲烏布遜部落，古德罕王時因無力遠討，只好年年進貢。烏布西奔執掌部落大權後，執意率師遠征，並迅速攻佔蓮花三島。但女窟罕王身邊有三個能歌善舞的侍女，有以九舞迷敵之功。烏布西奔以仁愛之心，不取武力征伐之策，而是以情惠魔，以舞治舞：

> 聰慧的烏布西奔，
>
> 終日徹夜難眠。
>
> 白天，靜觀百鳥悲歡啼囀的千態，
>
> 騎鹿縱韁入林，
>
> 尋覓百獸喜怒號奔的百姿。
>
> 月下，聆聽魚宮海濤的妙音，
>
> 駕筏追波逐浪，
>
> 品味天宇風動的韻律。
>
> 烏布西奔從此創下了名垂千古的珠勒格馬克親（祭舞）、
>
> 珠勒格烏春（祭歌）。
>
> 三千弟子習學了烏布西奔傳授的窩陳馬克辛（祭舞）、
>
> 多倫馬克辛（禮舞）、烏布遜馬克辛（部族舞）。

烏布西奔率眾徒與女魔比舞相爭，並最終以無以倫比的舞姿、舞技降服了魔島女王和族眾。附近一些無名的島嶼也在烏布西奔的盛名和恩威並施的感召下紛紛歸順，使烏布遜的海疆進一步向內海

拓展。

7.《找呵，找太陽神的歌——浪窩迷蒙的東海》記述了烏布西奔先後多次派族眾探海的壯舉及其艱難的歷程。探海的一個重要動因是為了尋找太陽升起的地方，反映了東海先民虔誠的太陽崇拜觀念。史詩唱出了烏布西奔大薩滿希圖探求太陽初升地的迫切心情：

> 神威無敵的阿布卡赫赫，
> 請授神意，
> 烏布西奔大薩滿為什麼尋不見太陽出升的地方？
> 太陽從東方升起，
> 卻總是從海中噴薄而出，
> 我虔誠地擊鼓乘筏入海，
> 太陽依然從海中噴出，
> 我離筏登岸，
> 而太陽之宮又從對岸的海中升起。
> 阿布卡赫赫，
> 您的女兒德力給奧木媽媽是我的母親，
> 請您給我示諭，
> 我究竟怎樣才能尋覓到太陽之宮？
> 為了尋找太陽初升的地方，
> 我曾命部族在西霍特阿林之巔
> 架起高高的木樓，
> 太陽依然在雲海中隱現。
> 求索的欲望，

祈神的虔誠，

使烏布西奔徹夜難眠。

　　正是基於這種觀念和心理，烏布西奔派部族五次渡海遠征，開拓了漂流日本海的便捷之路，甚至遠至堪察加、阿留申諸島，沿途收復了諸多島國。

　　8.《海祭葬歌——德里給奧木女神迎回烏布西奔》講述了烏布西奔在探海東征途中逝世，族人用流筏將其屍體運回，並為其舉行了隆重的海葬，再現了東海女真人神聖的海祭和海葬典禮。

　　9.《德煙阿林不息的鯨鼓聲》描寫後世族人對烏布西奔的虔誠祭拜。描寫了德煙阿林的鯨鼓聲和烏布西奔的洞壁雕像為當地和進山的山民帶來的種種吉順和福音。

　　10.《尾歌》即短暫的頌歌，與頭歌相呼應。

　　《烏布西奔媽媽》以集部落罕王、大薩滿、軍事首領為一身的烏布西奔一生的經歷為主線，展現了東海女真人的宗教信仰、風土人情、歷史文化等面貌，具有多學科的研究價值。

　　《烏布西奔媽媽》為人們提供了氏族首領與薩滿教巫師合二而一的典型範例。烏布西奔以其特異的誕生、苦難而神奇的童年等非凡的經歷為黃獐子部落所賞識，並奉之為阿濟格薩滿。在其成年後，烏布西奔又重返烏布遜部落，自稱為東海女神之女，身領東海七百噶珊薩瑪神位，並以超凡的神技贏得了烏布遜族眾的信服和欽佩，被奉為烏布西奔薩滿。烏布西奔在部落中享有崇高的威望，因而，當老古德罕王逝世後，她便自然地接替了罕王的位置，並執掌烏布遜部落政教大權達三十年之久，最後統一東海七百噶珊（非實

數，喻其多），成為一位神威赫赫的部落聯盟酋長。烏布西奔以神授薩滿的身份、威望而榮登罕王之位，這一特徵與軌跡，為我們瞭解人類社會早期原始宗教巫師的特殊地位與作用，提供了珍貴的資料。

《烏布西奔媽媽》傳承著古老的創世神話，對開天造地、東海的形成以及東海地域諸生物生成、諸部爭雄局面的形成等神話母題，都有形象且符合邏輯的解說。《烏布西奔媽媽》猶如一幅風俗畫卷，再現了東海女真人的風土人情和生活習俗，表現出鮮明的地域特徵。

《尼山薩滿》的傳說在北方諸族中廣為流傳，並有多種文本傳世。如愛輝地區的滿族稱之為《音姜薩滿》，甯安地區的滿族則叫作《甯三薩滿》，達斡爾族的《尼桑薩滿》、赫哲族的《一新薩滿》、鄂倫春族的《尼海薩滿》等，雖名稱不同，但內容卻基本一致。可見，其影響之深遠。其故事梗概如下：

明代，有個羅洛村，村裏有個員外叫巴勒杜巴顏，五十歲得一子。一日到山中打獵，突然死去，員外夫婦很是悲傷，於是便請尼山薩滿幫助救活他們的愛子，尼山薩滿便跳神到陰間閻王處尋得員外愛子的魂魄，並用神力將魂魄帶回陽世，將其救活，並使其長壽，闔家團聚。整個故事歌頌了尼山薩滿的仗義助人和她的高超神技，洋溢著濃厚的薩滿救世觀念，受到國內外學術界的珍視。

《西林安班瑪法》屬於歌頌薩滿神威神術的神話。《西林安班瑪法》來自滿族西林覺羅哈拉的薩滿故事，又稱《西林大薩滿》，頌揚他祛邪扶正、為民驅魔，成為本氏族心目中尊敬的守護神。他雖是一個普通的薩滿，但在神話中賦予他神格化。相傳他能有飛天本領，手敲神鼓，施展昏迷術，他的靈魂可以出殼神遊，憑藉神力

可以在宇宙間尋找善神或惡神，為族人贏得吉祥和幸福。一次，為了拯救一個女人的靈魂，他的魂魄飛天達十日行程，到東海女神烏里色里居住的金樓祈請神助。相傳烏里色里是東海太陽神的小妹妹，是專司魂魄的女神。在她的各種「魂荷包」中裝著各種不同的魂魄。但因她住地相當遙遠，一般神祇都難飛渡其洞。所以，追索世人的魂魄極為珍貴。而西林色夫薩滿竟有飛天神力，足見其神威無雙。

鄂溫克族著名薩滿故事《薩滿鼓的來歷》，也顯示薩滿的神威。相傳，人類出現以前，原來世上有個地球，後來又造出一個地球。頭個地球，是騰格里（天）造的。最初，它挺小挺小的，山也矮，河也又窄又細，水也稀稀拉拉。後來，它的第二個地球造出來了，河也寬，水也滾滾長流。事後，又不知過了多少年分，世上開始有了這樣那樣的教門，薩滿也能坐在一面大鼓上，騰雲駕霧地降除邪魔，給人類造福。原來薩滿乘坐的神鼓，兩面都包著皮子，是整個的大皮鼓。世上自從出現了喇嘛教，便跟薩滿兩下裏打起仗來。先是，薩滿占上風，把喇嘛教戰敗退下去。隔沒多久，喇嘛又緩過勁來，反把薩滿打敗，奪了上風，連著應戰，薩滿使盡神威，怎麼也不肯服輸認敗。有一回，又酣戰一起去了。喇嘛祭起叟拉（一種法器）投過去，正好打在薩滿坐著的皮鼓上，把原來本是整個的神鼓，一下給打成兩半，從那以後，薩滿就有了單面包皮的薩滿鼓。這個皮鼓，比雷還響，敲起來驚天動地，神威更大了。從此，便制服了喇嘛。

達斡爾族的薩滿神話故事《蘇克夕薩滿和一個喇嘛》中講述：嘎胡洽曾有過兩個靈驗的銅鏡，是由庫倫（當時的外蒙古）帶來的。一個大的叫阿爾坎托里（背上的銅鏡），一個小的叫「聶刻爾托里」

（護心鏡）。嘎胡洽死後，護心鏡落在蘇克歹薩滿手裏。他出門總是攜帶著，每次趕牛拉腳，護心鏡總是先回到家裏。家裏人看見它滾回來，預料蘇克歹就要到家了。興安嶺有個小廟，廟裏有個喇嘛，法術很高，聽說護心鏡覺得太邪氣了，竟拿一個銀元寶從蘇薩滿手裏買下這塊銅鏡。為了驅邪，他把銅鏡裝在三層布袋裏，坐著念起經來。過兩天兩夜，喇嘛很疲乏，摸摸袋子，銅鏡還在裏邊，晚上枕著袋子睡著了。醒來一看，銅鏡早已無影無綜。原來，銅鏡早滾出來又撞上主人了。蘇薩滿到齊齊哈爾，用喇嘛給的銀子，買了很多東西。回來路過興安嶺時，碰見那個喇嘛，他拿出小銅鏡給他看，喇嘛只好認輸，不得不佩服蘇克歹薩滿。

薩滿神話故事所以在北方得到廣泛傳播，原因是多方面的：

1.在北方少數民族中，薩滿教的影響婦孺皆知，根深蒂固。由於對薩滿教的虔誠崇拜，人們在口碑文學中不斷地創造出膾炙人口的薩滿神話，並世代傳誦。薩滿神話故事的基調都是歌頌薩滿的神威、智慧、勇於助人的崇高品德。實際上，它是原始薩滿教教義教規的形象體現。

2.氏族薩滿是本氏族湧現出來的聖哲。他們在醫學、天文、生產技藝、生活經驗、藝術造詣等方面均為族中之出類拔萃者。因而人們崇敬薩滿，視其為文化之師、道德之師。故此，在薩滿故事中極力歌頌其無敵的神威神力、高尚的品格和為氏族捨生忘死的自我犧牲精神。實際上，薩滿是氏族精神的化身和氏族文化的標誌。對薩滿的歌頌，是氏族內聚力和自豪感的具體表現。所以，薩滿神話更能吸引人，為群眾口傳心授，如數家珍。

後　記

　　多年來，我們始終懷抱一個夙願，希望將我們二十餘年對中國北方民族薩滿文化調查與研究的成果在台灣發表，藉此與港台同仁進行盡可能廣泛的學術對話與交流。我們深知，台灣民族學、人類學和宗教學研究素有傳統，開放的胸懷，廣闊的視野，兼容中西的學術品格，不僅造就出多位走向世界，飲譽全球的學術大師，而且形成了獨特的學風和研究趨勢，向為我們所欽佩。但願拙著的出版，能為我們建起一個學術交流的平台，創造更多溝通與對話的機會。

　　筆者夙願得償，仰賴於曲六乙先生的力薦與指導和楊振良先生的鼎力相助。曲先生作為一位大學問家，眼界高遠，雖主治儺學，卻始終對北方薩滿文化調查與研究給予熱切的關注和鼓勵，對田野調查工作尤為重視。正是這一機緣，使我們多年來惠蒙曲先生的支援與厚愛，我們對北方薩滿面具的研究、對滿族瑪虎戲的研究，更是在曲先生的直接指導和督促下進行的。可以說，我們的研究是與曲先生的關懷分不開的。時值楊振良先生策劃民間文化研究叢書，以宏揚我中華各民族之優秀文化。曲先生遂力薦我們撰寫薩滿文化論一書，並對全書的結構和整體構思，給予具體的指導。這是我們終生難以忘懷的。承蒙楊先生的關愛，使拙著得以在台出版，遂願

之情，不勝感激。

　　本書以豐富、翔實的第一手調查資料為基礎，並綜合運用考古學、文獻學資料，對北方民族薩滿文化作系統研究。儘管它有種種不足和缺欠，但它畢竟是筆者二十餘年研究薩滿文化的收穫，既凝結著我們田野調查的艱辛與心血，記錄下我們在薩滿教研究領域辛勤耕耘的足跡，也飽含著北方諸族薩滿和前輩諸位文化人的智慧和期望，故多少有些敝帚自珍之感。我們也因此而期盼著讀者的批評與指點，使我們對此項研究更趨成熟。倘若讀者憑藉此書，對中國北方民族薩滿文化有所瞭解，對其研究有所助益，筆者則聊以自慰矣。書中所用圖片，一部分為筆者所攝，一部分為國內諸同仁和民族工作者提供，謹致誠摯的謝意。

富育光　郭淑雲　謹識

2004 年 2 月 26 日於長春

國家圖書館出版品預行編目資料

薩滿文化論

富育光・郭淑雲著. – 初版. – 臺北市：臺灣學生，
2005[　94]
面；公分

ISBN 957-15-1264-8(精裝)
ISBN 957-15-1265-6(平裝)

1. 薩滿教

276.4　　　　　　　　　　　　　94014837

薩　滿　文　化　論 (全一冊)

著　作　者：富　育　光　・　郭　淑　雲
出　版　者：臺　灣　學　生　書　局　有　限　公　司
發　行　人：盧　　　　　保　　　　　宏
發　行　所：臺　灣　學　生　書　局　有　限　公　司
　　　　　　臺 北 市 和 平 東 路 一 段 一 九 八 號
　　　　　　郵 政 劃 撥 帳 號 ： 0 0 0 2 4 6 6 8
　　　　　　電　話 ： (0 2) 2 3 6 3 4 1 5 6
　　　　　　傳　眞 ： (0 2) 2 3 6 3 6 3 3 4
　　　　　　E-mail：student.book@msa.hinet.net
　　　　　　http：//www.studentbooks.com.tw

本書局登
記證字號　：行政院新聞局局版北市業字第玖捌壹號
印　刷　所：長　欣　彩　色　印　刷　公　司
　　　　　　中 和 市 永 和 路 三 六 三 巷 四 二 號
　　　　　　電　話 ： (0 2) 2 2 2 6 8 8 5 3

定價：精裝新臺幣五八○元
　　　平裝新臺幣五○○元

西 元 二 ○ ○ 五 年 九 月 初 版

臺灣 學生書局 出版

民俗文化叢書

❶ 信仰、教化、娛樂——中國寶卷研究及其他　　　　　　車錫倫著
❷ 中國儺文化通論　　　　　　　　　　　　　　曲六乙、錢茀著
❸ 薩滿文化論　　　　　　　　　　　　　　　富育光、郭淑雲著